Filmgenres · Komödie

Filmgenres

Herausgegeben von
Thomas Koebner

Abenteuerfilm
Animationsfilm
Fantasy- und Märchenfilm
Horrorfilm
Komödie
Kriegsfilm
Kriminalfilm
Liebesfilm und Melodram
Musical und Tanzfilm
Science Fiction
Western

Philipp Reclam jun. Stuttgart

Filmgenres

Komödie

Herausgegeben von
Heinz-B. Heller
und Matthias Steinle

Philipp Reclam jun. Stuttgart

Gewidmet Matthias Kraus †

RECLAMS UNIVERSAL-BIBLIOTHEK Nr. 18407

Umschlagabbildung: Szenenfoto aus *Manche mögen's heiß* (1959)
(mit Genehmigung des Filmmuseums Berlin /
Stiftung Deutsche Kinemathek)
Gesamtherstellung: Reclam, Ditzingen. Printed in Germany 2005
RECLAM, UNIVERSAL-BIBLIOTHEK und
RECLAMS UNIVERSAL-BIBLIOTHEK sind eingetragene Marken
der Philipp Reclam jun. GmbH & Co., Stuttgart
ISBN-13: 978-3-15-018407-3
ISBN-10: 3-15-018407-X

www.reclam.de

Inhalt

Einleitung

1

Warum lachen wir, wenn wir zum soundsovielten Male die düpierten Polizisten im Slapstick ihre Opfer durch die Straßen – in der Regel erfolglos – jagen sehen; wenn zum soundsovielten Male die Torte ins Gesicht des wohlanständigen Bürgers fliegt; wenn wir den darbenden und hungernden Goldgräber Charlie in seiner Hütte hoch oben im verschneiten Alaska genüßlich und mit Grandezza seinen Schuh verspeisen sehen? Warum lachen wir angesichts Grouchos und seiner Brüder, wenn sie ihren real existierenden Marxismus praktizieren, der ein radikaler Anarchismus ist, wenn Tatis so freundlicher und zuvorkommender Monsieur Hulot die Alltagsroutine des beschaulichen Badeorts an der Küste oder die perfekte Planung und Organisation im Geschäftsleben des ultramodernen Paris auf sanfte, aber unwiderstehliche Art unterminiert? Warum lachen wir, wenn die so prinzipienfeste Politkommissarin Ninotschka den Verführungen des mondänen Paris erliegt oder bei Billy Wilder – Stichwort »Nobody is perfect« – selbst Geschlechterrollen instabil und austauschbar werden? Warum lachen wir, wenn Major Kong auf der Atombombe seinem eigenen Tod und der globalen Apokalypse entgegenreitet oder der Gekreuzigte auf der Schädelstätte Golgatha das Lied anstimmt: »Always look on the bright side of life«?

2

Das Komische sei »der schwerste der ästhetischen Problembereiche«, schrieb der Philosoph Nicolai Hartmann vor rund fünfzig Jahren in seiner *Ästhetik* (1953), und er hatte dabei noch nicht einmal die Medienspezifik *filmischer* Komik im Visier – ebensowenig wie die beiden theoretischen Gewährsleute, ohne die kaum eine Abhandlung zum Komischen in Literatur und Kunst auszukommen scheint: Henri Bergson (*Le rire. Essai sur la signification du comique*, 1900) und Sigmund Freud (*Der Witz und seine Beziehung zum Unbewußten*, 1905). So unterschiedlich die Erklärungsversuche dieser beiden ausfallen, so sehr haben sie in ihren Modellierungen zwei Momente des Komischen im Blick. Zum einen ist es der *soziale* Funktionsaspekt des Komischen und das sich an ihm entzündende Lachen. Bei Bergson ist dies ausdrücklich »die leitende Idee unsrer Untersuchung«,[1] bei Freud der Ausgangspunkt der Analyse: »zunächst [...] ein unbeabsichtigter Fund aus den sozialen Beziehungen der Menschen.«[2] Zum anderen ist die Erscheinung des Komischen an den Akt der sinnlichen Wahrnehmung gebunden: bei Bergson an »die *Ansicht* menschlicher Vorgänge, die durch ihre eigenartige Starrheit schlechtweg eine Imitation des Mechanismus des Automatismus, kurz der unlebendigen Bewegung darstellt. [...] also eine individuelle oder kollektive Unvollkommenheit [...], die unmittelbar Korrektur verlangt. Das Lachen ist eben diese Korrektur.«[3] Bei Freud ist das Komische – im Unterschied zum Witz, der sich über Sprachhandlungen realisiert – Resultat einer unmittelbar sinnlichen Wahrnehmung des Körperlichen. »Der Witz wird gemacht, die Komik wird *gefunden*, und zwar zu allererst an Personen, erst in weiterer Übertragung auch an Objekten, Situationen u. dgl.«[4] Der »Ursprung der komischen Lust

1 Bergson (1900/1948) S. 10. – »Das Lachen wird eine gewisse Aufgabe im Leben der Gemeinschaft haben, wird eine soziale Note tragen müssen« (ebd.).
2 Freud (1905/1970) S. 176.
3 Bergson (1900/1948) S. 50. – Hervorh.: Hrsg.
4 Freud (1905/1970) S. 169. – Hervorh.: Hrsg.

[...] – wahrscheinlich der genetisch bedeutsamste« – liegt in »der Vergleichung der anderen Person mit dem eigenen Ich«.[5]

3

Bergson und Freud schrieben dies, ohne an den Film zu denken. Gleichwohl lenken sie die Aufmerksamkeit auf zentrale Momente dessen, was für die Filmkomik höchst bedeutsam werden sollte: der spezifische Modus der Wahrnehmung. Denn vor dem skizzierten Hintergrund kommt dem Kinematografen – als Aufnahme- und Projektionsapparatur, die die Wahrnehmung des Zuschauers determiniert – zentrale Bedeutung für die Realisierung des Komischen zu. Weniger, was wir sehen, sondern *wie* wir es wahrnehmen, konstituiert Effekte des Komischen im Film.[6] Alles kann – wie die Filmgeschichte von Anfang an immer wieder gezeigt hat – zum Sujet von Filmkomödien werden, selbst so Ernstes wie der Tod. So lässt schon Méliès in *L'homme à la tête en caoutchouc* (*Der Mann mit dem Gummikopf*, 1901) seinen unermüdlichen Tüftler mit nicht zu übersehendem Lustgewinn abgetrennte Menschenköpfe mit einem monströsen Blasebalg wie Luftballons aufblähen und zerplatzen. Der Weg zu *Monty Python's Flying Circus* ist direkter, als es 70 Jahre dazwischenliegender Filmgeschichte nahelegen. Filmkomik ist im wahrsten Sinne des Wortes eine Sache der *Einstellung*: der Einstellung im technischen Sinne, nämlich der Art und Weise, wie uns der Kamerablick Personen, Objekte und

5 Ebd., S. 182. – Welche latenten verallgemeinerbaren filmtheoretischen Implikationen diesem Ansatz Freuds zukommen, hat Schlüpmann (1994) ausgeführt.

6 »It is not, in other words, just the content of comedy that is significant but also its ›conspiratorial‹ relationship with the viewer (reader)« (Horton, 1991, S. 9).

Geschehnisse wahrnehmen lässt. Der Blick durch das Objektiv und die ihm eingeschriebene Wahrnehmung sind die Basis für die Entstehung und Erzeugung komischer Effekte. Was die Montage mit ihrem vielfältigen Potential, einzelne Aufnahmen zu einem Text zu verdichten und zu verweben, leistet, ist Konstruktion auf dem Fundament der Einstellung. Die Geschichte der Filmkomödie entfaltet sich dementsprechend zwischen zwei grundsätzlichen Polen: einerseits Filmen, in denen die Einstellung / der Blick auf das komisch inszenierte/erscheinende Subjekt dominiert, und andererseits Filmen, in denen die narrative Konstruktion, die dramaturgische Handlungs- und Dialogführung, Überhand gewinnt. Es ist kein Zufall, dass mit der Einführung des Tonfilms und seinen sprachlichen Dialogen für Jahrzehnte der Typus der subjektzentrierten Komödien, die von Akteuren wie Linders Max, Chaplins Charlie oder Keatons Buster bestimmt waren, in den Hintergrund traten. Erst Jacques Tati wird seinen Monsieur Hulot mit Qualitäten ausstatten, die ihn befähigen, es mit der Konstruktion einer komisch eingerichteten Welt aufzunehmen, sie in ihrem Leerlauf zu dekuvrieren und zu unterminieren.

4

Nirgends zeigt sich die Entstehung des Kinos aus dem Ensemble der populären szenischen Massenunterhaltung deutlicher als in der Komik. Zirkus, Vaudeville, Music Hall, Caf'conc', Varieté: Nicht nur rekrutiert der frühe komische Film – wie die frühen französischen Burlesken, aber auch die Pioniere des amerikanischen Slapsticks und die Filmkomiker bis weit in die zwanziger Jahre hinein beweisen – sein Personal aus dem Milieu der Zirkusclowns, Artisten, Illusionisten und Bühnenkomiker; auch haben sich deren Prinzipien der sinnlichen Repräsentation dem frühen Film nachhaltig eingeschrieben. Im bewussten Unterschied, wenn nicht gar Widerspruch zur szenischen Hochkultur der gehobenen bürgerlichen Wort- und Illusionsbühne gehören zu den Prinzipien jener populären szenischen Schaustellung vor allem:

- der Primat des Körpers als Attraktions- und Ausdrucksmedium;
- das darstellerische Prinzip der gestischen *performance* im Unterschied zur auf einfühlend-illusionsbildende Effekte bedachten Darstellung;
- das Prinzip der auf erkennbare Selbstreferentialität angelegten Typisierung;
- die sichtbare Künstlichkeit des szenischen *setting*.

Der frühe komische Film lebt von der Paradoxie, mit bislang nicht gekannten illusionsbildenden Potentialen diese Prinzipien szenischer Darstellung anzuverwandeln, sie mit seinen apparativen Mitteln zu überformen und sie noch zu forcieren. Es ist das »Kino der Attraktionen«, so wie es Tom Gunning in Anlehnung an Eisensteinsche Begrifflichkeit in Abhebung zum später dominanten Kino des narrativen Films genannt hat.

Schon die Brüder Lumière brachten 1895 in ihrer ersten öffentlichen Filmvorführung mit *Le jardinier et le petit espiègle* die erste komische Spielhandlung auf die Leinwand. Der Lausbubenstreich mit einem abgeklemmten Wasserschlauch, bei dessen Überprüfung der Gärtner nass gespritzt wird, entstand nach der Vorlage eines Comicstrips und lässt damit den engen Zusammenhang mit den populären Unterhaltungsformen erkennen. Gleichzeitig begründet der Film auch die Kultur des Remakes: Das erste von insgesamt drei entstand bereits im folgenden Jahr unter dem heute bekannten Titel *L'arroseur arrosé* (1896). *Der begossene Gärtner* vereinigt als Urszene zentrale Elemente früher Filmkomik: Der Gartenschlauch inkarniert die Tücke des Objekts, eine sich gegen den Menschen verselbständigende Technik, und am Ende steht eine kurze Verfolgungsjagd. Dabei gerät im theatralischen Agieren für die Kamera das *hors champs* in den Blick, wenn der Gärtner den Jungen vom Rand des Bildrahmens in dessen Mitte zerrt, um ihm für den Zuschauer und für diesen gut sichtbar den Hintern zu versohlen – womit zumindest retrospektiv sich zur komischen Geschichte unbeabsichtigte Situationskomik gesellt. Aber auch spezifisch filmtechnische Möglichkeiten zur Erzeugung komischer Effekte wurden in den ersten Lumière-Streifen erprobt: *Démolition d'un mur* (1896) zeigt den Abriss einer Mauer und daran angehängt die gleiche Szene noch einmal rückwärts – mit dem aberwitzigen Resultat, dass sich die Steine aller raumzeitlichen Logik zum Trotz wieder aufrichten.

Komische Effekte dank filmtechnischer Möglichkeiten wie Mehrfachbelichtung und Stopptrick entwickelte der Zauberkünstler Georges Méliès zu einem tragenden Element seiner fabelhaften Geschichten: Ob Teufel explosionsartig aus dem Nichts im Bild auftauchen, Köpfe ausgetauscht werden oder gräuliche Mondbewohner sich im Kampf buchstäblich in Rauch auflösen, immer wird die Tricktechnik bewusst für die verblüffend-komische Wirkung genutzt, womit mediale Illusionierung und Verfremdung Hand in Hand gehen. Und wenn es dem Magier Méliès auch nicht um die Sphäre des Realen oder eine kritische Dimension ging, so ironisieren seine Geschichten mit den weißbärtigen Wissenschaftlern und forschen Entdeckern indes Autoritäten und Heldenfiguren der bürgerlichen Aufklärung. Blieben Méliès' Inszenierungen auch weitgehend dem Theaterdispositiv verhaftet, so nutzte er den Kinematografen zur lustvollen Überschreitung von Grenzen, seien es die des Körpers oder der Logik und Empirie.

Das Prinzip der Grenzüberschreitung und Normverletzung charakterisiert die frühen Burlesken, die mit anarchischer Lust bürgerliche Ordnungsmuster karikieren und deren Symbole – möglichst massenhaft – zerstören, Autoritäten der Lächerlichkeit preisgeben sowie surreale Experimente mit maschinisierten Körpern in einer verlebendigten Dingwelt anstellen. Akkumulation und Akzeleration sind die Grundformel, die Attraktivität und Schauwerte dieses »Kinos der Attraktionen« liefert. Es stellt Max Linders historisches Verdienst dar, in diesen Zusammenhängen als Erster nicht nur nachhaltig wirksam einen eigenständigen Sozialtypus ausgebildet zu haben, dessen Verhalten ständig komische Friktionen des Sozialen erzeugt und exponiert; Linder hat darüber hinaus diese Repräsentationsleistung synthetisiert mit der Aktualisierung komischer Wahrnehmungsmuster, wie sie nur die Filmapparatur zu erzeugen und zur Geltung bringen vermag. Von Max Linder und seinen heute weitestgehend vergessenen Kollegen des frühen französischen Films (André Deed, René Gréhan, Romeo Bosetti, Etienne Bourbon) haben zahlreiche Filmkomiker der zehner und zwanziger Jahre gelernt. »Es waren die Franzosen, die den Slapstick-Film erfunden haben, und ich habe sie imitiert [...]. Ich habe meine ersten Einfälle bei den Brüdern Pathé gestohlen«, bekannte freimütig Mack Sennett, seinerseits Schlüsselfigur für die Entwicklung der amerikanischen Filmkomödie in den zehner und frühen zwanziger Jahren. Und Chaplin, der schon als Mitglied der britischen Wandertruppe des Fred Karno und dann auch mit seinen frühen Filmen Max Linder nicht nur im Outfit imitierte, schrieb dem Franzosen 1917 eine bekannte Widmung: »Dem einen und einzigen Max, dem Professor/Lehrer von seinem Schüler.«

5

Der Tonfilm bedeutete in mehrfacher Hinsicht eine Zäsur, nicht nur, weil nun Musik und O-Ton-Geräusche zur Erzeugung komischer Effekte verwendet werden konnten; nicht nur, weil die Sprechfähigkeit des Films nun die Ausbildung nationaler Formen der Filmkomödie beförderte. Mit dem Tonfilm entdeckt die Filmkomödie vor allem die vielfältigen Möglichkeiten, den Wortwitz absurder (allen voran die Marx Brothers), elegant geschliffener oder trommelfeuerartiger Dialoge (*screwball comedy*) mit den Strategien visualisierter Komik zu synthetisieren. So wie Sprache ein *gesellschaftliches* Kommunikationsmittel darstellt, verschiebt sich in der Tonfilmära des Gewicht von der Typenkomödie in der Stummfilmzeit, die vorrangig von den Qualitäten des großen *performers* vom Schlage eines Charles Chaplin, Buster Keaton oder Harold Lloyd lebte, zugunsten einer Konstruktion des Komischen, in deren Rahmen Personen interagieren. Insbesondere Ernst Lubitsch hat demonstriert, welche Frivolität und welch verführerische Kraft – auch mit Blick auf den imaginär involvierten Zuschauer – in der Kunst des sprachlich wie visuell nur Angedeuteten liegt. So bewahren auch Lubitschs Filme in Zeiten der ›Vergesellschaftung‹ des Komischen den Primat der Einstellung – nun allerdings auch in dem Sinne, dass es die Lust an komischer Tabuverletzung gegenüber der Prüderie des Production Codes nicht allein zu behaupten, sondern sie provokativ offensiv durchzusetzen gilt. So können schließlich auch – aller politischen und moralischen *correctness* zum Hohn – selbst Hitler, der Überfall auf Polen und der polnische Widerstand zum Sujet einer Filmkomödie werden.

6

Jacques Tati, Jerry Lewis, Woody Allen stehen für eine Entwicklung der Nachkriegszeit, die auf unterschiedliche Weise das Prinzip der subjektzentrierten »comedian comedy« (Steve Seidman) mit dem des Komisch-Konstruktiven synthetisieren. Symptomatisch ist die Personalunion von Autor, Protagonist und Regisseur, symptomatisch auch die situative Konfiguration in ihren Filmen: ob Monsieur Hulot in dem Mikrokosmos des Badeortes oder im hypermodernistischen Paris, ob Jerry Lewis, das personifizierte monströs-exzentrische »Symbol des schlechten Geschmacks, betrachtet als eine der schönen Künste« (Bernard Davidson), inmitten des mittelständischen Durchschnitts-Amerika, ob der neurotische Alvy Singer oder der nicht weniger unsichere Isaac Davis im Kreis der New Yorker Intellektuellen-Schickeria – der Protagonist lebt in einem sozialen Geflecht, das mit außerordentlicher visueller Präzision filmisch ausgeleuchtet wird. Was ursächlich komische Effekte produziert – das Subjekt oder das soziale Dispositiv –, bleibt dabei oft in einer labilen Schwebe. Das ist das Beunruhigende an diesen komischen Filmen, und das von ihnen hervorgerufene Lachen ist weniger ein befreiendes, sondern beklemmendes.

7

Mit *Monty Python's Flying Circus* als Exponent artikuliert sich in den späten sechziger Jahren paradigmatisch ein alt-neues Muster von Filmkomik. Revitalisiert wird die alte Tradition des *performers* aus der filmischen Vor- und Frühzeit. Neu ist deren Aktualisierung unter den Bedingungen des medial hochgerüsteten Zeitalters. Das Spiel mit den Stereotypen, Genrekonventionen und medialen Übermittlungsformen von Bühnensketch, Radioshow, Kinofilm und Fernsehsendung schaffen die Voraussetzung für einen anarchischen medialen Karneval, der in seinen besten Zügen zumal medial selbstreflexives Potential birgt. Fast scheint es, als hätten John Cleese & Co. in ihrer Studienzeit Michail Bachtin und seine Arbeiten zur Lachkultur gelesen. In Form von Genre-Parodien haben dies als quasi postmoderne Zitatdurchlauferhitzer vor allem Mel Brooks und die Produktionen des Zucker-Abraham-Zucker-Gespanns kultiviert. Auch die neuen Medien haben Einzug in die Filmkomödie gehalten, und während die digitale Technik häufig nur der Optimierung naturalistischer Effekte dient – Stichwort: Spielbergs sabbernde Saurier –, wird sie in *Forrest Gump* (1993) selbstironisch in ihrem manipulativen Potential vorgeführt oder in *Amélie* (2001) zur visuellen Umsetzung von Sprichwörtern eingesetzt. Wo Ernst Lubitsch 1919 in *Die Puppe* ein vor Angst in die Hose gerutschtes Herz noch mit einem aus den Beinkleidern gezogenen Pappherzen visualisierte, zerfließt heute Amélies ›Realkörper‹ vor Scham. Das selbstreferentielle und selbstparodistische Spiel mit ihrer eigenen Mediengeschichte wird zu einer unverkennbaren Signatur der Filmkomödie in den letzten Jahrzehnten des 20. Jahrhunderts.

8

So scheinbar problemlos die meisten Filme ins Genre der Komödie sich einordnen lassen, so schwierig bzw. unmöglich ist es, eine formelhafte, zeitlos gültige Definition dafür vorzulegen. Ist doch bereits das genrekonstitutive Versprechen von ›Komik‹ ein zeit- und kontextabhängiges Wahrnehmungsphänomen, das nur pragmatisch bestimmt werden kann[7] – in den Worten von Robert Gernhardt: »Humor hat man, Komik macht oder entdeckt man.«[8]

Zudem sind die Genregrenzen alles andere als klar abgesteckt, sondern im Gegenteil häufig fließend wie beispielsweise zum Grauen oder zur Tragödie, was *C'est ar-*

7 Vgl. Wolfgang Iser, »Das Komische: ein Kipp-Phänomen«, in: Preisendanz/Warning (1976) S. 399; Zehrer (2002) S. 17ff.

8 Gernhardt (1988) S. 10.

rivé près de chez vous (*Mann beißt Hund*, 1992) oder *La vita è bella* (*Das Leben ist schön*, 1998) mal zynisch, mal tragisch-schmerzhaft vor Augen führen. Komische Elemente – ob bewusst oder unbewusst angelegt – sind in vielen Filmen zu finden, und wer wollte entscheiden, ob eine Negativutopie wie *Dr. Strangelove* (1963) eher in den Komödien- oder in den Science-Fiction-Band der vorliegenden »Filmgenres«-Reihe gehört. So ist Stanley Kubricks Film in beiden zu finden, was beispielhaft auf die Porosität des Genrebegriffs und dessen heuristische Grenzen verweist. Genauso vielfältig wie die verschiedenen zur Komödie zählenden Subgenres wie Romanze, Burleske, Satire, Parodie, Lustspiel, Groteske sind die Funktionen des Lachens: von subversiv über anarchisch, (sozial)kritisch, moralisierend, infantilisierend, regressiv bis hin zur Entlastung von Sinnansprüchen.

Bei der folgenden Rekonstruktion komischer ›Einstellungen‹ am praktischen Beispiel musste leider vieles ungenannt bleiben. Dafür gibt es teilweise gute Gründe: So fehlen Cartoons bzw. Zeichentrick, da dem Animationsfilm ein eigener Band in dieser Reihe des Verlags gewidmet ist, wobei von Tex Avery bis *Shrek* (2001) viele ihren Platz hier verdient hätten. Aufgrund der erwähnten Überschneidungen findet sich beispielsweise *Pirates of the Carribean* (*Fluch der Karibik*, 2003) in dem Band zum Abenteuerfilm, *Mars Attacks!* (1996) im Science-Fiction-Band usw. Andere Filme fehlen aus Platzgründen; ursprünglich hatten die Herausgeber ein weitaus umfangreicheres Korpus vorgesehen. Ökonomische und buchpraktische Vorgaben setzten jedoch dem Vorhaben Grenzen. Dementsprechend ist die Lage, mit Billy Wilder gesprochen, »hoffnungslos, aber nicht ernst!«

Heinz-B. Heller / Matthias Steinle

Auswahlbibliografie: Janice Anderson: History of Movie Comedy. New York 1985. – Bruce Babington / Peter William Evans: Affairs to Remember. The Hollywood Comedy of the Sexes. Manchester 1991. – Michail Bachtin: Literatur und Karneval. Zur Romantheorie und Lachkultur (1929). Frankfurt a.M. 1996. – Henri Bergson: Das Lachen (1900). Lizenzausgabe nach der 1921 im Verlag Eugen Dederichs, Jena, erschienenen 2. Aufl. der Übers. Meisenheim am Glan 1948. [Neue Übers. Darmstadt 1988.] – Karl Heinz Bohrer / Kurt Scheel (Hrsg.): Lachen. Über westliche Zivilisation. Sonderheft des *Merkur*. H. 9/10. September/Oktober 2002. – Thomas Brandlmeier: Filmkomiker. Die Errettung des Grotesken. Frankfurt a.M. 1983. – Kevin Brownlow: The Parade's Gone By ... London 1968. – Stuart Byron / Elisabeth Weis (Hrsg.): The National Society of Film Critics on Movie Comedy. New York 1977. – Rainer Dick: Lexikon der Filmkomiker. Ihr Leben, ihre Rollen, ihre Filme – über 300 Filmkomiker. Berlin 1999. – Sigmund Freud: Der Witz und seine Beziehung zum Unbewußten (1905). In: S. F.: Studienausgabe. Bd. 4: Psychologische Schriften. Frankfurt a.M. 1970. – Robert Gernhardt: Was gibt's denn da zu lachen? Zürich 1988. – Rolf Giesen: Lachbomben. Die großen Filmkomiker. Vom Stummfilm bis zu den 40er Jahren. München 1991. – Rolf Giesen: Die großen Filmkomiker. Von 1945 bis heute. München 1993. – Tom Gunning: The Cinema of Attractions: Early Film, its Spectator and the Avant-Garde. In: Thomas Elsaesser / Adam Barker (Hrsg.): Early Cinema. Space – Frame – Narrative. London 1990. S. 56–62. – Andrew S. Horton (Hrsg.): Comedy/Cinema/Theory. Berkeley / Los Angeles 1991. – Dietmar Kamper / Christoph Wulf: Lachen – Gelächter – Lächeln. Reflexionen in drei Spiegeln. Frankfurt a.M. 1986. – Ernst Karpf [u. a.] (Hrsg.): »Ins Kino gegangen, gelacht«. Filmische Konditionen eines populären Affekts. (Arnoldshainer Filmgespräche. 14.) Marburg 1997. – Walter Kerr: The Silent Clowns. New York 1975. – Peter Král: Le Burlesque ou Morale de la tarte à la crème. Paris 1984. – Peter Král: Les Burlesques ou Parade des somnambules. Paris 1986. – Susanne Marschall: Komödie. In: Reclams Sachlexikon des Film. Hrsg. von Thomas Koebner. Stuttgart 2002. S. 306–313. – Gerald Mast: The Comic Mind. Comedy and the Movies. Chicago [2]1979. – Leonard Maltin: The Great Movie Comedians. From Charlie Chaplin to Woody Allen. New York 1978. – T. G. A. Nelson: Comedy. The Theory of Comedy in Literature, Drama, and Cinema. Oxford / New

York 1990. – Helmuth Plessner: Lachen und Weinen. Eine Untersuchung nach Grenzen menschlichen Verhaltens. Bern/München [3]1961. – Wolfgang Preisendanz / Rainer Warning: Das Komische. München 1976. – Françoise Puaux: Le comique à l'écran. (CinémAction. Nr. 82.) Paris 1997. – Bernhard Roloff / Georg Seeßlen: Klassiker der Filmkomik. Eine Einführung in die Typologie des komischen Films. (Grundlagen des populären Films. 1.) München 1976. – Heide Schlüpmann: Die Geburt des Kinos aus dem Geist des Lachens. In: Psyche 48 (1994) S. 1075–87. – Georg Seeßlen: Klassiker der Filmkomik: Geschichte und Mythologie des komischen Films. (rororo-Sachbuch. 7424.) Reinbek 1982. – Steve Seidman: Comedian Comedy. A Tradition in Hollywood Film. Ann Arbor (Mich.) 1979. – Klaus Cäsar Zehrer: Dialektik der Satire. Zur Komik von Robert Gernhardt und der »Neuen Frankfurter Schule«. Diss. Bremen 2002. [http://elib.suub.uni-bremen.de/publications/dissertations/E-Diss259_zehrer.pdf]

Folgende Abkürzungen wurden verwendet: R = Regie; B = Buch; K = Kamera; M = Musik; D = Darsteller; s/w = schwarzweiß; f = farbig; min = Minuten; BRD = Bundesrepublik Deutschland; ČS = Tschechoslowakei; D = Deutschland; DDR = Deutsche Demokratische Republik; E = Spanien; F = Frankreich; GB = Großbritannien; I = Italien; JAP = Japan; S = Schweden; SU = Sowjetunion; USA = Vereinigte Staaten von Amerika.

Die Anfänge von Max im Film

Les débuts de Max au cinéma

F 1906 s/w 7 min

R: Lucien Nonguet
D: Max Linder (Max), Georges Monca (er selbst), Lucien Nonguet (er selbst), Charles Pathé (er selbst)

Schon Mack Sennett bekannte freimütig in seiner Autobiografie: »Es waren die Franzosen, die den Slapstick-Film erfunden haben, und ich habe sie imitiert [...]. Ich habe meine ersten Einfälle bei den Brüdern Pathé gestohlen.« Gemeint sind jene komischen Folgen, in denen etwa André Deed den Serienhelden *Boireau*, René Gréhan seinen *Gontran*, der Italiener Romeo Bosetti seinen *Calino*, Etienne Bourbon seinen *Onésime* oder Prince (alias Charles Petitmange) seinen *Rigadin* verkörperte, der nicht nur in Frankreich, sondern auch im europäischen Ausland außerordentlich populär war: in Italien unter dem Namen *Tartufini*, in Spanien als *Sallustino*, in Deutschland als *Moritz* oder in England als *Whiffles*. Vor allem war da noch ein gewisser Gabriel Maximilien Leuvielle, der ab 1905 unter dem Künstlernamen Max Linder bei Pathé auftrat und binnen weniger Jahre zum ersten internationalen Kinostar wurde – mit allen Begleiterscheinungen des Starwesens, einschließlich dessen, was heute der Begriff des Merchandising abdeckt; jener Max Linder, den Chaplin bereits als Mitglied der Wandertruppe von Fred Kano und in seinen frühen Filmen nicht nur im Outfit imitierte und dem er 1917 die bekannte Widmung schrieb: »Dem einen und einzigen Max, dem Professor/Lehrer von seinem Schüler.«

Was Max Linder mit den heute weithin vergessenen Darstellern aus den frühen komischen Filmen nach der Jahrhundertwende verband, war jene aus dem Zirkus,

Vaudeville und Varieté übernommene populäre szenische Darstellungsweise, die im bewussten Unterschied, wenn nicht gar Widerspruch zur szenischen Hochkultur der bürgerlichen Wort- und Illusionsbühne vor allem zum Prinzip hatte:

(1) Primat des Körpers als Attraktions- und Ausdrucksmedium; (2) das darstellerische Prinzip der gestischen *performance* im Unterschied zu einer auf einfühlend-illusionsbildende Effekte bedachten Darstellung; (3) das Prinzip einer auf erkennbare Selbstreferentialität angelegten Typisierung (z. B. durch konstante Kostümierung); (4) das letztlich anti-illusionistische *setting*, das die Künstlichkeit der szenischen *performance* demonstrativ ausstellt – selbst da, wo sie insgesamt auf die Erzeugung illusionistischer Effekte im Rahmen der fiktiven Spielhandlung abzielte.

Max Linders historisches Verdienst ist es, in diesen Zusammenhängen mit der Figur des *Max* nicht nur nachhaltig wirksam einen eigenständigen, unverwechselbaren Sozialtypus ausgebildet zu haben, dessen Verhalten ständig komische Friktionen des Sozialen erzeugt und exponiert; Linder hat darüber hinaus diese Repräsentationsleistung synthetisiert mit der Aktualisierung komischer Wahrnehmungsmuster, wie sie nur die Filmapparatur zu erzeugen und zur Geltung zu verbringen vermochte.

So greift der Film *Les débuts de Max au cinéma* nicht nur ein selbstreferentielles Thema auf, sondern entfaltet im Modus des Komischen zugleich auch einen elliptischen, anspielungsreichen Diskurs *über* den frühen Film. Da ist der bei Pathé antichambrierende, Arbeit suchende und von Vorzimmer zu Vorzimmer geschickte Schauspieler Max, der erst nach unendlichen Bemühungen mit einem Verantwortlichen, dem authentischen Regisseur Louis Gasnier, zusammentrifft. Handgreiflich wird Max klargemacht, was zu dieser Zeit Schauspielen im Film heißt – zunächst unentwegt Ohrfeigen einzustecken und erst dann selbst auszuteilen. Frühes Kino – so die An-/

Einsicht – ist ein Kino des Körpers, vor allem des malträtierten! Später sehen wir Max beim Dreh einer Filmszene: offensichtlich eine Krisensituation – Max in einem Wohnzimmer in Gegenwart einer jüngeren und einer älteren Frau (Tochter und Schwiegermutter?). – Es gibt Streit. – Max wird aus dem Fenster geworfen. – Ihm folgen eine Matratze, ein Kleiderschrank, ... – Das alles wird von einem auf der Straße bildlich präsenten Kamerateam aufgenommen. – Ein zufällig vorbeikommender Passant stört sich an dem Chaos auf dem Bürgersteig. Es entwickelt sich eine Schlägerei, in die zusätzlich ein Radfahrer gerät. Das Aufnahmeteam ist fasziniert von der Action und setzt mit der Kamera nach. Was als fiktive Spielhandlung – als Film im Film – begann, ist unversehens zur filmischen Realhandlung mutiert, die Fiktion zur Wirklichkeit geworden, und aus der Rollenfigur Max der real gebeutelte Darsteller als Prügelknabe. Als sich dessen Widerpart entfernt hat, gibt der Regisseur Max zu verstehen, dass er am Ende der Aufnahme in die Kamera lachen müsse. – Max fällt es sichtlich schwer. Gleichwohl bewährt sich Max als *performer*. Mit dem vom Regisseur erzwungenen Lachen am Ende des Films wird die dem *performer* abverlangte Fähigkeit zur Rollendistanz sinnfällig.

Max ist aber auch und vor allem in sozialer Hinsicht ein *performer* – und dies in einem doppelten Wortsinn. Zum einen tritt er in rund 200 Filmen auf in der Gestalt des Max als ungemein anpassungsfähiger, fast versatiler Sozialtypus, der seine Bühne in der fadenscheinigen Gesellschaft der Belle Epoque findet. Denn die Signatur der französischen Belle Epoque um die Jahrhundertwende ist die vom Gedanken des »Enrichissez-vous« geprägte und vom industriellen Aufschwung angeheizte Hochstimmung, sind die Veräußerlichungen und Verschiebungen gesellschaftlicher Ausdrucksformen: Spekulation und Konsum statt harter körperlicher Arbeit, Genuss statt ökonomisierender Ethik – ganz so, wie das gehobene Bürgertum mit einem aufwendigen Lebensstil die bis dahin weitgehend dem Adel vorbehaltenen Gewohnheiten kopierte und wie selbst die Arbeiterschaft, deren soziale Lage sich besserte, ihrerseits bürgerliche Lebensgewohnheiten zu übernehmen begann.

In dieser Gesellschaft findet Max seinen Spielraum. Indem er den Genuss und den Luxus, der oft nur ein erborgter Schein ist, für sich ernst und umstandslos in Anspruch nimmt, bewegt er sich, der charmante Spieler, wie der Fisch im Wasser. Dazu prädestinieren ihn seine eleganten Bewegungen und vor allem sein distinguiertes Äußeres: zumeist mit Chapeau Claque, Gehrock, gestreifter Hose, Knopfgamaschen, Spazierstöckchen, modischem Schnurrbart. Unschwer erkennt man die Ähnlichkeit zu Chaplins späterem Charlie, nur ist Max sozial – und auch äußerlich – noch nicht auf den Hund gekommen. Anders als Charlie passt ihm das Outfit des Flaneurs und dandyhaften Müßiggängers vollendet. Wo für Charlie sich der Widerspruch zwischen sentimentaler Sehnsucht nach einer verlorenen Geborgenheit des privaten Glücks und sozialdarwinistischem Behauptungswillen auftun wird, den ihm das moderne Amerika abverlangt, da schlägt sich Max ganz im Einklang mit seiner Zeit, der Belle Epoque, und ihren Problemen durch: bequem, d.h. ohne Arbeit zu Wohlstand kommen, die genießerische Existenz eines müßiggängerischen Flaneurs behaupten, Rituale der Brautwerbung, einschließlich des Widerparts ebenso hässlicher wie störender Schwiegermütter, durchstehen, in Geld-, Familien-, Liebesnöte geraten, »die sich oft genug als Riesenschwindel entpuppen; mitten in alledem mogelt sich Max, elegant und charmant und evident unverdient durch die Filme« (Brandlmeier). Und es gelingt ihm, weil er als gesellschaftlicher *performer* par excellence, der anderen etwas vorzuspielen vermag, über eine außergewöhnliche Fähigkeit zur Anpassung an die unterschiedlichsten sozialen Rollen und Situationen verfügt. »Linder frappiert durch seine Elégance, die subtile Übereinstimmung zwischen seiner Person und den Dekors, in denen er sich entwickelt«, schreibt André Martin. Doch ist mit Recht angemerkt worden, dass »diese Elégance [...] nicht wirklich« ist, »nicht in der Person verankert, [...] nichts als Tünche« ist; »sie ist nicht die eines Mannes von Welt, sondern die eines hochgekommenen Ladenschwengels, der alle Elemente aus den Katalogen der Herrenkonfektion der großen Kaufhäuser genommen hat« (Charles Ford). Manfred Engelbert hat darauf aufmerksam gemacht, dass dieser Typus aus zeitgenössischer Perspektive in zweifacher Hinsicht komisch gesehen werden kann: »Von oben herab, weil man den ›Möchte-gern-Parvenü‹ (den man selbst vielleicht gerade hinter sich hat) verspotten kann. Von unten hinauf, weil man sich über die Tölpelhaftigkeit des Schicksalsgenossen freuen mag, solange man selbst hoffen kann, weiterzukommen, wenn man sie durch bessere Leistung vermeidet.«

Zum anderen ist Max Linder aber auch ein *performer* in filmästhetischer Hinsicht – nämlich als Darsteller und Regisseur, der dem von ihm verkörperten Typus im Medium Film und mit den Mitteln des Mediums Film einen bis dahin einzigartig konsequenten Ausdruck verschaffen sollte. Ein besonders anschauliches Beispiel stellt der 1921 in den USA gedrehte Film *Be my Wife!* (*Soyez ma femme / Werde meine Frau*) dar: Max ist von der strengen Tante Agathe aus dem Haus seiner Angebeteten gewiesen worden. Wiederholt versucht Max, in unterschiedlichen Verkleidungen ihre Nähe zu finden: als Musiklehrer mit falschem Bart im Salon, als Vogelscheuche im Garten ... Doch jedes Mal wird seine Mimikry unfreiwillig enttarnt, sei es durch den scharfen Blick des stets anwesenden Hundes, sei es durch das nicht minder scharfe Auge der Tante. Erst als es ihm gelingt, im Hause der Tante einen Raubüberfall zu fingieren, bei dem er sich als Retter der Frauen aufspielen kann, gibt die gestrenge Tante seinem verweichlicht-ängstlichen Rivalen Simon den Laufpass. Die besondere Pointe des fingierten Überfalls besteht darin, dass Max in einer von rasanten Rollen- und Kostümwechseln geprägten *performance* den Einbrecher und den selbstlosen Helfer zugleich spielt; ein raffiniertes Spiel mit den filmischen Blickstrategien und subjektiven Wahrnehmungsdifferenzen, in das der Filmzuschauer als imaginärer Mitspieler einbezogen wird, der – privilegiert durch Achsensprünge der Kamera – sowohl Maxens Kunst der *Ver*stellung wie die der *Vor*stellung goutieren darf. *Heinz-B. Heller*

Literatur: Charles Ford: Max Linder. Paris 1966. – Jean Mitry: Max Linder. In: Anthologie du Cinéma. Bd. 2, Paris 1967. – Thomas Brandlmeier: Filmkomiker. Die Errettung des Grotesken. Frankfurt a. M. 1983. – Maud Linder: Max Linder. Paris 1992. – Manfred Engelbert: *Max*, Kind der ›Belle Epoque‹. Die französische Filmkomödie im Zeitalter ihrer Weltgeltung: *Max macht Mode* (*Max lance la mode*, 1912). In: Werner Faulstich / Helmut Korte (Hrsg.): Fischer Filmgeschichte. Bd. 1: Von den Anfängen bis zum etablierten Medium. 1895– 1924. Frankfurt a. M. 1994. – Françoise Puaux: Des précurseurs français pour mémoire: Max Linder et les autres. In: »Le comique à l'écran«. CinémAction (1997) Nr. 82.

Tillies Romanze auf Raten

Tillie's Punctured Romance

USA 1914 s/w 73 min

R: Mack Sennett
B: Hampton Del Ruth, Mack Sennett nach dem Stück *Tillie's Nightmare* von Edgar Smith
K: Hans F. Koenekamp, Frank D. Williams
D: Charles Chaplin (Charlie, City Slicker), Marie Dressler (Tillie Banks), Mabel Normand (Mabel)

Der kleine Großstadtganove Charlie treibt sich in ländlichen Gefilden herum, um der Polizei zu entgehen. Hier lernt er die massige Bauerntochter Tillie kennen, die ihm einen Ziegelstein an den Kopf wirft, den eigentlich ihr Hund apportieren sollte. Zur Genesung ins Haus gebracht, erkennt Charlie, dass Tillies Vater Geld im Haus aufbewahrt. Leidenschaft vorgaukelnd, überredet er Tillie, das Geld zu nehmen und von zu Hause wegzulaufen, um mit ihm in der Stadt zu leben. Da sie aber selbst auf das gestohlene Geld Acht gibt, hat es Charlie recht schwer, die Beute für sich zu sichern und Tillie loszuwerden. Schließlich schafft er es, sie in einem Restaurant sitzenzulassen; da sie nicht bezahlen kann, wird sie eingesperrt, er kann sich mit seiner Freundin Mabel treffen. Tillie erlangt die Freiheit wieder, indem sie ihren Onkel anruft, der ein stadtbekannter Millionär und Bergwanderer ist; doch traut sie sich nicht, ohne das Geld zu ihrem Vater zurückzukehren. So beschließt sie, in der Stadt zu bleiben, und wird Serviererin in just jenem Restaurant, in dem sie verhaftet wurde. Lange müssen die Gäste allerdings nicht Tillies grobschlächtigen Bedienungsstil ertragen, denn ihr Onkel stürzt bei einer Bergwanderung ab, wird für tot gehalten, und Tillie wird als Alleinerbin zur Millionärin. Per Zeitungsanzeige wird nach ihr nun in der Stadt gefahndet.

Für Charlie, der die Neuigkeit in der Zeitung liest, wird Tillie nun wieder interessant, und er versucht jetzt erneut mit gespieltem Pathos, ihr Mann zu werden, bevor sie selbst von ihrer Millionenerbschaft erfährt. Der Plan gelingt, und die beiden beziehen als Ehepaar des Onkels Villa. Während einer großen Gesellschaft trifft Charlie in der Villa Mabel wieder, die als Kellnerin arbeitet. Beide verschwinden in eine lauschige Ecke, werden jedoch von Tillie entdeckt, die darauf mit einer langläufigen Pistole um sich schießt. Während das Chaos ausbricht, kehrt der Onkel heim, der bei dem Absturz mitnichten zu Tode gekommen ist, sondern in einer Berghütte gesund gepflegt wurde. Erbost lässt er die Polizei rufen und verweist alle des Hauses. Draußen nimmt die Verfolgungsjagd nun erst richtig ihren Lauf: Tillie verfolgt Mabel und Charlie, alle drei werden von der Polizei verfolgt, die auch noch Verstärkung von der Wasserpolizei erhält, da die Jagd zur Hafengegend führt. Letztendlich muss Tillie unter Aufwendung aller verfügbaren Kräfte aus dem Wasser gerettet werden, und nachdem dies gelungen ist, kann Mabel erkennen, wie sehr Charlie sowohl sie als auch Tillie ausgenutzt hat. Die beiden Frauen fallen sich in die Arme, während der kleine Ganove von der Polizei weggeschleppt wird.

In einem Vorspanntitel der Wiederveröffentlichungsfassung von *Tillie's Punctured Romance* ist zu lesen, dass der Film die erste abendfüllende Komödie der Filmgeschichte sei. Ob dieser Superlativ tatsächlich zutrifft, sei bei der Quellenlage zum Stummfilm dahingestellt, doch tatsächlich handelt es sich hier um einen frühen Versuch, die Dramaturgie der Slapstick-One-Reeler (Kurzfilme von ca. 15 Minuten Länge) auf Spielfilmlänge zu bringen. Prinzipiell hat man hierfür eine alternierende Form gefunden, in der Sequenzen, worin Tillie zusammen mit Charlie auftaucht, sich mit solchen abwechseln, in denen Tillie allein agiert. Daraus entsteht eine Struktur, in der Situationen, wie sie auch schon für One-Reeler entworfen wurden, zu einer Handlungskette zusammengefügt werden können. Mack Sennett, Produzent und Regisseur der Keystone Company, kann somit seine Erfahrungen der frühen Kurzfilme aneinanderreihen, um diese abendfüllende Komödie zu drehen. Durch dieses Prinzip entsteht freilich keine stringente Spielfilmhandlung, wie die Inhaltsangabe schon vermuten lässt, sondern eine recht absurde Handlungsfolge, die aber gerade geeignet ist, die grotesken Formen des Slapstick auf eine Laufzeit von knapp 75 Minuten zu bringen.

Auch können durch diese Erzählform die Figurenkonzeptionen der One-Reeler beibehalten werden. Marie Dressler kann sowohl allein als grobschlächtige Titelfigur Tillie auftreten und die sie umgebenden Objekte und Personen malträtieren, sie kann aber auch im Duo zusammen mit Chaplin eine absurde Figur abgeben. Ihr spezifischer Körperrhythmus ist in beiden Fällen das Hauptelement der Bildkomposition. Dies zeigt schon an, dass Charles Chaplin hier noch nicht die eigentliche Hauptfigur spielt. Tatsächlich taucht er für den heutigen Betrachter (mit internalisiertem Chaplin-Bild) zunächst sehr befremdlich mit Vaudeville-Strohhut und dünnerem Schnauzbärtchen auf; erst im Laufe der Erzählung ist er mit Melone zu sehen. Noch eigenartiger erscheint hier die Handlungsmotivation der Charlie-Figur, wenn man an den gutmütigen und gewitzten, jedoch am Rande der Gesellschaft existierenden Tramp denkt. Hier ist Charlie ein Ganove, der nur an Bereicherung und an persönlichen Genuss denkt. Die Erzählung wird durch diesen Charakterzug angestoßen, der sich auch durch die Ereignisse der Geschichte nicht ändert und letztlich zum Verschwinden Charlies führt – einerseits dadurch, dass er ins Gefängnis gesteckt wird, andererseits durch die Handlung der Frauen, die erkennen, dass sie es nicht nötig haben, sich von ihm ausnutzen zu lassen. Dieser letzte Aspekt verwundert den heutigen

Betrachter ebenfalls, und man fragt sich, ob hier nicht erneut ein Beispiel dafür vorliegt, dass frühe Erzählungen der Kinematografie oft aufgeklärter waren als das sie umgebende gesellschaftliche oder politische System.

Garantiert nicht über den Standard der Zeit hinaus geht zwar die Gestaltung des Films in Bezug auf Montage und Einstellungsgestaltung, doch ist sie dennoch als konsequente Komödiendramaturgie mit sich steigerndem Tempo und durchdachter Bildgestaltung zu erkennen. Auf der Einstellungsebene wird vor allem mit der Personengruppierung innerhalb der Rahmung komponiert. Vermehrt begegnet man Dreiergruppen von Figuren, die nebeneinanderstehend in halbtotalen Einstellungen zu sehen sind. Durch diese Grundkonstellation und sich verwebende Armgestik werden die Figuren aufeinander bezogen bzw. voneinander getrennt. Dieses Nebeneinander von Figuren, das als typische Slapstick-Komposition zu erkennen ist, wird oft als ruhigere Ausgangsposition genutzt, um daraus größeres Bewegungschaos entstehen zu lassen. Die chaotischen bis grotesken Bewegungen der Slapstick-Komödien sind auch in diesem Film ein Hauptgestaltungselement, doch durch einige Bemühungen, die einzelnen Episoden zu einer Gesamtdramaturgie zu verknüpfen, z.B. durch die Sequenzen mit Tillies Onkel, wird der Slapstick-Rhythmus, wie man ihn aus den One-Reelern kennt, etwas zurückgenommen, was die Frage aufkommen lässt, ob Slapstick überhaupt eine Komödienform ist, die außerhalb der Kurzfilmlänge funktioniert bzw. ob längere Slapstick-Filme nicht zwangsläufig episodenhaft aufgebaut sind? Wenn man die Episodenstruktur von *Tillie's Punctured Romance* betrachtet, stellt man allerdings nicht nur die schon erwähnte alternierende Struktur in Bezug auf die Figuren fest, sondern auch, dass sich die Episoden zu einer dreigeteilten dramaturgischen Struktur zusammenfassen lassen. Als Kern der dramaturgischen Struktur wird eine Parallelmontage aufgebaut, die die Handlungen von Charlie und Mabel, von Tillie und dem Onkel in Beziehung zueinander setzt. Gerahmt wird dieser Kern durch den gemächlicheren Anfang auf dem Land und durch die rasante Schlusssequenz am Hafen, in der Mack Sennett nicht nur alle Figuren und seine Kreation der chaotisch agierenden Keystone Cops aufeinandertreffen lässt, sondern mit den Aspekten der Schießerei, der Autobewegung, der Rennbewegung von Figuren und der Bewegung von Wasser so gut wie alle Elemente vereint, die sich für die Abbildung durch den Kinematografen als besonders interessant erwiesen haben. Die Zusammenführung dieser Bewegungsmuster scheint der eigentliche Antrieb der Gestaltung der Schlusssequenz zu sein, da zur vorher erzählten Handlung so gut wie kein Bezug besteht. Gerade deshalb ist dieser Schluss der Erzählung besonders konsequent, da der Charakter des Slapstick deutlich hervortritt und dadurch die Faszination durch die absurde Handlung und die groteske Bewegung letztlich auf das grundlegende Wesen des Films zurückverweist.

Peter Ellenbruch

Literatur: Gene Fowler: Father Goose. The Story of Mack Sennett. New York 1934. – Cameron Shipp: Mack Sennett: King of Comedy. London 1955. – Davide Turconi: Mack Sennett. Rom 1961. – Karlton Caroll: Mack Sennett's Keystone. The Man, the Myth and the Comedies. South Brunswick [u.a.] 1971. – Wolfram Tichy: Chaplin. Reinbek 1974. – Klaus Kreimeier (Hrsg.): Zeitgenosse Chaplin. Berlin 1979. – David Robinson: Chaplin. Sein Leben – Seine Kunst. Zürich 1989. – Wilfried Wiegand (Hrsg.): Über Chaplin. Zürich 1989. – Warren Sherk: The Films of Mack Sennett: Credit Documentation from the Mack Sennett Collection at the Margaret Herrick Library. Lanham 1998.

Der Einwanderer

The Immigrant

USA 1917 s/w 30 min

R: Charles Chaplin
B: Charles Chaplin
K: Rollie Totheroh
D: Charles Chaplin (Einwanderer), Edna Purviance (Einwanderin), Kitty Bradbury (ihre Mutter), Eric Campbell (Oberkellner)

Die Kamera zeigt Charlie kopfüber an einer Reling auf den Zehenspitzen stehend und mit den Schultern zuckend. Das Publikum hat den Eindruck, er sei seekrank wie alle anderen auf dem Einwandererschiff. Aber die Perspektive täuscht: Charlie dreht sich um, hat in der Hand eine Angel, an deren Ende ein kleiner Fisch zappelt. Mit elegant schlenkernden Beinen gleitet der fröhliche Angler wie ein Balletttänzer über die schwankende Schiffspassage und beherrscht so gut wie kein anderer die schwindlige ›Angelegenheit‹ im Esssaal. Dort entdeckt er eine schöne junge Frau mit ihrer seekranken Mutter, die neben dem Kartenspieltisch beraubt wird. Charlie, vom Schiffsoffizier zunächst misstrauisch als Taschendieb verdächtigt, weil er der Schönen seinen Gewinn heimlich zusteckt, entpuppt sich aber schnell als gute Seele. Als die Freiheitsstatue in Sicht kommt, erwarten die Einwanderer hinter einem Seil zusammengepfercht »die Ankunft im Land der Freiheit«, wie ein Zwischentitel verkündet, wobei Charlie seine Schöne samt ihrer Mutter aus den Augen verliert.

Charlie in New York: Im vielversprechenden Land der unbegrenzten Möglichkeiten erscheint Charlie zunächst völlig heruntergekommen, hat jedoch (wie immer) Glück: Er findet eine Münze auf der Straße, steckt sie in die Hosentasche und geht ins Lokal. Während Charlie seine Bohnen genussvoll verspeist, was den amerikanischen

Tischnachbarn peinlich berührt, findet er seine schöne Mitreisende – jedoch ohne ihre inzwischen verstorbene Mutter – in diesem Restaurant wieder und lädt sie großherzig ein. Plötzlich merkt er aber, dass die Münze aus seiner zerlumpten Hosentasche verschwunden ist. Gleichzeitig sieht er, wie der Oberkellner einen zahlungsunfähigen Gast gnadenlos aus dem Lokal prügelt. Da erkennt Charlie sein Geldstück am Nachbartisch wieder und nach abenteuerlichem Spiel gelingt es ihm, die Münze zurückzubekommen. Aber der Schein trügt: Der Oberkellner zerdrückt das Geldstück mit den Zähnen, es ist falsch! An Flucht ist nicht zu denken, da zeigt der Künstler vom Nebentisch starkes Interesse an Charlies Begleiterin. Er will die beiden einladen. Höflich, jedoch zu hartnäckig lehnt Charlie ab: Das Spiel mit der Münze setzt sich als Spiel um die Rechnung fort. Schließlich bezahlt der Künstler nur für sich. Charlie ist immer noch mit dem Zahlungsproblem konfrontiert, löst es aber diesmal trick- und erfolgreich mit dem vom Künstler hinterlassenen Trinkgeld. Schließlich kassiert Charlie den Vorschuss für das Modell-Engagement seiner Schönen und nimmt sie mit ins Standesamt.

The Immigrant, Chaplins elfter Film für die Mutual-Company und sein einundsechzigster Film überhaupt, besteht aus zwei Teilen, die aber so geschickt ineinander gearbeitet sind, dass der ursprüngliche Bruch kaum zu bemerken ist. Die Restaurant-Sequenz wurde zuerst gedreht, es ergab sich daraus jedoch – trotz einer viertägigen pausenlosen Drehsession und rund 30000 Meter belichteten Films – nicht genug Material für eine Zweiakter-Komödie. Die nachgedrehte, titelgebende Schiff-Sequenz war aber nicht nur eine Notlösung, sondern auch eine biografisch-selbstreflexive Rückblende auf Chaplins Amerikareisen als junger Schauspieler der britischen Komikertruppe von Fred Karno. Dabei kam der folgenreiche Kontakt mit Mack Sennett zustande. (Das Multitalent Sennett, *die* filmhistorische Identifikationsfigur der Slapstick-Comedy, ist als Künstler am Nachbartisch zu erkennen.)

The Immigrant zeigt die Originalität Chaplinscher Komik besonders deutlich, die auf seinem handwerklichen Können aufbaut. Für die Charakterkomik Chaplins gilt nicht nur die beseelte Mimik des Gesichtsausdrucks, sondern vor allem jene eher choreografischen Gesetzen folgende Bewegungsakrobatik, deren innere Logik z.B. den Zustand der Betrunkenheit als etwas Graziöses erscheinen lässt. Dies kommt in *The Immigrant* durch den Einsatz der Aufnahmetechnik hervorragend zum Ausdruck, die Chaplin ingeniös entwickelte: Um die konstanten Schlingerbewegungen auf dem Immigrantenschiff zu erzielen, ließ er eine bewegliche Kajüte auf Kufen und eine auf einen Drehzapfen montierte Kamera durch ein Gegengewicht steuern. Überdies hat die Chaplinsche Komik etwas Grausames – so sein Nichterkennen der traurigen Momente und dementsprechendes Fehlverhalten wie in der Restaurant-Sequenz –, das als integraler Bestandteil der Filmkomödie das soziale Gewissen des Publikums aufrüttelt. Dies geschieht jedoch nicht in grell-plakativer Manier, sondern durch die auf seine Individualität bezogenen satirischen Seitenhiebe auf soziale Themen, was in dem späteren Film *The Kid* (*Das Kind*, 1921) noch deutlicher zum Ausdruck kommt. Das Vertrauen seines Publikums besteht auch in diesem Film gerade darin, den ewigen Tramp, der am Rande – wenn nicht außerhalb – der Gesellschaft steht, als Sympathieträger identifizieren zu können, ohne in allzu tiefe Abgründe blicken zu müssen.

Sang-Joon Michael Bae

Literatur: Friedrich Luft: Vom großen schönen Schweigen. Arbeit und Leben des Charles Spencer Chaplin. Berlin 1957. – Robert Payne: Der große Charlie. Frankfurt a.M. 1964. – Joe Hembus: Charlie Chaplin. Seine Filme – sein Leben. München 1972. – Wolfram Tichy: Chaplin. Reinbek 1974. – Klaus Kreimeier (Hrsg.):

Zeitgenosse Chaplin. Berlin 1979. – Atlas Film + av (Hrsg.): Chaplinaden. Texte zu sechs ausgewählten Charlie-Chaplin-Filmen. Duisburg 1987. – Til Radevagen (Hrsg.): Alte Welt – Neue Welt – Charlie Chaplin. Berlin 1989. – David Robinson: Chaplin. Sein Leben – Seine Kunst (1985). Zürich 1989. – Wilfried Wiegand (Hrsg.): Über Chaplin. Zürich 1989. – John McCabe: Charlie Chaplin. London 1992.

Mysterien eines Frisiersalons

D 1922/23 s/w 25 min

R: Erich Engel, Bertolt Brecht
B: Erich Engel, Bertolt Brecht, Karl Valentin
D: Blandine Ebinger (Frisiermamsell), Karl Valentin (Frisiergeselle), Erwin Faber (Prof. Moras), Liesl Karlstadt (Kundin mit Warze)

Im Frisiersalon. Der Chef an der Kasse, drei Männer mit überlangen Bärten warten; in der Barbierstube liegt der Geselle in seiner Koje und liest Zeitung; die Friseuse elektrisiert sich mit leichten Stromstößen und liest einen Roman. Eine Kundin im Chaplin-Look will sich eine übergroße Warze am Kinn entfernen lassen, was der Geselle mit Hobel, Hammer und Stemmeisen versucht, bis eine riesige Kneifzange zum Erfolg führt. Der Chef ertappt die junge Friseuse bei der Lektüre und versetzt ihr eine Ohrfeige. Auftritt des Kosmetik-Professors Moras, dessen Konterfei auf einem Werbeplakat an der Tür hängt, in weiblicher Begleitung. Während er dem Gesellen einschärft, dass er genau wie auf dem Plakat aussehen müsse, und sich dann einseifen lässt, wird seine Freundin nebenan aus rasender Eifersucht von der Friseuse gefesselt und mit Elektroschocks malträtiert, bis sie auf allen Vieren davonkriecht. Unabsichtlich dreht die Friseuse die Tür, auf der nun für »Odol« geworben wird mit der Zeichnung eines

Chinesen, dessen Haupt bis auf einen Zopf kahlgeschoren ist. Entsetzt entdeckt der Professor, dass er diesem Bild gleicht. Voller Schadenfreude über den Bildertausch an der Drehtür folgt der Geselle dem Professor ins Café, wo dieser sich rasch einen Hut angeeignet hat, um seine Entstellung vor einer jungen Dame zu verbergen. Trotz demonstrativem Gruß ignoriert der Professor den Gesellen, der ihn Mores lehrt und ihm mit einer Sodaflasche den Hut vom Kopf spritzt. Im selben Moment spricht der Hutbesitzer von Diebstahl und fordert den Professor zum Duell. Im Frisiersalon lässt der Herausforderer mit übergroßer Kofferkiste seinen Säbel schleifen und sich rasieren. Aus Versehen trennt der Geselle den Kopf vom Rumpf. Während die Friseuse vor Schreck in die Kiste fällt, repariert der Geselle den Schaden mit einer Mullbinde, wofür er zum Dank von seinem Kunden erschossen wird. Im »senegalesischen« Salon wird vor einer asiatischen Maske das Säbelduell ausgetragen, das die Friseuse entscheidet, indem sie den Widersacher an einen Haken nimmt, bis sich dessen Kopf vom Rumpf löst. Der Professor begibt sich in Siegerpose. Man küsst sich inniglich, während der Geselle von den Toten erwacht und aus seinem Hemd die übergroße Pistolenkugel herausholt.

Die Groteske entfacht ein Feuerwerk an Aktion in einer Mischung aus Liebesdrama mit Happyend, makabrem Schabernack und Slapstick. Nur vordergründig handelt es sich um eine improvisierte Posse des Münchner Komikers Valentin mit künstlicher Spitznase, demonstrativen Gesten und karikaturhaftem Werkzeug. In der dramaturgisch dichten und durchdachten Szenenfolge in drei Akten wird er kongenial überspielt von der Figur der Frisiermamsell, einer jungen, attraktiven Frau, die die Männer am Gängelband führt (im wörtlichen Sinn in der Schluss-Szene) und wenig Neigung zur Unterordnung zeigt. Ein zentrales Motiv bildet die Rolle der Medien, deren reichlicher Konsum den Protagonisten die Sinne verwirrt hat. Sämtliche

Figuren bis auf den Chef werden über ihren Bezug zu Buch, Zeitungen und Plakat eingeführt und charakterisiert. So wird die junge Friseuse erbarmungslos vom Liebesideal ihres Kolportageromans geleitet und der eitle Professor vom Wahn medialen Glanzes, während die Langbärtigen ihr Weltbild von der Zeitung formen lassen. Nicht von ungefähr ist diese Medienhörigkeit in der Schlüsselszene ironisch zugespitzt auf die Wirkkraft der Werbung. Der Film erzählt aus der Perspektive der beiden Angestellten, deren Handlungen durch einen theatralischen Gestus viel von ihrem martialischen Charakter genommen wird. Sie geben die Rolle der Einfalt, die heikle Situationen intuitiv zu bewältigen sucht und spontanen Einfällen folgt. Den dramatischen Höhepunkt bildet das surrealistische Moment des säuberlich am Hals durchtrennten Kopfes, der sich qua Stopptrick ohne Rumpf fortbewegt. Unter den Figuren hat der Chef, wenngleich er nur spärlich in Erscheinung tritt, eine besondere Bedeutung; er repräsentiert die Autorität mittels Ohrfeige, wobei sein kapitalistisches Interesse durch stete Präsenz an der Kasse signalisiert wird. Als Runninggag fungieren die drei Herren, deren Wartezeit durch die Länge ihrer Bärte förmlich verkörpert wird. Sie repräsentieren die Masse der naiven Kleinbürger, die das zeitgenössische Geschehen beobachten und für unverstehbar mysteriös halten, ohne selbst in die Handlung einzugreifen. Liesl Karlstadt als Valentins Kundin im Barbierstuhl agiert als Chaplin-Figur, womit offenbar Brechts Behauptung bewiesen werden soll, dass Valentin dem bekannten Komiker ebenbürtig sei. Der Film kommt fast ganz ohne Kamerabewegung aus. Das hohe Erzähltempo wird durch die Zahl der 281 Einstellungen auf einer Länge von rund 25 Minuten bewirkt. Alle Handlungen sind in Parallelmontagen aufgelöst, die auch die Übergänge in den Szenenfolgen leisten. Integraler Bestandteil sind die kommentierenden Zwischentitel. In seiner radikalen Absurdität und durch die

Zahl der Darsteller verweist der Film auf »Die elf Scharfrichter«, ein satirisches Kabarett der Vorkriegszeit in München. Die Filmaufführung soll von Valentin untersagt worden sein, weil er fürchtete, der Film sei einem amerikanischen Slapstick allzu ähnlich. Bis Mitte der siebziger Jahre galt *Mysterien eines Frisiersalons*, hergestellt von der Kuprofilm, München, als verschollen. *Annette Deeken*

Literatur: Michael Schulte (Hrsg.): Karl Valentins gesammelte Werke. München 1961. – Michael Schulte: Karl Valentin. Reinbek 1968. – Rainer Gansera: Filmographie Karl Valentin. In: Filmkritik. Nr. 236 (August 1976). – Michael Schulte / Peter Syr (Hrsg.): Karl Valentins Filme. München/Zürich 1978. – Thomas Schulte: Die Filme Karl Valentins. In: Wolfgang Till (Hrsg.): Karl Valentin. Volkssänger? Dadaist? München 1982. – Klaus Gronenborn: Kinokatastrophen. Die unterdrückte Filmgeschichte des Karl Valentin. In: Zelluloid. Nr. 26 (Frühjahr 1988). – Helmut Bachmaier / Klaus Gronenborn (Hrsg.): Karl Valentin. Sämtliche Werke. Bd. 8: Filme und Filmprojekte. München 1995.

Verflixte Gastfreundschaft

Our Hospitality

USA 1923 s/w 69 min

R: Buster Keaton, John G. Blystone
B: Clyde Bruckman, Joseph Mitchell, Jean Havez
K: Elgin Lessley, Gordon Jennings
D: Buster Keaton (Willie McKay), Natalie Talmadge (Virginia Canfield), Joe Roberts (Joseph Canfield, ihr Vater), Craig Ward und Ralph Bushman (Lee und Clayton Canfield, ihre Brüder)

Ein ausgeprägter Sinn für das Groteske ist den meisten Filmen von Buster Keaton eigen. Der schwarze Humor, den die Grundidee von *Our Hospitality* offenbart, ist dennoch einmalig: Ein Mann muss Schutz bei denen suchen, die ihn zwar umbringen wollen, die zugleich aber auch das Gebot der Gastfreundschaft heilig halten.

Der Film beginnt dramatisch in einer verregneten Nacht: James Canfield und John McKay, deren Familien seit langem verfeindet sind, liefern sich ein Duell, bei dem beide getötet werden. Aus Furcht vor der Rache, die James Canfields Bruder Joseph schwört, schickt John McKays Witwe ihren kleinen Sohn Willie zu seiner Tante. Zwanzig Jahre später: Willie McKay ist nun Vollwaise und lebt als dandyhafter junger Mann im New York der 1830er Jahre, als ihm mitgeteilt wird, dass er nun das Erbe seines Vaters in den Südstaaten antreten dürfe. Ein vornehmes Anwesen steht Willie vor Augen. Bevor er jedoch in einer altertümlichen Eisenbahn die Reise nach Rockville antritt, warnt ihn seine Tante eindringlich vor den rachsüchtigen Canfields. Unterwegs gewinnt der galante Willie das Herz seiner jungen Abteilnachbarin, ohne zu erfahren, dass es die Tochter Joseph Canfields ist, die ihn zum Abendessen einlädt. In Rockville angekommen, macht sich Willie auf die Suche nach dem Elternhaus, und der Erste, den er nach dem Weg fragt, ist einer der Canfield-Söhne. Umgehend sind Vater und Bruder über die Ankunft des arglosen Gegners informiert, und gemeinsam trachten sie Willie nach dem Leben. Der bemerkt davon freilich nichts und entwischt ihnen. Nachdem er festgestellt hat, dass sein Erbe nichts weiter als ein maroder Schuppen ist, macht Willie am Nachmittag eine erfolglose Angeltour, bevor er sich zu den Canfields zum Essen begibt. Unwissentlich betritt er die Höhle des Löwen. Ebenso überrascht wie feindselig nehmen ihn der Hausherr und seine Söhne als Gast auf. Seine prekäre Lage erkennt Willie aber erst, als er zufällig belauscht, dass man ihn nur solange nicht töten werde, wie er unter dem Schutz der Gastfreundschaft des Hauses stehe. Er setzt nun alles daran, das Haus nicht verlassen zu müssen, und verbringt auch die Nacht dort. Am nächsten Tag versichert er sich mit einem Kuss der Liebe des ahnungslosen Mädchens, bevor er in Frauenkleidern die Flucht wagt. Eine Verfolgungsjagd beginnt, die damit endet, dass Willie in einem reißenden Fluss auf einen Wasserfall zutreibt. Seine Geliebte will ihm zur Hilfe kommen und stürzt selbst ins Wasser, und so ist es Willie, der sie in einer wagemutigen Rettungsaktion vor dem Sturz in die Tiefe bewahrt. Die erfolglos heimkehrenden Verfolger kommen zu spät, um die Trauung des Paares im Hause der Canfields noch zu verhindern. Nach langem Zögern schüttelt der überrumpelte Vater Willies Hand und schließt Frieden.

Obwohl *Our Hospitality* Keatons erster wirklicher Langfilm war und das Werk noch nach einer Aneinanderreihung unverbundener Episoden aussieht, zeigt sich schon hier das inszenatorische Genie des Regisseurs. Nach dem dramatischen Prolog fällt das Erzähltempo zunächst ab und der Film schildert gemächlich und mit viel Gespür für Zeit- und Lokalkolorit eine vergangene Epoche. Dabei überbrückt die lange Bahnfahrt, die der Eisenbahnfetischist Keaton geradezu zärtlich ausmalt, neben der räumlichen auch die zivilisatorische Kluft zwischen New York und Rockville. In der zweiten Filmhälfte kulminiert dann der Film in einer rasanten Verfolgungsjagd mit zahlreichen Ortswechseln. Die Motive dieser Jagd, bei der Willie zeitweise wie ein Fisch an der Angel seines Verfolgers hängt, erscheinen dabei als Variationen und Echo der vorangegangenen Angelszene. Auch das Motiv der Bahnfahrt vom Anfang taucht während der Jagd wieder auf. Dadurch ergeben sich Symmetrien im Verhältnis von erstem und zweitem Teil, wobei die Nacht im Haus der Canfields als Achse fungiert. Erst am Ende wird der Mechanismus, der sich so in den Ablauf der Ereignisse hineinschleicht und das Groteske der Situationen noch unterstreicht, durchbrochen: Kein tödliches Duell wie im Prolog, sondern eine Vermählung beschließt den Film. Was als Drama begann, endet als Farce.

Keaton persifliert in *Our Hospitality* zugleich das Bild des Westerners und dessen vielgerühmte Gastfreundschaft, deren Doppelmoral er bloßstellt. Das Gegenbild dazu bietet Willie, der zunächst als Dandy vorgestellt wird, als sanft und galant, erotisch erfolgreich, dabei auch musikinteressiert und tierlieb. Ihm stehen die rachsüchtigen und grobschlächtigen Canfields gegenüber, die ihn allesamt um einen Kopf überragen. Das *stoneface*, der oft ungerührte, vermeintlich teilnahmslose Gesichtsausdruck, den Keaton zu seinem Markenzeichen gemacht hatte, beschreibt hier zwar eine Haltung zur Welt, nicht aber die sehr unterschiedlichen Charaktere, die sich hinter der Maske verbergen. So unbeweglich das Gesicht, so beweglich die Figur, die nicht nur ihren Mut und ihre Zähigkeit beweist, sondern vor allem ihre geistige Wendigkeit. Bemerkenswert ist Keatons erster durchkomponierter Langfilm auch als Familienproduktion; an seiner Seite spielt seine Frau Natalie Talmadge, sein kleiner Sohn taucht als Säugling auf und sein Vater als Lokführer.

Philipp Stiasny

Literatur: David Robinson: Buster Keaton. London 1969. – Peter W. Jansen / Wolfram Schütte (Hrsg.): Buster Keaton, München/ Wien 1975. – Wolfram Tichy: Buster Keaton. Reinbek 1983. – Helga Belach / Wolfgang Jacobsen (Hrsg.): Buster Keaton. Berlin 1995.

Ausgerechnet Wolkenkratzer

Safety Last!

USA 1923 s/w 70 min

R: Fred C. Newmeyer, Sam Taylor
B: Hal Roach, Sam Taylor, Tim Whelan
K: Walter Lundin
D: Harold Lloyd (Der Junge, Harold Lloyd), Mildred Davis (Das Mädchen, Mildred), Bill Strothers (der Kumpel, Limpy Bill), Noah Young (Polizist, das Gesetz)

Safety Last! hat Harold Lloyd unsterblich gemacht. Hollywoods erfolgreichster Komiker der zwanziger Jahre schuf mit dieser atemberaubenden *thrill-comedy* ein Meisterwerk, dessen Schlusssequenz sich in das Gedächtnis jedes Zuschauers eingräbt: Das Bild von Harold, der an einem Uhrzeiger hängt, während unter ihm eine Straßenschlucht gähnt, ist eine Ikone der Filmkunst.

Harold Lloyd spielt hier Harold Lloyd, den Jungen vom Lande, der in der großen Stadt sein Glück machen will. Zurück bleibt das Mädchen Mildred, das ihn erst heiraten will, wenn er es zu etwas gebracht hat. Doch in der Großstadt findet Harold nur Arbeit als Verkäufer in einem Kaufhaus, wo er unter dem selbstherrlichen Vorgesetzten ebenso leidet wie unter den hyänengleichen Massen weiblicher Kunden. In den Briefen nach Hause dagegen schreibt er von seiner glänzenden Karriere und schickt als Beweis teure Geschenke, die er sich buchstäblich vom Mund abspart. Als ihn Mildred mit ihrem unangemeldeten Besuch überraschen will, droht der Schwindel aufzufliegen. Aus Angst vor seiner Entlarvung gaukelt Harold vor, er selbst sei der Geschäftsführer des Hauses. Als dann der tatsächliche Geschäftsführer eine Belohnung von 1000 Dollar für eine erfolgreiche Werbeaktion aussetzt, sieht Harold die Chance, das nötige Geld für die Heirat aufzutreiben. Mit der Ankündigung, ein Unbekannter werde an der Fassade des gigantischen Kaufhauses hochklettern, lockt Harold tags darauf Hunderte von Schaulustigen an. Die Kletterei soll der Bauarbeiter Bill übernehmen, Harolds bester Freund, der mit ihm die Prämie teilen will. Doch ein grimmiger Polizist ist Bill auf den Fersen, so dass Harold notgedrungen beginnt, selbst die Fassade zu erklimmen. Eine schwindelerregende Kletterpartie beginnt. Je höher der Junge klettert, desto gefährlicher die Hindernisse: Tauben umschwirren ihn, eine Maus krabbelt in seine Hose, er verfängt sich in einem Netz, hängt am Zeiger einer Uhr und baumelt an einem Seil über dem Abgrund. Schließlich schwingt er geradewegs in die Arme von Mildred, die auf dem Dach wartet. Rettung, Kuss und Ende.

Die Grundzüge der Geschichte sind nicht neu. Denn bei Harold Lloyd geht es oft um die Bewährung des schmächtigen Jungen mit der großen runden Hornbrille, der erst noch zeigen muss, was in ihm steckt. Er tut das mit Cleverness und Charme und widerlegt den Eindruck vom Anfang, er sei naiv und ungeschickt. Sein unbedingtes Streben nach Anerkennung und Wohlstand machen dabei den Jungen zu einer kleinbürgerlichen Identifikationsfigur, die für sich den *American dream* zu verwirklichen sucht. Dass er auf dem Weg zum Ziel zwar Erniedrigung und Schmerz nicht scheut, ebenso wenig aber auch Schwindel und Aufschneiderei, enthüllt die moralische Ambivalenz dieses Charakters. Wo die anderen beiden großen Komiker, Chaplin und Keaton, in ihren Rollen oftmals eine autonome Haltung zur Umgebung behaupten, da steht Harold in *Safety Last!* mit beiden Beinen in einer Welt der oberflächlichen Konsum- und Aufstiegsfantasien. Da ist der Schmuck, den der Junge vom letzten Geld für das Mädchen kauft, wichtiger als eine Mahlzeit, da protzt er mit einer Stellung, die er nicht innehat, da holt der Schein die Wirklichkeit ein. Mag Harold Lloyd im privaten Leben auch einer jener unverbesserlichen Optimisten und Erfolgsmenschen gewesen sein, die er in seinen Filmen verkörperte, so bildet seine Geschichte einer Bewährung in ihren Details hier doch auch gesellschaftlichen Mechanismen ab. Die Aufmerksamkeit, die die rasante Schlusssequenz seit jeher auf sich gezogen hat, versperrte nämlich lange Zeit den Blick auf den vorangegangenen Teil des Films.

Nur zu deutlich ist hinter all den Witzen die soziale Misere des kleinen Verkäufers erkennbar: Sie reicht von der Angst vor dem Verlust des Arbeitsplatzes zu den kleinlichen Zurechtweisungen durch den Vorgesetzten und kulminiert in jener Szene, in der sich der Junge vor einer wogenden Menge aggressiver Kundinnen schützen muss, die ihm die Kleider vom Leib reißen. Der Konsumtempel wird in *Safety Last!* zum Raubtiergehege, die Erwiderung der Liebe zum Faktor von Prestige und der soziale Aufstieg zu einer Frage von Schwindelfreiheit und Schuhwerk. Wer in *Safety Last!* nur ein Auge für den spektakulären, im Wortsinne: Höhepunkt hat, dem entgeht nicht nur das Vergnügen über wunderbare Gags im ersten Teil, sondern auch die dramaturgische Pointe: Denn die Kletterei mit den Alternativen Aufstieg und Sieg oder Absturz und Tod ist lediglich die bezwingende Metapher für den komisch inszenierten Kampf ums soziale Überleben.

Obgleich hier also auch eine Realität der *Roaring Twenties* in den Blick gerät, sind es freilich die bis zur Perfektion beherrschten filmischen Mittel und der visuelle Einfallsreichtum des Teams um Lloyd und nicht die Geschichte selbst, die den Film einmalig machen. Die früher geübte Kritik, Lloyds Gags seien mechanisch, ist so falsch, wie der Vorwurf mangelnder Intellektualität und des Schielens auf die Gunst des Publikums deplatziert ist. Harold Lloyds Rang als »Third Genius« neben Chaplin und Keaton konnte das freilich nichts anhaben.

Philipp Stiasny

Literatur: Harold Lloyd / Wesley W. Stout: An American Comedy (1928). New York 1971. – Wolfram Tichy: Harold Lloyd. Luzern / Frankfurt a.M. 1979. – Annette M. D'Agostino: Harold Lloyd. A Bio-Bibliography. Westport/London 1994. – Jeffrey Vance / Suzanne Lloyd: Harold Lloyd: Master Comedian. New York 2002. *Filmdokumentation:* Kevin Brownlow / David Gill: Harold Lloyd: The Third Genius. 2 Tle. GB 1989. 110 min.

Die seltsamen Abenteuer des Mr. West im Lande der Bolschewiki

Neobytschajnyje prikljutschenija mistera Westa w stranje bolschewikow

SU 1924 s/w 75 min

R: Lew W. Kuleschow
B: Nikolai Assejew, Wsewolod Pudowkin
K: Alexander A. Lewizki
D: Porfiri Podobed (Mr. West), Boris Barnet (Cowboy Jeddy), Wsewolod Pudowkin (Shban), Alexandra Chochlowa (die »Gräfin«)

Der Bolschewismus ist nicht gerade als komisches Sujet prädestiniert, vor allem nicht Anfang der zwanziger Jahre im eigenen Land – wohl aber dessen verzerrte Wahrnehmung im Westen, wie sie Lew Kuleschow in der Gestalt des patriotischen US-Bürgers Mr. West präsentiert. Der Amerikaner mit dem programmatischen Namen hat beschlossen, das Land der Bolschewiki zu besuchen. Während der Reisevorbereitungen erhält er warnende Post sowie Zeitschriften »mit Bildern von Typen aus dem barbarischen Russland«. Was ein Zwischentitel als den »typischen russischen Bolschewiken« ankündigt, ist in der Tat furchterregend: In Fell gehüllte, finster dreinblickende Gestalten mit wilden Bärten, die mit Hammer und Sichel bewaffnet sind. Damit sind bereits die beiden Quellen der Komik in dieser sowjetischen Parodie des amerikanischen Detektivfilm-Genres vorgestellt: Karikierend überzeichnete Typen wie Mr. West und sein Diener Cowboy Jeddy sowie das Spiel mit den Klischees der Fremdwahrnehmung.

Während Mr. Wests Aussehen und Verhalten an Harald Lloyd erinnern – er schaut ähnlich naiv durch seine zu große Brille, die im Laufe des Filmes schon mal an einem Strumpfband hängen bleibt –, ist die Rolle seines Dieners und Beschützers mit seinen reflexartigen Reaktionen Buster Keatons Körper in Aktion verpflichtet. Sein athletisches Talent stellt der Cowboy kurz nach der Ankunft in Moskau unter Beweis: Als er den Wagen seines Chefs verpasst, setzt eine burleske Verfolgungsjagd ein, bei der Jeddy einen Kutscher mit dem Lasso einfängt, sich von Polizeimotorrädern verfolgt sieht und über die Dächer an einem Seil entlanghangelnd zu entkommen versucht. Im Stil Mack Sennetts gedreht und geschnitten, zeigen Tempo und Montagerhythmus den Einfluss des amerikanischen Vorbilds. Kuleschow hatte ausländische Filme intensiv studiert, die Anfang der zwanziger Jahre zwei Drittel des Programms in der UdSSR ausmachten. Wesentlich erfolgreicher als einheimische Produktionen waren beim Publikum vor allem Hollywoodfilme. Deren Dynamik und hohe Schnittfrequenz passten in Kuleschows ästhetisches Konzept, das die Bewegung ins Zentrum rückte und Psychologisieren sowie Schauspielerkult verdammte. Dementsprechend stand auf dem Lehrplan seiner Filmklasse an der staatlichen Filmhochschule in Moskau, mit der er *Mr. West* realisierte, neben den ›klassischen‹ Fächern auch Gymnastik, Boxen und Rhythmik. Die Bedeutung, die Kuleschow dem physischen Aspekt des Körpers in Bewegung und der Action beimaß, spiegelt sich im Film in fünf Prügelszenen wider, die eher dazu dienen, die akrobatischen Fähigkeiten des Kollektivs unter Beweis zu stellen, als die Handlung voranzutreiben.

Getrennt von seinem Beschützer, wartet Mr. West verunsichert im Handelskontor einer amerikanischen Firma. Dort sucht ihn der zwielichtige Abenteurer Shban auf, um ihm seine gestohlene Aktentasche wiederzubringen und ihn zu sich einzuladen. Auf dem Weg dorthin stellt er sich als Opfer des Bolschewismus dar, präsentiert Mr. West Ruinen und Steinwüsten als das Moskau der Bolschewiki und bedient damit sämtliche antisowjetischen Vorurteile des Besuchers. Shban und seine Bande haben beschlossen, den reichen Amerikaner auszunehmen. Im Quartier angelangt, simulieren die Ganoven eine Razzia von Bolschewiken, deren Äußeres den furchteinflößenden Bildern der New Yorker Zeitschriften gleicht. Ekstatische Mimik und überzogen-expressives Spiel dieser Komödie in der Komödie sowie die Lichtsetzung erinnern bewusst an *Caligari* (1920) und *Doktor Mabuse* (1922). Laut Kuleschow sollten diese Zitate des »deutschen Mystizismus« die fundamentale Künstlichkeit des psychologischen Films bloßstellen. Während dieser seltsamen Abenteuer des Mr. West ist sein Leibwächter auf eine Bekannte gestoßen, Ellie, die ihm bei der Suche nach dem Boss hilft. Verständnisvolle Kommissare nehmen sich der Sache an und befreien Mr. West aus den Fängen der Ganoven. Die ›echten‹ Bolschewiken sind kultiviert, tragen zugeknöpfte Ledermäntel (Ironie der Geschichte: das positive Selbstbild gerinnt zum Klischee des tschekistischen Terrors) und zeigen Mr. West die ›Realität‹ des modernen Moskaus.

Mr. West war der erste Spielfilm, den Kuleschow mit seinem Kollektiv realisierte, und der zweite Film, den die 1923 gegründete Goskino produzierte. Kuleschow spricht von einem Werk von Anfängern, aber gleichzeitig auch vom ersten sowjetischen Film, der technisch und künstlerisch ausländischen Produktionen in nichts nachstand. Vom Publikum gut aufgenommen, bemängelte die Kritik vor allem den Schematismus der Figuren und das »Unrussische« des Themas. Aber zumindest Mr. West ist am Filmende überzeugt und kabelt dementsprechend an seine Frau: »Verbrenne die New Yorker Zeitschriften! Hänge ein Bild von Lenin in mein Büro. Es leben die Bolschewiki!«

Matthias Steinle

Literatur: Lew Kuleschow: *Americanism* (1922), *Mr West* (1924). In: Richard Taylor / Jan Christie: The Film Factory. Russian and Soviet Cinema in Documents. London 1988. – Kuleshov on Film. Writings by Leo Kuleshov. London 1974. – L'effet Koulechov. In: Iris (1986) Nr. 1. – François Albera: Kouléchov et les siens. Locarno 1990. – Denise Youngblod: Movies for the Masses. Popular Cinema and Soviet Society in the 1920s. Cambridge 1992.

Buster Keaton, der Matrose

The Navigator

USA 1924 s/w 59 min

R: Buster Keaton, Donald Crisp
B: Clyde Bruckman, Joseph A. Mitchell, Jean C. Havez
K: Elgin Lessley, Byron Houck
D: Buster Keaton (Rollo Treadway), Kathryn McGuire (Betsy O'Brien), Frederick Vroom (John O'Brien, ihr Vater)

Buster Keatons *Navigator* ist eine so leichte wie ausgeklügelte, schaurige wie poetische Fantasie. Die Erzählung von einem Paar, das sich plötzlich einsam auf einem steuerlosen Dampfer wiederfindet, ist hier in Bilder getaucht, hinter deren surrealer Kraft die Handlung zurücktritt. In einer kühlen und distanzierten Zustandsbeschreibung mischen sich Albtraum und Groteske.

Buster spielt den umsorgten Millionenerben Rollo, dessen spontanen Heiratsantrag die reiche Nachbarstochter Betsy brüsk ablehnt. Da Rollo auf die Hochzeitsreise nach Honolulu nicht verzichten will, macht er sich ohne Braut auf den Weg. Doch im Hafen landet er auf dem falschen Dampfer, dem »Navigator«. Kaum, dass Rollo das Schiff betreten hat, wird es auch schon von einer Bande feindlicher Agenten losgemacht und treibt steuerlos auf das offene Meer. An Bord befinden sich nur Rollo und – zufällig – Betsy. Sie ahnen nichts voneinander und meinen, sie seien ganz allein. Als sie Lebenszeichen des anderen finden, beginnt eine Verfolgungsjagd durch das riesige Schiff, bei der unklar ist, wer Jäger und wer Gejagter ist. Plötzlich sitzen beide nebeneinander. Ungerührt fragt Rollo, ob sie ihn nun heiraten werde. Wieder verneint Betsy. Die Situation schweißt die verwöhnten Stadtbewohner zusammen: Hilflos stehen sie in der Küche vor riesigen Töpfen und Kannen, plagen sich mit der Zubereitung des Essens ab und vertreiben ein nahendes, Rettung versprechendes Schiff, indem sie unabsichtlich die Quarantäneflagge hissen. Die Nacht bringt neue Unsicherheit. Überall bewegt sich etwas und raschelt es, Türen schlagen auf und zu, ein Grammophon beginnt zu spielen, und die Kerzen entpuppen sich als Feuerwerkskörper. Rollo schwankt zwischen Furcht, Selbstüberwindung und Heroismus. Am Ende der Nacht hat er Betsys Herz gewonnen, und sie schläft an seiner Seite ein.

Wochen später. Das Paar hat sich eingerichtet und hilfreiche Maschinen erfunden. Da treibt der Dampfer auf eine Kannibaleninsel zu und schlägt beim Ankern leck. Während Rollo taucht, um das Schiff von außen zu reparieren, entführen die Kannibalen Betsy von Bord. Doch Rollo, der im Taucheranzug einem Roboter gleicht, holt sie zurück. Nun beginnen die Kannibalen, das Schiff zu entern. Als alle Gegenwehr scheitert, springt das Paar von Bord. Langsam versinken Rollo und Betsy. Aber sie tauchen wieder auf, stehen auf einem U-Boot und werden gerettet. Betsy küsst Rollo. Ende.

Die Idee zu seinem erfolgreichsten selbstproduzierten Film kam Keaton, als er Gelegenheit hatte, für 25 000 Dollar ein schrottreifes Schiff zu kaufen. Mit seinem Team entwickelte er davon ausgehend die Geschichte eines verwöhnten, psychologisch glaubwürdigen Paares, dessen Verhalten untergründig durch eine verdrängte Sexualität geprägt ist. Vom linear konstruierten Fortgang der Handlung lenkt Keaton dann den Blick des Betrachters auf einen Zustand und den Ort des Geschehens: Das Schiff, dessen so geheimnisvoller und präziser Rhythmus die Klänge und Bewegungen von Jean Tinguelys Maschinen aus Schrott vorwegnimmt, spielt selbst eine Hauptrolle und steuert – so der Titel – die Ereignisse. Besonders schön zeigt das die Nacht, in der das sachte Schaukeln des Schiffes das Grammophon in Gang setzt und wie im Ballett die Kabinentüren im Takt auf- und zuschlagen lässt. Der visuell geniale Witz, der bei Rollo freilich größte Verstörung hervorruft, basiert dabei darauf, dass die Figur nichts von dem bemerkt, was hinter ihr passiert und was der Zuschauer längst sieht. Freilich sieht auch der nur Ausschnitte. Wie diese Szene haben auch andere neben ihrer bildlichen eine musikalische, klangliche Qualität. So bestimmen etwa – wie oft bei Keaton – die Kompositionsprinzipien von Wiederholung und Variation die Verfolgungsjagd, bei der Rollo und Betsy über die Schiffsdecks rennen und einander dauernd verfehlen.

Surreale Bilder prägen sich ein: die kleinen Menschen vor riesigen Töpfen in der Küche, der Versuch, das Schiff mit einem Paddelboot abzuschleppen, die Reparaturbemühungen unter Wasser. Dabei verschiebt sich das Gewicht von der inhaltlichen Aussage auf die formale Gestaltung, und auf geradezu avantgardistische Art produziert die *mise en scène* eine eigene, nichtsprachliche Bedeutungsebene.

Komik verbindet sich mit dem Rätseln über den unergründlichen Mechanismus der Dinge. Die Irritation ist hier die Grunderfahrung von Keatons Held, der keine Vergangenheit kennt und immer nach vorne schaut und dabei dem Betrachter oft ins Gesicht. Sein lakonisches und tugendhaftes Wesen ist so legendär wie sein scheinbar teilnahmsloser Blick. Während etwa Chaplin zur Identifikation mit dem trotz aller Mühsal ungebrochenen Individuum auffordert, bleibt Keatons Held Buster unnahbar. Sein Verzicht auf Sentimentalität lässt ihn kühl erscheinen, macht ihn einsam. Sein dauerndes Reisen, seine Ruhelosigkeit zeigen ihn im Zustand der Heimatlosigkeit, als einen, der nur auf der Flucht existiert. Romantik ist dieser Figur fremd, weshalb auch die *happy endings* keinen Ausbruch aus dem Mechanismus anzeigen. Tatsächlich sieht es am Ende von *The Navigator* für einen kurzen Moment so aus, als sei aller Kampf vergebens gewesen; das Paar scheint zu ertrinken. Ein Wunder rettet es, doch ob dieses Happyend eine gnädige Lösung für einen wie Buster ist?

Philipp Stiasny

Literatur: Buster Keaton: Schallendes Gelächter. Meine Autobiographie (1967). München 1986. – David Robinson: Buster Keaton. London 1969. – Peter W. Jansen / Wolfram Schütte (Hrsg.): Buster Keaton. München/Wien 1975. – Wolfram Tichy: Buster Keaton. Reinbek 1983. – Helga Belach / Wolfgang Jacobsen (Hrsg.): Buster Keaton. Berlin 1995. – Joanna E. Rapf / Gary L. Green: Buster Keaton. A Bio-Biobliography. Westport/London 1995. – Robert Knopf: The Theatre and Cinema of Buster Keaton. Princeton 1999.

Sherlock Junior / Sherlock Holmes jr.

Sherlock, Jr.

USA 1924 s/w 44 min

R: Buster Keaton
B: Clyde Bruckmann, Jean Havez, Joseph Mitchell
K: Elgin Lessley, Byron Houck
D: Buster Keaton (Filmvorführer/Sherlock jr.), Kathryn McGuire (Ruth), Joe Keaton (Vater von Ruth), Ward Crane (Rivale)

Im Oktober 1923 hatte Buster Keaton die Dreharbeiten zu *Our Hospitality* (*Verflixte Gastfreundschaft*) abgeschlossen, und im Frühjahr 1924 stand er auf dem Set zu *The Navigator* (*Der Navigator*), seinem erfolgreichsten Film, dessen Premiere ein halbes Jahr später zum ersten Höhepunkt in seiner Karriere führen sollte. In der Zwischenzeit – exakt: im Januar 1924 – drehte er mit *Sherlock, Jr.* ein Impromptu, einen Essay, ein schräges und höchst eigenwilliges Brevier über sich selbst und sein Metier. Der »Gigant der Idylle«, der »Riese der Bescheidenheit«, der »Lächler ohne Lachen« (so titulierte ihn der *Film-Kurier* wenig später) war seit 1920 sein eigener Regisseur und Produzent, aber erst 1923 hatte er sich nach etlichen Kurzfilmen auf das Genre des längeren (wenn auch keineswegs ›abendfüllenden‹) Spielfilms verlegt. *Sherlock, Jr.* ist gerade 42 Minuten lang und fasst alles, was 1924 über das Kino als Katapult der Träume, als Wunschmaschine und Beschleunigungsapparat zu sagen ist, in einem geistvollen und bildersprühenden Kompendium zusammen.

Kinovorführer – dieser Beruf prädestiniert dazu, in die Leinwand hinein und durch ihre turbulente Schattenwelt hindurch seine Gedanken spazieren gehen zu lassen. Doch Keaton analysiert den Job so genau und materialistisch-streng wie Buster einen Dollarschein: Wer Filme vorführt, steht in einem Arbeitsverhältnis, in dem das Gesetz unmittelbarer Ausbeutung herrscht und der Unternehmer seinen Angestellten wie einen Sklaven behandeln kann. Ein Job, zu dem der Müll gehört, den Buster wie ein selbstvergessener Hans im Glück aus dem Kino kehrt, während er es anderen überlässt, die Geldscheine herauszuklauben.

Aus dem Müllhaufen lässt sich das Geld, aus der Geldform die Gegenständlichkeit der Sachen und aus dem falschen Leben das wahre herausschälen – es bedarf nur einer geeigneten Philosophie, als deren Verkörperung Buster Keaton durch diesen Film wandert – oder vielmehr: zwischen Sein und Schein vagabundiert. Wenn er stocksteif neben seiner Verlobten Ruth auf dem Sofa sitzt und ihr eine Pralinenschachtel überreicht, deren Preis er eigenhändig manipuliert hat, ist die Zeichensprache der Liebe noch überlagert von der Semiologie der Warenwirtschaft, sind die Dinge nur kraft ihrer Preisform existent; auch der Verlobungsring, den er ihr auf den Finger streift, repräsentiert ja als Zeichen-Ding nur das allgemeine Tauschmittel einer Gesellschaft, die alles Gegenständliche in seiner Geldform verschwinden lässt. Entsprechend nähert sich die Körpersprache der Liebe der mechanischen Funktionsweise technischer Apparate an – ja, die Entfremdung durch das Kapitalverhältnis geht so weit, dass Buster am Schluss, wenn er sein Mädchen in die Arme nehmen will, das gestische Alphabet der ›wirklichen Gefühle‹ mühsam vom rituellen Repertoire eines Happyends auf der Kinoleinwand ablesen und seinen Wünschen anverwandeln muss: die fiktionale Realität als Lehrbuch und Bilderfibel für das wirkliche Leben.

Daraus, dass in *Sherlock, Jr.* alle zwischenmenschlichen Beziehungen (die eine und einzige große Liebe ausgenommen) vom Geld gestiftet und unter seinem Diktat in die Veitstanz-Bewegungen des Slapsticks versetzt werden, resultiert Busters »heroische Einsamkeit«, sein »Für-Sich-Sein im Zentrum der Leere« (Karl Prümm). Die ›reale Welt‹, durch die sich Buster bewegt, tritt ihm in den Sachen und Signaturen einer mechanisierten Zivilisation entgegen: in Eisenbahn-Containern, Wassertürmen, technischen Fortbewegungsmitteln jeglicher Art, die der Filmvorführer und träumende Detektiv teils als eine Welt feindlicher Automatismen erfährt, teils kühn und sportiv für die jeweilige Situation zu nutzen versteht.

Die Natur jedenfalls ›fehlt‹; sie ist explizit ans Kino, an die topische (und tropische) Willkür einer medialen Realität delegiert. Sobald der Zivilisationsmensch träumt, sobald er ins Kino geht oder sich gar, wie Buster, träumend in die Bilder auf der Leinwand einmischt, findet er sich in der Wüste, im Urwald, auf einem Berggipfel oder in der Meeresbrandung buchstäblich ›ausgesetzt‹ – zumal dann, wenn ihn jeder Filmschnitt in eine neue Szene katapultiert, wenn der Regisseur und Monteur Keaton sein Traum-Ich Buster zum passiven Helden und Demonstrationsobjekt einer kleinen Philosophie über Filmmontage macht. Ein Filmvorführer erträumt sich einen zweiten Ausbildungsweg als Detektiv und begibt sich, sozusagen auf direktem Weg, in die Welt der Möglichkeiten, die ihm das Kino offeriert. Doch das Kino schlägt zurück, indem es die Montage als Destruktionsprinzip, als Mittel der Zerstörung jeglicher Kohärenz gegen ihn ausspielt. Der Schnittmeister Keaton freilich deckt, indem er sein Alter Ego Buster von einer Bergspitze ins Meer plumpsen lässt, dialektisch auf, dass Filmmontage im Regelfall nicht die Zerstörung der Narration, sondern das Prinzip des Zusammenhangs verfolgt, d.h. unablässig trügerische Synthesen produziert.

Buster Keaton, schreibt Fritz Göttler, habe fortgesetzt, was mit Marey oder Muybridge begann; er habe »wissenschaftliches Kino« gemacht, »strukturell im eigentlichen Sinn des Wortes«. Nicht nur das Spiel der Hände, wenn Buster und seine Braut *neben*einander auf dem Sofa sitzen und doch nicht *zu*einander finden können, und auch nicht nur die auf den Millimeter genau berechneten Turbulenzen der Verfolgungsjagden – auch die Verschlingungen aus Zufall und infamem Intrigenspiel, die den dilettierenden Detektiv plötzlich als jenen Betrüger erscheinen lassen, nach dem er selber sucht: alle diese Verstrickungen und Verwinklungen der Handlung wie auch der Bewegungsabläufe dieses Films lassen sich als glasklare Strukturen beschreiben; sie sind – wie das Billardspiel, das Buster ahnungslos mit einer explosiven Kugel und um diese herum betreibt – ›reine Mathematik‹. Bauformen, die in die Transparenz des Surrealen entschweben und sich in der Absolutheit des schönen Scheins behaupten.

Auch Busters Gratwanderung zwischen Schein und Sein, zwischen gelebter und geträumter Wirklichkeit, zwischen seinem Dasein als ›Projektionist‹ und den Projektionen, die seine Wünsche auf die Leinwand werfen – auch dieser Balanceakt resultiert aus einer strukturellen Logik, in der die Dialektik von Kino und Wirklichkeit reziprok umgedeutet wird: Nicht in der geträumten Rolle als Kino-Detektiv (die ihn schließlich hilflos im Wasser rudern lässt), sondern im ›wirklichen Leben‹ (in dem er neben dem Projektor eingeschlafen ist) findet Buster am Ende aus seiner heroischen Einsamkeit heraus und an seiner Seite eine liebenswerte junge Frau – nämlich seine Braut. Mit dieser Figur hat Keaton seiner kunstvoll verspiegelten Geschichte eine kleine ironische Fußnote hinzugefügt. Sieht sich Busters Verlobte in seinem Traum als Opfer eines Frauenraubs auf eine passive Rolle reduziert (die eines heldenhaften Retters bedürftig ist), so beweist sie realiter in Sachen Liebe und auch sonst im Leben mehr Energie und detektivisches Gespür als ihr ehrgeiziger Phantast, der sich zwar träumend abstrampelt, um eine Verbrecherbande zu zerschlagen, letztlich jedoch nur virtuose Bruchlandungen produziert.

Eine kleine Enzyklopädie der Warenwirtschaft, eine philosophische Erörterung der Filmmontage, eine Psychoanalyse des gespaltenen Daseins zwischen Erwerbsarbeit und Traum – schließlich die strukturalistische Passion, die in allem erkennbar ist: Was hindert uns daran, Buster Keatons *Sherlock, Jr.* einen faszinierenden, rundum gelungenen wissenschaftlichen Film zu nennen?

Klaus Kreimeier

Literatur: Buster Keaton / Charles Samuels: My Wonderful World of Slapstick. New York 1960. – Buster Keaton: Schallendes Gelächter. Meine Autobiographie (1967). München 1986. – David Robinson: Buster Keaton. London 1969. – Jean-Pierre Coursodon: Buster Keaton – Les films. Le style. Les gags. Les thèmes. Paris 1973. – Peter W. Jansen / Wolfram Schütte (Hrsg.): Buster Keaton. München/Wien 1975. – Peter W. Jansen / Wolfram Schütte (Hrsg.): Buster Keaton. München/Wien 1980. (Reihe Film. 3.) – Wolfram Tichy: Buster Keaton. Reinbek 1983. – Helga Belach / Wolfgang Jacobsen (Hrsg.): Buster Keaton. Berlin 1995. – Joanna E. Rapf / Gary L. Green: Buster Keaton. A Bio-Biobliography. Westport/ London 1995. – Knopf, Robert: The Theatre and Cinema of Buster Keaton. Princeton 1999.

Eine ganze Nacht

All Night Long

USA 1924 s/w 19 min

R: Harry Edwards, Frank Capra
B: Frank Capra, Hal Conklin, Arthur Ripley, Vernon Smith
K: Lee Davis, William Williams
D: Harry Langdon (Harry »Hubby« Hall), Vernon Dent (Gale Wyndham), Natalie Kingston (Nanette Burgundy)

Harry Hall wacht um ein Uhr nachts in einem verlassenen Kino auf; an seinem Jackett findet er eine Notiz seiner Frau Nanette, die ihm schöne Träume wünscht. Beim Versuch, das Gebäude zu verlassen, läuft er drei Einbrechern in die Arme, die gerade den Tresor des Lichtspielhauses ausräumen wollen. Einer der Einbrecher entpuppt sich als Gale Wyndham, der gemeinsam mit Harry im Krieg in Frankreich stationiert war. Die beiden schwelgen dann die ganze Nacht in Erinnerungen und rufen sich die damaligen Ereignisse vor Augen: Gale nimmt Harry mit zu einem Abendessen bei seiner Freundin Nanette, die ihm sogleich von Harry mehr unbeabsichtigt als gezielt ausgespannt wird. Ein plötzlicher Luftangriff verwirrt die Lage. Später versucht Gale auf dem Schlachtfeld Harry loszuwerden, indem er ihn in ein Selbstmordkommando schickt. Doch Harry rettet, ohne es beabsichtigt zu haben, einem Colonel das Leben, der ihn daraufhin befördert. Harry taucht dann in schmucker Uniform bei Nanette auf, wo er allerdings wieder auf Gale trifft. Die beiden Männer jagen sich im Streit, wobei Gale mit einem riesigen Hammer einen französischen General niederschlägt, was ihn ins Gefängnis bringt. Die Erinnerung bringt Gale so in Rage, dass er Harry wieder attackiert; doch der zur Sprengung des Tresors mitgebrachte Sprengstoff geht in die Luft und die beiden finden sich schließlich bandagiert, aber friedlich vereint in einem überdimensionalen Kinderwagen wieder, der von Nanette geschoben wird.

Die Inhaltsangabe von *All Night Long* mag sich grotesk anhören, tatsächlich ist der Film noch wesentlich grotesker. Dieser von Harry Edwards und Frank Capra für Mack Sennett inszenierte Slapstick-Kurzfilm ist ein Kleinod des absurd-burlesken Kinos, welches nicht nur den Stil von Harry Langdon exemplarisch zeigt, sondern auch verdeutlicht, wie nah sich die burleske Komödie und der ›absolute Film‹ sein können. Wenn Harry in einer Sequenz auf dem Schlachtfeld inmitten von Explosionen durch die Luft gewirbelt wird, ihm im Flug der Colonel auf den Rücken fällt und Harry ihn schließlich waagerecht an fünf weiteren Explosionen vorbei trägt, nimmt man eigentlich nur fast musikalisch-rhythmisiert aufblitzende helle Flächen wahr, in die Umrisse von menschlichen Beinen hineinragen. Diese Nähe zum Experimentalfilm belegt einmal mehr, dass die Slapstick-Komödien mit ihrer spezifischen Erzählweise grundsätzliche Möglichkeiten und Eigenheiten des filmischen Mediums ausnutzen, es somit weniger um eine nachvollziehbare Handlung geht, sondern um eine mitvollziehbare Bewegungskomposition, die den Betrachter fesselt. Genau dies ist auch bei *All Night Long* der Fall, so dass als Figuren die typisierten Gestalten des Slapstick zu sehen sind: ›der Gute‹, ›der Böse‹ und ›die Schöne‹, wobei Harry Langdon als bekannte Hauptfigur ›dem Guten‹ seine Züge des melancholischen und gebeutelten Clowns geben kann. Auf der Ebene der Filmgestaltung werden diese Figuren dann in konsequente Bildkompositionen eingebunden, und aus Rahmungen, Figurenbewegungen und (enthüllenden) Kamerabewegungen werden – teils sehr innovative – visuelle Gags entwickelt. Besonders hervorstechend sind hier die Gags, die im Zusammenhang mit der Schlachtfeldsituation konstruiert werden: Stacheldraht, Handgranaten und Gebäuderuinen werden plötzlich zu tückischen Objekten des Slapstick, die den Film wie eine vorweggenommene Persiflage von King Vidors *The Big Parade* (1925) erscheinen lassen, der genau ein Jahr später in die Kinos kam. Besonders anzumerken ist hier nicht nur, dass die Sinnlosigkeit des Krieges in Form einer burlesken Komödie verdeutlicht wird, sondern auch, dass der Film mit seinen Schlusseinstellungen sich durchaus kritisch den Truppen der Vereinigten Staaten gegenüber zeigt; etwa wenn sich Harry, nachdem eine dokumentarische Aufnahme einer Armeeparade gezeigt wurde, aus dem Kinderwagen erhebt und, auf einem Bein stehend, vogelscheuchenhaft mit bandagiertem Arm, Bein und Kopf salutierend verharrt.

Im Zusammenhang mit Harry Langdon liest man oft über seine Art der Figurendarstellung, die ihn von anderen Slapstickkomödianten abhebt, über seine Zusammenarbeit mit dem jungen Frank Capra und wie diese Zusammenarbeit den späteren Capra-Stil beeinflusst haben mag, oder über Langdons eigene Regiewerke, wie *Three's a Crowd* (1927), *Heart Trouble* (1928) oder *The Chaser* (1928), doch zeigt *All Night Long*, wie lohnend es sein kann, sich den nicht so bekannten Kurzfilmen zu nähern. Man kann dadurch sowohl ein erweitertes Bild von Harry Langdon als auch einen umfassenderen Blick auf die Geschichte und die Ideen der Stummfilmkomödie erlangen.

Peter Ellenbruch

Literatur: Donald W. McCaffrey: Four Great Comedians. Chaplin, Lloyd, Keaton, Langdon. London 1968. – Kalton C. Lahue: World of Laughter: The Motion Picture Comedy Short, 1910–1930. Norman (Okla.) [2]1972. – Walter Kerr: The Silent Clowns. New York 1975. – Leland A. Poague: The Cinema of Frank Capra: An Approach to Film Comedy. Cranbury (N. J.) 1975. – Olivier Eyquem: Les films de Harry Langdon. In: Positif (1978) Nr. 208/209. – William Schelly: Harry Langdon. Metuchen (N. J.) 1982. – Joyce Rheuban: Harry Langdon: The Comedian as Metteur-en-Scene. Rutherford (N. J.) 1983. – »Wild about Harry!«: Newsletter of the Harry Langdon Society. 1997–99.

Sieben Chancen

Seven Chances

USA 1925 s/w 56 min

R: Buster Keaton
B: Clyde Bruckman, Jean C. Havez, Joseph A. Mitchell nach der gleichnamigen Komödie von Roi Cooper Megrue
K: Elgin Lessley, Byron Houck
D: Buster Keaton (Jimmie Shannon), Ruth Dwyer (Mary Jones), Ray Barnes (Billy Meekin), Snitz Edwards (Rechtsanwalt)

Die typische Situation einer Farce: Einer will etwas ganz Bestimmtes erreichen, damit er dadurch etwas anderes kriegt, um das es ihm eigentlich geht. Beispielsweise eine

Frau heiraten, damit er sieben Millionen Dollar von seinem Großvater erbt, mit denen er einem drohenden Bankrott entgehen könnte. Hämisch ausgelacht wird Buster anfangs in *Seven Chances*, als er sieben Frauen fragt, eine nach der anderen, aber die späteren immer kürzer, ob sie ihn heiraten wollen; die Letzte sagt schon »Nein«, bevor er sie überhaupt fragen kann. Als er dann aber, auf Empfehlung seines Geschäftspartners, eine Annonce aufgibt, sind sofort Hunderte hinter ihm her.

Der arme Buster! Durch Desaster und Katastrophen muss er hindurch, um am Ende doch noch zu sich und seinem Glück zu finden. Mal gerät er in Stürme oder Steinschläge, mal in Intrigen oder Aufruhr. Mal erntet er Häme und Missmut, Ärger und Groll – und stets jede Menge Hohn und Spott. Ganz allein sitzt er vorne in der ersten Kirchenbank, mit einem großen Blumenstrauß in der linken Hand, als er auf die Braut wartet, die ihm die Zeitungsanzeige bescheren soll. Doch dann kommen immer mehr, einige sogar in Gruppen, einige auf Rollschuhen, um sich ihm zur Verfügung zu stellen, im Grunde aber nur, um durch ihn ans große Geld zu kommen. Da er nicht so recht weiß, wie er darauf reagieren soll, beginnt er zu fliehen; was die Frauen-Meute erst recht in Empörung und Wut versetzt. Was eigentlich als Arrangement zur Harmonie gedacht war, endet im Chaos.

Ein Hanswurst, der Katastrophen anlockt wie das Licht die Mücken, so zieht er oft los, ein Pechvogel, ein Blinder, der sehen möchte und doch weiß, dass die Nacht kein Ende hat. Wenn er eine Lokomotive führt (1926 in *The General / Der General*) oder ein Schiff betritt (1923 in *The Love Nest / Eine abenteuerliche Seereise* oder 1925 in *The Navigator / Der Navigator*) oder, wie hier in *Seven Chances*, über einen Berg rennt, dann ist das Desaster programmiert: die Lokomotive zersplittert in tausend Stücke, das Schiff sinkt, vom Berg lösen sich riesige Felsblöcke, denen er nur mit Mühe entkommt. Die Welt geht zu Bruch, während Buster sich noch ungerührt umschaut.

Buster Keaton, »der Philosoph unter den Komikern« (Karl Prümm), ist der größte Dulder unter Hollywoods Kino-Stars. Er hält alles aus, was die Welt ihm zumutet – oft sogar über den Punkt hinaus, an dem das Allerwichtigste in Gefahr gerät: sein Heim, seine Familie, sein Mädchen. Er ist der glückliche Sisyphos, der, überzeugt von dem rein menschlichen Ursprung alles Menschlichen, seinen Stein rollt und rollt und rollt. Buster ist der König unter den verkehrten Helden Hollywoods. Er ist glücklich im Unglück (*One Week / Flitterwochen im Fertighaus*, 1920; *The Balloonatic / Die Ballonfahrer*, 1923; *Go West / Der Cowboy*, 1925), engagiert bei Ablehnung (*College / Der Musterschüler*, 1927), ruhig und phantasievoll in der äußersten Not (*The Navigator*; *The General*; *Steamboat Bill Jr.*, 1928). Er irritiert, wo andere längst beruhigten. Seine Flucht vor den Bräuten in *Seven Chances* führt letztlich zu Auflösung und Destruktion: Ein ganzes Weizenfeld verschwindet, eine Rugbymannschaft wird niedergetrampelt, eine Mauer geht zu Bruch.

Von seinem ganz eigenen, unverwechselbaren Stil waren von Anfang an viele fasziniert, Schauspieler, Maler, Poeten. Viele haben seiner *mise en scène* nachgespürt, seinem besonderen Gefühl für Figuren im Raum. Und dann immer wieder die Frage: Was ist eigentlich Busters Komik? Was sind die Gesetze und Regeln ihrer Wirkung? Kaum ein Essayist oder Theoretiker, der über das Geheimnis bewegter Bilder reflektierte, der sich nicht auf Buster und die wundersame Melancholie seiner Komödien einließ. Seltsam nur, dass, je weiter man sich vertiefte, bloß Widerreden und Widersprüche blieben. Eine Frage, die sich – selbstverständlich – erst im Nachhinein, vielleicht auch erst heute stellt: Ist Buster wirklich komisch? Oder ist er doch eher rührend? Ein Melodramatiker, der einen im Innersten ergreift? In seinen schönsten Filmen ist er von einer Art von somnambuler Tristesse umgeben, die ihn ganz passiv wirken lässt. Seine Ausstrahlung liegt dabei zwischen der auratischen Schüchternheit der jungen Gish und der statuarischen Schönheit der Garbo. Überhaupt sind die Qualitäten seiner ästhetischen Identität eher mit weiblichen Attributen zu fassen. Er ist klüger, auch radikaler als die Männerphantasien seiner Zeit.

In *Seven Chances* ist es sicherlich am berührendsten, wenn er schließlich für einen Moment absieht von seinen Sorgen und zur Ruhe kommt, endlich. Er schläft, während er auf die Braut wartet, in der Kirche ein – und verpasst so den Eintritt der weiblichen Massen. Als er dann aufwacht und registriert, was los ist, wirkt dies wie ein Schock, aber nicht im offensichtlichen, sondern in einem tieferen Sinn als Hinweis darauf, wie sehr einem sogar das, was man sich wünscht, den Boden unter den Füßen entzieht.

Keatons Filme zielen auf ein Kino der Präsenz. Das heißt, sie haben keinerlei Interesse an kinematografischen Tricks, ob sie nun von der Kamera oder von der Montage herrühren. Das unerhörte Chaos, das in den großen Filmen in Gang kommt, ist immer auch visuell reich und präzise choreographiert. Nicht die Suggestion triumphiert, sondern der Schauwert, der voller Lust, oft geradezu onirisch präsentiert ist – wie die Rasanz der Steinschläge in *Seven Chances*, ein Höhepunkt, ganz ohne Zweifel.

Buster Keaton, der moderne Experimentator, der traurige Chaot, der melancholische Komödiant, der somnambule Held. Buster, der sich ins große Rad eines Dampfers rettet und dann wie ein Verrückter rennen muss, um wenigstens auf der Stelle zu treten (*Daydreams / Tagträume*, 1922); oder einen Dollar findet und dann zwei zurückgibt, weil zwei Frauen nach ihrem verlorenen Geld suchen (*Sherlock Jr.*, 1924); oder, wie hier in *Seven Chances*, im Friseursalon mit einer Schönen flirtet, die er nur von hinten sieht, bis der Friseur hinzukommt – und ihr den Kopf wegnimmt, es ist seine Vorführpuppe. Ein begnadeter Unvollkommener ist er, ein verrückter Heiliger und ein obsessiver Bastler: ein irrwitziger Surrealist. *Norbert Grob*

Literatur: Enno Patalas: Versuch über Buster. In: Filmkritik (1964) Nr. 9. – David Robinson: Buster Keaton. London 1969. – George Wead / George Lellies: The Film Career of Buster Keaton. Boston 1977. – Peter W. Jansen / Wolfram Schütte (Hrsg.): Buster Keaton. München 1980. – Robert Benayoun: Buster Keaton. Der Augen-Blick des Schweigens. München 1983. – Wolfram Tichy: Buster Keaton. Reinbek 1983. – Jim Cline: The Complete Films of Buster Keaton. New York 1993. – Helga Belach / Wolfgang Jacobsen (Hrsg.): Buster Keaton. Berlin 1995. [Darin vor allem: Fritz Göttler und Karl Prümm.] – Thomas Koebner: Der doppelte Buster. In: film-dienst. 31. 1. 1995.

Goldrausch

The Gold Rush

USA 1925 s/w 78 min (Tonfassung 1942: 72 min)

R: Charles Chaplin
B: Charles Chaplin
K: Rollie Totheroh
M: Charles Chaplin (Tonfassung 1942)
D: Charles Chaplin (Der einsame Goldsucher), Mack Swain (Big Jim), Georgia Hale (Georgia), Tom Murray (Black Larson)

Am Ende des 19. Jahrhunderts suchen viele Abenteurer und Desperados am Klondyke ihr Glück, unter ihnen auch der Tramp Charlie. Als er vor einem Schneesturm Schutz in einer Blockhütte sucht, trifft er auf zwei Goldgräber-Kollegen, den skrupellosen Black Larson und den gutmütigen Big Jim McKay. Aus dem ungleichen Trio wird vorübergehend eine Schicksalsgemeinschaft, die durch die karge Eiswüste und den Mangel an Nahrung aneinandergekettet ist. Der finstere Larson macht sich auf den Weg, um etwas Essbares aufzutreiben. Hunger und Entbehrung zerren derweil an den Nerven der beiden Zurückgebliebenen, und der halluzinierende Big Jim sieht in Charlie ein übergroßes Hühnchen. Bevor Jim seinem imaginären Festtagsbraten den Garaus machen kann, erlegt Charlie einen umherstreunenden Grizzlybär und löst das Nahrungsproblem. Kurze Zeit später trennen sich die Freunde. Big Jim ertappt Black Larson beim Plündern seiner Goldmine, wird von ihm verwundet und verliert sein Gedächtnis. Larson ereilt die gerechte Strafe, er verunglückt bei einer Lawine tödlich. In der Tanzhalle der nahegelegenen Goldgräberstadt verliebt sich Charlie in die schöne Bardame Georgia. Diese nimmt ihn nicht ernst, akzeptiert aber zum Schein seine Einladung zum Essen am Silvesterabend. In der Hütte des gutmütigen Goldsuchers Hank Curtis, die Charlie inzwischen bewohnt, bereitet er ein Festmahl für Georgia und ihre Freundinnen. Als niemand erscheint, macht er sich traurig auf den Weg in die Tanzhalle. Doch er verpasst Georgia, die verspätet doch noch in der Hütte auftaucht und angesichts der liebevoll gedeckten Festtafel Charlies Aufrichtigkeit erkennt. Unterdessen hilft Charlie dem verwirrten Big Jim dabei, die alte Hütte wiederzufinden, die in der Nähe seiner Goldader liegt. Ein Schneesturm weht die gesamte Hütte an den Rand einer Schlucht und bringt die Freunde erneut in große Gefahr. Doch sie haben Glück im Unglück: Dem Abgrund mit knapper Not entronnen, entdecken sie Jims Goldader. Die frischgebackenen Millionäre verlassen Alaska auf einem Dampfer, auf dem Charlie auch Georgia wiedertrifft und das Happyend seinen Lauf nehmen kann.

In seinem möglicherweise besten Film löst Chaplin den Tramp aus der modernen Großstadtwelt heraus und versetzt ihn ins Alaska des späten 19. Jahrhunderts. Der Hunger und die materielle Not in dieser Einöde am äußersten Rande der menschlichen Zivilisation bewirken, dass die Figuren auf ihre fundamentalen Triebe und Impulse reduziert werden und ständig Gefahr laufen, ihre ›Menschlichkeit‹ zu verlieren. Am deutlichsten wird dies, wenn der gutmütige Big Jim im Hungerwahn fast zum Kannibalen wird, weil er Charlie für ein Huhn hält. Die vorübergehende Animalisierung der beiden Figuren in dieser Szene erscheint jedoch relativiert und abgemildert durch zwei Elemente: Zum einen durch die Figur des Schurken Black Larson, der durchgehend als gefährliches Raubtier ohne menschliche Regungen gezeichnet wird, und zum anderen durch das Feuerwerk an komischen Einfällen, das sich in der klaustrophobischen Atmosphäre der Hütte entwickelt.

Die räumliche Gestaltung in *The Gold Rush* wechselt ab zwischen den rauen Kräften der unbarmherzigen Wildnis und den wenigen Bastionen menschlicher Kultur wie der Blockhütte von Black Larson oder der Tanzhalle. Doch bieten auch diese Rückzugsorte keine wahre Geborgenheit: Larsons Hütte mutiert zum Schauplatz des Überlebenskampfes zwischen Big Jim und Charlie und wird am Ende zum Spielball der Naturgewalten. Die Tanzhalle symbolisiert eine faszinierende, aber dekadente Scheinwelt, in der Figuren wie der arrogante und brutale Raufbold Jack regieren. Lediglich in der Hütte des gutherzigen Hank Curtis kann sich die Liebesgeschichte zwischen Georgia und dem Tramp entfalten. Während die Bardame bei ihrem ersten Besuch nur heimlichen Spott für Charlies schwärmerische Hingabe übrig hat, muss sie in der Silvesternacht beschämt erkennen, dass der kleine Goldgräber der Mann ist, den sie gesucht, jedoch zuvor immer übersehen hat. Bewegt von der naiven Unschuld und tiefen Humanität des Tramps, kehrt sie Alaska den Rücken. Als Beweis für die Ernsthaftigkeit ihrer Läuterung inszeniert der Film eine Bewährungsprobe an Bord des Schiffes, auf dem sowohl Georgia als auch Charlie und Big Jim Alaska verlassen: Für einen Fotografen wirft sich der Tramp zum letzten Mal in seine zerrissene Goldgräberkluft, fällt dabei über ein Geländer und seiner Geliebten vor die Füße. Da diese von seinem Reichtum nichts weiß und ihn für einen blinden Passagier hält, versucht sie selbstlos, ihn zu verstecken. Erst als das Missverständnis aufgeklärt und der Test bestanden ist, wird die glückliche Vereinigung der Liebenden möglich.

The Gold Rush enthält einige der berühmtesten Szenen der Filmgeschichte, unter anderem viele von Chaplins beliebten Transpositions-Gags, in denen ein Objekt zweckentfremdet und in einem völlig neuen, überraschenden Kontext verwendet wird. Dazu gehört die sorgfältige Zubereitung und der anschließende Verzehr eines alten Lederstiefels, der wie ein Truthahn tranchiert, vorgelegt und von Charlie und Big Jim mitsamt Sohle und Schnürsenkel verspeist wird, ebenso wie der – später von Johnny Depp in *Benny & Joon* (1993) kopierte – Brötchentanz, bei dem zwei Gabeln als grazile Tanzbeine für die Brötchenfüße dienen. Bemerkenswert ist auch die technische Perfektion bei der filmischen Umsetzung besonders heikler Sequenzen: Die Überblendung zwischen Charlie als Tramp und als Huhn bei Big Jims Halluzination erforderte ein Höchstmaß an Präzision von allen Beteiligten, weil dieselbe Szene jeweils zweimal völlig identisch gespielt werden musste, einmal mit und einmal ohne Federkostüm. Die über dem Abgrund hängende und bedrohlich abrutschende Blockhütte wurde in einem Miniaturmodell detailgetreu nachgebaut. Die Illusion des Modells gelang so vollkommen, dass es kaum möglich ist, zwischen Real- und Miniaturaufnahmen zu unterscheiden.

Die Produktion des Films nahm fast eineinhalb Jahre in Anspruch. Ein Grund dafür waren die aufwendigen Statistenszenen. Zudem musste Chaplin seine Hauptdarstellerin und Geliebte, die erst sechzehnjährige Lita Grey, kurzfristig ersetzen. Grey war schwanger und ihre Familie bestand auf einer Heirat. Nachdem Chaplin diese privaten Hürden bewältigt hatte, nahm er die Dreharbeiten wieder auf und engagierte die wie Grey ebenfalls völlig unbekannte Georgia Hale für die Rolle der Animierdame. 1942 produzierte Chaplin eine Tonfassung des Films, bei der er die Zwischentitel des Originals entfernte, erklärende Kommentare einfügte und selbstkomponierte Musik unterlegte. Bei dieser Gelegenheit wurde das Ende des Films aus unerfindlichen Gründen umgeschnitten: Die Umarmung zwischen Chaplin und Hale fiel der Schere zum Opfer und musste einem neutralen Ende weichen, bei dem der Tramp lediglich Georgias Hand ergreift.

Trotz des an die düsteren Romane Jack Londons erinnernden lebensfeindlichen und rauen Milieus gehört der Film zu den Glanzlichtern der Komödientradition. Dies liegt teilweise daran, dass die märchenhafte Erfolgsgeschichte von Charlie und Big Jim sowie das Happyend mit Georgia die trostlose Ausgangskonstellation deutlich entschärfen. Entscheidend ist jedoch, dass sich die Qualitäten des Tramps als unerschütterlicher Überlebenskünstler im Kampf um die nackte Existenz stets auf spielerisch-elegante Weise manifestieren, in den aberwitzigen Slapstickszenen genauso wie im verträumt-beiläufig gesetzten Brötchentanz. *Lars Heiler*

Drehbuch: Cinema (Beverly Hills), Sommer 1968.

Literatur: Charles Chaplin: Die Geschichte meines Lebens (1964). Frankfurt a. M. 1964. – Joe Hembus: Charlie Chaplin. Seine Filme – Sein Leben. München 1972. – Wolfram Tichy: Chaplin. Reinbek 1974. – David Robinson: Chaplin. Sein Leben – Seine Kunst (1985). Zürich 1989. – Julian Smith: Chaplin. London 1986. – Charles M. Maland: Chaplin and American Culture. The Evolution of a Star Image. Princeton (N.J.) 1989. – Wilfried Wiegand (Hrsg.): Über Chaplin. Zürich 1989. – Adolphe Nysenholc (Hrsg.): Charlie Chaplin. His Reflection in Modern Times. Berlin / New York 1991. – John McCabe: Charlie Chaplin. London 1992. – Bernhard Matt: Charlie Chaplin. Sein Leben in Bildern und Anekdoten. München 1993.

Der Sportstudent

The Freshman

USA 1925 s/w 76 min

R: Fred C. Newmeyer, Sam Taylor
B: John Grey, Sam Taylor, Tim Whelan, Ted Wilde
K: Henry N. Kohler, Walter Lundin
D: Harold Lloyd (Harold »Speedy« Lamb), Jobyna Ralston (Peggy), Brooks Benedict (College cad), Joseph Harrington (Tailor)

Angestachelt durch die romantisierende Darstellung eines Hollywood-Films, wünscht sich Harold Lamb nichts sehnsüchtiger, als aufs College zu gehen. Er hat das Verhalten des Filmhelden sowie einige College-Jahrbücher, inklusive des Bildes vom »beliebtesten Studenten«, genau studiert und denkt nun, für das wahre College-Leben gewappnet zu sein. Von anderen Studenten nach seiner Ankunft am College unfreiwillig zum Clown auserkoren, kann Harold zwar seinen ersten öffentlichen Auftritt durch einstudierte Filmzitate retten, doch wird er unmittelbar anschließend von den anderen ausgenutzt. Auch sein Bestreben, als Mitglied des Footballteams bekannt und beliebt zu werden, endet mit seinem Einsatz als lebendiger Trainings-Dummy, obwohl er glaubt, vollwertig ins Team aufgenommen worden zu sein. In ihn verliebt, durchschaut Peggy, die Tochter seiner Hauswirtin, die Machenschaften seiner Kommilitonen, doch traut sie sich nicht, ihm die Wahrheit zu sagen, da er so treu-naiv an seinen Erfolg glaubt. Durch die Ausrichtung des traditionellen Herbstballs glaubt Harold endgültig, sich als beliebtester Student des Jahres etablieren zu können. Doch sein nur provisorisch vernähter Frack lässt ihn immer wieder aus der Rolle fallen und letztlich wieder zum Clown werden. Bei einem Streit wird Harold dann von einem der anderen Studenten die Wahrheit ins Gesicht gesagt, doch er hält an seinem Grundsatz fest, es allen zeigen zu wollen. Die Möglichkeit sieht er beim Finalspiel des Footballteams gekommen, in dem er allerdings erst in letzter Minute eingesetzt wird, als tatsächlich kein Auswechselspieler mehr zur Verfügung steht. Zunächst scheint Harold das Team durch seine Tollpatschigkeit nur noch weiter vom Sieg zu entfernen, doch letztlich gelingt ihm völlig zufällig, nur angetrieben durch seine Variante des Pioniergeistes, der entscheidende Spielzug, und er wird zum Helden des Tages.

Was für Slapstick-Komödien allgemein gilt, gilt für *The Freshman* besonders: Eine Nacherzählung der Handlung kann nur wenige Aspekte der eigentlichen Filmwirkung wiedergeben. Dieser Film lebt von verdrehten Situationsdarstellungen und Gags mit Objekten und Figuren, die alle auf den Grundlagen filmischer Komposition aufgebaut sind. Demnach wird die gesamte Erzählung von diesen Situationen und Gags getragen. Objekte und Figuren stoßen auf unvorhersehbare Weise unkonventionelle Handlungen und Situationen an, die erst einmal wieder entwirrt werden wollen. Mittelpunkt dieser Situationen und zugleich zur Entwirrung Gezwungener ist immer die Titelfigur, Erstsemester Harold »Speedy« Lamb. Alle anderen Figuren sind um ihn herum gruppiert und wirken als Handlungskatalysatoren auf ihn ein. Da als Handlungsort der Geschichte das College gewählt wurde, kann die typische episodische Erzählweise der Slapstick-Komödien an verschiedene Aspekte dieses Ortes gebunden werden, so dass eine Gesamtdramaturgie mit Bezug auf den abgeschlossenen Kosmos des Universitätslebens entsteht. Da der Film letztlich eine Persiflage von College-Ritualen darstellt, ist die Hauptfigur nicht elitärer, sondern bodenständig-kleinbürgerlicher Herkunft und ehrlich, ganz im Gegensatz zu seinen Kommilitonen, die entweder als reich und/oder doppelzüngig erscheinen. Bezeichnenderweise gehört Peggy ebenfalls nicht der *upper class* an, so dass sich ein Paar bilden kann, das als Opposition zur elitären Collegewelt funktioniert und auf die Grundwerte des amerikanischen Pioniergeistes zurückverweist. Somit zeigt der Film die ›Bezwingung‹ einer geschlossenen Gesellschaft durch den einfachen und aufrichtigen US-Amerikaner (der von Hollywood immer als Standardpublikum angenommen wurde). Der Weg zum Erfolg führt über eine Reihe von zu bestehenden Situationen, für die extrem durchdachte und innovative Filmbilder gefunden werden, welche wiederum durch die allgegenwärtigen Bewegungsanschlüsse der Montage flüssig bis rasant verbunden sind. Darüber hinaus beeindrucken einige Experimente mit Kamerabewegungen während der Schlusssequenz, die u.a. die Dynamik im entscheidenden Moment des Footballspiels visualisieren. Die Figur, die Harold Lloyd in vielen seiner Filme repräsentiert, kann hier exemplarisch studiert werden, und es wird augenscheinlich, dass er damit seine Position zwischen den medienreflektierenden Mechanisierungen eines Buster Keaton oder Charley Bowers, dem kinematografischen Humanismus eines Charles Chaplin und der ungestümen Anarchie von Laurel & Hardy gefunden hat.

Peter Ellenbruch

Literatur: William Cahn: Harald Lloyd's World of Comedy. New York 1964. – Donald W. McCaffrey: Four Great Comedians. Chaplin, Lloyd, Keaton, Langdon. London 1968. – Richard Schickel: Harald Lloyd. Boston 1974. – Gerald Mast: The Comic Mind. Comedy and the Movies. Chicago [2]1979. – Adam Reilly: Harald Lloyd – seine Filme, sein Leben. München 1980. – Thomas Brandlmeier: Filmkomiker. Die Errettung des Grotesken. Frankfurt a.M. 1983.

Der General

The General

USA 1927 s/w 83 min

R: Buster Keaton, Clyde Bruckman
B: Buster Keaton, Clyde Bruckman nach der Erzählung *The Great Locomotive Chase* von William Pittinger
K: Deveraux Jennings, Bert Haines
D: Buster Keaton (Johnnie Gray), Marion Mack (Annabelle Lee), Charles H. Smith (ihr Vater), Richard Allen (ihr Bruder)

The General zeigt Buster Keaton auf der Höhe seines Könnens: als vollkommenen Komiker und vollkommenen Regisseur. Ironisch kommentiert er hier die authentische Geschichte eines Eisenbahnraubes aus der Zeit des amerikanischen Bürgerkriegs und macht sich über den Militarismus lustig. Tempowechsel, Bildwitz und beeindruckende Schauwerte verleihen dabei der formal strengen, geradezu klassizistischen Komposition spielerische Leichtigkeit und Anmut.

Erzählt wird die Geschichte einer ungewöhnlichen *ménage à trois* in Zeiten des Krieges: der des Lokomotivführers Johnnie Gray, dem der weißgeschminkte Keaton ein androgynes Äußeres verleiht, und seiner beiden Geliebten. Die eine heißt »General« und ist eine alte Lok, die mit ihren Rundungen, dem ausladenden Schornstein und einem vorne angebrachten Puffer so sehr einem Lebewesen gleicht, dass Rudolf Arnheim nicht zu unrecht von einer »tuntigen Maschine« spricht – die Lok: ein Transvestit. Johnnies zweite große Liebe daneben ist das Mädchen Annabelle.

Doch in das Glück Johnnies, der von den Mitbürgern geachtet und den Kindern verehrt wird, bricht im Frühling 1861 der Bürgerkrieg ein. Als sich Annabelles Vater und ihr Bruder freiwillig für die Südstaaten melden, wird Johnnie von dem Mädchen aufgefordert, das gleiche zu tun. Im Rekrutierungsbüro lehnt man ihn aber ab, weil er als Lokführer unentbehrlich ist. Diesen Grund erfährt der ratlose Johnnie nicht. Annabelle hält ihn nun für einen Feigling und will ihn erst wiedersehen, wenn er Uniform trägt. Ein Jahr später. Eine Gruppe verkleideter Nordstaatler entführt vom Bahnhof den »General«, um auf dem Weg nach Norden Telegrafenverbindungen und Gleise zu zerstören und den Nachschub der Südstaaten zu unterbrechen. Dabei gerät auch Annabelle in die Gewalt der Entführer. Johnnie, der davon nichts weiß, sieht nur seine Lok davonfahren, läuft hinterher und nimmt dann auf einer Draisine und einem Hochrad die Verfolgung auf, bevor er selbst eine andere Lok entwendet. Dass er ganz allein ist, merkt er erst später, doch hält ihn das nicht auf. Alle Versuche der Entführer, sich des Verfolgers zu entledigen, scheitern. Unbemerkt von Johnnie passieren Jäger und Gejagte die Grenze zum Norden, und jetzt erkennen die Gegner, dass nur ein einzelner Mann sie verfolgt. Johnnie muss die Lok verlassen und versteckt sich im Wald. Ausgehungert bricht er in ein Haus ein, wo zufällig der feindliche Generalstab versammelt ist. Johnnie belauscht die Angriffsplanungen und befreit später in feindlicher Uniform die im Haus gefangene Annabelle, die glaubt, er sei nur ihretwegen hier. Gemeinsam erobern sie den »General« zurück, wobei ein feindlicher General in ihre Hände fällt.

In vertauschten Rollen werden Johnnie und Annabelle auf dem Weg zurück nach Süden von zwei Lokomotiven verfolgt, denen sie Hindernisse entgegenstellen. Schließlich schütteln sie die Verfolger ab und setzen die strategisch wichtige Brücke über den Rock River in Brand. Danach warnen sie die Südstaatenarmee, die den Feinden am Rock River entgegentritt. Dort fahren die Verfolger mit einer Lok auf die brennende Brücke und stürzen in die Tiefe. Es kommt zur Schlacht, die die Südstaaten für sich gewinnen. Durch sein vermeintliches Ungeschick hat da-

Im Zentrum steht sie: die imposante Lokomotive mit Namen *»General«*, und um sie als bildliches Zentrum organisiert sich der filmische Raum mit Johnnie Gray (Buster Keaton) im Vordergrund und den Weiten der landschaftlichen Szenerie im Hintergrund, in denen die Schlachten des Sezessionskrieges geschlagen werden. Die Lokomotive mit ihrem »organischen Riesenauswuchs vorne« (Siegfried Kracauer) stellt zugleich in Johnnies Leben die alles organisierende Mitte dar – auch in Hinblick auf das Verhältnis zu seiner ›zweiten Geliebten‹: der schönen Annabelle. Anders als bei Chaplins Charlie, der Werkzeuge benutzt und sich der Maschine *widersetzt*, werden bei Keaton »aus den Maschinen seine besten Verbündeten [...], einfach weil seine Figur [...] Teil von ihnen wird« (Gilles Deleuze).

bei Johnnie in entliehener Uniform wesentlichen Anteil am Sieg. Nun übergibt Johnnie den entführten Nordstaatengeneral, der noch in der Lok lag, seinem Kommandanten und wird daraufhin zum Offizier ernannt. In neuer Uniform sitzt Johnnie neben Annabelle auf der Pleuelstange der Lok, aber das erotische Begehren wird dauernd gestört, weil Johnnie den Gruß der vorbeigehenden Soldaten erwidern muss. Schließlich umarmt er Annabelle mit dem einen Arm und küsst sie. Mit dem anderen Arm salutiert er mechanisch.

Aus einer Episode des ungeheuer verlustreichen Bürgerkriegs macht Keaton in *The General* eine Komödie über Militär und Uniformfrömmigkeit, Kriegsbegeisterung und Heldentum. Dass diese in eine lineare männliche Bewährungsgeschichte gehüllt ist, an deren Ende sich der Zivilist Johnnie zum Soldaten gewandelt hat, widerspricht dem nur scheinbar. Denn Komik und Ironie beherrschen den Film in den Einzelheiten wie im gesamten Aufbau. Besonders schön zeigt das an zwei Stellen der bereits in *The Navigator* (*Buster Keaton, der Matrose*, 1924) erprobte und später in Chaplins *Great Dictator* (*Der große Diktator*, 1940) zitierte Witz, bei dem eine Kanone sich plötzlich gegen Johnnie wendet und ihn zu töten droht. Doch als die Kanone endlich losgeht, trifft sie nicht Johnnie, sondern die Gegner. Die Kugel zerstört einen Staudamm und schlägt die Feinde in die Flucht. Das tückische Objekt beweist Intelligenz und Moral. Keine noch so ausgefeilte militärische Strategie ist da am Werk, sondern die Logik des Keatonschen Zufalls. Die Kriegshysterie, die in den Eingangsszenen mit dem Patriotismus einhergeht und den liebenden Lokführer ungerechterweise zum Feigling stempelt, wird dadurch karikiert, dass Annabelle partout einen uniformierten Geliebten will. Sie bekommt ihn später – allerdings trägt ihr Befreier da eine feindliche Uniform. Am Ende trägt Johnnie die ›richtige‹ Uniform. Nachdem er kurz zuvor noch durch wildes Säbel- und Fahnenschwingen die Bildsprache des Pathos übertrieben und als gockelhafter Napoleon posiert hatte, machen ihm Uniform und militärische Grußpflicht in der Schlusseinstellung aber beinahe einen Strich durch die erotische Rechnung und lassen den Helden zum Hampelmann werden.

Die ironische Pointe liegt jedoch in der Form des Films begründet: der Kreisbewegung. Denn die authentische Geschichte des Eisenbahnraubes wird hier ja nicht nur als Verfolgungsjagd in der Tradition des Slapsticks inszeniert und dadurch profaniert, sondern diese Jagd führt auch zum Anfang zurück. Der Krieg entfernt Johnnie von seiner Annabelle und gibt ihm später die Gelegenheit, sie zurückzuerobern. Ein Kreis schließt sich: Wurde Johnnie zu Beginn, neben Annabelle auf dem Sofa sitzend, durch die Nachricht vom Kriegsausbruch gestört, so sitzt er am Ende wieder neben ihr und kann sie endlich küssen. Aus der Perspektive des Protagonisten stellen sich somit die Ereignisse zwischen Anfang und Ende als Störungen des richtigen Ablaufs dar, als Verzögerungen, die der Liebe von Johnnie und Annabelle glücklicherweise nicht dauerhaft schaden, als Zeitverschwendung und Irrweg. Wenn hier also der Anfang auch schon das Ziel markiert, dann gähnt hinter dem Mechanismus, der die Geschichte gleich einer Feder wieder in die Ruheposition zurückzieht und der sich in den Symmetrien von Handlungsablauf und Gag-Aufbau spiegelt, vielleicht dies: die Vergeblichkeit, die Sinnentleertheit, das Absurde.

Finanziell und aus Sicht der Kritik bedeutete *The General* eine Pleite für Keaton und kündigte für ihn das Ende einer Ära unabhängig produzierter Filme an. Ließ sich dabei das Scheitern an der Kinokasse mit dem unglücklichen Wechsel der Verleihfirma begründen, so war es offenbar die komische Version einer Kriegsgeschichte, die auf wenig Verständnis bei der Kritik stieß, zumal sich Keaton größte Mühe um historische Authentizität gegeben hatte: in Kostümen, Kulissen und der Darstellung der Schlacht. Die unschlagbaren Qualitäten von *The General* wurden daher erst seit der Wiederentdeckung des zwischenzeitlich fast vergessenen Keaton in den späten fünfziger Jahren voll anerkannt. Dem Regisseur gelingt die seltene Verschmelzung der Dimensionen von Zeit, Raum und Bewegung in einer genial einfachen, bezwingenden Handlung, in deren Logik die Gags unverzichtbar geworden sind. Die Wirkung dieser Gags basiert immer wieder darauf, dass die Zuschauer mehr sehen als Johnnie. Ein Beispiel: Nachdem der »General« entführt wurde, rennt Johnnie auf den Gleisen in einer Totalen auf die Kamera zu. Dabei spornt er mit den Armen die anderen Verfolger an. Was er nicht sieht: Er ist ganz allein, niemand folgt ihm mehr. Überhaupt liebt Keaton die langen, ungeschnittenen Totalen, in denen die Aufmerksamkeit auf den Körper, auf Bewegung und Akrobatik gelenkt ist und die beweisen, dass seine oft gefährlichen Stunts nicht auf Kameratricks beruhen.

Wie in *The Navigator* und später in *Steamboat Bill Jr.* (*Wasser hat keine Balken*, 1928) leiht auch in *The General* eine Maschine dem Film nicht nur den Namen, sondern wird vielmehr zum Partner des Helden. Sie ist kein lebloses Ding mehr, kein komisches Utensil, sondern ein Wesen, das selbst mitspielt und dafür geliebt wird. So, wie für Johnnie der »General« auf einer Stufe steht mit Annabelle, so hebt auch Keaton den Gegensatz zwischen Technik und Natur auf und inszeniert die fahrende Lok und die imposante Landschaft als Einheit. Der Emanzipation der Maschine als Liebesobjekt steht freilich ein vergleichbarer Prozess auf Annabelles Seite gegenüber. Denn nachdem das Mädchen mit Johnnie den »General« zurückerobert hat und nun die zweite Verfolgungsjagd beginnt, stellt sie sich erst sehr ungeschickt an, lernt dann aber schnell, die Maschine zu bedienen, so dass selbst Johnnie darüber staunen muss. Wenn es also doch einen Sinn in der Geschichte gibt, so wohl den: dass die seltsame Dreiecksbeziehung zwischen Mann, Mädchen und Maschine am Ende gefestigt ist. Fast scheint es ja, das Paar werde in der Schlusseinstellung eins mit der Maschine: Die lebendige Annabelle hat nun ihr fotografisches Abbild, das zu Beginn die Lok schmückte, ersetzt, und Johnnie nähert sich als Offizier dem Rang seines »Generals«. Mit seinem sich hebenden und senkenden Arm imitiert er die Bewegung der Pleuelstange. Die Harmonie der drei Liebenden ist perfekt. *Philipp Stiasny*

Drehbuch: Richard J. Anobile (Hrsg.): Buster Keaton's *The General.* New York 1975.
Literatur: Buster Keaton: Schallendes Gelächter. Meine Autobiographie (1967). München 1986. – David Robinson: Buster Keaton. London 1969. – Elliott Rubinstein: Filmguide to *The General.* Bloomington 1973. – Jean-Pierre Coursodon: Buster Keaton – Les films. Le style. Les gags. Les themes. Paris 1973. – Peter W. Jansen / Wolfram Schütte (Hrsg.): Buster Keaton. München/Wien 1975. – Wolfram Tichy: Buster Keaton. Reinbek 1983. – Helga Belach / Wolfgang Jacobsen (Hrsg.): Buster Keaton. Berlin 1995. – Joanna E. Rapf / Gary L. Green: Buster Keaton. A Bio-Bibliography. Westport/London 1995. – Robert Knopf: The Theatre and Cinema of Buster Keaton. Princeton 1999.
Filmdokumentation: Kevin Brownlow / David Gill: Buster Keaton: A Hard Act to Follow. 3 Tle. GB 1987. 160 min.

Die Hose (Skandal in einer kleinen Residenz)

D 1927 s/w 79 min

R: Hans Behrendt
B: Franz Schulz, nach der Satire *Skandal in der Residenz* von Carl Sternheim
K: Carl Drews
M: Willi Schmidt-Geutner
D: Werner Krauss (Theobald Maske), Jenny Jugo (Luise Maske), Rudolf Forster (Scarron), Christian Bummerstaedt (Der Fürst), Veit Harlan (Mandelstam), Olga Limburg (Elfriede Deuter)

»Alles Böse bleibe draußen, nur die Tugend soll hier hausen«, verkündet eine Spruchtafel über der Tür zur Guten Stube, die soeben von ihren Bewohnern, Geheimrat Theobald Maske und seiner jungen Frau Luise, in Richtung Kirche verlassen wird. Indessen ist bereits zu diesem Zeitpunkt die beschworene Tugend im Fall begriffen. Mit den Worten »Eine anständige Frau hat nicht hübsch zu sein« hatte Theobald zuvor Hand an seine ausgehbereite Gattin gelegt, indem er ihren ohnehin zu langen Rock und damit aber auch die darunterliegende Leibwäsche zwei Etagen tiefer gezurrt hatte. Dieser beflissene Verhüllungsversuch hat allerdings sein Gegenteil, eine drastische Enthüllung, zur Folge: Schritt für Schritt gleitet nach dem Gottesdienst der Stoff erbarmungslos zu Boden und lenkt die Aufmerksamkeit der versammelten Kleinstadt, die sich von ihrem just seine Kutsche besteigenden Fürsten verabschiedet, auf Luise. Die sich treffenden Blicke des amüsierten Fürsten und der verschämt den Kopf senkenden Luise werden unterschnitten von Großaufnahmen zweier Figuren, deren Augenpaare sich gleichsam an Luise festsaugen: Scarron, der eitle Hofpoet des Fürsten, erkennt in ihr die Muse, die seine versiegten poetischen Quellen wieder fließen lässt, während der einfältige Friseurgeselle Mandelstam in schwärmerischer Verliebtheit aufgeht. Die zwischengeschnittene Einstellung eines Köters weist die Qualität solcher Blicke als pure Geilheit aus. Das sperrige Stück Unterwäsche, eher eine Karikatur als die neueste Mode, wie die Nachbarin später bemerkt, stellt weniger ihre Trägerin als ihre Fetischisten bloß und verhöhnt eine Dichtkunst, die sich auf so banalen Kleidungsstücken gründet. Ein von Maske ins Fenster gehängtes Schild, das die Suche nach einem Untermieter verkündet, ermöglicht Scarron und Mandelstam den Zutritt zu Luise, indem sie sich beide einmieten. Luise aber hat den Fürsten im Kopf. Die Nachbarin arrangiert über Scarron ein Rendezvous zwischen Luise und dem Fürsten, um sich Theobald zu angeln. Sie verfasst einen Brief, in dem Luises Eltern ihre Tochter bitten, zu ihnen aufs Land zu kommen. Nach der fingierten Abreise stoppt eine Karosse den Zug, um Luise in den Palast zu bringen, wo sie einen traumhaften Abend mit dem Fürsten verbringt, während Theobald kegelt und sich anschließend mit der Nachbarin vergnügt. Der Entlarvung Luises bei ihrer Rückkehr kommt ein Bote zuvor, der Theobald zum Fürsten zitiert, wo er befördert wird.

In Form der verlorenen Hose kommt ein kanonisiertes »Angsttraum-Motiv« (Siegfried Kracauer) der Stummfilmkomödie zum Einsatz, mit dem sich das Unbewusste der Figuren thematisiert. Modus operandi ist der voyeuristische Blick, der in Verbindung mit einer satirischen Optik die geheimen Wünsche und Gelüste in Szene setzt und den erotischen Subtext des Films konstituiert. Durch Spiegel und den Einsatz von Schlüsselloch- und Fernrohrmasken wird der Zuschauer miteinbezogen. Als eine übergeordnete Blickinstanz delegiert die Nachbarin das Begehren. Ihr mit zwei auf die Gasse ragenden Rückspiegeln ausgestattetes Fenster erscheint wie ein Logenplatz reiner Schaulust und privilegiert sie zu einem ungehinderten Einblick in alle Angelegenheiten, die sich hinter Theobalds Rücken ereignen. Unverfroren verfolgt sie durch ein Opernglas, wie nacheinander Scarron und Mandelstam Luise heftige Avancen machen. Eine zwischengeschnittene Einstellung zeigt Theobald, der zu diesem Zeitpunkt am ›Arbeitsplatz‹ ist. Regungslos dasitzend verkörpert er pure Anwesenheit, die sich erst in der pünktlich eingehaltenen Pause auflöst und in den Mechanismus regelmäßiger Kaubewegung übergeht. Im Kontext der voyeuristischen Szene, in der die Blickachse einen dreidimensionalen Raum auslotet, bezeichnet die frontale, ›flache‹ Ansicht von Theobald dessen solipsistisch nach innen, auf den Magen konzentrierten Blick, dem insofern alles andere entgeht. Luise hingegen wird durch die begehrlichen Blicke auf ihre eigene Attraktivität verwiesen. Nachts betrachtet sie sich im Handspiegel und streift durch die Wohnung. Dabei wird sie von Scarron und Mandelstam beobachtet, die, jeder für sich, durch das Schlüsselloch ihrer nebeneinanderliegenden Zimmertüren spähen. Eine Schlüsselloch-maske fasst ihre Blicke zu einem einzigen Augenpaar zusammen. Die Szene kombiniert zugleich die voyeuristische Achse mit einer der narzisstischen Selbstspiegelung, denn zwischen den beiden Türen befindet sich ein Spiegel: Im Zentrum der Blicke stehend erblickt Luise sich selbst. Die räumliche Struktur repräsentiert die voyeuristische Dramaturgie.

Etabliert das Motiv der verlorenen Hose die voyeuristische Grundstruktur und entfaltet im Anschluss eine narrativ-dynamische Dramatik, deren Spannungsmoment die drohende Aufdeckung ist, so setzt die Inszenierung der Figur Theobalds ein situatives Moment – die komische Studie – dagegen, die in Groß- und Nahaufnahmen den Spießbürger identifiziert und demaskiert. Die Anfangssequenz stellt Theobald, noch vor der ›öffentlichen Enthüllung‹ seiner Gattin, in das Zentrum einer satirischen Enthüllung, die den Blick hinter die Kulissen, auf die Intimität des ehelichen Zusammenlebens richtet und ein schonungsloses Psychogramm des Gatten erstellt. Im Wechsel zwischen einer ›heldischen‹ und einer ›kindischen‹ Seite, zwischen dem durchgebogenen Patriarchen und dessen infantil-lüsternen Heimlichkeiten, seziert die Kamera säuberlich Hülle und Kern Theobalds. Wie ein Gockel reckt er den Hals, wirft einen heimlichen Blick auf Luises Beine, um sich ruckartig wieder loszureißen und fortzufahren, sich energisch die Haare in die Stirn zu kämmen. Schnauzbärtig, stiernackig, vorgeblich züchtig und zackig, insgeheim lüstern und lau, so ›verkörpert‹ Werner Krauss den Protagonisten des ›bürgerlichen Heldenlebens‹ als einen von sinnlicher Genusssucht angetriebenen Wanst.

Genusssucht, Borniertheit, Narzissmus und die Bereitschaft, sich Autoritäten zu unterwerfen, sind die ausgeprägten Charakterzüge, die Theobald als in jeder Hinsicht korrumpier- und instrumentalisierbar ausweisen. Diesem Mechanismus ist zuallererst die Ehe unterworfen, in der

Luise den tyrannischen Gatten durch ihre Kochkünste besänftigt und besticht. Die Aussicht auf die doppelte Mieteinnahme lassen Theobald bereitwillig die Tür der eigenen Wohnung öffnen, die zum Szenario einer Buhlschaft um seine Gattin wird.

Den Eindruck der klaustrophobischen Enge des spießbürgerlichen Haushaltes verstärken die in jedem Zimmer hängenden Spruchtafeln, in denen sich Theobalds Reglementierungen verräumlichen und in Parolen an Luise ergehen: »Eigner Mann und eigner Herd. Danke dem, der dir's beschert« tönt es von der Wand, während sie den Sonntagsbraten übergießt. Am Frühstückstisch verbindet ihr abschweifender Blick Theobald mit einer Tafel, deren Spruchweisheit (»Die beste Würze jeder Zeit ist Ruhe und Verträglichkeit«) sich in diesem Augenblick ironisch gegen Theobald richtet, indem sie auf dessen beschränkten Horizont anspielt. Die Hose ist insofern nicht nur Fetischobjekt begehrlicher Blicke, sondern bezeichnet auch Luises Frustration und die bröckelnde Fassade des Ehestandes.

Neben der Karikatur des Kleinbürgers und Untertans nimmt die Darstellung märchenhaft-diffuser Traumwelten Luises und deren abenteuerliche Realisierung einen großen Raum ein. Am Ende allerdings hat Luise, trotz ›Seitensprungs‹, keine Entwicklung durchgemacht und verbleibt als braves Hausmütterchen an der Seite des feisten Gatten, denn tatsächlich hat sie den geistigen Ort ihrer gesellschaftlichen Klasse nicht für einen Moment verlassen. Es scheint, als sei Luise nur eben ins Kino gegangen; die Inszenierung im Palast und die Überblendungen assoziieren eine Leinwandprojektion. Ihr Ausflug in eine Traumwelt reflektiert den Rückzug ins Private als Politikum und bildet, als Teil der revisionistischen Vorstellungswelt des Kleinbürgertums, zweifellos das Pendant zu Theobalds Opportunismus.

Patricia Römer

Literatur: Siegfried Kracauer: Kino. Essays, Studien, Glossen zum Film. Frankfurt a. M. 1974. – Jürgen Kasten / Werner Krauß: Dr. Caligari. Der verdrängte Bürger. In: Knut Hickethier (Hrsg.): Grenzgänger zwischen Theater und Kino. Schauspielerporträts aus dem Berlin der Zwanziger Jahre. Fulda 1986. – Thomas Koebner (Hrsg.): Idole des deutschen Films. München 1997.

Animal Crackers

Animal Crackers

USA 1930 s/w 97 min

R: Victor Heerman
B: George S. Kaufman, Morrie Ryskind, Bert Kalmar, Harry Ruby
K: George J. Folsey
M: Bert Kalmar, Harry Ruby, Max Reese
D: Groucho Marx (Captain Jeffrey T. Spaulding), Harpo Marx (Professor), Chico Marx (Signor Emanuel Ravelli), Zeppo Marx (Horatio Jamison), Margaret Dumont (Mrs. Rittenhouse)

Die neureiche Witwe Mrs. Rittenhouse gibt eine Party zu Ehren des Naturforschers Captain Jeffrey T. Spaulding, der mit seinem Sekretär Horatio Jameson eben von seiner letzten Expeditionsfahrt nach Afrika zurückgekehrt ist. Aus Anlass des glanzvollen Abends, an dem sich so angesehene Persönlichkeiten wie ein Professor oder Signor Emanuel Ravelli die Ehre geben, plant zudem der Millionär Roscoe Chandler ein wertvolles Ölgemälde zu enthüllen, das er vor kurzem in Europa erworben hat. Wie sich bald zeigt, ist der angebliche Naturforscher Spaulding ein Hochstapler, während sich Chandler als ehemaliger Kleinkrimineller entpuppt. Aufgrund einer Intrige von Mrs. Rittenhouse' neidischer Nachbarin kommt zudem das Gemälde abhanden und wird nacheinander durch gleich zwei gleichwertige Kopien ersetzt. Chaos und Verwirrung greifen um sich, und am Ende wird gesungen.

»One day I shot an elephant in my pyjamas, how he got in my pyjamas I don't know.« So berichtet Groucho Marx als Captain Jeffrey T. Spaulding in *Animal Crackers* seinem atemlos staunenden Publikum über eine Szene der Afrikafahrt, von der er vermeintlich gerade zurückgekehrt ist. Captain Spaulding ist eine typische Groucho-Figur, ein schamloser Betrüger, der aus seiner Scharlatanerie keinen Hehl macht und der von den Leuten, die ihn umgeben, aus rätselhaften Gründen doch nicht durchschaut wird – vielleicht gerade weil er ein so offenkundiger Betrüger ist. Der beste Weg, einen geheimen Brief zu verstecken, so wissen wir seit Edgar Allan Poes Erzählung *The Purloined Letter* (1845), ist ja schließlich auch, ihn mitten im Zimmer offen auszustellen.

Captain Spaulding ist aber auch eine Parodie auf den Typus des kolonialen Forschers und Abenteurers. Zu Dutzenden bevölkerten Großwildjäger, Tierfänger und Dschungelforscher mit ihren Erlebnisberichten in Buch- und Filmform die Medienöffentlichkeit der westlichen modernen Gesellschaften in den ersten drei Jahrzehnten des letzten Jahrhunderts. Ein zeitgenössisches Publikum, das Groucho als Afrikafahrer sah, dürfte dabei auch an den berühmten Tierfänger und Medienstar Frank S. Buck gedacht haben – oder an Martin und Osa Johnson, ein Abenteurer-Pärchen, das seine Reisen anfänglich von reichen Donatoren des American Museum of Natural History finanziert bekam und mit seinen Tierfilmen, in denen man die Eheleute wechselweise beim Niederknallen rarer Großraubtiere sehen konnte, in den USA der zwanziger Jahre auch Kinoerfolge feierte. Satire ist ein Register, das die Marx Brothers und ihre Drehbuchautoren immer auch beherrschen, neben der anarchischen Komik, für die sie in erster Linie bekannt sind, und wenn *Animal Crackers* eine neureiche Abendgesellschaft veralbert, dann lässt sich das durchaus auch als Gesellschaftskritik verstehen.

Wie alle Marx-Brothers-Filme beginnt *Animal Crackers* mit einer Exposition, die mit dem Auftritt von Groucho gipfelt. Die Gäste des Festes singen im Chor ein Lied zu Ehren des Gastes, »Hooray for Captain Spaulding!«. Kaum setzt Groucho zum Sprechen an, bricht der Gesang wieder los: Die Gästeschar wiederholt den Refrain. Danach setzt Groucho erneut zum Sprechen an. Wieder folgt der Refrain, und so weiter, noch zwei weitere Male. Eine Szene, die auch deshalb so komisch ist, weil sie im Gestus der Übertreibung den Exzess an unreflektierter Bewunderung zu Tage treten lässt, die Abenteurerfiguren, wie sie Captain Spaulding als Vorbild dienten, in den zwanziger und dreißiger Jahren zuteil wurde.

In stilistischer Hinsicht markiert *Animal Crackers*, der zweite Film der Marx Brothers, den definitiven Schritt der vier Komiker vom Vaudeville-Theater zur Kinokomödie. *Cocoanuts*, ihr Kinodebüt von 1929 unter der Regie von Robert Florey und Joseph Santley, stellte noch den Versuch dar, eine Bühnenshow auf die Leinwand zu transferieren. Ähnlich wie bei anderen frühen Tonfilmen, die Adaptionen von Bühnenstoffen mit Bühnenschauspielern waren, blieb die Inszenierung statisch. Außerdem behielt man alle Songs der Broadway-Show bei, so dass in *Cocoanuts* zu viel gesungen wird. *Animal Crackers* hingegen ist schneller inszeniert, auch wenn der Film, wie auch die späteren Arbeiten der Marx Brothers, weitgehend eine Nummernstruktur behält, und Musiknummern und komische Nummern halten sich die Waage. Ein besonderer Platz im Œuvre der Marx Brothers steht *Animal Crackers* schließlich auch deshalb zu, weil es der einzige Film ist, in dem sich der vierte Bruder, Zeppo, nicht auf die Rolle des *straight guy*, des Normalen, beschränkt. Als Sekretär von Jeffrey T. Spaulding nimmt er das Diktat eines Briefes auf, dessen Inhalt er auf Rückfrage folgendermaßen wiedergibt: »You started with ›Dear Sirs‹, and then you said a lot of stuff I didn't think was important, so I left it out.« So etwas kann sich Groucho gegenüber nur jemand erlauben, der zur Familie gehört. *Vinzenz Hediger*

Literatur: Raymond Durgnat: The Marx Brothers. Wien 1966. – Allen Eyles: The Marx Brothers. Their World of Comedy. London / New York 1966. – Paul D. Zimmerman / Burt Goldblatt: The Marx Brothers at the Movies. New York 1968. – Richard J. Anobile: Why a Duck? Visual and Verbal Gems from the Marx Brothers Movies. New York 1971. – Joe Adamson: Groucho, Harpo, Chico and Sometimes Zeppo. New York 1973. – William Wolf: The Marx Brothers. New York 1975. – Robert Benayoun: Les Frères Marx. Paris 1980. – Ulrich Hoppe: Die Marx Brothers. München 1985. – Manfred Hobsch: Film ab: Die Marx Brothers. Berlin 2001.

Die Drei von der Tankstelle

D 1930 s/w 99 min

R: Wilhelm Thiele
B: Franz Schulz, Paul Frank
K: Franz Planer
M: Werner Richard Heymann
D: Willy Fritsch (Willy), Oskar Karlweis (Kurt), Heinz Rühmann (Hans), Lilian Harvey (Lilian)

Der Film beginnt, ganz gemäß klassischen Drehbuchratgebern, mit einer Krise: Von einem dreimonatigen Urlaub zurückgekehrt müssen die Freunde Willy, Hans und Kurt feststellen, dass ihr Vermögen von einem Bankier veruntreut wurde. Mit ihrem restlichen Geld eröffnen die drei eine Tankstelle an einer Landstraße, die rasch zu einem Erfolg wird. Erst als die Damenwelt dazwischenkommt – die flotte Lilian verdreht allen dreien den Kopf –, droht die Eifersucht den Erfolg zu zerstören. Ein glücklicher

Zufall befördert die Busenfreunde an die Spitze einer großen Tankstellengesellschaft und führt zu Aussöhnung und Happyend.

Eine reale Krise bildet Thema und Hintergrund des Films: Im Oktober 1929 war die New Yorker Börse zusammengebrochen, die daraus resultierende Krise der Weltwirtschaft erfasste 1930 auch Deutschland. In *Die Drei von der Tankstelle* – zeitgenössische Kritiker sahen in der musikalischen Komödie die Reaktion der Produktionsfirma Ufa auf die einsetzende Depression – singen die Freunde vergnügt: »Großer Gott, wir sind bankrott«, und ihr Anwalt rät ihnen: »Statt Whisky gibt's jetzt Limonade und statt Kaviar Marmelade.« Das großbürgerliche Ambiente der Lebemänner mit Smoking und Sportwagen wird eingetauscht gegen ein selbständiges Leben mit Monteurskittel und Schichtwechsel. Die Konsummaschine Kino stimmt ihre Zuschauer auf ein Leben des Verzichts und der Flexibilisierung ein: Sogar die *haute volée* muss arbeiten, und wir können ihr gegen ein kleines Eintrittsgeld dabei zusehen. Auch ihre bisherigen Beschäftigungen – Tennis, Tanzen, Chauffieren – helfen ihnen zunächst nicht, die neue Situation zu meistern. Improvisationstalent, aber auch Optimismus erteilt der Film als Patentrezept gegen die depressive Stimmung der (privaten wie öffentlichen) Ökonomie.

Doch hinter diesem weltwirtschaftlichen Abschwung zeichnet sich noch eine weitere Krise ab, die schon den gesamten Film der Weimarer Republik bestimmt hatte: die Krise der Männlichkeit. Der verlorene Krieg, die wirtschaftliche Malaise und ein erstarktes weibliches Selbstbewusstsein prägen die männliche Psyche dieser Zeit und damit auch das Weimarer Kino von *Dr. Caligari* (1919/20) über *Der letzte Mann* (1924) bis *Der blaue Engel* (1930). Auch *Die Drei von der Tankstelle* macht hier keine Ausnahme: Zunächst balgen die drei »Lausejungs«, wie sie sich gegenseitig titulieren, noch prä-pubertär und ahnungslos miteinander, das erwachende sexuelle Interesse gefährdet dann jedoch ihre traute Dreisamkeit. Schließlich werden zwei Modelle männlicher Subjektivität angeboten: Hans und Karl verbleiben im Zustand zwischen prä-ödipaler Unschuld und homoerotischer Neckerei, während Willy mit der Annahme einer klassisch männlichen Rolle die Initiation ins Erwachsenenleben gelingt. Auf dem Weg dorthin tritt er allerdings kurzzeitig von seinem Direktionsposten zurück, weil er seine Stellung nicht ›weiblicher Protektion‹ verdanken will. Auch eine andere männliche Figur muss sich beweisen: Erst als der zahme und von seiner Tochter Lilian stets als »Mops« titulierte Konsul, der ohne ihre Einwilligung nicht heiraten kann, aufbraust und sie autoritär zurechtweist, wird der »Weg zum Paradies« (so ein Songtitel) auch für ihn frei. Dem Konsul, schon dem Titel nach eigentlich ein Autoritätsträger, imponiert also logischerweise auch, als Willy nicht wie allseits erwartet um Lilians Hand anhält, sondern diese mit einer wüsten Flut von Beschimpfungen bedenkt: »Das wäre ein Schwiegersohn!«

Und noch eine dritte Krise schimmert durch diesen Film und wird ebenso bravourös gemeistert wie die anderen beiden. *Die Drei von der Tankstelle* entstand 1930, als der Tonfilm gerade dabei war, sich zu etablieren. Weder gab es Genremuster noch dramaturgische Modelle, auf die man zurückgreifen konnte. Dementsprechend vielfältig ist das Mischungsverhältnis des Films: Modernistische Montagen und Slapsticknummern, Stepptanz und Comedian Harmonists, Brechtsche Verfremdungseffekte und Operettenseligkeit – die Leichtigkeit und der Esprit, mit dem diese scheinbar unvereinbaren Versatzstücke eine Einheit formen, gefiel auch dem damaligen Publikum und begründete das Genre der ›Tonfilmoperette‹, das bis Mitte der dreißiger Jahre den deutschen Film dominierte. Drei Krisen und eine Tankstelle also: Der Film entwickelte sich nicht nur zu einem der erfolgreichsten Filme der Weimarer Republik, sondern erlebte auch zwei (enttäuschende) Remakes in den fünfziger und neunziger Jahren und blieb darüber hinaus für viele Zuschauer das, was der bekannteste Schlager des Films verkündet: »Ein Freund, ein guter Freund!« *Malte Hagener*

Literatur: Paul Taylor: »Die Drei von der Tankstelle«. In: Monthly Film Bulletin (1978) Nr. 539. – Klaus Kreimeier (Red.) / Rainer Rother (Hrsg.): *Die Drei von der Tankstelle.* Berlin 1992. (Ufa-Magazin. Nr. 9.) – Rainer Rother: »Zwischen Parodie und poetischem Wachtraum«. In: Hans-Michael Bock / Michael Töteberg (Hrsg.): Das Ufa-Buch. Frankfurt a.M. 1992. – Thomas Koebner (Hrsg.): Idole des deutschen Films. München 1997. [Darin die Artikel von Stephen Lowry und Peter Zimmermann.]

Lichter der Großstadt

City Lights

USA 1931 s/w 87 min

R: Charles Chaplin
B: Charles Chaplin
K: Rollie Totheroh, Gordon Pollock
M: Charles Chaplin
D: Charles Chaplin (Tramp), Virginia Cherrill (Blumenmädchen), Harry Myers (exzentrischer Millionär), Florence Lee (Großmutter)

Durch seine Hilfsbereitschaft lernt der Tramp Charlie im Amerika der Depressionszeit zwei sehr unterschiedliche Menschen kennen: Zum einen den exzentrischen Millionär, einen lebensmüden Alkoholiker, der sich im Vollrausch in den Fluss stürzen will und von Charlie in letzter Sekunde gerettet wird. Zum anderen das blinde Blumenmädchen, in das er sich verliebt und dem er materiell unter die Arme greifen möchte. Diese beiden Begegnungen sind eng miteinander verknüpft und prägen sein weiteres Schicksal: Der Millionär überlässt dem Tramp großzügig seinen Wagen und belohnt ihn mit Geld, das dieser selbstlos an das Mädchen weitergibt. Doch die Dankbarkeit des Millionärs hat einen Haken: Er erkennt seinen Lebensretter nur, wenn er betrunken ist, in nüchternem Zustand lässt er den abgerissenen Unbekannten regelmäßig aus dem Haus werfen. Weil diese Geldquelle auf Dauer zu unzuverlässig wird und das Mädchen wegen einer Erkrankung nicht mehr arbeiten kann, sinnt Charlie auf neue Einnahmequellen. Doch Gelegenheitsarbeiten als Straßenkehrer und Preisboxer bringen nicht den erhofften Gewinn, und so erweist sich der zufällig wieder einmal betrunkene Millionär als letzte Rettung: Er schenkt seinem ›Teilzeit-Freund‹ mehrere tausend Dollar. Da sich zur selben Zeit Einbrecher in der Villa des Millionärs aufhalten und diesen niederschlagen, wird der Tramp des Diebstahls verdächtigt. Zwar kann er vor der Polizei flüchten und seiner Geliebten das Geld überbringen, wird jedoch kurz darauf festgenommen. Als er Monate später aus dem Gefängnis entlassen wird, hat er jeglichen Anschein früherer Eleganz und Leichtigkeit verloren. Das Mädchen hingegen hat das Geld in eine Augenoperation investiert und einen Blumenladen eröffnet. Als der völlig heruntergekommene Ex-Sträfling sie durch das Schaufenster ihres Ladens betrachtet, verspottet sie den vermeintlich neuen Verehrer aufgrund seiner äußerlichen Verwahrlosung. Erst als sie ihm eine Blume schenkt und dabei seine Hand berührt, erkennt sie, dass ihr scheinbar reicher Gönner von einst identisch ist mit der traurigen Gestalt, die ihr nun gegenübersteht.

Ähnlich wie in dem 1925 entstandenen Klassiker *The Gold Rush* (*Goldrausch*) steht die selbstlose Liebe des Tramps zu einer Frau im Mittelpunkt von *City Lights*. In beiden Filmen spielt zudem das Thema Blindheit und Erkenntnis eine zentrale Rolle. In *The Gold Rush* übersieht

Lichter der Großstadt: Chaplins Charlie Arm in Arm mit dem exzentrischen Millionär, der in betrunkenem Zustand, und nur in diesem, sich als Philanthrop geriert. Doch auch der heruntergekommene Tramp ist widersprüchlich angelegt. Der Autorität des Polizisten begegnet er mit sichtbarem Respekt; seine Erfahrungen haben ihn dies gelehrt. Seine soziale und affektive Solidarität mit den Benachteiligten und gesellschaftlich Deklassierten ist geteilt. Während er dem blinden Blumenmädchen selbstlos zur Heilung verhilft, bringt er – bei einer Ausfahrt im Rolls Royce – einen Bettler selbst um die auf dem Gehsteig liegende Zigarettenkippe; auch dies ein sozialdarwinistischer, verinnerlichter Überlebensreflex, der von Sentimentalität imprägniert und wattiert ist.

die Bardame Georgia den Tramp zunächst, ist für seine aufrichtigen Gefühle in übertragenem Sinne ›blind‹ und ermöglicht erst durch die Erkenntnis ihrer eigenen Oberflächlichkeit und Voreingenommenheit die glückliche Verbindung der beiden. In *City Lights* wird die physische Blindheit des Blumenmädchens gedoppelt durch ihre romantischen Träume von einem reichen Millionär, für den sie Charlie hält. Erst als sie am Ende den verwahrlosten Tramp als ihren Wohltäter erkennt, fühlt sie sich in einem doppelten Sinne sehend: Sie kann die Welt nicht nur äußerlich wahrnehmen, sondern sieht hinter den bloßen Schein der Dinge und erkennt die tiefe Menschlichkeit ihres Wohltäters. Die Blindheit des Mädchens und der Alkoholrausch des Millionärs ignorieren zunächst beide die niedere soziale Stellung Charlies, doch die Ernüchterung des Mädchens beim Anblick Charlies bewirken bei ihr eine veränderte Einstellung. Der Millionär hingegen bleibt in seiner vom Alkohol gesteuerten sozialen Schizophrenie gefangen – ein Mechanismus, den Bertolt Brecht knappe zehn Jahre später als Ausgangspunkt für sein Stück *Herr Puntila und sein Knecht Matti* benutzte. Ein weiteres Hauptthema des Films ist der Gegensatz zwischen Arm und Reich, der bereits in der Anfangsszene auf prägnante Weise gestaltet wird: Bei der feierlichen Enthüllung eines Denkmals für »Frieden und Wohlstand« kommt unter dem die Statue verhüllenden Tuch auch Charlie zum Vorschein, der friedlich im Schoß der zentralen Figur schläft. Aufgeschreckt durch die Empörung der anwesenden Honoratioren der Stadt gelingt es ihm, vor der Polizei zu fliehen. Der Tramp als Sinnbild für die Schattenseiten der Wohlstandsgesellschaft ist bei dieser Veranstaltung offensichtlich unerwünscht. Bei den Begegnungen Charlies mit dem Millionär und seinen Bekannten entlarvt der Film schonungslos die Dekadenz der reichen Oberschicht, die die Not der unteren Schichten ignoriert und hedonistisch dem Vergnügen frönt.

Wie alle großen Komödien Chaplins enthält *City Lights* sowohl slapstickhafte als auch romantische, sentimentale, und melancholische Elemente. Doch kaum ein anderer seiner Filme zerfällt so deutlich in einen burlesken und einen romantischen Handlungsstrang. Der Slapstick dominiert in den Sequenzen mit dem Millionär, angefangen von

Charlies Rettungstat bei dessen Selbstmordversuch bis hin zu den Nachtclub- und Partyszenen, während die Begegnungen mit dem blinden Mädchen von zarter Romantik und später sogar von einem tragischen Grundton durchzogen sind. Was dem Film, abgesehen von den thematischen Berührungspunkten zwischen den beiden Parallelhandlungen, formale Geschlossenheit verleiht, ist die spielerische Leichtigkeit und das exakte Timing der Inszenierung. Chaplin selbst wies darauf hin, dass *City Lights* mehr als seine anderen Filme den Charakter eines Tanzes oder Balletts besitzt. In jeder Szene ist die tänzerische Grundkonzeption deutlich zu spüren, bei den romantischen Mädchenszenen ebenso wie bei dem spektakulären Boxkampf, den der Tramp gegen einen körperlich weit überlegenen Gegner fast gewinnt. Unterstützt wird die balletthafte Wirkung der »pantomimischen Komödien-Romanze« – so der Untertitel von *City Lights* – durch die Filmmusik, die Chaplin erstmals selbst komponierte.

Mit der Entscheidung, die als Schauspielerin völlig unerfahrene Virginia Cherrill für die weibliche Hauptrolle zu engagieren, ging Chaplin ein nicht geringes Risiko ein. Sein Versuch, zunächst die erste Begegnung zwischen Tramp und Mädchen zu drehen, um diese Szene als Aufwärmphase für die weiteren Dreharbeiten zu benutzen, erwies sich als völliger Fehlschlag. Auch nach mehrwöchigen Proben war Chaplin mit der Szene nicht zufrieden, was allerdings nicht allein der mangelnden Professionalität seiner Darstellerin, sondern, wie er später selbst einräumte, auch seinem neurotischen Hang zum Perfektionismus zuzuschreiben war. Obwohl die Differenzen zwischen Chaplin und Cherrill sogar fast zu deren Entlassung führten, kann ihr Engagement letztlich doch als Glücksgriff gelten. Cherrill spielt das blinde Mädchen sehr authentisch und untheatralisch, was den Mädchenszenen erst ihre romantische Stimmung verleiht. Die unaufdringlich und zurückhaltend gespielte Schlussszene von *City Lights* gilt als eine der perfektesten Szenen, die Chaplin jemals gedreht hat.

Die Dreharbeiten waren nicht nur wegen der anfänglichen Probleme mit Cherrill äußerst langwierig. Wegen großangelegter Umbauarbeiten im Studio und einer Erkrankung Chaplins dauerte es fast zwei Jahre, bis der Film fertiggestellt werden konnte. Filmhistorisch ist *City Lights* auch deshalb interessant, weil während der langen Produktionszeit der Tonfilm seinen Siegeszug antrat. Chaplin, der sich als Stummfilmkünstler verstand und den Tonfilm als Angriff auf die Kunst der Pantomime ablehnte, reflektierte die neuen Entwicklungen auf seine Art. Verunsichert, ob ein Stummfilm in diesen Zeiten noch Erfolg haben könne, verzichtete er zwar auf die akustische Wiedergabe von Dialogen, doch baute er zwei bemerkenswerte Toneffekte ein. Am Beginn des Films parodiert ein quäkendes Saxophon die vollmundigen Festreden bei der Denkmalsenthüllung. Die satirische Kritik dieses Kunstgriffs richtet sich nicht nur gegen die inhaltsleere Phrasendrescherei der etablierten Gesellschaft, das Saxophongequäke kann auch als Seitenhieb auf die schlechte Klangqualität der frühen Tonfilme verstanden werden. Als zweites Klangelement dient eine vom Tramp versehentlich verschluckte Trillerpfeife, die in seinem Magen ein munteres Eigenleben führt und die Gesangseinlage eines Opernsängers bei der Party des Millionärs nachhaltig stört. Saxophon und Trillerpfeife fungieren jeweils als Ersatz für die menschliche Stimme, die jedoch in *City Lights* ansonsten keinen Raum bekommt. Erst in seinem nächsten Film *Modern Times* (*Moderne Zeiten*, 1936) sollte Chaplins eigene Stimme in einer Gesangseinlage zu hören sein.

Lars Heiler

Literatur: Charles Chaplin: Die Geschichte meines Lebens (1964). Frankfurt a. M. 1964. – Joe Hembus: Charlie Chaplin. Seine Filme – Sein Leben. München 1972. – Wolfram Tichy: Chaplin. Reinbek

1974. – Gerald Molyneaux: Charles Chaplin's *City Lights*: its Production and Dialectical Structure. New York 1983. – David Robinson: Chaplin. Sein Leben – Seine Kunst (1985). Zürich 1989. – Julian Smith: Chaplin. London 1986. – Charles M. Maland: Chaplin and American Culture. The Evolution of a Star Image. Princeton (N.J.) 1989. – Wilfried Wiegand (Hrsg.): Über Chaplin. Zürich 1989. – Adolphe Nysenholc (Hrsg.): Charlie Chaplin. His Reflection in Modern Times. Berlin / New York 1991. – John McCabe: Charlie Chaplin. London 1992. – Bernhard Matt. Charlie Chaplin. Sein Leben in Bildern und Anekdoten. München 1993. – Caroly F. Courtney: The Changing Roles and Values of Actors, Viewers and Directors in *City Lights*. Louisville 1995.

Es lebe die Freiheit

A nous la liberté

F 1931 s/w 97 min / 82 min (Fassung von 1950)

R: René Clair
B: René Clair
K: Georges Périnal
M: Georges Auric
D: Henri Marchand (Emile), Raymond Cordy (Louis), Rolla France (Jeanne), Paul Olivier (Jeannes Onkel, der Buchhalter)

»Die Freiheit, das ist die ganze Existenz / Aber die Menschen haben die Gefängnisse geschaffen / Die Regeln, die Gesetze, die Konventionen / Und die Arbeit, die Büros, die Häuser ...« Während der stämmige Louis flüsternd das Lob der Freiheit singt, steht sein kleiner, aber agiler Zellengenosse Emile auf seinen Schultern und sägt an den Gitterstäben. Das Titellied mit dem programmatischen Refrain »Uns die Freiheit« zieht sich leitmotivisch durch den Film, wird zunächst jedoch nur für Louis wahr. Ihr Ausbruch aus dem Gefängnis wird entdeckt, und Emile opfert sich für den Kameraden, dem die Flucht gelingt.

Elliptisch wird Louis' kometenhafter Aufstieg vom Grammofonverkäufer auf dem Flohmarkt über den selbstsicheren Einzelhändler bis hin zum Tycoon eines Schallplattenimperiums gezeigt. Der träumerische Emile hat weniger Glück. Nach seiner Freilassung sonnt er sich auf einer Wiese und wird prompt erneut verhaftet, da Arbeiten obligatorisch ist. Wieder im Gefängnis, versucht Emile sich zu erhängen, scheitert jedoch am nachgebenden Zellengitter, was ihm den Weg in die Freiheit öffnet. Er nutzt sie, um endlich mit Jeanne, die in der Grammofonfabrik arbeitet, in Kontakt zu kommen. Eher gegen seinen Willen wird er dort angestellt und bringt mit seiner anarchischen Natur die strenge Ordnung und Organisation in dem menschenfeindlichen Fertigungskomplex durcheinander. Verfolgt von den Aufsehern, trifft er zufällig den von Mitarbeitern hofierten Firmenchef, seinen ehemaligen Mithäftling Louis. Dieser lädt ihn ein, und beim Abendessen in dessen neureich-unpersönlich eingerichtetem Haus zeigt sich, dass die ›feine Gesellschaft‹ Louis langweilt, ebenso wie seine untreue, nur an Status und Geld interessierte Frau.

Louis nutzt seine Machtposition, um die Hochzeit von Emile mit Jeanne zu arrangieren, was er mit ihrem Onkel, der Karikatur des kleinbürgerlichen Buchhalters, aushandelt. Doch diese Art von Glück ist nicht nach Clairs Geschmack: Jeanne ist in einen anderen verliebt. Zudem wird Louis von ehemaligen Sträflingen erkannt und erpresst. Da er ihren Forderungen nicht nachgibt, ist er gezwungen zu fliehen. Kurz davor aber weiht er als Krönung seiner Karriere eine neue Fabrik ein. Dabei weht der Inhalt des mit Banknoten gefüllten Fluchtkoffers vom Dach, so dass die Szene im Chaos endet. Im Durcheinander entkommt Louis der Polizei. Während die Maschinen von nun an alles automatisch produzieren und die Arbeiter kegeln, Karten spielen, angeln oder tanzen, sind Emile und Louis gemeinsam unterwegs und entfernen sich, ähnlich Chaplins Tramp, in Richtung Horizont.

A nous la liberté ist der erste Film Clairs mit so komplexen Charakteren wie dem entscheidungsfreudigen, weltgewandten, konformistischen Louis und dem passiven, verträumten, anarchistischen Emile. Letztendlich ergänzen und brauchen sie einander, um nicht unter die Kontrolle der Autorität zu fallen oder der Attraktion von Macht und Geld zu verfallen. Der Film entwickelt sein Sujet auf zwei Ebenen: zum einen der menschlich-emotionalen mit dem zentralen Thema der Freundschaft und zum anderen der burlesken Satire. Der Wechsel zwischen diesen beiden stört zum Teil den Rhythmus des Films. Selbstkritisch meinte René Clair, das Drehbuch zu schnell geschrieben zu haben, und profitierte 1950 von neuen Kopien, um Szenen herauszuschneiden.

Zur strukturellen Klammer wird in *A nous la liberté* die Parallele zwischen Gefängnis und Fabrik, die Clair sowohl ästhetisch als auch inhaltlich zieht: Gleiche Einstellungsgrößen und Kamerawinkel zeigen aus leichter Obersicht das diagonal in die Tiefe des Raumes reichende Fließband, an dem die Arbeiter monoton immer gleiche Gesten vollführen. Sie tragen mit Nummern versehene Einheitskleidung, und auch ihr resigniertes, mechanisches Verhalten bei der Arbeit und beim Essen unterscheidet sich nicht von demjenigen der Strafgefangenen. Ähnlich den Arbeitern in *Metropolis* (1926) trotten sie im Gleichschritt durch kahle Räume und leere Höfe. Die Kulissen gestaltete Filmarchitekt Lazare Meerson im Stil der Neuen Sachlichkeit mit alles dominierenden geometrischen Linien: Vertikalen wie Zellenfenstergitter und in den Himmel ragende Fabrikschlote, Diagonalen wie Fließbänder oder im Gänsemarsch über den Hof trottende Arbeiter.

Die wirtschaftliche und politische Krise Ende der zwanziger Jahre war noch nicht überwunden, aber der *Front populaire* lag bereits in der Luft. Es war die Zeit, in der René Clair sich der extremen Linken am nächsten fühlte und, in seinen eigenen Worten, »die Maschine« bekämpfen wollte, »wenn sie den Menschen verknechtet, anstatt, wie sie es müsste, zu seinem Glück beizutragen«. Seine Kritik richtete sich vor allem gegen die Verherrlichung der Arbeit als Herrschaftsinstrument, wie explizit die Sequenz von Emiles Verhaftung zeigt: Ein Klassenzimmer und ein Fabrikarbeiter am Band werden gegen Polizisten geschnitten, wozu als ironischer Kontrast die Kinder dem Lehrer singend nachbeten: »Die Arbeit, das ist die Freiheit.« Clair wollte jedoch keinen ›Thesenfilm‹ drehen, kein soziales Manifest verfassen und wählte darum die derealisierende Form der Operette. So macht sich *A nous la liberté* als charmantes Ballett mit der Choreografie der Burleske über das Fließband lustig, beispielsweise wenn Emile einen Handgriff verpasst und, dem zu fertigenden Teil hinterherhetzend, den nächsten Arbeiter stört, der wiederum den nächsten unterbricht, der wiederum ... Als Satire greift *A nous la liberté* vor allem bürgerliche Normvorstellungen an und legt deren Oberflächlichkeit bloß, was im furiosen Finale kulminiert: Alle bürgerlich-ständische Haltung aufgebend, stürmen die Honoratioren raffgierig den vom Dach wehenden Tausend-Francs-Noten hinterher, Gefangene des Götzen Geld, wohingegen Louis die Freiheit der Straße wiedergefunden hat. *Matthias Steinle*

Drehbuch: L'Avant-Scène Cinéma (1969) Nr. 86.
Literatur: Rudolf Arnheim: Der französische Film (1932). In: Helmut H. Diederichs (Hrsg.): Rudolf Arnheim. Kritiken und Aufsätze zum Film. München 1977. – René Clair: Kino. Vom Stummfilm zum Tonfilm (1951). Zürich 1995. – Jean Mitry: René Clair. Paris 1960. – Maruja Echegoyen: A nous la liberté. In: Elèves IDHEC: Analyse des Films de René Clair. Paris 1965. – Olivier Barrot: René Clair ou le temps mesuré. Lausanne 1985. – R. C. Dale: The Films of René Clair. Metuchen (N.J.) 1986. – Noël Herpe (Hrsg.): René Clair. Sonderheft der Zeitschrift *1895.* Jg. 1998. Nr. 25. – Noël Herpe / Emmanuelle Toulet (Hrsg.): René Clair ou le cinéma à la lettre. Paris 2000.

Die Marx-Brothers auf See

Monkey Business

USA 1931 s/w 77 min

R: Norman Z. McLeod
B: Sidney J. Perelman, Will B. Johnstone, Arthur Sheekman
K: Arthur L. Todd
M: Pierre Norman
D: Groucho Marx (Groucho), Harpo Marx (Harpo), Chico Marx (Chico), Zeppo Marx (Zeppo)

Monkey Business mit Groucho, Harpo, Chico und Zeppo ist der erste Film, den die vier Marx Brothers nach ihrem Umzug von New York nach Hollywood für Paramount drehten. Es ist zugleich der erste Film, der nicht auf der Verfilmung eines ihrer Theaterstücke basiert, sondern auf einem Originaldrehbuch. Dadurch unterscheidet er sich sowohl von früheren als auch von späteren Produktionen. Wie in fast allen Marx-Brothers-Filmen dient die Handlung nur als Hintergrund, vor dem brillante Einzelszenen ausgebreitet werden, die den typisch giftigen und destruktiven Humor der Brüder entfalten. Die Verwicklungen nehmen ihren Anfang auf einem Ozeandampfer, auf dem sich die vier als blinde Passagiere in leeren Heringsfässern einschiffen: Groucho, ein Betrüger, bei dem sogar der Bart falsch ist, der stumme Harpo, ein Tagträumer und Taschendieb, Chico, der Englisch mit italienischem Akzent spricht, und Zeppo, der an die romantische Liebe glaubt und insgesamt der ›normalste‹ der Marx Brüder ist. Um nicht in die Arrestzelle gesteckt zu werden, eilen die vier von Kabine zu Kabine und erleben dabei ganz unterschiedliche Abenteuer: Zeppo spielt mit Mary Helton, der Tochter des Gangsters Joe Helton, ein romantisches Stelldichein nach (samt verlorenem Taschentuch), Groucho flieht in die Kabine von Lucille, Freundin des Gangsters Alky Briggs, und verplant mit ihr bereits in den ersten Minuten ihr gesamtes Leben. Chico, der hier einen der wenigen Auftritte ohne seine Brüder hat, brilliert, als er Helton erklärt, warum er und Harpo als seine Bodyguards so geeignet sind (»Wir sind ein bisschen tough. Sie bezahlen uns sehr gut, wir sind sehr tough!«). Harpo schließlich wird selbst zu einer der Puppen in einem Kasperletheater, eine Szene, die zusammen mit der abschraubbaren Hand in einer späteren Sequenz zu den surrealistischen Momenten des Films zählt. Höhepunkt des Films ist sicher die Zoll-Szene, in der sich alle vier in Ermangelung eines eigenen Ausweises für Maurice Chevalier ausgeben und sein *You Brought a New Kind of Love* als Beweis singen – der stumme Harpo mit dem Grammophon auf dem Rücken. In New York werden die vier Brüder zu Helden wider Willen: Sie befreien Joe Heltons Tochter aus einer Scheune, in die Alky Briggs sie gesperrt hat. Die Marx Brothers entdecken den Stall samt Kühen, Heuhaufen und Mistgabel als Spielplatz – nur Zeppo kämpft wie ein Mann.

Monkey Business unterschied sich in vielen Punkten von den ersten beiden Marx-Brothers-Filmen. Unter anderem fehlte Margaret Dumont, wie auch in der folgenden Produktion *Horse Feathers* (*Blühender Blödsinn*, 1932). Sie wurde durch die Komödiantin Thelma Todd (Lucille) ersetzt. Einige Kritiker machten den elitären Geschmack des Drehbuchautors Sidney J. Perelman für die besondere Stellung von *Monkey Business* im Œuvre der Marx-Brüder verantwortlich. Der gelernte Journalist scherte sich nicht darum, ob er mit seinem Humor ein großes Publikum erreichte oder nicht. Dementsprechend soll Perelman auch dafür verantwortlich sein, dass dieser Film bösartiger in seinem Humor ist als die anderen Marx-Brothers-Streifen: Groucho lässt häufig einen sehr infantilen Humor erkennen, und Harpo wirkt regelrecht dämonisch – Seiten, die man an den Komikern in dieser Ausprägung sonst nicht kennt. Generell erscheinen alle Charaktere weniger gutmütig als in den übrigen Filmen. Dennoch zählt *Monkey Business* zu den besten Werken der Marx Brothers. Zeppo, der hier bereits eine vergleichsweise kleine Rolle übernahm, zog sich später als Schauspieler zurück und fungierte als Manager seiner Brüder. *Kirsten von Hagen*

Drehbuch: Bert Kalmar [u. a.] (Hrsg.): *Monkey Business* and *Duck Soup*. London 1972. – L'Avant-Scène Cinéma. Nr. 305/306. April 1983.

Literatur: Raymond Durgnat: The Marx Brothers. Wien 1966. – Allen Eyles: The Marx Brothers. Their World of Comedy. London / New York 1966. – Paul D. Zimmerman / Burt Goldblatt: The Marx Brothers at the Movies. New York 1968. – Richard J. Anobile: Why a Duck? Visual and Verbal Gems from the Marx Brothers Movies. New York 1971. – Joe Adamson: Groucho, Harpo, Chico and Sometimes Zeppo. New York 1973. – William Wolf: The Marx Brothers. New York 1975. – Robert Benayoun: Les Frères Marx. Paris 1980. – Ulrich Hoppe: Die Marx Brothers. München 1985. – Bert Kalmar / Harry Ruby: The Four Marx Brothers in *Monkey Business* and *Duck Soup*. London 1989. – Manfred Hobsch: Film ab: Die Marx Brothers. Berlin 2001.

Die Million

Le million

F 1931 s/w 111 min / 80 min (Fassung von 1950)

R: René Clair
B: René Clair nach einem Stück von Georges Berr und Marcel Guillemaud
K: Georges Périnal
M: Armand Bernard, Philippe Parès, Georges van Parys
D: René Lefèvre (Michel), Louis Allibert (Prosper), Annabella (Béatrice), Paul Olivier (Crochard = Père La Tulipe)

Über dem menschenleeren Zuschauersaal eines Opernhauses läuft der Vorspann ab mit der Ankündigung, dass die Geschichte in Paris um 1930 spielt. Abblende. Es ist

Nacht, die Kamera fährt über die romantische Silhouette der Pariser Dächer an einem Kirchturm vorbei. Nach dem Ausklingen des letzten Glockenschlages ist die fröhliche Melodie entfernten Gesangs zu vernehmen. Während die Musik lauter wird, tauchen zwei Männer auf, die sich wie die Kamera der Musikquelle nähern. Sie heben eine Dachluke an und entdecken eine bunte Gesellschaft, die sich an den Händen haltend eine Farandole tanzt. Auf die Frage nach dem Anlass des Festes verspricht ein älterer Herr Auskunft zu geben, wobei seine Worte von der Menge lustvoll singend wiederholt werden.

Im Mittelpunkt der eigentlichen Geschichte steht ein Lotterielos, das mit einem Millionengewinn die Finanzprobleme des abgebrannten und von seinen Gläubigern verfolgten Malers Michel zu lösen verspricht. Allerdings befindet es sich in einem alten Jackett, das seine Freundin, die Balletttänzerin Béatrice, dem Ganoven Père La Tulipe auf der Flucht vor der Polizei gegeben hat. Daraufhin setzt eine panische Suche nach dem Kleidungsstück ein, bei der nicht nur das Schicksal gegen Michel ist – das Jackett ist inzwischen an einen Sänger verkauft –, sondern auch die Polizei, die ihn irrtümlich verhaftet, und sein Freund Prosper, dem die Hälfte des Gewinns versprochen ist, sollte er das Los finden. Der Showdown findet in der Oper statt. Dort versuchen die rivalisierenden Freunde mit ihren weiblichen Verbündeten und die Ganoven in einem burlesken Durcheinander dem eitlen Tenor Sopranelli das Jackett zu entreißen. Dieser hatte es für die Interpretation der *Bohémiens* erworben. Letztendlich behalten die »Soldaten der Illegalität«, die sich einer »besseren Verteilung des Eigentums widmen«, wie Père La Tulipes Gaunerchor sich singend charakterisiert, die Oberhand. Michel kehrt mit leeren Händen zurück. In seinem inzwischen geschmückten Atelier erwartet ihn ein Gedränge aus Nachbarn und Händlern, denen er versprochen hat, das Los als Garant der Liquidität zu zeigen. Gerade als er seine Niederlage eingestehen will, erscheint Père La Tulipe, um Jackett und Los zurückzugeben. Mit dem frenetischen Fest, das über den Dächern zu hören war, schließt sich der Kreis.

Die Einleitung mit Opernhaus, Schwenk über die Dächer und singender Festgesellschaft präsentiert und resümiert zugleich das inhaltliche und ästhetische Konzept des Filmes: Ort der Handlung ist das zeitgenössische Paris, mit seinen *faubourgs* und deren kleinbürgerlichen Bewohnern, wie sie aus dem ersten Tonfilm René Clairs *Sous les toits de Paris* (*Unter den Dächern von Paris*, 1930) bekannt sind und im Folgenden seine Filme für die Tobis prägen. Aber *Le million* steht nicht im Zeichen des ›poetischen Realismus‹, sondern der Komödie und der Musik, die in Clairs zweitem Tonfilm operettenhaft leicht daherkommt. Der Eindruck des Zeitentrückten wird unterstützt durch den Erzähler, Père La Tulipe, der in der Rahmenhandlung als eine Art Märchenonkel das Geschehene präsentiert. Spielerisch legt René Clair die Konventionen offen, indem er auf Repräsentationscharakter und Inszenierung des Spektakels hinweist. Augenzwinkernd wird deutlich, dass Voyeurismus die inner- und außerdiegetische Ursache des Films ist: Auslöser der filmischen Erzählung ist der neugierige Blick durch die Dachluke, und seine Existenz verdankt *Le million* wie die in ihm thematisierte Oper der Schaulust des Publikums.

Auf den Tod oder zumindest »einen langen, todesähnlichen Schlaf« des Kinos wettete René Clair bei der Einführung des Tonfilms, und die ersten mit der neuen Technik realisierten französischen Produktionen mit ihrer starken Theatralisierung schienen seine Befürchtungen von illustriertem, abfotografiertem Theater zu bestätigen. *Sous les toits de Paris* war noch der Stummfilmästhetik verbunden und vermied Synchronton weitgehend, enthielt aber bereits beeindruckende Szenen mit asynchronem Toneinsatz gemäß Clairs Rezept: »Die besten Ton- und Sprecheffekte

Repräsentation der Kunst und Kunst der Repräsentation hat René Clair in *Die Million* ironisch-humorvoll verschränkt: Der eitle Sänger Ambrosio Sopranelli (Constantin Siroesco) und seine Bühnenpartnerin (Odetta Talazac) spielen nach heftigem Streit hinter den Kulissen dem Opernpublikum in kitschigem Dekor Harmonie vor. Ihr Gesang – »Verzeihe mir, höre nicht auf dein eifersüchtiges Herz« – fungiert als Anleitung einer ›echten‹ Versöhnungsszene für das Liebespaar Michel und Béatrice, die, hinter einem Sperrholzbusch versteckt, nur für das Filmpublikum sichtbar sind. Die Oper ist in *Le million* in mehrfacher Hinsicht ein zentraler Ort: zum einen als Kulminationspunkt der Handlung, wo sich die unterschiedlichen Akteure ein burleskes Stelldichein geben, und zum anderen als Metapher für Clairs entrückte, aber nie abgehobene Kunstwelt, die ihre Künstlichkeit bewusst ausstellt und spielerisch reflektiert.

werden durch den abwechselnden Gebrauch von Bild und Ton erzielt, nicht durch deren Gleichzeitigkeit.« In *Le million* ist der Ton – vor allem die Musik – ein konstituierendes Element. Komische Effekte mit ironisch-kritischen Seitenhieben basieren auf kontrastierender und kontrapunktischer Tonanwendung, wie in der vielzitierten Opernsequenz: Nach einem Streit findet Michel Béatrice, mit der er »ein wenig verlobt« ist, auf einer Bank sitzend. Erst als der Vorhang sich hebt, stellen sie fest, dass sie sich auf der Bühne befinden, und gehen hinter Sperrholz-Büschen in Deckung. Sopranelli und die Sängerin treten auf. Auch sie haben sich vorher gestritten, und bereits die ersten Worte des Tenors »Wir sind alleine an diesem Abend« ironisieren die Bühnenwirklichkeit. Es folgt ein lustvolles Spiel mit den Realitätsebenen. Während das Bild visuell Parallelen schafft – beide Paare werden in Halbtotalen, ähnlicher Körperhaltung und farblich entsprechenden Kostümen gezeigt –, lenkt der Gesang die parodierenden Aktionen des ›wirklichen‹ Liebespaares im Hintergrund: »Wir sind allein unter dem dunklen Himmel« – Michel und Béatrice schauen nach oben –, »auf der alten Steinbank sitzend« – sie blicken nach unten. Am Ende der im Duett gesungenen Liebesbeteuerungen liegen sich beide Paare in den Armen, nur dass Michel und Béatrice ›wirklich‹ versöhnt sind, während Sopranelli und die Karikatur Wagnerscher Walküren mit dem Fall des Vorhangs weiterzanken.

Nach diesem romantischen Intermezzo geht die Jagd nach dem Jackett auf und hinter der Bühne umso wilder weiter. Michel, Prosper, Ganoven und Opernbedienstete rennen in bester Mack-Sennett'scher Manier durcheinander und entreißen sich wechselseitig das Kleidungsstück. Auf der Tonspur ist dazu der Zuschauerjubel eines Sportstadions mit der Geräuschkulisse eines Rugbyspiels zu hören. Daneben gibt es noch eine Vielzahl innovativer Anwendungen der Tonsphäre in dieser überdrehten Operette, in der Musik und Gesang nie die Handlung außer Kraft setzen. Die Hauptpersonen selbst singen nicht, jedoch sind ihnen und bestimmten Situationen musikalische Motive zugeordnet, z.B. der Ragtime, den Père La Tulipe auf der Flucht vor der Polizei erst selbst am Piano spielt und der dann seinem Zusammentreffen mit Béatrice in der Oper unterlegt ist. Die Musik war vor Drehbeginn genau ausgearbeitet, wohingegen die Dialoge der Schauspieler erst bei den Dreharbeiten improvisiert wurden.

Der kreative Umgang mit den neuen Möglichkeiten des Tons ist nur ein Aspekt des bis ins letzte Detail durchkomponierten Films, der René Clairs *Le million* zu »einem Meisterwerk, seinem Meisterwerk« (Jean Mitry) macht. Der Schlüssel dazu liegt im Rhythmus. Clair wendet die Präzision der klassischen französischen Kunst auf das Vaudeville an, aufbauend auf Situationen, die sich wechselseitig nach mechanischen Gesetzen auslösen wie bei Labiche und Feydau. Trotz der Dynamik und andauernder Bewegung – Tempo und Schnittfrequenz der erwähnten Verfolgungsjagd in der Oper erinnern an das Ende seines surrealistischen Kurzfilms *Entr'acte* (1924) – wirkt der Film nie gehetzt oder hektisch. Die Kreisbewegung, die die Rahmenhandlung als narratives Muster etabliert, ist über den Rundtanz der Feier bis in den Schnitt die dominierende Form. So entsteht der Eindruck, als sei alles im Fluss, als gleite die Kamera den Figuren hinterher, und das, obwohl außer in der Anfangssequenz und in der Oper keine nennenswerten Kamerabewegungen zu verzeichnen sind.

Für diese runde, in sich geschlossene Welt sind neben derealisierender Musik und Ballettchoreografie der Filmarchitekt Lazare Meerson und der Aufnahmeleiter Georges Périnal verantwortlich, mit denen Clair eng zusammenarbeitete. Für die Kulissen wurden hauptsächlich glatte Oberflächen und Sperrholz verwendet, deren Zweidimensionalität in der Oper mit dem Enthüllen der Rückseite des Bühnendekors ironisch unterstrichen wird. Die

Räume sind groß und leer, in weißliches Licht getaucht und scheinen ohne Tiefe. Um eine entrückte Atmosphäre zu schaffen, wurde das Set so ausgeleuchtet, dass die Objekte kaum Schatten werfen und plan erscheinen. Zwischen die Gegenstände gehängte Gazestreifen verstärken, vom Zuschauer unbemerkt, den Effekt.

So schafft Clair ein »filmic never-never land« (Gerald Mast), das auch kritische Bemerkungen provozierte: Ein Vorwurf lautete, dass in dieser Traumwelt die Figuren nur bloße Marionetten seien und die Kritik niemanden treffe. Ironisch nimmt *Le million* kleinbürgerliche Wertvorstellungen in der Verpackung der Operette aufs Korn: Geld und Besitzdenken dominieren die Wahrnehmung der Kaufleute, die Michel als Dieb und in den Worten der Concierge gar als »Strolch, Mörder, Künstler« beschimpfen, ihn aber nach Bekanntwerden seines Reichtums hofieren. Auch die Polizisten sind nicht intelligenter als die Keystone-Cops und werden mit einer Mischung aus Mack-Sennett'scher Burleske und Chaplin'scher Bitterkeit präsentiert. Aber wie Jean Mitry anführt, taugen die Begriffe ›real‹/›irreal‹ nicht als Kategorien, um die von Clair geschaffene transparente, immaterielle Welt zu beschreiben. Von realen Menschen ausgehend, gelangt Clair zur Marionette und darüber hinaus zur Abstraktion seiner (Stereo-)Typen, so dass es sich um eine »kondensierte Realität« handelt, wahrer als die Wirklichkeit.

In der außerfilmischen Realität war *Le million* sofort ein weltweiter Erfolg. René Clair präsentierte in Berlin seinen Film persönlich und bedankte sich für das Verständnis und die Sympathie des deutschen Publikums. Dessen begeisterte Aufnahme von *Sous les toits de Paris* war mit dafür verantwortlich, dass er den Tonfilm in dieser Form fortgeführt hat. Eine enthusiastische Presse verglich den französischen Cineasten mit Chaplin und stellte die beiden auf eine Stufe. Selbst Rudolf Arnheim war nach »Herzenslust begeistert«.

Matthias Steinle

Drehbuch: L'Avant-Scène Cinéma (1988) Nr. 369.
Literatur: Rudolf Arnheim: Tonfilm mit Gewalt (1931), Kino-Rondo (1931). In: R. A.: Kritiken und Aufsätze zum Film. Hrsg. von Helmut H. Diederichs. München 1977. – René Clair: Kino. Vom Stummfilm zum Tonfilm (1951). Zürich 1995. – Jean Mitry: René Clair. Paris 1960. – Barthélémy Amengual: René Clair. Paris [2]1969. – Georges Charensol / Roger Regent: 50 ans de cinéma avec René Clair. Paris 1979. – Lucy Fischer: René Clair, *Le Million*, and the Coming of Sound. In: Cinema Journal 16 (1977) H. 2. – Gerald Mast: The Comic Mind. Comedy and the Movies. Chicago [2]1979. – Celia McGerr: René Clair. Boston 1980. – Olivier Barrot: René Clair ou le temps mesuré. Lausanne 1985. – R. C. Dale: The Films of René Clair. Metuchen (N. J.) 1986. – Chris Faulkner: René Clair, Marcel Pagnol and the Social Dimension of Speech. In: Screen 35 (1994) Nr. 2. – Noël Herpe (Hrsg.): René Clair. Sonderheft der Zeitschrift *1895*. Jg. 1998. Nr. 25. – Noël Herpe / Emmanuelle Toulet (Hrsg.): René Clair ou le cinéma à la lettre. Paris 2000.

Boudu, aus dem Wasser gerettet

Boudu, sauvé des eaux

F 1932 s/w 81 min

R: Jean Renoir
B: Jean Renoir nach dem gleichnamigen Stück von René Fauchois
K: Marcel Lucien
D: Michel Simon (Priap Boudu), Charles Granval (Edouard Lestingois), Marcelle Hainia (Emma Lestingois), Séverine Lerczynska (Anne-Marie)

In Paris am Pont des Arts liegt das schöne, alte Antiquariat des Monsieur Lestingois, das er mit seiner Frau und dem Dienstmädchen Anne-Marie in den oberen Etagen bewohnt. Es ist ein freundlicher älterer Herr, der seine Tage ruhig verbringt. Mit dem Mädchen hat er eine kleine Affäre, die er aber poetisch zu rechtfertigen weiß: Er erzählt ihr etwas von den unschuldigen Freuden des Fleisches, um sie dann in die Küche zu schicken, wo sie sich um die Suppe kümmern soll. Und er gesteht sich ein, dass er alt werde, denn noch neulich sei er eingeschlafen, anstatt zu ihr zu gehen. Bald komme wohl ein neuer Schäfer mit einer neuen Flöte …

Irgendwo in der freien Natur erleben wir den Landstreicher Boudu. Ihm läuft gerade sein geliebter Hund weg. Der Clochard gelangt auf der vergeblichen Suche nach ihm bis nach Paris und beschließt, dort seinem Leben ein Ende zu setzen. Aber Lestingois bekommt Boudus Sprung in die Seine mit, stürzt auf die Straße, springt ihm nach und rettet ihn. Boudu wird in Lestingois' Wohnung gebracht und dort versorgt. Seine Lebensgeister erwachen wieder, und schnell ist er auch nicht mehr anspruchslos: Statt Suppe begehrt er Ölsardinen mit Brot und weist auch den neuen Anzug nicht zurück. Als Hausgast aufgenommen, legt er sich nachts ungeniert so vor Anne-Maries Zimmertür, dass Monsieur Lestingois auf seinen nächtlichen Besuch bei ihr verzichten muss. Tagsüber richtet Boudu ein unglaubliches Durcheinander an, was ihn kaum stört. Als aber Anne-Marie ihm ihr Wohlgefallen in Aussicht gestellt hat, wenn er seinen Zottelbart abschneiden lasse, eilt er flugs zum Friseur und profitiert dann bei Madame von seinem neuen Aussehen. Die bisher eher zugeknöpfte Ehefrau wird just dann verführt, als unten auf der Straße ein Fanfarenchor kommt und Herrn Lestingois die Lebensrettungsmedaille überreicht wird. Nun erfährt Boudu auch, dass er auf das ihm von Lestingois geschenkte Lotterielos 100 000 Francs gewonnen hat. Daraufhin entscheidet sich Anne-Marie zur schnellen Heirat. Doch bei der Bootsfahrt anlässlich der Hochzeit kentert das Boot. Die Familie Lestingois und Anne-Marie retten sich ans Ufer, Boudu aber lässt sich forttreiben. Er wird wieder zum fröhlichen Landstreicher und hinterlässt eine nicht allzu traurige Witwe.

Das dem Film zugrunde liegende erfolgreiche Theaterstück, in dessen Mittelpunkt nicht Boudu, sondern der Antiquar Lestingois steht, ist bei Renoir nur Folie für ein liebevolles Ausmalen der Charaktere des bildungsbürgerlichen Buchhändlers und des scheinbar zwischen Anarchismus und Nihilismus schwankenden Clochards. Lestingois ist gebildet und sogar mildtätig gegenüber armen Studenten, zugleich aber auch in der Tradition des französischen Boulevardtheaters ein alt gewordener Zyniker, der sein Interesse an jungen Mädchen – wenn man will, ihre Ausbeutung – zwar poetisch garniert, aber (wenigstens in der Theaterversion) deutlich sagt: »Ich liebe vor allem deinen Körper.« Renoir hat nicht nur diesen Satz gestrichen, sondern gibt diesem Bürger mit moralischem Doppelleben ein sympathisches Relief. Denn der Zyniker Lestingois hat ein gutes Herz, und nur deshalb rettet er den Landstreicher und nimmt ihn bei sich auf, womit er den eigenen Interessen widerspricht: Boudu überschwemmt die Küche, entfremdet die Bettdecke zu Säuberungszwecken und spuckt sogar in eine Balzac-Erstausgabe. Renoirs eigentliche Sympathie gilt Boudu, der sich in Opposition zur Gesellschaft definiert. Schon sein Name ist Programm: Das französische *bouder* heißt auf deutsch ›schmollen‹. Boudu mag die Gesellschaft nicht, schließt sich durch Kleidung und Verhalten von ihr aus, ist aber eher kindlich naiv und geradeheraus als anarchisch oder gar anarchistisch. Er lernt schnell, bürgerliche Attribute zu nutzen, und ebenso direkt ist er bei seinen Bemühungen um Anne-Marie und bei seiner Verführung von Madame.

Es ist Renoirs Leistung, ein solches Ekel uns sehr sympathisch zu machen. Das große Kind legt sich bäuchlings auf den Tisch, wenn es Vertrauliches mit Anne-Marie oder Monsieur erörtern will. Deutlich zeigt sich, dass der große Schauspieler Simon, der bereits bei drei Filmen mit Renoir zusammengearbeitet hatte, dem Regisseur bei der

Humanisierung des Clochards hilft. *Boudu, sauvé des eaux* ist aber auch ein schönes Beispiel für Renoirs Filmkonzept, das Realismus und Theater verbindet. Nicht ohne Grund beginnt ein kleiner Theatersketch ganz zu Anfang des Films diese realistische Erzählung von Menschen, die mitten in Paris leben. Aber ebenso spüren wir Renoirs Freude an der Natur, dem fließenden Wasser (einem häufigen Topos bei Renoir), und vor allen Dingen spüren wir das Vergnügen des Regisseurs beim Inszenieren des Hauses von Lestingois: Im Grunde hat dieses etwas Organisches, in ihm wandert die fluide Kamera durch die engen, mit Büchern und Möbeln zugestellten Gänge. Immer wieder gibt es eine neue Ecke, immer wieder blicken wir durch geöffnete Fenster. So fühlt sich das Naturkind Boudu in diesem wunderlichen ›Gehäuse‹ wohl, das zugleich Theaterbühne für die Hauptpersonen ist. Hier erleben wir auch einen anderen Simon als zwei Jahre später in Vigos *L'Atalante* (1934), in dem Simon in der Generosität und surrealen Poesie des Père Jules vielleicht die stärkste Rolle seiner reichen Karriere fand.

Boudu, sauvé des eaux ist unfreiwillig ein wichtiges Dokument der Dritten Republik. Wir blicken auf ein Tableau der klassischen, wohlgeordneten bürgerlichen Familie (einschließlich des dazu gehörenden Seitensprungs). Die Wasser werden nur kurz getrübt durch den Einbruch eines skurrilen Außenseiters. Aber dann ist wieder alles so wie vorher – so festgefügt schien die Welt im radikalsozialistischen Frankreich der dreißiger Jahre zu sein.

Ulrich von Thüna

Drehbuch: Richard Boston: *Boudu saved from drowning*. London 1994.

Literatur: Bernard Chardère: Jean Renoir. Premier Plan. Nr. 22/24. Lyon 1962. – André Bazin: Jean Renoir (1971). Paris 1989. – Leo Braudy: Jean Renoir. The World of His Films. New York 1972. – Raymond Durgnat: Jean Renoir. Berkeley / Los Angeles 1974. –

Christopher Faulkner: Jean Renoir – A Guide to References and Resources. Boston 1979. – Claude Gauteur: Jean Renoir – La double méprise. Paris 1980. – J. O'Kane: Style, Space and Ideologie in *Boudu Saved from Drowning*. In: Enclitic. Herbst 1981 / Frühjahr 1982. – Christopher Faulkner: The Social Cinema of Jean Renoir. Princeton 1986. – Maurice Bessy / Claude Beylie: Jean Renoir. Paris 1989. – Franck Curot: Nouvelles approches de l'œuvre de Jean Renoir. Montpellier 1995.

Ärger im Paradies

Trouble in Paradise

USA 1932 s/w 83 min

R: Ernst Lubitsch
B: Samson Raphaelson, Grover Jones auf Grundlage des Theaterstücks *The Honest Finder* von Aladar Laszlo
K: Victor Milner
M: W. Franke Harling
D: Miriam Hopkins (Lily Vautier), Herbert Marshall (Gaston Monescu), Kay Francis (Mariette Colet), Everett Horton (François Filiba)

»Sehen Sie den Mond? Ich wünsche zu sehen, wie er sich im Champagner spiegelt.« So pflegt der melancholisch gestimmte Baron in seiner Luxusherberge zu Venedig seine Bestellung an den Kellner aufzugeben, wenn er in der Chambre séparée eine Komtesse erwartet. Aber der Baron ist gar kein Baron, sondern der hochkarätige Gauner Gaston Monescu, und die Komtesse ist keine Komtesse, sondern die nicht minder talentierte Gaunerin Lily Vautier. Eine Camouflage, die buchstäblich im Handumdrehen zerplatzt, als der falsche Baron die falsche Komtesse, anstatt sie zu umarmen, bei den Schultern packt und kräftig durchschüttelt, bis seine Brieftasche aus ihrem Mieder in die Tiefe rutscht. Lily entdeckt, dass Gaston sie so virtuos um ihre Brosche beraubt hat wie sie ihn um seine Taschenuhr. Als er gar triumphierend ihr Strumpfband aus der Tasche zieht, ist die Geschäftsgrundlage geklärt: Professionalität. Der Mond spiegelt sich so bleich im Champagner wie das Lampenlicht in der Pomade von Marshalls straff gescheiteltem Haar, und Miriam Hopkins ist so zart und blond, dass sie dahinschmilzt, wenn sich Marshall ihr nur nähert. Unter seinem Kuss würde sie sich auflösen, wenn nicht die pünktliche Unterbrechung durch das Telefon, wie alles andere in diesem Film, sich als genialer Griff in die dramaturgische Zauberkiste bewähren und die Handlung in die nächste Verwicklung treiben würde.

Trouble in Paradise, zehn Jahre nach Lubitschs Abschied von Deutschland in eigener Produktion für den Verleih der Paramount gedreht, ist ein früher Höhepunkt der romantisch-ironisch inspirierten *sophisticated comedy*. Lubitsch selbst erklärte 1947 seinen ersten als Non-Musical entstandenen Tonfilm zu seinem Lieblingswerk und zählte ihn mit *Ninotchka* (1939) und *The Shop around the Corner* (*Rendezvous nach Ladenschluss*, 1940) zu seinen drei besten, wohl wissend, dass er mit diesem Film – einige Jahre, bevor die Konzernspitzen in Hollywood und die organisierten Sittenkontrolleure in den USA mit dem Hays Code ihren Feldzug gegen erotische Freizügigkeit und intellektuelle Ambiguität eröffneten – den berühmten »Lubitsch Touch« kreiert hatte.

Der Film eines Europäers, den es nach Amerika verschlagen hat und der den verblichenen Glanz des alten Kontinents, die skurrile Contenance der besseren Kreise, die rhetorischen und habituellen Verschraubungen einer überlebten Elite vor dem Hintergrund der Krisenepoche um 1930 noch einmal mit beispiellosem Charme ins Aberwitzige treibt – nicht aus dem wütigen Sarkasmus Stroheims, vielmehr aus Liebe zum Verdrehten und zur Mechanik der Absurdität. Das sperrig-spleenige Gehabe der *upper class* gerät zu zeit- und stilkritischen Tableaus in dem Maße, wie das Hochstaplerpärchen deren Formen dem Geschäft zuliebe perfekt verinnerlicht und selbstreferentiell parodiert – freilich ohne den Kern der eigenen Persönlichkeit preiszugeben. Miriam Hopkins, geschmeidig ohne jede Schlangenhaftigkeit, hingebungsvoll jenseits aller Laszivität, zornige Akteurin, wenn sie ihre Gefühle bedroht sieht, und Herbert Marshall, stets ein wenig gebremst in seiner steifen, melancholisch ins Weiche spielenden Noblesse: hier haben wir ein Paar, das den bürgerlichen Tanz ums goldene Kalb zu zierlichen Figurinen stilisiert und die Dialektik von Geld und Liebe auf den Begriff bringt, ohne die Utopie der ›wahren Liebe‹ zu verraten.

Ein Märchen, wie nach der Mechanik einer Spieluhr konstruiert. Den Ortswechsel von Venedig nach Paris und das Verstreichen eines ganzen Jahrs signalisiert, ähnlich mühelos wie ein Jahr später in *Design for Living* (*Serenade zu dritt*), ein Schnitt auf den nächtlichen Eiffelturm, der Funksignale über die Welt streut: Der berüchtigte Meisterdieb Gaston Monescu hat inzwischen die Genfer Friedenskonferenz ausgeraubt und »alles mitgenommen bis auf den Frieden«. Die Handlung verschachtelt sich, wie schon in Venedig, in den hochstilisierten Dekors eleganter Innenräume, die in Paris dem Imperium von »Colet & Cie, Parfumeries« gehören, einer Firma, die nicht nur ein brillantes Design aus Art déco und neuester Sachlichkeit, sondern vor allem eine bildhübsche Witwe als Chefin aufzuweisen hat. Ein Radiowerbespot und eine schnelle Montage mit Bildern aus der Neon-Welt teurer Models und galanter Gerüche präsentieren den Konzern – und eine Serie von Dienstboten dessen Herrin: Lubitsch hebt hier, mit einem Augenzwinkern, in amerikanische Dimensionen, amerikanisches Tempo ab und zaubert mit wenigen Schnitten ein rasant modernisiertes, vom Lametta der Commercials übersprühtes Europa.

Das Leben überhaupt, wie rabiat es in der Zeit der Weltwirtschaftskrise auch zugehen mag, rehabilitiert sich im Design: in der Stilsicherheit, mit der Mme Colet ein sündhaft teures Handtäschchen ersteht; in der Mischung aus Grandezza und Bescheidenheit, mit der Gaston, nunmehr als Monsieur Lavalle, der Dame das erlesene Objekt (das er ihr zuvor in der Oper entwendet hat) als ›ehrlicher Finder‹ wieder aushändigt und 20000 Francs Belohnung kassiert; in der formvollendeten Haltung schließlich, in der Gaston zu Mme Colets Sekretär und am Ende, freiwillig-unfreiwillig, zu ihrem Liebhaber avanciert.

Lubitsch schaltet und waltet souverän mit der Ökonomie der erzählten Zeit; er beschleunigt den Rhythmus, um die Karriere seines fingerfertigen Gaunerpärchens zu forcieren; er verweilt in einer beiläufigen Situation, um einem doppelbödigen Dialog, einer flüchtigen Assoziation, einem Wechselbad der Gefühle Kontur zu geben; er zeigt, wie Zeit verstreicht und die kleinen und großen Sentiments sich verändern, während die Kamera zwischen den Zifferblättern wunderschöner Uhren wandert oder auf einem Sektkübel verweilt – und er arretiert den Blick, hält gleichsam den Atem an, wenn Gaston und Mme Colet hinter ihren Schlafzimmertüren verschwunden sind, bis Gaston aus ihrer oder Madame aus seiner Tür wieder zum Vorschein kommt: Spieluhr-Figurinen in einer Kammerspiel-Dramaturgie, die noch eine Erinnerung an die italienische Komödie, an das Salonstück des 19. Jahrhunderts und Lubitschs Theatererfahrungen bei Max Reinhardt aufbewahrt. Und die dennoch, jenseits der Hommage an die alten Guckkastenspiele mit ihren Überraschungsauftritten aus der Kulisse, die Visualität des neuen Mediums zur Geltung kommen lässt – am schönsten in der Opernszene.

Nichts wirkt hier bühnenhaft-›gestelzt‹. Die Dialoge: ein intellektuelles Wort-Ballett, das die feine Grenzlinie zum Kabarettistischen streift, nie aber überschreitet, nicht einmal dann, wenn Gaston seine Lily – »du mein Ein und Alles, du mein Soll und Haben« – in der Rhetorik eines romantisch benebelten Buchhalters anschmachtet. Die Architektur der Seelen entspricht dem Mobiliar, in dem sie sich bewegen – und sie würde sich vollends dem Design, das die Welt der Schönen und Reichen zusammenhält, anschmiegen oder gar in ihm aufgehen, wäre da nicht jenes Gran menschlicher Souveränität auf der Seite des Gaunerpärchens, das über alles Dekorative triumphiert. Wenn Lily am Ende, ihre Liebe verschmäht wähnend, aus der Haut fährt und bereit ist, auf Glanz und Reichtum zu verzichten, gelingt es ihr auf das Überzeugendste, ihre Integrität zu behaupten. Aber Lubitsch ist als Geschichtenerzähler zu praktisch veranlagt und, zum Glück, zu sehr Ironiker, um die Rebellion der Gefühle nicht alsbald zum Happyend zu wenden. Lily gewinnt ihren Kompagnon aus den Umgarnungen der Mme Colet zurück, die im Moment des Abschieds von Gaston ihrerseits zartes Verständnis und leise, von Eleganz und Witz überspielte Trauer zeigt: jene so schwer definierbare Mischung changierender Emotionen, die ein amerikanischer Kritiker den »Lubitsch Touch« genannt hat. Mit einem blauen Auge, Madames Perlenkollier und einem Haufen Banknoten ziehen sich Gaston und Lily aus der Affäre und brechen zu neuen Erfolgen in ihrer Hochstapler-Karriere auf. In der letzten Einstellung sitzen die beiden im Fond eines Taxis, und das Ende ist wie der Anfang: Man bestiehlt sich gegenseitig und sinkt sich anschließend in die Arme.

Klaus Kreimeier

Literatur: Herman G. Weinberg: The Lubitsch Touch: A Critical Study. New York 1977. – Leland A. Poague: The Cinema of Ernst Lubitsch. Cranbury 1978. – William Paul: Ernst Lubitsch's American Comedy. New York 1983. – Hans Helmut Prinzler / Enno Patalas (Hrsg.): Lubitsch. München 1984. – Bernard Eisenschitz / Jean Narboni (Hrsg.): Ernst Lubitsch. Paris 1985. – Herta-Elisa-

beth Renk: Ernst Lubitsch. Hamburg 1992. – Scott Eyman: Ernst Lubitsch: Laughter in Paradise. New York 1993.
Dokumentation: Enno Patalas: Ernst Lubitsch – Lektion in Kino. WDR. 1971/82. 45 min.

Serenade zu dritt

Design for Living

USA 1933 s/w 90 min

R: Ernst Lubitsch
B: Ben Hecht, Samuel Hoffenstein nach dem Schauspiel von Noel Coward
K: Victor Milner
D: Fredric March (Tom Chambers), Gary Cooper (George Curtis), Miriam Hopkins (Gilda Farrell), Edward Everett Horton (Max Plunkett)

Im Mittelpunkt zunächst: eine junge Frau, Gilda Farrell, die zu Beginn ihrer Reise nach Paris in einem Zugabteil zwei schlafenden Männern begegnet. Sie betrachtet die beiden neugierig, rückt ihnen näher, um sie zu erkunden. Dann zückt sie Zeichenblock und Stift und macht eine Skizze. Bald darauf ermüdet sie und schläft ein. Das ist Lubitschs Ausgangspunkt. Kurze Zeit später werden die beiden Männer wach. Sie entdecken die schlafende Frau, ordnen sofort ihre Kleidung, rücken ihre Krawatte zurecht, blättern in den Zeichnungen herum. Als sie auf ihre Porträts stoßen, fühlen sie sich falsch gesehen, also völlig missverstanden. Das inszeniert Lubitsch als empörtes Recontre zur ersten Szene: als erweiternde Variation seines Ausgangspunktes. Dieser Anfang ist als doppeltes Rätsel angelegt, das, obwohl die Bausteine eigentlich ganz offen daliegen, eine verstörende Dimension entwickelt. Man sieht, was passiert, und versteht dennoch nicht, was vor-

Die beiden Künstler und ihre Muse fahren am Filmende einer gemeinsamen Zukunft entgegen, die auf einem erneuten »gentleman's agreement«, nämlich »no sex«, aufbauen soll – nur ist Gilda (Miriam Hopkins) nach wie vor kein Gentle*man*! Nachdem Lubitsch ein Jahr zuvor in *Trouble in Paradise* einen Mann zwischen zwei Frauen gezeigt hatte, steht in *Serenade zu dritt* eine Frau zwischen zwei Männern, bzw. die beiden Freunde Tom (Fredric March) und George (Gary Cooper) stehen sich gegenseitig im Weg, denn Gilda kann und will sich nicht für einen von beiden entscheiden. Selten wurde im klassischen Hollywood-Kino so geschickt und so elegant mit zum Teil eindeutig sexuell konnotierten Zweideutigkeiten die sinnenfeindliche Selbstzensur durch den Hays Code umgangen.

geht. Es ist wie ein verzwicktes Spiel, das neu erfunden ist und sofort fasziniert, aber dessen Regeln noch undurchsichtig sind. Als dann alle drei wach sind, reden sie sofort über die Zeichnungen. Doch sie diskutieren nicht, sie beschimpfen einander, sie beleidigen und verletzen sich. Ein Hauch von entschiedener Feindschaft liegt in der Luft.

Das zeigt Lubitsch als eine Möglichkeit unter anderen, mit der verfahrenen Situation umzugehen. Doch dieser folgen nur wenige Augenblicke später weitere Möglichkeiten. »Stets passiert in diesem Film etwas, womit man nicht rechnet« (Manuela Reichart).

Bei einer kurzen Rast, irgendwo in der Provinz, vertreten die drei sich die Beine. Dabei werden sie rasch ein Herz und eine Seele. Und sie bekunden einander, wie schön es gewesen sei, sich endlich einmal so richtig die Meinung gesagt zu haben. Etwas kommt in Gang, wird sofort widerlegt und scheint geklärt, bis es im nächsten Bild erneut umgekehrt und in eine andere Lage gebracht wird. Lubitschs Komik funktioniert seit *The Marriage Circle* (*Die Ehe im Kreise*, 1924) nach dem Prinzip der unentwegten Aufhebung. Seine Helden kreiseln nicht, sie gehen offen ihrer Wege, tun dies aber stets im abgeschlossenen Raum, an dessen Wänden ihre Aktionen abprallen – hin zur nächsten Wand, an der dann dasselbe passiert. So läuft die Frau auch in Paris, wo im Paradies des Paramount-Kinos viele erotische Abenteuer neu zu beginnen pflegen, ihren beiden Verehrern davon. Sie wendet sich einem älteren Herrn zu und umarmt ihn – worüber ihre beiden Reisegefährten ins Grübeln geraten. In der nächsten Szene aber schon die erneute Umkehrung: Der ältere Mann, Max Plunkett, sucht einen der Mitreisenden auf und bittet ihn, seine Frau ihn Ruhe zu lassen und nicht weiter zu belästigen. Während diese gerade mit dem anderen Mitreisenden zusammen ist, mit ihm flirtet und schmust.

Immer sind es in *Design for Living* die Männer, die an den Situationen herumrätseln und versuchen, sie irgendwie zu ordnen, indem sie ihnen eigene Regeln entgegenstellen, die dann aber doch nicht funktionieren – während die Frau immer schon weiß, dass sie nicht weiß, was sie will, und deswegen jeden Augenblick für sich auskostet. Bilder machen von Menschen: von den Rollen, die sie spielen, und den Vorstellungen, die sie auslösen wollen, vom dem, was sie zu sein, und dem, was sie auszustrahlen versuchen, davon lebt Lubitschs Kino. Auch davon, dass die Zuschauer in diesen Bildern ihren eigenen Standpunkt finden müssen – und dass ihnen dies selten nur gelingt, weil jedes Bild durch das nachfolgende verändert wird, mal nur erweitert, mal ganz neu bestimmt. Bei Lubitsch teilen die Zuschauer das Schicksal der Helden: Niemand kann sich in Sicherheit wiegen, jeder wird gefoppt. »Kein Lubitsch ohne Publikum«, schrieb François Truffaut. »Aber aufgepasst, das Publikum kommt nicht hinzu zum schöpferischen Akt, es steckt mit drin, es ist Teil des Films. Zum Ton eines Lubitschfilms gehören der Dialog, die Geräusche, die Musik und unser Lachen, das ist ganz entscheidend, sonst gäbe es den Film nicht. Die sagenhaften Drehbuchellipsen funktionieren nur, weil unser Lachen die Brücke von einer Szene zur anderen schlägt.«

Noch einmal zum Anfang, wo es in den (oben beschriebenen) fünf Situationen vieles gibt, was Lubitsch so auszeichnet: Wie immer dominiert der äußere Schein, der aber im nächsten Moment von einem anderen Eindruck widerlegt wird, der wiederum sich kurz darauf erneut als bloßer Schein entpuppt. »Nichts stimmt, alles ist wahr« (M. Reichart). Wie immer bei Lubitsch ist das Tempo, in dem erzählt wird, rasant. Wie immer gibt es kleine Variationen, die sich insgesamt zu einem, wenn auch widersprüchlichen Zusammenhang reihen. Wie immer gibt es abrupte, unerwartete Wendungen. Und wie immer spielt Lubitsch unentwegt mit dem Wechsel von Andeutung und Auslassung. Er benutzt die Löcher zwischen den Ereignissen, um das Offensichtliche so verführerisch geheimnisvoll zu machen. Nichts wird verschwiegen, aber alles bleibt Spiel.

Als Gilda endlich gesteht, dass sie beide Männer gleichzeitig liebt, mal eher Tom, den Schriftsteller, mal eher George, den Bildhauer, treffen die drei eine Abmachung, während sie dünne Würstchen essen: »a gentleman's agreement«. Sie wollen zu dritt zusammenleben, dabei aber den Sex außer Acht lassen. »Well, boys, it's the only thing we can do, let's forget sex.« Aber dies ist wiederum nur eine Ausgangssituation, die in ständige Umkehrungen mündet – und in Gildas Bekenntnis, sie wisse ja, sie hätten ein »gentleman's agreement«, aber leider sei sie schon von Natur aus kein Gentleman. Als offenkundig wird, wie sehr ihre Abmachung gescheitert ist, spielt der Schriftsteller ihre Chancen durch: »That's one way of meeting the situation. Shipping clerk comes home, finds missus with boarder. He breaks dishes. Pure Burlesque. Then there's another way. Intelligent artist returns unexpectedly, finds treacherous friends. Both discuss the pros and cons of the situation in grownup dialogue. Highclass comedy, enjoyed by everybody.« Der Bildhauer protestiert dagegen, auch, weil er der Betrogene ist, der sich nicht so rasch zu arrangieren bereit ist. »And there's a third way. I'll kick your teeth out, tear your head off and beat some decency into you!« Der Kommentar seines Freundes dazu: »Cheap melodrama. Very dull.«

Design for Living handelt von ganz direkten Dingen, ohne direkt davon zu sprechen. Von Sex beispielsweise. Oder von Wut und Zorn. Als Lubitsch zeigen muss, welche Kämpfe in der Frau über die beiden Männer toben, von denen sie keinen aufgeben will, genügen ihm eine Tür und ein Blumentopf, der zwei Blüten trägt. Bei Lubitsch ist immer das Unsichtbare so wichtig wie das Sichtbare. In den nebensächlichen Details, die zu sehen sind, schimmert das Unsichtbare besonders akzentuiert durch, um das es ihm häufig vor allem anderen geht. »Der Lubitsch-Touch«, definierte Frieda Grafe, »ist das Unausgesprochene, das jedermann als solches versteht, er ist eine Inszenierung, gedacht als Falle, fürs Unbewusste.«

Im Grunde bietet *Design for Living* eine der vergnüglichsten Lehren darüber, was Kino sein kann, darüber, wie hinter dem Trivialen des oberflächlich Sichtbaren die Kunst der sichtbaren Oberflächen beginnt. Dazu gewährt der Film ein Erlebnis, das nur wirklich große Komödien auslösen können: grundlegende Irritation, während man gleichzeitig aus vollem Halse lacht. *Norbert Grob*

Literatur: François Truffaut: Lubitsch war ein Fürst. In: F. T.: Die Filme meines Lebens. München 1976. – Robert William Mills: The American Films of Ernst Lubitsch. Michigan 1976. – Herman G. Weinberg: The Lubitsch Touch. New York 1977. – Robert Carringer / Barry Sabath: Ernst Lubitsch. Boston 1978. – Leland A. Poague: The Cinema of Ernst Lubitsch. New York / London 1978. – Frieda Grafe: Was Lubitsch berührt. In: Süddeutsche Zeitung. 22./23. 9. 1979. – William Paul: Ernst Lubitsch's American Comedy. New York 1983. – Hans Helmut Prinzler / Enno Patalas: Lubitsch. München/Luzern 1984. [Darin u.a. Manuela Reichart.]
Dokumentation: Enno Patalas: Ernst Lubitsch – Lektion in Kino. WDR. 1971/82. 45 min.

Die Marx-Brothers im Krieg

Duck Soup

USA 1933 s/w 70 min

R: Leo McCarey
B: Bert Kalmar, Harry Ruby, Arthur Sheekman, Nat Perrin
K: Henry Sharp
M: Bert Kalmar, Harry Ruby, John Leipold
D: Groucho Marx (Rufus T. Firefly), Harpo Marx (Pinky), Chico Marx (Chicolini), Zeppo Marx (Bob Rolland), Margaret Dumont (Mrs. Gloria Teasdale)

Das Land Freedonia steht vor dem Bankrott. Auf Betreiben der schwerreichen Mrs. Gloria Teasdale wird Rufus T. Firefly zum Präsidenten/Diktator ernannt. Assistiert von Bob Rolland entlässt Firefly die verbliebenen Minister der vorherigen Regierung und ersetzt sie durch den zwielichtigen Straßenhändler Chicolini und seinen Gefährten Pinky. Kaum im Amt, gerät Firefly zudem mit dem Botschafter der benachbarten Nation Sylvania in Konflikt. Trotz – oder gerade wegen – der Vermittlungsversuche von Mrs. Teasdale eskaliert die diplomatische Krise, bis Freedonia Sylvania schließlich den Krieg erklärt. Das Schlachtenglück wendet sich rasch gegen Firefly und seine Truppen, bis im letzten Moment die Festnahme des gegnerischen Botschafters gelingt. Ausgelassene Siegesfeiern in den Ruinen von Fireflys Hauptquartier beenden den Film.

Der Ruhm der Marx-Brothers in der Nachwelt entwickelte sich in drei Etappen. In den vierziger und fünfziger Jahren galten die Albereien der ehemaligen Bühnenkomiker unter ernsthaften Filmkritikern als Ausgeburten eines infantilen Humors, dessen filmische Darbietung zur Entwicklung des Films als Kunst keinen Beitrag leistete, wenn er sie nicht sogar behinderte. In den sechziger und siebziger Jahren erfuhr das Werk des anarchistischen Clowntrios – oder -quartetts, wenn man Zeppo, den Mitstreiter auf der Bühne und in den frühen Filmen, mitzählt – eine radikale Neubewertung. Ihren Ausgang nahm diese Neubewertung unter anderem von der Wiederaufführung ihrer Filme in universitären Filmklubs, und radikal war sie auch in dem Sinn, dass sie Meister des *non sequitur* und der Zerstörung bürgerlicher Fassade zu Helden des Widerstandes erklärte: des Widerstands gegen die narrative Logik des Hollywood-Kinos mit seinen Forderungen nach psychologischer Plausibilität, kausaler Geschlossenheit und moralischer Vertretbarkeit von Handlungen, des Widerstandes gegen Hollywood überhaupt und, per extensionem, gegen die Produktionslogik des Kapitalismus an sich. Die Marx Brothers als Che Guevaras der Leinwand, gewissermaßen. In den achtziger und neunziger

Die Marx-Brothers im Krieg: Kabinettsbildung in der Residenz des neu bestellten Regierungsschefs von Freedonia, Rufus T. Firefly (Groucho Marx): Chicolini (Chico Marx) unversehens vom Erdnussverkäufer zum Kriegsminister avanciert, der stumme Pinky (Harpo Marx), Mädchen für alles (Unmögliche), hier die Telefongespräche abwickelnd. Als Exekutive exekutieren sie tatsächlich ... nämlich lustvoll-anarchisch alle Spielregeln, die Freedonia zu einem sozialen Gemeinwesen machen würden.

Jahren schließlich begann man, die Filme der Marx Brothers verstärkt im Kontext ihrer Entstehung zu sehen: Nicht mehr als singuläre Ereignisse der Filmgeschichte, die ohne Vorbild und Nachfolge blieben, sondern als typische, wenn auch bemerkenswerte Beispiele einer Form der Filmkomödie, die ihre Wurzeln in der Komik des Vaudeville-Theaters hatte, des amerikanischen Variétés, das sich mit Mischprogrammen aus Tanz, Gesang und Komödie in der zweiten Hälfte des 19. Jahrhunderts entwickelte und in den zehner und zwanziger Jahren des 20. Jahrhunderts einer Vielzahl späterer Filmkomiker wie Jimmy Durante oder Will Rogers als erste Stätte des Broterwerbs und als Schule ihres Handwerks diente. Vaudeville-Komödianten waren zu einem guten Teil Sprachkomiker, und die Einführung des Filmtons eröffnete den Stars der Vaudeville-Bühne neue Arbeits- und Verdienstperspektiven. Die Marx Brothers zählten zu den Ersten, die sie nutzten; 1929 drehten sie ihr Leinwanddebüt *The Cocoanuts*.

Vier Jahre später zählten die vormaligen Vaudeville-Größen zu den populärsten Stars des Hollywood-Kinos. *Horse Feathers* (*Blühender Blödsinn*, 1932) war für die Paramount-Studios der erfolgreichste Film des Jahres 1933, und *Duck Soup* entstand nicht zuletzt deshalb noch im gleichen Jahr, weil man vom Erfolg des Films profitieren wollte, solange die Marx Brothers ›heiß‹ waren. Als Regisseur wurde ursprünglich Ernst Lubitsch angekündigt, der zugkräftigste Komödienregisseur Hollywoods. Die Ankündigung war nicht zuletzt ein Trick des Studios, das mit der Aussicht auf eine Zusammenarbeit mit Lubitsch die vier Stars davon abhalten wollte, ihre aktuelle Popularität auszunutzen, um ihren nächsten Film selbst zu produzieren. Regie führte schließlich Leo McCarey, nicht ganz das Kaliber Lubitschs, aber durchaus ein Könner seines Fachs. McCarey hatte zuvor unter anderem mit Laurel & Hardy gearbeitet; der Titel *Duck Soup* wurde auch schon für einen Kurzfilm von Laurel & Hardy von 1927 verwendet. Drehbuch und Musikeinlagen stammten von Bert Kalmar und Harry Ruby, die auch schon die Broadway-Shows der Marx-Brüder und ihre ersten Filme geschrieben hatten. Einige der Dialogpassagen stammten von Arthur Sheekman und Nat Perrin und wurden aus der Radioshow *Flywheel, Shyster and Flywheel* übernommen, die Groucho und Chico im Winter 1932/33 gemeinsam bestritten.

Duck Soup genoss unter den Marx-Brothers-Liebhabern der sechziger und siebziger Jahre besonderes Ansehen, weil sich der Film als Absage an jede Form von Kriegstreiberei verstehen lässt. Die hysterische Eskalation des Konflikts zwischen Rufus T. Firefly und dem Botschafter von Sylvania kann man durchaus als Chiffre für die Logik politischer Auseinandersetzungen lesen, die oft genug in absurder Weise von der Egomanie der Beteiligten geprägt sind. Mehr noch aber als Friedensbewegte avant la lettre sind die Marx Brothers von *Duck Soup* Kinder ihrer Zeit. *Duck Soup* ist zunächst einmal eine durchaus formelhafte Komödie. Aufgebaut ist sie nach dem gleichen Muster, das schon die vorhergehenden Filme der Brüder aufweisen. Der Film beginnt mit einer ausführlichen Exposition, die in einem spektakulären Auftritt von Groucho Marx gipfelt. Als Zuschauer weiß man, oder man merkt es rasch, dass Groucho alias Rufus T. Firefly ein scham- und skrupelloser Betrüger ist. Spannend macht das Geschehen auf der Leinwand nicht zuletzt die Frage, wann seine Mitspieler ihn ebenfalls durchschauen, und weshalb sie, da Groucho seine Hochstapelei doch so offen zur Schau trägt, ihm nicht ohnehin schon längst auf die Schliche gekommen sind.

Wie für eine Komiker-Komödie üblich, also eine Komödie, die primär von der Performance der Stars lebt, ist die Entwicklung des Plots letztlich von untergeordneter Bedeutung. Der Plot dient primär als Vorwand und Gerüst für Nummern, und sowohl in seiner Nummernstruktur als auch in der Ausgestaltung der Nummern selbst schließt *Duck Soup* direkt an Traditionen des Vaudeville an. So malträtieren Chico und Harpo über Minuten hinweg einen großen, dicken Nussverkäufer, der seinen Wagen in Chicos Revier aufgestellt hat. Es handelt sich um eine in sich geschlossene Nummer, die in einer Totalen gefilmt ist und so auch auf einer Bühne gezeigt werden könnte. Direkt aus dem Repertoire des Vaudeville bedienen sich die Brüder zudem mit der berühmten Spiegelszene: Diplomatische Intrigen bringen Harpo und Chico dazu, sich als Groucho zu verkleiden und des Nachts in Mrs. Teasdales Residenz einzubrechen, wo Groucho sich schon befindet. Die vervielfältigten Fireflys, alle in Schlafanzug und Schlafmütze und mit falschem Schnauzer und Zigarre ausgestattet, begegnen sich schließlich im Wohnzimmer. Um von Groucho nicht entdeckt zu werden, gibt sich Chico als Spiegelbild von Groucho aus. In einem Durchgang stehend, ahmt er alle Bewegungen seines Gegenübers minutiös nach. Es ist eine Szene, die man so auch aus Chaplins *The Floorwalker* (*Der Ladenaufseher*) von 1916 und Max Linders *Seven Years Bad Luck* von 1921 kennt, die aber, so die Branchenzeitung *Variety*, ursprünglich von der Vaudeville-Truppe »The Schwartz Brothers« stammt.

Zum Repertoire von *Duck Soup* gehört aber auch Satire, Parodie und das Spielen mit intertextuellen Bezügen. Eine Szene gegen Ende des Films ist als Verballhornung der Legende vom nächtlichen Ritt von Paul Revere angelegt, mit dem der amerikanische Unabhängigkeitsheld die Truppen der jungen Nation vor einem überraschenden Überfall der Engländer warnte. In der Kriegssequenz im Finale des Films wechselt Groucho von Einstellung zu Einstellung die Uniform und dekliniert mit seiner Modenschau die gesamte westliche Militärgeschichte durch. In der Szene der vervielfältigten Fireflys schließlich verbarrikadieren sich Chico und Harpo in einem Zimmer von Mrs. Teasdales Residenz. Groucho hämmert gegen die Türe und ruft dann: »I'll huff and I'll puff and I'll blow your door in« – ein direktes Zitat aus Walt Disneys Kurzfilm *The Three Little Pigs*, dem vielleicht größten Publikumserfolg des Jahres 1933 überhaupt. Diese Worte sagt der große böse Wolf in Disneys Film, bevor er die behelfsmäßigen Behausungen der beiden Schweinchen wegpustet, die sich anders als das dritte kein Steinhaus gebaut haben. Walt Disney erwiderte das Kompliment vier Jahre später, als er den Zwerg Sleepy in *Snow White and the Seven Dwarfs* (*Schneewittchen*, 1937) Harpo Marx nachempfand. Für sich stehend, zeigt das Disney-Zitat in *Duck Soup* aber nicht zuletzt eines: Wie sehr die Filme der Marx Brothers, bei aller vermeintlichen Hollywood-Widrigkeit ihrer anarchischen Komik und bei aller vorgezogenen Friedensbewegtheit, letztlich doch in die Hauptströmungen der Populärkultur ihrer Zeit eingebettet waren.

Vinzenz Hediger

Drehbuch: Bert Kalmar [u. a.] (Hrsg.): *Monkey Business* and *Duck Soup*. London 1972. – L'Avant-Scène Cinéma. Nr. 305/306. April 1983.

Literatur: Raymond Durgnat: The Marx Brothers. Wien 1966. – Allen Eyles: The Marx Brothers. Their World of Comedy. London / New York 1966. – Paul D. Zimmerman / Burt Goldblatt: The Marx Brothers at the Movies. New York 1968. – Richard J. Anobile: Why a Duck? Visual and Verbal Gems from the Marx Brothers Movies. New York 1971. – Joe Adamson: Groucho, Harpo, Chico and Sometimes Zeppo. New York 1973. – William Wolf: The Marx Brothers. New York 1975. – Robert Benayoun: Les Frères Marx. Paris 1980. – Ulrich Hoppe: Die Marx Brothers. München 1985. – Bert Kalmar / Harry Ruby: The Four Marx Brothers in *Monkey Business* and *Duck Soup*. London 1989. – Henry Jenkins: What Made Pistachio Nuts? Early Sound Comedy and the Vaudeville Aesthetic. New York 1992. – Manfred Hobsch: Film ab: Die Marx Brothers. Berlin 2001.

Die Wüstensöhne

Sons of the Desert

USA 1933 s/w 68 min

R: William A. Seiter
B: Frank Craven, Bert Jordan, Byron Morgan
K: Kenneth Peach
M: Frank Terry, Marvin Hatley
D: Stan Laurel & Oliver Hardy (Stan und Ollie), Mae Busch (Frau Hardy), Dorothy Christie (Frau Laurel), Charley Chase (Charlie)

Um an der Jahrestagung ihrer Brüderloge teilnehmen zu können, tischen Stan und Ollie ihren herrischen Ehefrauen eine Lügengeschichte auf: Sie behaupten, aufgrund einer Erkrankung Ollies zur Kur nach Honolulu reisen zu müssen. In Wahrheit fahren sie zur Logentagung nach Chicago. Während ihres dortigen Aufenthaltes sinkt das Schiff nach Honolulu, so dass sie gezwungen sind, den Gattinnen ihre wunderbare ›Rettung‹ plausibel zu machen. Unter dem strengen Blick seiner Gemahlin verrät Stan schließlich die ganze Geschichte. Während er für seine Ehrlichkeit belohnt wird, geht über Ollie das Donnerwetter seiner zornigen Frau nieder.

Laurel & Hardys angestammte Heimat war der Kurzfilm, dem sie aus gutem Grund (und mit einigen wahrhaft genialen Früchten) bis Mitte der dreißiger Jahre treu blieben. Da sie im Grunde nahezu nie eine narrativ entwickelte Handlung schilderten, sondern lediglich eine bestimmte Ausgangssituation unter allen möglichen (und unmöglichen!) Aspekten variierten, wirken Produktionen von mehr als dreißig Minuten Spieldauer meist bemüht und augenscheinlich in die Länge gezogen. Ihre späteren Filme litten zudem unter Nebenhandlungen und nachgerade aufgepfropft wirkenden Liebesgeschichten, die wie losgelöst von den Slapstick-Elementen erscheinen. Insofern ist

Sons of the Desert der mit Abstand beste aller Langfilme von Laurel & Hardy.

Obwohl auch hier die Episodenhaftigkeit nicht ganz aufgegeben ist, präsentieren sie eine integrale Geschichte, die sich einerseits dramaturgisch sinnfällig entwickelt und andererseits mit einer ungeheueren Fülle großartiger Gags aufwartet. Wie stets werden die Charaktere Stan und Ollie gar nicht erst vorgestellt. Es sind zwei in ihrer Ehehölle und vielerlei Konventionen gefangene Kleinbürger, deren einzige Freude diesmal in einer der Freimaurerei nachempfundenen Loge besteht. Ihr bekanntes Verhältnis untereinander – Ollie ist die pompös-besserwisserische Vaterfigur, Stan ein ebenso dummschlauer wie destruktiver Tölpel – wird bereits in der ersten Szene deutlich: Während der Logenmeister in einer pathetischen Ansprache darauf hinweist, dass die Starken den Schwachen beistehen müssen, verrät Hardys jovial-selbstbewusster Blick, mit dem er Laurel von oben herab fixiert, dass er sich zweifelsfrei für einen der Starken hält. Der halb tadelnde, halb enervierte Augenaufschlag, mit dem er abwechselnd auf den Kumpan und das Publikum sieht, unterstreicht regelmäßig, wie sehr seine (väterliche) Geduld stets aufs Neue strapaziert wird. Eine wunderschöne Variante dieser Heimsuchung sind die auch im Timing glänzenden Mini-Dramen, die der allzeit konfuse Stan an der Wohnungstür zelebriert. Seine Unfähigkeit, selbst simpelste Alltagsverrichtungen auszuführen, ohne dass sein Tun in zerstörerischen Katastrophen endet, wird in der furiosen Krankenszene untermauert: Ollie spielt seiner Gattin jammernd den Leidenden vor, während sich Stan sowohl um ein heißes Fußbad als auch das Erscheinen eines (Tier-)Arztes bemüht.

Die Unterwerfung unter ein besonders aggressiv ausgeprägtes Matriarchat ist eines der Grundthemen bei Laurel & Hardy. Immer wieder haben sie es mit herrschsüchtigen und übellaunigen Gemahlinnen zu tun, die ihnen selbst harmlose Vergnügen stets missgönnen. Diesmal kehren sie soeben vom jüngsten Logentreffen der »Wüstensöhne« zurück, als Ollie seiner gerade mit dem Polieren der Speisemesser beschäftigten Gattin schonend beibringt, dass das Jahrestreffen seiner Bruderschaft bevorsteht. Sie lehnt vehement ab. Die eheliche Disharmonie wächst spürbar an, zumal der ebenfalls verheiratete Stan durch seine bloße Anwesenheit stört und überdies versehentlich das aus Wachs gefertigte Zierobst verzehrt. Mrs. Laurel befindet sich gerade auf Entenjagd, wie übrigens die Ehedrachen in den Laurel-&-Hardy-Filmen häufig mit langen Flinten ausgerüstet sind – augenscheinliche Symbolik für eine verquere (aber nur ansatzweise als homophil zu deutende!) Sexualität. Schließlich stellt sich Ollie krank, lässt sich vom gedungenen Kurpfuscher irgendein abstruses Leiden attestieren und die Kur verschreiben.

Natürlich ist das heimliche Unternehmen von Anfang an zum Scheitern verurteilt. Auf die Schliche kommen ihnen die bei der Nachricht vom Schiffsuntergang zunächst aufrichtig trauernden Damen erst, als sie im Kino die Wochenschau sehen und dabei auch Stan und Ollie beim »Wüstensöhne«-Treffen erblicken. Der Rest des Films führt vor, wie sich die beiden immer hilfloser in ein völlig unglaubhaftes Lügengespinst verstricken – die panische Angst vor Strafaktionen durch die Ehefrauen zwingt sie zu noch bizarreren Berichten ihrer wunderbaren Rettung. Ein Happyend haben Laurel & Hardy-Filme nur selten, und auch diesmal sehen wir Ollie in der letzten Einstellung des Films, wie er sich zum Schutz vor dem Bombardement aus Küchengeschirr, das seine Frau über ihm niedergehen lässt, eine Pfanne über den Kopf hält. Dantes Inferno der Hoffnungslosigkeit wird bei Laurel & Hardy auf den Ehe-Alltag übertragen, *Sons of the Desert* ist ihr Meisterstück dieser Verhaltensstudien. *Rainer Dick*

Literatur: Walter Kerr: The Silent Clowns. New York 1975. – Gerald Mast: The Comic Mind. Comedy and the Movies. Chicago

[2]1979. – Thomas Brandlmeier: Filmkomiker. Die Errettung des Grotesken. Frankfurt a.M. 1983. – Peter Král: Le Burlesque ou Morale de la tarte à la crème. Paris 1984. – Rolf Giesen: Lachbomben. Die großen Filmkomiker. Vom Stummfilm bis zu den 40er Jahren. München 1991. – Rainer Dick: Laurel & Hardy. München 1995. – Norbert Aping: Das Dick-und-Doof-Buch. Die Geschichte von Laurel und Hardy in Deutschland. Marburg 2004.

Viktor und Viktoria

D 1933 s/w 100 min

R: Reinhold Schünzel
B: Reinhold Schünzel
K: Konstantin (Irmen-)Tschet
M: Franz Doelle, T: Bruno Balz
D: Renate Müller (Susanne Lohr), Adolf Wohlbrück (Robert), Hermann Thimig (Viktor Hempel), Hilde Hildebrand (Ellinor)

Victor/Victoria

Victor/Victoria

USA/GB 1982 f 132 min

R: Blake Edwards
B: Blake Edwards, Hans Hoemburg
K: Dick Bush
M: Henry Mancini
D: Julie Andrews (Victoria Grant), Robert Preston (Carroll Todd), James Garner, (King Marchand), Leslie Ann (Ellinor), Warren (Norma)

Viktor und Viktoria und *Victor/Victoria*, Original und Remake mit fast fünfzigjährigem Abstand, sind zwei Erfolgsfilme aus dem Genre des heiteren Musikfilms bzw.

der *musical comedy*, die trotz unterschiedlichster Entstehungskontexte in ähnlicher Weise aus dem Spiel mit sexuellen Orientierungen und Geschlechterklischees ihre Schau- und Unterhaltungswerte schöpfen.

Zunächst das Original: Die junge Susanne Lohr versucht erfolglos in Berlin als Sängerin ein Engagement zu finden. Als sie kurz nach ihrer Bekanntschaft mit dem gleichfalls abgebrannten Schauspieler Viktor Hempel für diesen in einer kleinen Varieténummer als Damen-Imitator einspringen muss, wird ein Impresario auf sie aufmerksam. Die doppelte Täuschung, eine Frau als Mann zu präsentieren, der sich auf der Bühne als Frau ausgibt, gelingt, und aus »Fräulein Susanne« wird »der Viktoria«, der bald sogar auf internationalen Bühnen reüssiert. In London begegnet sie dem weltmännischen Robert und verliebt sich in ihn. Zufällig hinter ihr Geheimnis gekommen, macht dieser sich einen Spaß daraus, den vermeintlichen Mann in die Härten der Männerwelt zwischen hochprozentigen Drinks, Zigarren, Kneipenschlägereien und Besuchen beim Barbier einzuführen. Währenddessen verliebt sich Viktor Hempel in das Nummerngirl Lilly und versucht panisch, sich vor einem scheinbar drohenden Duell zu retten. Robert gesteht Susanne indirekt seine Liebe, was jedoch missverstanden und als Zuneigung zu Ellinor, einer attraktiven Dame der Londoner Gesellschaft, ausgelegt wird. Aus Wut versucht Susanne, Robert die vermeintliche Geliebte auszuspannen, doch sie kann die Rolle als werbender Mann nicht lange durchhalten. Enttäuscht kehrt sie dem gespielten Männerdasein den Rücken und will abreisen, wird jedoch von Robert abgefangen und nach der Versöhnung zu einem letzten Auftritt im Theater überredet. Dort hat Viktor bereits ihren Part übernommen und legt eine derart unterhaltsam missratene Nummer hin, dass er als Komiker engagiert wird.

Reinhold Schünzel drehte seinen vielleicht bekanntesten Film kurz nach der Machtübernahme der Nationalsozia-

Das Revuetheater als Spiegelkabinett der Geschlechterrollen: Renate Müller (rechts) in der Rolle des Damen-Imitators, der als Viktoria in London rauschende Bühnenerfolge feiert und Frauen- wie Männerherzen entflammt. Reinhold Schünzels Film *Viktor und Viktoria*, im Dezember 1933 uraufgeführt, »atmet noch die Insolenz der Weimarer Komödien, die nach der Machtergreifung nicht gleich spurlos unterging. Was als traditioneller Verkleidungsspaß im Lustspielgenre durchging, wird hier als transvestitisches Rollenspiel auf die Spitze getrieben« (Karsten Witte). Thomas Mann, der den Film im Zürcher Exil sah, notierte in seinem Tagebuch, ihn »reizte [...] das Motiv der verwirrenden Geschlechtsverkleidung, das seine gefühlsphilosophische Bedeutung auch in der albernen Behandlung nicht verleugnete.«

listen in deutscher und französischer Fassung (*Georges et Georgette*) für die Ufa. Der Regisseur, der als »Halbjude« bis zu seiner Emigration 1937 nur mit Goebbels'scher Sondererlaubnis drehen durfte, setzte mit *Viktor und Viktoria* seine bisherige Regiearbeit im Bereich der schwungvoll-ironischen und stark musikalisch geprägten Produktionen in der Tradition der Depressionszeitkomödien auch nach 1933 fort. Hier wie in sechs weiteren Filmen arbeitete er mit Renate Müller zusammen, deren Karriere und Leben im NS-Staat bald zwischen privaten ›kleinen Fluchten‹ und eingeforderten filmischen Loyalitätsbeweisen für das Regime aufgerieben wurde. Müllers geplanter Partner in *Viktor und Viktoria*, der jüdische Schauspieler Max Hansen, war offensichtlich weniger wichtig als der Regisseur und wurde kurz vor Produktionsbeginn durch Hermann Thimig ersetzt. Thimig, heimliche Hauptfigur des Films, zieht in seiner Rolle als verhinderter Heldendarsteller alle Register von stummfilmhaftem Slapstick und clowneskem Grimassieren bis zu ironischen Verweisen auf die Eitelkeiten der eigenen Zunft, während die anderen Darsteller in den Grenzen ihrer bereits bzw. bald etablierten Typologien agieren: Müller als das nette Mädchen von nebenan, Hildebrand als die nonchalant-spitzzüngige Dame und Wohlbrück als der ironisch-distanzierte Held. Diesem Ensemble stellt Schünzel eine lange Reihe von ›Originalen‹, meist witzige Nebenfiguren, zur Seite, die – oft nur in einer Einstellung im Bild – mal freundlich, mal bitterböse, doch immer sehr pointiert gezeichnet werden.

Das lustvolle Jonglieren mit den Versatzstücken herrschender Geschlechterrollen trägt die Handlung des Films. Der Grenzgang zwischen hetero- und homosexuellen Attraktivitäten der Figuren, die sich in Blicken und Kommentaren vielfältig angedeutet finden, ist gekonnt genug, um nicht der NS-Zensur zum Opfer zu fallen und dennoch offen für damals ›unerlaubte‹ Lesarten zu bleiben. Der besondere Charme des Films liegt neben den anspielungsreichen Handlungsinhalten in seiner wundervollen Rhythmisierung, die aus dem Zusammenspiel von Musik, Ton, Dialog und Bild erwächst und der die Schauspieler ihre Gesten und Bewegungen anzupassen haben.

Mühelos gleitet das Spiel immer wieder vom prosaischen Dialog über vershaftes Sprechen hinein in den Gesang und ebenso gekonnt-verspielt zurück. Ähnlich (be)gleitend gesellt sich die Kamera in vielen Fahrten und Schwenks hinzu, um dann an anderer Stelle mit harten und ironisierend-assoziativen Schnitten oder mit hochaktuellen Aufnahmetechniken wie dem Berkeley'schen *top shot* kontrastiert zu werden. Selbst der Ton sucht diese Bewegung zwischen Kontrast und weichem Übergang, die den Film insgesamt zu einem dichten Zeichengewebe macht, in dem sich stets Neues entdecken lässt.

Schünzels trotzig-diabolischer, aus der Weimarer Republik ins »Dritte Reich« hinüber gerettete Spaß an der hintergründigen Sache, am neuen, provokant-unterhaltsamen Einfall und am ideologischen Grenzgang, der ihn noch gefährlich lange in NS-Deutschland halten wird, ist hier deutlich spürbar. In *Amphitryon* (1935) spitzt sich seine doppelbödige Erzählweise weiter zu und in *Land der Liebe* (1937) wird er den ›Spaß‹ in den Augen der Machthaber schließlich zu weit treiben und sich der Fluchtwelle der deutschsprachigen Kreativen nicht länger entziehen können.

In Blake Edwards Remake aus dem Jahr 1982 lernt die begabte, aber arbeitslose Sängerin Victoria im Paris der frühen dreißiger Jahre den schwulen Nachtclubsänger Toddy kennen. Anfänglich noch relativ eng angelehnt an Schünzels Original, wird auch diese Victoria als vermeintlicher Transvestit mit Koloratursopranstimme über Nacht zum Star der Pariser Varietés. Erst als sie sich in den amerikanischen Nachtclubbesitzer King Marchant verliebt, wird die Situation schwierig. Nicht nur dessen eifersüchtige und überdrehte Freundin Norma, auch sein Kompagnon Sal und der misstrauische Barbesitzer Labisse stehen dem Glück des Paares im Wege. Das größte Problem hat jedoch der bodenständig-kernige King Marchant selbst.

Obwohl er bald hinter die Camouflage von Toddy und Victoria kommt und sich, was seine kurzzeitig irritierten sexuellen Empfindungen angeht, schnell wieder in sicherem Fahrwasser befindet, kann er sich dennoch mit seiner öffentlichen Rolle als Homosexueller nicht abfinden. Erst Victorias Ausstieg aus der Welt der Drag-Queens und Schwulenvarietés beendet alle Probleme. Wie einst Viktor Hempel springt nun Toddy für sie ein und löst mit einer tatsächlich fulminant komischen Bühneneinlage das Geschehen in allgemeinem Gelächter auf.

Regisseur, Drehbuchautor und Koproduzent Blake Edwards kreierte ähnlich wie Reinhold Schünzel eine Welt zwischen Gosse, Vaudeville und Luxushotels, bevölkert von liebenswerten Figuren und skurrilen Typen, eine Welt, in der ein spritziger Dialog, ein stimmiger Song und ein wirksamer Gag wichtiger sind als die Glaubwürdigkeit der Handlung. Edwards arbeitete mit einer Riege ihm vertrauter Mitarbeiter und Darsteller zusammen, allen voran seine Ehefrau Julie Andrews in der Titelrolle und der Komponist Henry Mancini, der für die Filmmusik gemeinsam mit Leslie Bricusse einen Oscar gewann. Handlungsorientierte Musik- und Revuenummern bestimmen die Kompositionen, doch wichtiger für Rhythmus und Szenenwirkung des Films ist das gelungene *underscoring* Mancinis, das die Bildebene effektiv unterstützt, statt sie zu überlagern. Neben den musikalischen Zutaten fallen vor allem die Studiobauten und Dekorationen ins Auge. Die Künstlichkeit dieser Kulissen ist unübersehbar. Die Außenschauplätze sind in offen artifizielles Licht getaucht, überall reflektiert das Rot, Pink und Blau der Leuchtreklamen auf regennassen und verschneiten Straßen. Die Inneneinrichtungen schaffen eine stilisierte Art-déco-Welt aus Stromlinienarchitektur in Pastellfarben und schwülstigem Varieté-Rot. Auch die schmuddelig-ärmlichen Handlungsorte streifen den Touch des Unechten nie ab. Aber das ist auch nicht nötig, denn der Film sucht in seinem Design weniger nach historischer Authentizität als nach der Binnenästhetik später MGM-Musicalklassiker wie Vincente Minnellis *An American in Paris* (*Ein Amerikaner in Paris*, 1951) oder Stanley Donens und Gene Kellys *Singin' in the Rain* (*Du sollst mein Glücksstern sein*, 1952).

Als Komödie versammelt *Victor/Victoria* die großen Traditionen von *romantic* und *social comedy* in sich, wobei die Darsteller – von Leslie Ann Warren als Norma abgesehen – vor allem mit Situationskomik, Timing und Dialogwitz arbeiten, anstatt dick aufzutragen. Edwards fügt für ihn typische Elemente hinzu: das kontrapunktisch zur Kultiviertheit der Dialoge und Eleganz des Ambientes unvermittelt aufblitzende Chaosmoment und den Holz- (resp. Eisenhammer-)Gag. In der Tat, in *Victor/Victoria* passt alles zusammen, doch der oft gezogene Vergleich mit Billy Wilder führt zu weit, denn die Mischung ist gut genießbar, aber zu keinem Zeitpunkt *haute cuisine*. Edwards, der in seinen späteren Filmen zum Spezialisten für Geschichten um Geschlechterrollen und -identitäten wird, zeigt sich oft als Meister der filmischen Verflachung, so z.B. bei der Verfilmung von *Breakfast at Tiffany's* (*Frühstück bei Tiffany*, 1961). Dort vermag er die gesellschaftlichen und sexuellen Spitzen der Vorlage soweit abzuschleifen, dass sie zwar noch vorhanden, aber nicht mehr wirkungsmächtig sind und die im Buch noch gesuchten Tabugrenzen das Kinopublikum nicht mehr bedrohen. Ähnliches ist in *Victor/Victoria* zu beobachten. Wo das Original von 1933 sich am Rand der Zensur entlanghangelt und die skandalösen Geschichten geschickt in den Subtext steckt, respektiert Edwards 1982 brav die postulierten Tabugrenzen eines Publikums, dem zwar ein paar Pseudo-Einblicke ins schwule Leben und libertine Sprüche gegen das Hetero-Spießertum nichts ausmachen, dem jedoch eine ernsthafte Erschütterung der sexuellen Orientierung des Helden – und damit auch der eigenen – nicht zumutbar scheint. (In der Broadway-Fassung der neunziger Jahre, ebenfalls inszeniert von Edwards, war eine weniger biedere Behandlung des Themas schließlich möglich. Hier küsst King Victoria, ohne zu wissen, ob er eine Frau oder einen Mann vor sich hat.) So bleibt gekonnt gemachtes, angenehmes Amüsement aus Komödie und Musical mit einer leicht konsumierbaren Dosis Sozialkritik. Schade nur, dass die Moderne oft mit Romantik und Kitsch verjagt wird und die Amüsierlust in bürgerlicher Bravheit endet, statt im Rausch der Sinne. *Astrid Pohl*

Literatur zu »Viktor und Viktoria«: Helga Belach (Hrsg.): Wir tanzen um die Welt. Deutsche Revuefilme 1933–45. München 1979. – Cinzia Romani: Die Filmdivas des Dritten Reiches. München 1982. – Hans-Michael Bock / Wolfgang Jacobsen / Jörg Schöning (Hrsg.): Reinhold Schünzel, Schauspieler und Regisseur. München 1989. – Klaus Kreimeier: Der Großstadtgauner. Reinhold Schünzel. In: Thomas Koebner (Hrsg.): Idole des deutschen Films. München 1997. – Sabine Hake: Popular Cinema of the Third Reich. Austin 2001.

Literatur zu »Victor/Victoria«: Peter Lehmann / William Luhr: Blake Edwards. Athens 1980. – Peter Lehmann / William Luhr: Returning to the Scene: Blake Edwards. Bd. 2. Athens 1980. – Positif. Nr. 261. Nov. 1982. – Pauline Kael: 5001 Nights at the Movies. New York 1991. – Günter Bartosch: Das Heyne Musical Lexikon. München 1997.

Orchesterprobe

D 1933 s/w 22 min

R: Carl Lamac
B: Karl Valentin, Liesl Karlstadt
D: Karl Valentin (Trompeter, Geiger), Liesl Karlstadt (Kapellmeister)

... und andere Karl-Valentin-Kurzfilme der dreißiger Jahre

Was macht die Komik von Karl Valentins Filmen aus? Sicher nicht ihre ausgefeilte Filmsprache. Anders als viele seiner Zeitgenossen wie die Amerikaner Chaplin, Lloyd, Keaton oder Laurel & Hardy bzw. deren Regisseure, die das mediale Potential des Films, Komik zu produzieren, stark in ihre Werke einbezogen und weiterentwickelten, war Valentin weit von einer eigenständigen Filmsprache des Komischen entfernt. Kamera und Montage sind bei den Genannten konstitutive Instrumente des Komischen und werden mehr oder weniger reflektiert für das Spiel mit Zeit, Raum, Dekor und Geschwindigkeit nutzbar gemacht. Valentins realisierte Filme dagegen – ein Großteil seiner Projekte liegt in nur imaginierten Filmszenarien vor – fallen weit hinter die technischen Möglichkeiten des noch jungen Tonfilms zurück. Sein Interesse am Film bestand vielmehr in der zeichenhaften Inszenierung des eigenen Körpers sowie darin, seine Kunst, die sich in der Tradition der Münchener Volkssänger verstand und diese zugleich persiflierte (z.B. *Der Zithervirtuose* von Franz Seitz, 1934), zu konservieren und einem großen Publikum zugänglich zu machen. Insofern er den immensen Einfluss der neuen Medien Film und Rundfunk erkannte und zu nutzen wusste, trifft aber die Selbsteinschätzung als Filmpionier und Avantgardist einer neuen Kunstform völlig zu: Noch vor Chaplin versuchte sich Valentin in dem neuen Medium. Valentins Komik lässt sich weniger vom Filmischen als vom Sprachlichen und Theatralischen her verstehen: Bewegung findet nicht auf der Ebene von Kamera und Montage statt, sondern auf der Ebene von Dialog und Aktionen, deren Witz in den Brüchen zwischen der gezeigten Objektwelt und Valentins unzweckmäßigem oder widersinnigem Gebrauch von ihr liegt.

Bei den meisten seiner Tonfilme, vor allem den frühen, handelt es sich um Einakter, wenig geschnittene Szenen, in denen die theatralische Einheit von Raum und Zeit vollständig gewahrt bleibt. Diese Szenen sind in sich häufig gegliedert nach ›dramatischen‹ Dialogen einerseits und artistischen Aktionen andererseits. Die Aktionen dienen zwar vordergründig einem erkennbaren Zweck, lassen sich aber eher als lustvolles Kollabieren an und mit den Objekten beschreiben; im besten Fall ist hinterher die Ursprungssituation wiederhergestellt. Am Beginn des *Firmlings* (1934) z.B. betreten Valentin als angetrunkener Vater und Liesl Karlstadt als Firmling ein Weinlokal. Ohne dass etwas geredet würde, bringen sie mehrere Minuten damit zu, zwei Stühle, einen Tisch, eine Tischdecke und eine Vase samt Blumen auf alle nur denkbaren Arten mit- und ineinander zu verkeilen und wieder zu entwirren, wobei ihre Handlungen einander zuwiderlaufen, der eine den Handgriff des anderen – scheinbar nur vom Zuschauer bemerkt – ständig revidiert, bis schließlich irgendwie der Ausgangszustand wiederhergestellt ist. Besonders an dieser ungeschnittenen Szene aus statischer Perspektive lässt sich die enorme Präzision und Ökonomie studieren, mit der Valentin – nicht filmisch, sondern theatralisch – seine Ideen inszenierte: Hier ist kein Handgriff zu viel oder zu wenig, die Gegenstände scheinen nur darauf zu warten, dass Valentin und Karlstadt sie ins kalkulierte Chaos stürzen.

Was aber heißt ›Handlung‹ bei Valentin? Fast nie eine

Aktion, die irgendwie durch einen Spannungsbogen aufgebaut würde, und das liegt nicht allein an der Kürze der Filme. Am Anfang scheint es, es könnte so etwas wie eine Handlung entstehen. Auch die Titel der Filme suggerieren das gelegentlich (*Der Theaterbesuch*, 1934, Joe Stöckel; *Orchesterprobe*, 1933, Carl Lamac). Die Szenen bleiben jedoch meist im bloßen Versuch stecken, in Valentins Insistieren und Bohren im Sinn der Wörter und in der Widerständigkeit der Objekte. Dementsprechend ›schwach‹ sind die Schlüsse: Wo sich nichts entwickelt, da kann auch nichts aufgelöst werden. Manche der Filme enden in einer Schlusspointe – z.B. die Episoden in dem Film *Beim Nervenarzt* (1936, Erich Engels) oder im *Theaterbesuch* –, meistens wirken sie aber fast wie abgebrochen, als könnte es in der Art beliebig weitergehen: *So ein Theater* (1934, Carl Lamac) endet damit, dass Valentin seine Geige zerbricht, In *Der Firmling* (1934) verlässt das chaotische Paar schließlich das Lokal, *Im Photoatelier* (1932, Karl Ritter) endet mit der Rückkehr des Chefs, der angesichts des von Karlstadt und Valentin angerichteten Chaos in Ohnmacht fällt. Auch wenn die szenischen Darbietungen ein vages narratives Ziel zu haben scheinen, so ist es nie dieses Ziel, das der Szene Zusammenhalt und Dynamik verleiht, sondern immer die sprachlichen oder artistischen Situationen.

Valentins Insistieren auf einer vermeintlichen semantischen Eindeutigkeit schafft häufig ganz neue logische Sprachzusammenhänge, wenn er in der *Orchesterprobe* etwa sagt, der Kapellmeister sei eigentlich ein Kinoklavierspieler, seinen jetzigen Posten habe er nur aufgrund von ›Projektion‹ erhalten. Der Versuch, Wahrnehmung in das Zeichensystem der Sprache zu übersetzen, scheitert bei Valentins Figuren häufig, auch wenn sie deren Regeln zu beherrschen scheinen. Das äußert sich beispielsweise in Valentins Beharren auf dem Indikativ: *Im Photoatelier* lässt der Meister, der verreisen muss, seine beiden Gehilfen zurück, die sogleich die willkommene Möglichkeit zur

Arbeitsverweigerung nutzen und beschließen, niemandem mehr die Tür zu öffnen. Unerwartet kehrt der Meister zurück und wird von den beiden erst nach mehrmaligem Klingeln eingelassen. Des Meisters Einwand, es hätte doch auch Kundschaft sein können, die Einlass begehrte, lässt Valentin nicht gelten; er weist diese Möglichkeit vehement zurück, da es eben keine Kundschaft *war*, die geklingelt hat.

Oft entspannen sich minutenlange Dispute über Möglichkeit und tatsächliches Ereignis. Valentins Sprachakrobatik zielt dabei immer auf die Konventionalität der Sprache schlechthin: Von den verschiedenen theoretisch möglichen Bedeutungen, die eine sprachliche Äußerung stets besitzen kann, beharrt er mit stoischem Ernst immer auf derjenigen, die sein Gegenüber gerade nicht gemeint hat; so in dem Disput mit dem Kapellmeister in *Orchesterprobe* über den vermeintlichen Zufall, dass just in dem Moment, als er mit einem Bekannten über einen Radfahrer gesprochen habe, auch tatsächlich einer vorbeigekommen sei. Der Kapellmeister will dem Musiker klar machen, dass das gar kein Zufall sei, weil an einer verkehrsbelebten Straße ständig Radfahrer vorbeikämen, und versucht seinen Einwand durch ein hypothetisches Gegenbeispiel zu bekräftigen, doch Valentin will von einem Flugzeug, das hätte vorbeifliegen können, nichts wissen und beharrt darauf, dass es ein Radfahrer gewesen sei. Er zeigt: Kommunikation basiert auf Übereinkünften, die Sprache selbst gewährleistet keineswegs ihr Funktionieren. So muss das Mittel der Argumentation angesichts der Vieldeutigkeit von Sprache nicht unbedingt verfangen – bei Valentin tut es das meistens nicht, weil er ihre Regeln übergenau interpretiert und sie dadurch zugleich außer Kraft setzt. Valentins Sezierungen auch noch der beiläufigsten Sprichwörtlichkeiten attackieren aber nicht nur die prinzipielle Konventionalität von Sprache, sondern vor allem deren Abfallen ins Klischee. Die sprachliche Konfusion wird in der rein musikalisch-artistischen Schlusseinstellung von *Orchesterprobe* verbildlicht, wenn Valentin unter Anweisung des Kapellmeisters den Spagat ausführen muss, zwei Instrumente gleichzeitig zu spielen, und der Film im Chaos endet.

Nie passt Valentins Körper in die ihn umgebenden Arrangements, immer ist er zu groß, zu ungelenk, immer eckt er an und immer macht er – anders als Buster Keaton etwa – nicht aus einem gefährlichen Objekt ein brauchbares, sonders aus einem ihn irritierenden Objekt eines, das jeden irritieren muss. Der gelernte Schreiner Valentin wusste um die Wichtigkeit von Requisiten, an deren Kollision mit ihrem Benutzer sich Witz entzündet. Peinlich genau geführte, detaillierte Requisitenlisten zu seinen Stücken belegen das. Komik entsteht häufig in der Unbeirrbarkeit, mit der Valentin die Objekte miss-braucht, wenn er z.B. in der *Orchesterprobe* seine Trompete als (unbrauchbares) Sprachrohr benutzt, um den Kapellmeister davon zu unterrichten, dass seine Krawatte schief sitzt. Die Multifunktionalität der Objekte ist ein Pendant zur Mehrdeutigkeit von Sprache, die Valentin gerade dadurch bewusst macht, dass er sie nie anders als ›wörtlich‹ gebraucht und versteht: Wenn der Kapellmeister in *Orchesterprobe* bemängelt, dass dem ganzen Orchester Rhythmus fehle, dann fragt Valentin folgerichtig, wo dieser Rhythmus denn sei. Damit nicht genug, beteuert er, »Rhythmus« gar nicht zu kennen, erinnert sich dann aber, dass er wohl dessen Bruder kenne usw.

Auch Forderungen seiner Umwelt nach Gehorsam unterläuft Valentin dadurch subversiv, dass er wörtlich das tut, was von ihm verlangt wird – und so unvermeidlich das Falsche tut: Mit absoluter Pedanterie spielt er in der *Orchesterprobe* die gleichen vier Takte immer und immer wieder, weil die Partitur an der entsprechenden Stelle fälschlicherweise ein Wiederholungszeichen enthält. Der Kapellmeister hatte schließlich dazu aufgefordert, das –

und nur das – zu spielen, was in den Noten steht. Eine surrealistische Note erhält das Ganze, wenn er sagt, er könne nicht nur immer und immer so weiterspielen, sondern gar Jahre: Wie so oft wird hier die Logik raumzeitlicher Verhältnismäßigkeit einer semantischen Überkorrektheit geopfert, die Valentin der vorgängigen Situation glaubt zollen zu müssen – und die gerade dadurch ad absurdum geführt wird.

Nicht allein die Normverletzungen Valentins sind komisch, sondern die Norm selbst als abstraktes Prinzip, das die gegenständliche und imaginäre Welt regulieren soll, aber nicht regulieren kann, steht zur Disposition. Das Widrige, das der Erfüllung der Norm entgegensteht, wird zum Angriff auf die Norm schlechthin, die als ausschließendes und defizitäres Prinzip entlarvt wird. Komisch ist dies zum einen deshalb, weil Valentin ja gerade alle Pedanterie und Beharrlichkeit darauf verwendet, die Regelsysteme, die er scheinbar zwanghaft und unwillkürlich hinterfragt, zu verstehen und ihnen gemäß zu handeln. Zum anderen steht Valentins Spiel nicht nur in einem grotesken Verhältnis zu den Normvorstellungen, die die einzelnen Situationen qua gesellschaftlichem Konsens erfordern, sondern häufig auch außerhalb jeglicher Handlungslogik, z.B. wenn er im *Schallplattenladen* (1934, Hanns H. Zerlett) einer Kundin unvermittelt die Zunge herausstreckt, im *Firmling* mit Spazierstock und Blumenvase Billard spielt oder in *Orchesterprobe* das zerstörte Tamburin über den Arm des Kapellmeisters streift. Diese quasi anarchischen Gesten scheinen allein der eigenen Belustigung zu dienen, sie stehen außerhalb jeglicher Konvention und negieren das Primat sinnvollen Handelns schlechthin. Ein Subtext, der alle Filme Valentins durchzieht, besteht daher in der Verhöhnung jeglicher Dimension von Autorität, auch und vor allem der des Sinns. Auch wenn er seine Kunst nicht als politische verstanden wissen wollte, gibt er doch immer wieder Obrigkeitsdenken und Gehorsam der Lächerlichkeit preis – vermutlich einer der Gründe dafür, dass die Zensurentscheidungen, mit denen seine Filme zum Teil ab 1933 belegt wurden, fast an Berufsverbot grenzten. Auch wenn die Nazis Valentins Humor ebenso wenig verstanden wie seine Münchner Landsleute, denen er nach dem Krieg als unmodern und unkomisch erschien, ahnten sie vielleicht die destruktive, ›volksschädliche‹ Subversion, die hinter seinem Witz lauert.

In Filmgeschichten fristet Valentin eine bestenfalls randständige Existenz. Nach dem Krieg lehnte der Bayerische Rundfunk eine Zusammenarbeit mit Valentin ab. Der Grund: Humorlosigkeit. Zur Tragik seiner Person gehört, dass der deutsche Film das Potential seines besten Komikers schlicht nicht erkannt hat, so dass Valentin in der ihm verbleibenden Zeit bis zu seinem Tod 1948 in seinem alten Beruf arbeiten musste. Als er lange genug tot war, kamen seine Filme unter dem Motto »unsterblicher Valentin« ins Kino und ins Fernsehen, 1982 überschlägt sich die gesamte deutschsprachige Presse in seitenlangen Würdigungen zu seinem hundertsten Geburtstag. Die Valentin-Literatur der Germanisten und Theaterforscher füllt ganze Regalmeter, und in seiner Heimatstadt avancierte er postum zum Brunnen-Volksheiligen auf dem Viktualienmarkt.

Matthias Kraus

Literatur: Rainer Gansera: Vergleichende Filmographie mit Kommentaren. In: Filmkritik (1976) Nr. 8. – Michael Schulte / Peter Syr (Hrsg.): Karl Valentins Filme. München 1978. – Klaus Pemsel: Karl Valentin im Umfeld der Münchner Volkssängerbühnen und Varietés. München 1981. – Karl Valentin: Fundsachen 1–4. Red.: Ulrich Kurowski / Thomas Brandlmeier. In: Film (1976) Nr. 1; (1982) Nr. 2. – Hans Michael Bock (Hrsg.): Karl Valentin. In: Cinegraph. München 1984. – Karl Zeyringer: Die Komik Karl Valentins. Frankfurt a. M. [u. a.] 1984. – Friedrich Tulzer: Karl Valentin und die Konstituenten seiner Komik. Stuttgart 1987. – Helmut Bachmaier / Klaus Gronenborn (Hrsg.): Karl Valentin. Sämtliche Werke. Bd. 8. Filme und Filmprojekte. München 1995.

Es geschah in einer Nacht

It Happened One Night

USA 1934 s/w 105 min

R: Frank Capra
B: Robert Riskin nach der Erzählung *Night Bus* von Samuel H. Adams
K: Joseph Walker
D: Clark Gable (Peter Warne), Claudette Colbert (Ellen »Ellie« Andrews), Walter Connolly (Alexander Andrews), Roscoe Karns (Oscar Shapeley)

Die Stunde einer abenteuerlichen Begegnung oder: Die Geschichte einer doppelten Erziehung. Eine Tochter aus reichem Hause reißt von zu Hause aus, wieder einmal. Sie will endlich ihr eigenes Leben führen mit einem berühmten Flieger, den sie auf ihrer vorletzten Flucht kennen lernte und den ihr Vater nicht schätzt. Auf dem Weg zu ihm trifft sie einen anderen Mann, einen Reporter, der ihr zu helfen bereit ist, wenn er dafür ihre Story exklusiv bekommt. Mit dem Bus, dann per Anhalter, schließlich mit einem entwendeten Cabriolet reisen sie durchs Land, streitend und flirtend, schimpfend und träumend. Die beiden umgarnen und umschmeicheln, bekriegen und belügen einander. So steht sie am Ende neben ihrem Flieger vorm Traualtar – und nimmt erneut Reißaus.

Capra ist kein Mann der Verknappung, der Skizze, der genüsslichen Reduktion. Sein Kino steht nicht in der Tradition von Stroheim, Preminger, Welles, die das Zickzack betonten in ihren Geschichten: das Sprunghafte, Nervöse, Fiebrige, das sie als tieferen Ausdruck ihrer Zeit verstanden. Kapriziöse Finten wusste er allerdings zu schätzen. Man muss nur den Striptease sehen, den Gable hinlegt, um sein Gespür für Arabeskes zu entdecken: »Erst die Jacke, dann die Krawatte, dann das Hemd. Nach Hoyle käme jetzt die Hose, nicht bei mir, da bin ich anders, bei mir folgen die Schuhe, erst der rechte, dann der linke. Danach steht jeder Mann für sich selbst.« Was er damit meint, wird sofort klar, wenn er ihr nachsingt, nachdem sie vor dem Weiteren geflohen ist: »She is afraid of the Big Bad Wolf, Big Bad Wolf, tralalalala.«

Als sie dann friedlich in ihren Betten liegen, zwischen sich – als »Mauer von Jericho« – eine über ein Seil gehängte Wolldecke, fragt sie ihn, wer er eigentlich sei. Seine Antwort: »Ich bin die Nachtigall, die nachts singt. Ich bin die sanfte Morgenbrise, die über dein hübsches Gesicht streift.« Ein melodramatischer Nachklang der erotischen Spannung, die plötzlich zwischen ihnen aufkam – jenseits von Fehde und Spiel.

Anfangs sieht man ihn (das ist eine der Eigenarten des Capra-Helden generell) ein wenig zu selbstzufrieden mit dem, was er aus sich gemacht hat. Er fühlt sich als Starreporter, doch er kriegt seine Stories nicht mehr hin. »King« nennen ihn seine Kollegen noch ironisch, wo er doch nichts weiter ist als ein armer Tropf. Die Begegnung mit der reichen Ausreißerin hilft ihm, seine Krise zu überwinden und endlich wieder auf eigenen Beinen zu stehen, ohne die Flausen im Kopf völlig zu verscheuchen. Der Ärger mit ihr erwärmt ihn, lässt frisches Blut durch seine Adern rinnen, er stimuliert, aktiviert, erneuert.

Als die Geschichte zwischen den beiden zunächst nicht so recht in Gang kommen will, hält Gable der ›verzogenen Göre‹ eine Predigt: »Ich habe Sie von Anfang an richtig eingeschätzt. Sie glauben, alles ließe sich kaufen. [...] Schon mal das Wort Bescheidenheit gehört? Nein, Sie nicht. Sie haben wahrscheinlich noch niemals daran gedacht, einfach zu sagen: ›Bitte, Mister, ich bin in Schwierigkeiten. Würden Sie mir helfen?‹« Diese Ansprache zeitigt selbstverständlich, da ist Capra viel zu klug, keinerlei Resultat, zunächst jedenfalls nicht. Aber sie steht – und wirkt nach. Über das Weitere kriegt sie dann ihren zweiten, zusätzlichen Sinn. Der Film, der zugleich eine Reise durch die Wirren der amerikanischen Depressionszeit bietet, hat im Unterton jene verklärenden Momente, wonach die Macht der Tat bloß die selbstverständliche Konsequenz der richtigen Durchführung ist. Würden Sie mir helfen, ich bin in Schwierigkeiten? Erst in der Umkehrung wird eine Lektion daraus: Lassen Sie mich nur machen, und alles wird gut!

Später, als sie sich dann arrangiert und gemeinsam die Detektive ihres Vaters in die Irre geführt haben, erzählt er ihr, wovon er immer geträumt hat, sollte je eine Frau an seiner Seite sein. »Ich habe einmal eine Pazifikinsel gesehen. Hab' sie nie vergessen. Dahin ginge ich mit ihr. Sie müsste so ein Mädchen sein, das sich mit mir in die Wellen wirft und es genau so liebt wie ich. Nachts, wenn man mit dem Mond und dem Wasser eins ist, da fühlt man sich als Teil von etwas Großem und Wunderbarem. [...] Die Sterne sind so nah, dass man meint, man könne raufgreifen und sie pflücken.« Seltsam verloren wirkt er dabei, verträumt und im Innersten ergriffen. Capra isoliert ihn durch Nahaufnahmen, wenn er sein Geheimnis preisgibt – und lässt die Worte nachklingen, indem er auf die zuhörende Colbert schneidet. Aber dann zieht er Gable zurück ins Drama, und das Bekenntnis wird zur Basis einer Verwandlung: »der Wiedereroberung des Menschen durch sich selbst«.

Wie in all seinen Filmen interessiert Capra auch hier nicht das Besondere, Außergewöhnliche, Bedeutende, sondern das Normale, das plötzlich besonders, außergewöhnlich, bedeutend wird. Also fordert er von seinen Figuren, dramaturgisch gesehen, einen dreifachen Salto, den aber als Wunder an Grazie. Gables Träumerei lassen sie offen und weich werden. So hingerissen ist sie, dass sie sich ihm sofort an den Hals wirft – wofür er zunächst keinerlei Verständnis hat. Als er dann begreift, dass er gefunden hat, wonach er bislang vergebens suchte, und alles in Gang setzt, um diese Chance zu nutzen, ist sie wieder verschwunden. So muss er alles ausspielen, was ihn im innersten Kern ausmacht, um sie doch noch für sich zu gewinnen: Konsequenz, Charme, Redlichkeit – und Professionalismus. Also fordert er von ihrem reichen Vater einen finanziellen Ausgleich für seine Mühe, nicht die Belohnung von 1000 Dollar, nur die Rückerstattung seiner Unkosten in Höhe von 39,60 Dollar. Was sie, selbstverständlich, sofort zurück in seine Arme treibt.

Frank Capra ist ein Meister der melodramatischen Komödie. Er spielt gerne mit dem Moment, in dem alles zu spät sein könnte für eine Veränderung. Sein Kino funktioniert nach der Devise: je gedehnter die Szene, desto spannender die Situation. Die Metamorphose einer Figur setzt in seinen Filmen den existentiellen Konflikt voraus (mit sich und/oder der Welt). An dem Punkt, wo es keinen Ausweg mehr zu geben scheint, finden seine Protagonisten erst zu sich selbst. Nur so ergibt sich die Chance einer ›wahren‹ Empfindung, das Gefühl, neu geboren zu werden. François Truffaut hat Capra deshalb äußerst treffend als »Wunderdoktor« gerühmt, als »den Lotsen, der sich am besten auf die Kunst verstand, seine Personen in Situationen tiefster menschlicher Verzweiflung zu steuern [...], ehe er das Ruder herumwarf und das Wunder geschehen ließ, das uns mit neuem Vertrauen ins Leben aus dem Kino entließ.« Dass die Welt ist, wie sie ist, akzeptierte Capra nie. Er propagierte, ungeniert naiv, die ungeheure Kraft des Wunders. Solange es Menschen gibt, die noch in Ordnung sind, so seine unerschütterliche These, bleibt die Hoffnung, dass auch die Welt wieder in Ordnung kommt. Das Credo seines Kinos lautete: Alles ist im Grunde gut, deshalb ist auch alles möglich.

In *It Happened One Night* trieb Capra seine Grenzen sprengenden Fantasien auf die Spitze. Ein armer Reporter und eine reiche Widerspenstige und ihr gemeinsamer, schier endloser Weg von Florida nach New York: Das ist der übliche Stoff, aus dem die Albträume sind. Capra nimmt die antipodische Kraft seines Paares vor allem als Grundlage, um darüber von Tod und Wiedergeburt zu erzählen, von der zweiten Chance, die jede Ablehnung in sich trägt. Selbstverständlich ist das Ganze auch ein komödiantisches Remake von Shakespeares *Widerspenstiger Zähmung*. Den Krieg zwischen den Geschlechtern hat Capra zum Witz über vorgestanzte Erwartungen erweitert. Claudette Colbert reißt auch unentwegt von zu Hause aus, weil sie in ihrer reichen Umgebung keinen Mann findet, der ihr, wie es der Vater vorgelebt hat, noch einmal zeigt, dass man die Welt eigenhändig aufbauen kann. So reagiert sie auf Gables direkte, klare Art auch eher mit Erstaunen denn mit Wut. Schon während sie ihn ständig zurechtweist und sich seine Anmaßungen verbittet, sieht man, wie sie ihm verfällt. Seine belehrenden Kommentare nerven – und faszinieren sie zugleich. Als er ihr dann beibringt, wie man einen Doughnut in den Kaffee stippt (und nicht einfach hineinhält) oder wie man beim *hitch hiking* den Daumen halten muss: kurz zustoßen, schnell schütteln, langsam durchziehen, zeigt er, dass er noch mehr von ihr will als ihre Story. Mitte der dreißiger Jahre, als noch nicht sichtbar werden durfte, was tabuisiert war, wusste jeder, was damit gemeint war. Hinzu kommt, das ist ja Genre-Gesetz: Erst im Abstand zwischen Gemeintem und Gezeigtem gedeiht der Humor.

Dass das Kino zu allem Möglichen verführt, dass es verzückt und verschüchtert, dass es einen zum Staunen und Weinen bringt oder in Angst und Schrecken versetzt, das ist seit langem keine Frage. Aber dass es darüber hinaus verzaubert, zu glauben, was man sonst nie und nimmer zu glauben bereit wäre, das ist die Lektion, die Frank Capra seinen Zuschauern wieder und wieder erteilte.

Norbert Grob

Literatur: Donald C. Willis: The Films of Frank Capra. Metuchen (N.J.) 1974. – François Truffaut: Frank Capra, der Wunderdoktor. In: F. T.: Die Filme meines Lebens. München 1976. – Charles J. Maland: Frank Capra. Boston 1980. – Robert & Lois Self: Adaption as Rhetorical Process: *It Happened One Night* and *Mr. Deeds Goes to Town*. In: Film Criticism (1980–81) Nr. 2. – Christian Viviani: Frank Capra. Paris 1988. – Frank Capra: Autobiographie (1971). (Nachwort: Norbert Grob.) Zürich 1992. – Joseph McBride: The Catastrophe of Success. New York 1992. – Victor Scherle / William Turner Levy: The Complete Films of Frank Capra. New York 1992. – Ray Carney: American Vision. The Films of Frank Capra. London 1996. – Ursula Vossen: Frank Capra. In: Thomas Koebner (Hrsg.): Filmregisseure. Stuttgart 1999.

Mr. Deeds geht in die Stadt

Mr. Deeds Goes to Town

USA 1936 s/w 115 min

R: Frank Capra
B: Robert Riskin nach der Erzählung *Opera Hat* von Clarence Budington Kelland
K: Joseph Walker
M: Howard Jackson
D: Gary Cooper (Longfellow Deeds), Jean Arthur (Babe Bennet), Lionel Stander (Cobb), George Bancroft (MacWade)

Wenn man auf die Ankündigung, glücklicher Erbe von 20 Millionen Dollar zu sein, in die Tuba bläst und dann ausdruckslos verkündet, nicht zu wissen, was man damit anfangen solle, so ist das schon eine ziemlich komische Reaktion. Mr. Deeds, Feierabendmusiker und Poet von Grußpostkarten, hat sein Heimatstädtchen noch nie verlassen, und Komik ist programmiert, wenn diese naiv-liebenswürdige *country mouse* in die unbekannte Großstadt zieht. Gary Cooper verleiht Longfellow Deeds Gestalt und Charakter, indem er scheinbar Widersprüchliches vereint: Groß und elegant sowie kindisch und tollpatschig ist er die Inkarnation des patriotischen WASP (White Anglo-Saxon Protestant).

Von der ›feinen‹ Gesellschaft verspottet, fasst er in New York einzig zu einer Frau Vertrauen. Diese allerdings ist Journalistin und verhöhnt ihn in ihren Artikeln als »Aschenbrödel-Mann«. Babe Bannet ist der Typ der zynischen Blondine, die ihre Ideale verloren hat, wessen sie sich aber im Kontakt mit dem aufrichtigen Deeds, in den sie sich verliebt, bewusst wird. Nachdem Deeds das doppelte Spiel der Geliebten entdeckt hat, entschließt er sich enttäuscht zurückzukehren und sein gesamtes Erbe an verarmte Farmer zu verschenken. Seine Anwälte, Cedar, Cedar, Cedar & Budington (Kommentar Deeds: »Mr. Budington muss sich ja als Fremdling vorkommen«), spekulieren auf sein Vermögen und wollen ihn für unzurechnungsfähig erklären lassen. Vor Gericht hüllt sich Deeds in Schweigen, und erst als Babe ihm im Zeugenstand ihre Liebe erklärt, verteidigt er sich gegen die Anschuldigungen. Deeds Rede ist ein ironisches Feuerwerk, bei dem er sich geschickt Vokabular und Argumentationsschema seiner Gegner aneignet. Lustvoll spielt er deren Diskurs gegen sie aus und demontiert dessen inhärente Logik. Als der »geistig gesündeste Mann, der je den Gerichtssaal betreten hat«, wird er freigesprochen und im Triumphzug herausgetragen.

Capras Protagonist hat etwas von Dostojewskis Idioten, doch versehen mit »gesundem Menschenverstand«, wie er es mehrmals betont, in Verbindung mit amerikanischen Idealen – dem Idealismus der *founding fathers*, Jefferson'schem Individualismus und dem Elan des New Deal –, ereilt ihn kein dramatisches Schicksal. Deeds repräsentiert par excellence die Charakteristika des Capra'schen Helden mit seiner Pfadfinder-Mentalität, seiner Sentimentalität sowie der Verwirrung zwischen Politik und humanistischen Idealen. Wie Chaplins Tramp in *Modern Times* (*Moderne Zeiten*, 1936), der im Wortsinn in das Räderwerk der modernen Industriegesellschaft gerät, geschieht dies im abstrakten Sinn mit Deeds, dessen

Ruf buchstäblich von den rotierenden Walzen der Zeitungspressen zerstört wird.

Neben dem Prozess, den Capra der schlagzeilengierigen Presse, dem Götzen Geld und den Konventionen der Highsociety macht, erzählt er in *Mr. Deeds Goes to Town* auch die Geschichte des Widerstandes dagegen. In der ersten komischen Filmhälfte bereits angelegt, wird die Selbstbehauptung als Gegenstand der zweiten, dramatischen Hälfte vor Gericht verbalisiert. In diesem Kontext sind die zahlreichen visuellen Gags nie gratis: In dem nächtlichen Konzert, bei dem Babe auf einer Mülltonne trommelt und Deeds die Tuba mimt, zeigen sich Phantasie und Kreativität, für die es keiner großen Mittel bedarf. Deeds ist ein Lebenskünstler. In seinem kindisch anmutenden Geist wurzeln Offenheit und Gradlinigkeit sowie die Fähigkeit, sich in der fremden Umwelt zu behaupten: Die Empfangshalle der New Yorker Villa ist ein monumentales Beispiel neo-klassizistischer Kälte, in der das Individuum in hohen Räumen verschwindet, von der Kamera in Totalen unterstrichen. Indem Deeds das Treppengeländer herunterrutscht, dynamisiert und belebt er den statischen Raum. Als er das Echo entdeckt, fordert er seine Diener auf, ebenfalls zu brüllen, und als Dirigent dieser fröhlichen Kakophonie eignet er sich den Raum in seiner ganzen Ausdehnung akustisch an.

Mr. Deeds war ein Präzedenzfall in Hollywood, da zum ersten Mal der Name eines ›angestellten‹ Regisseurs über dem Titel im Vorspann stand – was Capra zum Titel seiner Autobiografie wählte: *The Name above the Title*. Zugleich war es der erste Film des Regisseurs, bei dem die Komödie nicht mehr Selbstzweck sein sollte: Mit den Mitteln des Genres wollte Capra seine humanistisch-patriotische Botschaft transportieren, die den *common man*, den ›kleinen Mann‹, feiert, der einfach und aufrecht in Gottvertrauen dem korrumpierenden Geld sowie den Entartungen der Massengesellschaft widersteht. Resultat: Eine uramerikanische Komödie, deren Muster und sozialpolitische Mythen die folgenden Filme *Mr. Smith Goes to Washington* (*Mr. Smith geht nach Washington*, 1939) und *Meet John Doe* (*Hier ist John Doe*, 1941) prägten. Aufgrund des großen Erfolges mit einem Oscar für die beste Regie ging Mr. Deeds sogar ins Fernsehen: 1969 schuf die Columbia eine wöchentliche dreißigminütige TV-Serie.

Matthias Steinle

Literatur: Frank Capra: Autobiographie (1971). Zürich 1992. – Victor Scherle / William Turner Levy: The Complete Films of Frank Capra. New York 1992. – Leland A. Poague: The Cinema of Frank Capra. Cranbury 1975. – Raymond Carney: American Vision: The Films of Frank Capra. Cambridge 1986. – Christian Viviani: Capraland sur l'Extravagant Monsieur Deeds. In: Positif. Nr. 317/318 (Spécial Capra). 1987. – Michel Cieutat: Frank Capra. Paris 1988. – Joseph McBride: Frank Capra: The Catastrophe of Success. New York 1992. – Leland A. Poague: Another Frank Capra. Cambridge 1994. – Robert Sklar: Frank Capra: Authorship and the Studio System. Philadelphia 1998.

Moderne Zeiten

Modern Times

USA 1936 s/w 87 min

R: Charles Chaplin
B: Charles Chaplin
K: Roland Totheroh, Ira Moran
M: Charles Chaplin
D: Charles Chaplin (ein Arbeiter), Paulette Goddard (Gamine, ein Waisenmädchen), Stanley Stanford (Big Bill)

Nach einer ebenso kurzen wie polemischen Eingangsmontage, die in Eisenstein'scher Manier die zur Arbeit strömenden Massen mit Schafen gleichsetzt, erleben wir

Charlie, den Tramp, in einer Fabrik. Als Fließbandarbeiter hat er Schrauben auf einem Brett festzuziehen, doch kommt er – das Tempo der Maschine wird stetig erhöht – immer wieder aus dem Takt. Weder die Zigarettenpause, die durch den über Bildschirm omnipräsenten Fabrikbesitzer sogleich beendet wird, noch die Mittagspause, in der der Protagonist als Versuchskaninchen für eine bald schon außer Kontrolle geratende Ernährungsmaschine herhalten muss, bringen Erholung, und so gerät Charlie, nachdem er kurzfristig im Räderwerk der gigantischen Maschine verschwunden ist, seinerseits außer Kontrolle: Offensichtlich um den Verstand gebracht, stürzt er, bewehrt mit einer Ölkanne, die Fabrik ins Chaos, um schließlich in einer Nervenheilanstalt zu landen. Kaum entlassen, will es der Zufall, dass man ihn fälschlicherweise für den Anführer einer kommunistischen Demonstration hält und als solchen verhaftet. Nachdem er – unwissentlich vollgekokst – einen Gefängnisausbruch vereitelt, wird ihm die Haft so angenehm gemacht, dass er sich über seine Entlassung nicht zu freuen vermag. Im Gegenteil: Wieder freien Fußes, setzt er nach einem kurzen, desolat endenden Job-Intermezzo als Werftarbeiter alles daran, erneut verhaftet zu werden, überlegt es sich aber anders, als er einem mutigen Waisenmädchen, Gamine, begegnet. Nun allerdings muss Charlie bald schon wieder ins Gefängnis, nachdem seine früheren Kollegen aus der Fabrik in ein Kaufhaus einbrechen, in dem er eine Anstellung als Nachtwächter erhalten hat. Und auch der folgende Ausflug in die Freiheit ist nur kurz, denn die Fabrik, in der der Protagonist das Glück hatte, Arbeit zu finden, wird bestreikt, wobei er als vermeintlicher Aufrührer zum dritten Mal hinter Gittern landet. Gamine dagegen hat mittlerweile eine Stelle als Tänzerin in einem billigen Etablissement gefunden, in dem Charlie nach seiner Entlassung als Kellner unterkommt, um schließlich als Sänger für eine Sensation zu sorgen. Ein Happyend scheint möglich, doch tauchen plötzlich Polizisten auf, die Gamine der staatlichen Fürsorge übergeben sollen. Das Paar flieht, um in einem der berühmtesten Schlussbilder der Filmgeschichte Hand in Hand auf einer Landstraße dem Horizont und einer ungewissen Zukunft entgegenzugehen.

Einer der sogleich auffallenden Aspekte von *Modern Times* ist die Tatsache, dass sich Chaplin auch knapp zehn Jahre nach *The Jazz Singer* (*Der Jazzsinger*, 1927) noch weigerte, den Ausschließlichkeitsanspruch des Tonfilms anzuerkennen. Zweifellos ein Wagnis, doch einmal mehr triumphierte der ›König der Pantomime‹, dem mit seinem letzten, sich mit einigen Geräuscheffekten begnügenden Tramp-Film ein brillanter Kommentar zur tristen Lebenswirklichkeit der depressionsgebeutelten USA der dreißiger Jahre gelingt, in denen die Gültigkeit des *American dream* offensichtlich ausgesetzt ist und sich das Individuum stets am Rande des sozialen Abgrundes bewegt – von Chaplin grandios in der Kaufhausepisode symbolisiert, in der der Tramp mit verbundenen Augen auf Rollschuhen seine Kreise zieht, ohne zu bemerken, dass er sich – das Treppenhausgeländer wurde abmontiert – in Lebensgefahr befindet. Auch die Fabrikszenen (Charlies ›Vergewaltigung‹ durch die Ernährungsmaschine bzw. sein Amoklauf) sind keineswegs komischer Selbstzweck. Vielmehr versinnbildlichen sie aufs Eindringlichste die Inhumanität und deformierende Tendenz eines auf äußerste Rationalität und Temposteigerung aller Arbeitsabläufe zielenden Taylorismus, der den Wert des menschlichen Individuums allein nach dessen Effizienz innerhalb des Produktionsprozesses bemisst. Als »die beiden einzigen lebendigen Geister in einer Welt der Automaten« charakterisierte Chaplin denn auch sein Protagonistenpaar, das sich – von einem unerschütterlichen ›Trotzdem‹-Optimismus getragen – zu behaupten versucht in einer Moderne der Arbeitslosenheere, der Streikenden, des Hungers und einer Staatsmacht, die ein gesellschaftliches Nicht-Funktionieren, ja, selbst eine kurze Rast am Straßenrand nicht zu dulden gewillt ist.

Obgleich es sicher zutrifft, dass *Modern Times* nicht die narrative Stringenz etwa von *Gold Rush* (*Goldrausch*, 1925) aufweist, wäre es zweifellos verfehlt, den Film als bloße Reihung weitgehend unzusammenhängender Episoden begreifen zu wollen. Dies würde übersehen, dass Letzteren nicht nur das Motiv des Kampfes ums Überleben in einer widrigen Umwelt gemeinsam ist, sondern dass sie zudem einander immer wieder spiegeln und ergänzen. Dieser Aspekt wird besonders offenkundig, wenn sich der anfangs von einer Maschine gefütterte und kurz darauf von einer solchen verschluckte Charlie schließlich selbst in die Rolle des Fütterers versetzt sieht, als er seinem im Räderwerk einer weiteren Maschine gefangenen Chef das Essen anreicht. Er, der träumte, Gamine ernähren und ein behagliches Zuhause bieten zu können, darf nun tatsächlich den Ernährer spielen – ein kurzer Triumph, der genau genommen freilich nur auf Charlies grundsätzliches Scheitern verweist und insofern typisch für die im Film manifeste Komik ist, die die denkbar trübe Wirklichkeit der Wirtschaftskrisenjahre an keiner Stelle ganz aus dem Blick geraten lässt. Vor allem dieser Umstand ist es, der die Qualität von *Modern Times* ausmacht und den Film als düsteres Pendant der anderen großen Depressionskomödie von 1936, Frank Capras *Mr. Deeds Goes to Town* (*Mr. Deeds geht in die Stadt*), ausweist.

Jörn Glasenapp

Literatur: Charles Chaplin: Die Geschichte meines Lebens (1964). Frankfurt a.M. 1964. – André Bazin: Chaplin. Paris 1974. – Wolfram Tichy: Chaplin. Reinbek 1974. – David Robinson: Chaplin. Sein Leben – seine Kunst (1985). Zürich 1989. – Gerald Molyneaux: *Modern Times* and the American Culture of the 1930's. In: Adolphe Nysenholc (Hrsg.): Charlie Chaplin. His Reflection in Modern Times. Berlin / New York 1991. – Michel Condé: *The Kid* & *Les Temps Modernes*. Liège 1998.

Ein sonderbarer Fall

Drôle de drame

F 1937 s/w 105 min (USA 84 min)

R: Marcel Carné
B: Jacques Prévert nach *The Lunatic at Large or His First Offence* von J. Storer Clouston
K: Eugène Schufftan
M: Maurice Jaubert
D: Michel Simon (Irwin Molyneux), Francoise Rosay (Margaret Molyneux), Louis Jouvet (Archibald Soper, Bischof), Jean-Pierre Aumont (Billy, Milchmann), Jean-Louis Barrault (William Kramps)

London vor dem Ersten Weltkrieg. Der Bischof von Bedford wettert in einer Versammlung gegen einen infamen Detektivroman, den ein unbekannter Autor unter dem Pseudonym Felix Chapel geschrieben hat. Anschließend lädt er sich zu einem Abendessen bei seinem Verwandten Molyneux ein, weil er von der Orangen-Ente der Köchin Molyneux' schwärmt. Diese hat aber ihre Herrschaft verlassen. Also muss Margaret Molyneux die Ente selbst zubereiten und versteckt sich vor ihrem ungeliebten Verwandten in der Küche. Ihr Mann Irwin, der in Wirklichkeit der Autor Felix Chapel ist, erfindet Notlügen, um die Abwesenheit seiner Frau zu rechtfertigen, verstrickt sich immer mehr in Ausreden und reist am nächsten Morgen ab. Das macht den Bischof so stutzig, dass er Scotland Yard anruft, und der sofort eintreffende Inspektor von Scotland Yard glaubt gleich zu wissen: Irwin Molyneux hat seine Frau umgebracht. Als der Milchmann Billy auftaucht, der aus Liebe zu dem Dienstmädchen Eva immer wieder Milchflaschen anliefert, die niemand austrinkt, wird er verhaftet, kommt aber später wieder frei.

Das Ehepaar Molyneux hat sich unterdessen in ein kleines Hotel im Chinesenviertel geflüchtet. Irwin hat von seinem Verleger, der ihn nur als Chapel kennt, den Auftrag bekommen, über die verschwundene Frau Molyneux zu schreiben. Weil das Ehepaar Geld braucht, geht Molyneux/Chapel auf das Angebot ein und kehrt als Chapel in seine alte Wohnung zurück, die von Polizisten auf der Suche nach dem vermeintlichen Mörder Molyneux' bevölkert ist. Jetzt taucht wieder der berühmte Mörder William Kramps auf, der zu Anfang schon in der Versammlung des Bischofs erschienen war, und zwar auf der Suche nach Chapel, den er ermorden will, weil er ihn für seine eigene kriminelle Karriere verantwortlich macht. Kramps versucht den vermeintlichen Chapel umzubringen, bis Molyneux ihm erläutert, er habe Chapel vergiftet und dessen Identität angenommen. Kramps ist fasziniert und will ihm seine Geliebte vorstellen, die keine andere ist als die sich langweilende Margaret Molyneux. Nachdem dies fehlschlägt, gehen beide zurück in die Wohnung der Molyneux. Dort sehen sie den Bischof von Bedford, der sich als Schotte verkleidet hat und ein ihn kompromittierendes Varieté-Programmheft sucht, auf das eine Tänzerin eine Widmung an ihn geschrieben hatte. Der Inspektor von Scotland Yard wird erneut gerufen, der jetzt den Bischof als Mörder von Frau Molyneux ansieht. Endlich gibt sich diese als lebend zu erkennen. Jetzt bezichtigt sich Kramps des Mordes an dem scheinbar verschwundenen Irwin Molyneux, der seine Identität als Chapel noch nicht aufgegeben hat. Kramps wird abgeführt, ist aber zuversichtlich, auch diesmal wie stets zuvor der Gerechtigkeit entkommen zu können.

Der zweite Film von Marcel Carné ist zugleich der erste Film, in dem der Autor Jacques Prévert, der Komponist Maurice Jaubert und der Ausstatter Alexandre Trauner mit dem Regisseur zusammengearbeitet haben. Diese Equipe war an den meisten Vorkriegsfilmen von Carné beteiligt. Der Kameramann Eugène Schufftan, der bis 1933 als Eugen Schüfftan in Deutschland gearbeitet hatte,

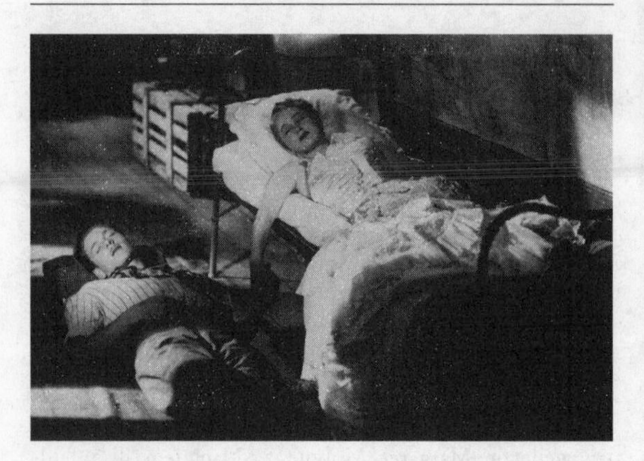

Ein sonderbarer Fall: Milchmann Billy (Jean-Pierre Aumont) hat es geschafft, dem angebeteten Hausmädchen Eva (Nadine Vogel) nahezukommen. Nach den Verwicklungen um den angeblichen Mord von Margaret Molyneux, der das Ehepaar Molyneux zur Flucht aus ihrem Haus veranlasst hat, versteckt sich Eva dort auf dem Dachboden. Im Grunde ist Billy, wenn auch ungewollt, der Auslöser des sonderbaren Falls: Seine Geschichten sind es, die, von Eva kolportiert, ihren Chef Irwin Molyneux zu Kriminalstories inspirieren, die er unter dem Pseudonym Felix Chapel zu Geld macht.

drehte auch Carnés nächsten Film *Quai des brumes* (*Hafen im Nebel*, 1938), in dem er seine Meisterschaft des Hell/Dunkel unter Beweis stellen konnte. Eine Sonderstellung im Schaffen von Carné nimmt *Drôle de drame* ein, weil es fast sein einziges Lustspiel ist. Seine Vorkriegsfilme zählen zum ›poetischen Realismus‹, dessen Schule er und Prévert begründeten und der neben der Nouvelle vague sicher Frankreichs wichtigster Beitrag zur Filmkunst geblieben ist. Diesen in der Regel düsteren Filmen steht als große Ausnahme eben *Ein sonderbarer Fall* gegenüber, der vor allem eine geniale Fingerübung des Autors ist: An der Oberfläche fasziniert der Film bis heute durch Préverts Sprachkunst. In den Dialogen der Vorkriegsfilme (wie nach dem Krieg in seiner erfolgreichen Gedichtsammlung *Paroles*, 1945) verstand er es, der Alltagssprache zugleich die Poesie der Liebe wie die Bitterkeit über Ungerechtigkeiten der Gesellschaft zu entlocken. So ist der ebenso einfache wie kunstvolle Dialog zwischen dem Bischof und dem in die Enge getriebenen Molyneux, bei der das Wort »bizarr« sozusagen durchdekliniert wird, bis heute eine Perle im Schatz geflügelter Worte des französischen Films geblieben. *Drôle de drame* ist reich an solchen Sentenzen: »Ein Doppelleben ist gar kein Leben«, »Man verheiratet sich nicht zum Vergnügen«, »Ein Mann der Kirche ist nie allein, weil das Unglück der bösen Welt immer mit ihm ist« usw.

Der Dichter Prévert, einer der bedeutendsten französische Drehbuchautoren, war zugleich ein erstklassiger Handwerker: Es ging nicht darum, sich nur der hohen Filmkunst zu widmen. Ebenso unverdrossen unterzog er sich der Aufgabe, aus einem mäßigen Roman ein gutes Drehbuch zu machen. So auch hier. Die Vorlage, ein ziemlich unbekannter englischer Roman, wurde von ihm zu einem präzise ablaufenden Uhrwerk umgebaut. Sein dramaturgisches Geschick wird schon in den Eingangsszenen deutlich: In der Szene im Vortragssaal und in der Küche mit dem Milchmann Billy werden die wichtigsten Handlungsträger eingeführt: der Bischof, Irwin Molyneux (bei dem man schon ahnt, dass Felix Chapel im Hintergrund lauert) und William Kramps. Es werden aber kaum mehr als Anmerkungen geliefert, die Neugierde wird geweckt, aber Antworten werden nicht gegeben. Ebenso andeutungsweise wird Billy eingeführt, aber wir erfahren nur von seiner Existenz und dass er Eva liebt. Wenig später folgt dann der Angelpunkt des ganzen Films, das Essen bei Molyneux, bei dem der Bischof einen dumpfen Verdacht hegt, der zwar falsch ist, aber doch das ganz burleske Drama auslöst.

Diese Szene ist zugleich ein Beispiel für den durchaus theatermäßigen Sprach-, aber auch Inszenierungsstil des Films. Prévert hat nie seine Affinitäten zum Theater geleugnet und dieses Gespräch zwischen den beiden Hauptpersonen – die zugleich berühmte Theaterschauspieler waren und sich persönlich nicht gerade mochten – wird blendend dialogisiert und als Zweikampf inszeniert, der charakteristisch für die Dichotomie des ganzen Films ist. Denn zwischen Carné, dem Regisseur und Prévert, dem Autor, waren bei aller guten Zusammenarbeit doch die künstlerischen Akzente unterschiedlich. Carné war ein blendender Regisseur, der sorgfältig konstruierte, schöne, aber kalte Bilder schuf. Prévert als Meister der Sprache fand besser den Zugang zum Gefühl des Zuschauers. Diese Gegensätze bedeuteten bei den Filmen der dreißiger Jahre und noch während des Krieges keinen Widerspruch, sondern eine gute Ergänzung. So auch bei *Drôle de drame*. Die Präzision der Inszenierung widerspricht keineswegs dem völligen Durcheinander der Handlung, weil Prévert das Chaos der Personen so eingerichtet hat, dass der Zuschauer sich dennoch zurechtfindet. Die Verrücktheiten der einen korrespondieren mit den Verrücktheiten der anderen. Man ist immer der ›eine‹ und gleichzeitig der ›andere‹. – Irwin ist zwar Chapel, aber will es nicht sein und wird erst später zu Chapel, der nun nicht mehr Irwin sein will. Seine Frau weicht dem Bischof aus, aber kocht das Abendessen, das dann durch das falsche Telegramm den Weg zur Katastrophe bahnt. Der Bischof redet von Tugend, die er selbst nicht hat, wittert Mord, wo keiner ist, und spielt den falschen Schotten. William Kramps endlich ist zugleich wahrer Mörder und unschuldig am Mord an Irwin, dessen er sich fälschlich bezichtigt. – Gleiches gilt mehr noch für das Bild der ›guten Gesellschaft‹, die auf

Betrug aufbaut. Irwin schreibt unter Pseudonym Romane, deren Ideen von Eva stammen, die sie aber in Wirklichkeit von Billy bezieht. Margaret Molyneux braucht im Wissen um die Urheberschaft der Romane Geld, um nach außen einen gutbürgerlichen Lebensstil aufrechtzuerhalten. Selbst der scheinbar selbstlos liebende Milchmann erzählt Eva seine Geschichten (von denen er wenig hält!), um sie zu gewinnen. Der Bischof schließlich vertritt nicht die Kirche, sondern seine zweifelhaften moralischen Interessen. Der Polizeiinspektor als Vertreter des Staates behauptet im Brustton unerschütterlicher Überzeugung, den wahren Täter zu kennen. Am schlimmsten endlich ist das Volk: Es verfolgt stets den Falschen, will lynchen und zieht schließlich triumphierend mit einem echten Mörder ab, der in diesem Fall aber der falsche ist. Prévert erweist sich hier als ein kritischer, ja pessimistischer Beobachter der Gesellschaft, die sich hinter der Fassade von grotesken Bürgern einschließlich eines mehr kuriosen als gefährlichen Mörders versteckt.

Carné hat neben den großen Rollen auch die Nebenrollen hervorragend besetzt, etwa den Polizeiinspektor, den chinesischen Schankwirt, den stets schläfrigen Journalisten oder die alte Dame, die immer auf der Suche nach ihrem Hund ist und aus Dummheit ihr Erbe dem Falschen vermacht (der aber dann doch der Richtige ist). Bei seiner Uraufführung 1937 hat *Drôle de drame* sowohl die Kritik wie das Publikum verstört. Erst eine neue Aufführung 1951 brachte den verdienten Erfolg. *Ulrich von Thüna*

Drehbuch: L'Avant-Scène Cinéma (1969) Nr. 90. – *Drôle de drame.* Paris 1974.

Literatur: Guy Jacob: Jacques Prévert. Premier Plan. Nr. 14, Lyon 1960. – Robert Chazal: Marcel Carné. Paris 1965. – Gérard Guillot: Les Prévert. Paris 1966. – Michel Pérez: Les films de Carné. Paris 1994. – Peter Ruckriegl: Marcel Carné. In: Thomas Koebner (Hrsg.): Filmregisseure. Stuttgart 1999. – Yves Courrière: Jacques Prévert. Paris 2000.

Ritter ohne Furcht und Tadel / Zwei ritten nach Texas / Dick & Doof im Wilden Westen / Das unterschlagene Testament

Way Out West

USA 1937 s/w 65 min

R: James W. Horne
B: Charles Rogers, Felix Adler, James Parrott
K: Art Lloyd, Walter Lundin
M: Marvin Hatley
D: Stan Laurel & Oliver Hardy (Stan und Ollie), James Finlayson (Mickey Finn), Rosina Lawrence (Mary), Vivien Oakland (Frau des Sheriffs)

Stan und Ollie kommen in den Wilden Westen, um der Erbin einer Goldmine die Testamentspapiere zu übergeben. Das Wirtsehepaar eines Saloons, in dem das Mädchen arbeitet, täuscht die beiden und luchst ihnen die Dokumente ab. Bei einem nächtlichen Einbruch erringen Stan und Ollie die Erbschaftsunterlagen zurück. Gemeinsam mit dem Mädchen ziehen sie von dannen.

Laurel & Hardy in Wildwest: die herzensreinen Toren, die immer nur das Gute wollen, in einer Umgebung von Niedertracht, Machismo, Härte, Perfidie und Gewinnsucht. Ihre Abenteuer sind eingebettet in eine Szenerie aus staubigen Straßen vor dem von Tanzgirls und Schurken bevölkerten Saloon. Hier fahren Postkutschen, und auch das Revolvergeballer fehlt nicht. Doch statt mit breitkrempigem Stetson auf schnellen Pferden galoppierend, reisen Stan und Ollie mit einem klapprigen Maultier und tragen ihre vertrauten Melonenhüte.

Sie sind in den Westen gekommen, weil sie der Tochter eines soeben verstorbenen Freundes die Besitzurkunde über dessen millionenschwere Hinterlassenschaft überbringen wollen. Nach einer ergötzlichen Kurzszene in der Kutsche, worin der stets weltmännisch galante Ollie mit einer offenkundig enervierten Sheriffsgattin unter Beachtung aller gängigen Konversationsriten parliert, vertraut der unbedarfte Stan ausgerechnet dem schurkischen Saloonbesitzer (gespielt von ihrem ewigen Widersacher, dem Choleriker James Finlayson) ihr Geheimnis an. Just in seinem schäbigen Etablissement schuftet die Minenerbin als Putzmädchen. Gemeinsam mit seiner durchtriebenen Frau schwatzt der listige Wirt den beiden Boten das Erbschaftsdokument ab und vertreibt sie aus der Stadt. Am Lagerfeuer hecken Stan und Ollie einen Plan aus, wie sie der Urkunde wieder habhaft werden könnten: Sie inszenieren den Einbruch in den Saloon, in dessen Verlauf das Maultier an einem Flaschenzug baumelt, Stan und Ollie in einem Konzertflügel Zuflucht suchen und der wüste Wirt an den Kronleuchter gefesselt wird. Zum guten Ende marschieren die beiden samt glücklicher Erbin und dem treuen Maultier singend in Richtung Südstaaten.

Way Out West – 1936/37 von dem versierten, aber stilistisch wenig eigenständigen Laurel-&-Hardy-Mitarbeiter James Horne inszeniert – ist nicht nur einer der besten abendfüllenden Spielfilme des eher auf kurze Sujets eingespielten Duos. Der Film stellt überdies eine der intelligentesten und poetischsten Parodien der Gattung dar, da er auf plakative Action verzichtet und statt dessen das Genre-Personal karikiert: den schroffen Sheriff, der erst mal wild um sich schießt; das strahlend schöne, aber abgrundtief verdorbene Flittchen, das seine schwarze Seele hinter Federboas und blonden Locken verbirgt; den boshaften Wirt, der aus keinem anderen Grund auf der Welt zu sein scheint, als um andere zu schikanieren und zu betrügen.

Stan Laurel, der neben *Way Out West* mit *Our Relations* (*Die Doppelgänger von Sacramento*, 1936) nur einen weiteren ihrer gemeinsamen Filme selbst produzierte, zeichnete übrigens 1937 auch als offizieller Produzent einer Serie von Western-Kurzfilmen mit Fred Scott und dem späteren »Fuzzy«-Darsteller Al St. John verantwortlich. Seine tatsächliche Beteiligung an diesen Filmen dürfte indes gering gewesen sein, was sich wohl aus seinen häufigen Meinungsverschiedenheiten mit dem Produzenten Hal Roach, dem eigentlichen Urheber seiner Partnerschaft mit Oliver Hardy, erklären lässt.

In *Way Out West* greifen vorm und im Saloon ständig Cowboys zur Gitarre, was Laurel & Hardy zu drei besonders schönen Musikszenen Anlass gibt, wie sie die beiden immer wieder in ihre Filme eingebaut haben: Nach einem zauberhaften improvisierten Pas de deux im Staube der Wildwest-Straße stimmen sie das Cowboy-Liebeslied *In the Blue Ridge Mountains of Virginia* an, das noch einmal 1975 zu Ehren kam, als es in Großbritannien zu den zehn meistverkauften Platten gehörte. Am Ende dann besingen Stan und Ollie mit der Minenerbin den Süden der USA. Während sie dieser hoffnungsfroh stimmenden Zukunft entgegengehen, wird ein bereits vorab mehrfach variierter Runninggag wiederholt, bei dem Ollie an einer besonders tiefen Stelle der beschrittenen Furt eines Flüsschens versinkt – und Stan sein Verschwinden erst nach einigen Schritten bemerkt.

Diese träumerisch somnambule Entrücktheit Stans wird im Film überdies durch eine Reihe herrlicher Surrealismen illustriert: Unter anderem verspeist er nach anfänglichem Ekel mit deutlichem Appetit einen Hut, kann durch einfaches Schnippen mit den Fingern Feuer geben, und in einer Gesangsszene verfällt er unvermittelt vom höchsten Sopran in kellertiefe Basslagen. *Rainer Dick*

Drehbuch: Film. Nr. 8. Velber 1967.
Literatur: Gerald Mast: The Comic Mind. Comedy and the Movies. Chicago ²1979. – Thomas Brandlmeier: Filmkomiker. Die Errettung des Grotesken. Frankfurt a. M. 1983. – Peter Král: Le Burlesque ou Morale de la tarte à la crème. Paris 1984. – Jürgen Wehrhahn (Hrsg.): Retro-Filmprogramm. Nr. 53: *Zwei ritten nach Texas.* München 1987. – Rolf Giesen: Lachbomben. Die großen Filmkomiker. Vom Stummfilm bis zu den 40er Jahren. München

1991. – Rainer Dick: Laurel & Hardy. München 1995. – Norbert Aping: Das Dick-und-Doof-Buch. Die Geschichte von Laurel und Hardy in Deutschland. Marburg 2004.

Leoparden küsst man nicht

Bringing up Baby

USA 1938 s/w 102 min

R: Howard Hawks
B: Dudley Nichols, Hagar Wilde
K: Russell Metty
D: Cary Grant (David Huxley), Katherine Hepburn (Susan Vance), May Robson (Tante Elisabeth)

»Es gibt ein gutes Prinzip, das die Ordnung, das Licht und den Mann geschaffen hat, und ein böses Prinzip, das das Chaos, die Finsternis und die Frau geschaffen hat.« Dieser Satz des Pythagoras mag für *Bringing up Baby* Pate gestanden haben. Denn in dieser Komödie wird ein linkischer und zuweilen alltagsuntüchtiger, aber durchaus tageslichttauglicher Paläontologe von einer etwas exaltierten, exzentrischen und hübschen höheren Tochter von einem Chaos ins andere gestürzt. David Huxley ist gerade damit beschäftigt, den letzten Knochen – es handelt sich bezeichnenderweise um den Schwanzknochen – für seinen Brontosaurus zu ergattern. Unterstützung erfährt er dabei von seiner mütterlich-dominanten und altjüngferliche Sinnlichkeit ausstrahlenden Verlobten. Im ersten Bild thront er gedankenverloren, mit einem Knochen in beiden Händen, auf einem Gerüst über dem Saurierskelett: »Vielleicht passt er ja doch rein«, überlegt er. Seine Verlobte antwortet: »Unsinn, du hast gestern versucht, ihn einzusetzen, er hat nicht gepasst.« Ein Dialog, der wie ein Kommentar ihrer Beziehung klingt, bei der sie die geplante Ehe als »reine Hingabe« an »sein Werk« betrachtet.

Auf dem Golfplatz trifft David auf Susan, die ihm seinen Ball streitig macht. Dies ist ein schulmäßig bebildertes Beispiel, was *screwball comedy* bedeutet, nämlich ein aus dem Feld geschlagener Ball, sprich ein etwas unbeholfener Mann, der von einer schlagfertigen, begehrenswerten Frau aus der Bahn geworfen wird. Und dabei bleibt es nicht: Susan findet ebenso Gefallen an Davids Auto, das sie in einem wilden Ausparkmanöver demoliert. Der Wissenschaftler wird von nun an den ganzen Film hindurch damit beschäftigt sein, sie sich vom Leib zu halten. Denn sowohl seine Karriere als auch sein Gefühlsleben werden von der wirbelwindigen Susan gefährdet. Das stete Oszillieren zwischen Ordnung und Chaos ist in *Bringing up Baby* die Mutter aller Komik und findet im Genre der *screwball comedy* seinen filmischen Ausdruck. *Screwballs* spielen in einer zumeist überzivilisierten und kulturell überformten Sphäre, in der gefesselte Triebe und das natürlich-wilde Erbe des Menschen in den Figuren eingekapselt scheinen und zumeist in kleinen lächerlich-neurotischen Ausbrüchen zur Hintertür wieder hereinkommen. Diese Sphäre der Latenz führt allzu oft zu Missverständnissen und Kommunikationsstörungen – zumeist zwischen den Geschlechtern. Das äußert sich in Hypernervosität sowohl der Männer- als auch der Frauenfiguren: David bewegt sich ständig getrieben-nervös durch die Gegend, verhaspelt sich oft in schnodderig-stotternden Artikulationen und verfällt in – an Chaplins Slapstick geschulte – Übersprungshandlungen. Susan hingegen glänzt – in der Sprache der Psychoanalyse – mit Fehlleistungen: Mal verwechselt sie bewusst, mal unbewusst Gegenstände und deren Namen, bringt falsche Dinge an den richtigen Ort usw. Sozial situiert sind *screwballs* meist in einem puritanischen Milieu, in dem vorwiegend der verbale Schlagabtausch gepflegt wird. Hawks hat dies in seinen kurzen und rasanten verbal-artistischen Dialogen, die sich die Protagonisten wie Tischtennisbälle entgegenschlagen – wobei die Frauen zumeist virtuoser als die Männer sind – zur filmischen Vollendung gebracht.

Als David nach seinem gescheiterten Treffen ein feines Restaurant betritt, stolpert er zufällig wieder über Susan, die ihn erneut in allerhand peinliche Situationen bringt. Susan hat inzwischen einen Psychiater getroffen, der ihr erklärt, dass der männliche Liebesimpuls sich zumeist in Konflikten äußert und sie Davids fixe Idee sein könnte. Was sie sogleich in ihrem Sinne interpretiert. Auf seiner Flucht vor Susan reißt ihm der Frack, und dann entdeckt er, dass ihr hinten lädiertes Kleid ihren Schlüpfer entblößt. Ganz Mann von Welt, versucht er beflissen, sie vor dieser peinlichen Situation zu bewahren. Nach langem Hin und Her stolziert er mit ihr, siamesischen Zwillingen gleich – mit kongenialer Musik unterlegt – durch die gaffende Abendgesellschaft nach draußen. David flüchtet in sein Apartment und berichtet die unglaubwürdige Geschichte seiner Verlobten. Susan greift derweil zum Telefonhörer und erzählt David die Story vom zahmen Leoparden, einem Geschenk ihres Bruders, der sie anzufallen droht. So eilt dieser schnurstracks zu ihrem Domizil, um sie dort wohlbehalten vorzufinden, wird jetzt aber nicht nur von Susan, sondern auch noch von ihrem handzahmen Leoparden verfolgt. Nach allerlei Ungemach, den die beiden ihm bereiten (u. a. ein Unfall mit einem federviehbeladenen Lastwagen, bei dem sein Anzug erneut zu Schaden kommt), findet er sich auf dem opulenten Anwesen von Susans Tante wieder, jener älteren Dame, die ihm die Spende für sein Brontosaurus-Projekt zukommen lassen soll. Auf die macht er jedoch nicht den seriösesten Eindruck, als er ihr in Susans vornehmem Morgenmantel entgegentritt. Der Mann in Frauenkleidern ist ein beliebter und häufig wiederkehrender Topos in Hawks' Komödien. Er ist ein Teil des Hawks'schen Initiationsrituals, durch

Screwball-Komödien sind u. a. beherrscht vom verbalen Schlagabtausch der Geschlechter, bei dem die Frauen in der Regel die Oberhand behalten – und dies nicht nur sprachlich. In *Leoparden küsst man nicht* können Katharine Hepburn (in der Rolle der exzentrischen Susan Vance) nicht einmal die Gitterstäbe des Gefängnisses davon abhalten.

das der Mann bis zur ›echten Mannwerdung‹ hindurch muss, vergleichbar mit der militärischen Grundausbildung, in der die Rekruten auch erst mal sogenannte ›weibliche Tätigkeiten‹ wie Wäschezusammenfalten und Ähnliches zu lernen haben, bevor man sie an die Waffen lässt.

Ohne Kleidung kommt David nicht so schnell vom Anwesen fort, und zu allem Überfluss wird ihm auch noch der Saurierknochen vom Hund der Tante geklaut. Doch damit nicht genug, denn der dem Alkohol zugeneigte Stallknecht befreit versehentlich das ›Kuscheltier‹ von Susan. Der domestizierte Leopard Baby und dessen wild gewordenes Pendant aus dem Zirkus, das Susan versehentlich befreit hat, stehen jetzt als Runninggag im Mittelpunkt des Geschehens. Die Leopardenjagd bringt so unterschiedliche und skurrile Figuren zusammen wie das ungleiche Paar, den betrunkenen Stallknecht, die Zoowärter, einen alternden und geschwätzigen Großwildjäger und einen geistig leicht beschränkten, eitlen Sheriff.

Bringing up Baby ist einer konventionellen Erzähl- und Handlungsdramaturgie verpflichtet und kommt mit einer »Kamera in Augenhöhe« (Hans Blumenberg) ohne spektakuläre Kamerablicke aus. Hawks Komödien sind solides Filmhandwerk im besten Sinne. Das hat er auch selbst immer betont, wenngleich da auch ein wenig Understatement mitschwingen mag. Man hat ihn als »Ingenieur des Films« bezeichnet, vielleicht ist er aber eher ein *bricoleur* im Sinne von Claude Lévi-Strauss, ein Bastler, der improvisiert und Altes neu zusammen fügt.

Bringing up Baby hat sich bei seiner Premiere als ›Kassengift‹ erwiesen. Erst später wurde der Film gleichsam als Standardwerk der *screwball comedy* wieder entdeckt. Hawks selbst nahm sich des Themas in seinem Film *His Girl Friday* (*Sein Mädchen für besondere Fälle*, 1940) noch einmal an, und mit *What's up Doc?* (*Is' was Doc?*, 1972) gelang Peter Bogdanovich ein beachtliches Remake.

Bringing up Baby ist die Fortsetzung des Hawks'schen Abenteuerfilms mit komödiantischen Mitteln und letztlich eine Widerlegung der misogynen, eingangs zitierten pythagoreischen Geschlechtermathematik. Denn Hawks' Figuren beweisen, dass die scheinbar antagonistischen Prinzipien Ordnung und Chaos, weiblich und männlich, einander bedingen – zwar nie konfliktfrei –, aber aus diesem brisanten Destillat entstehen die Funken der Leidenschaft, die die Geschlechter zueinanderbringt. Die Schlusssequenz des Films bringt dies allegorisch auf den Punkt. Susan gibt den verschollenen Knochen zurück und steigt David auf der Leiter entgegen. Dabei droht sie den Halt zu verlieren, schwankt flugtraumgleich hin und her, während Davids Körper sich in ihren Rhythmus einschwingt. Dabei gesteht er Susan, dass das gemeinsame Abenteuer zum schönsten Tag in seinem Leben gehörte. Der Brontosaurus kracht derweil in sich zusammen. David kann Susan gerade noch halten, und die beiden fallen sich unter Liebesbeteuerungen in die Arme.

Volker Haefele

Literatur: Gerald Mast: The Comic Mind. Comedy and the Movies. Chicago [2]1979. – Naomi Wise: The Hawksian Woman. In: Filmkritik 17 (1973) Nr. 5/6. – Hans C. Blumenberg: Die Kamera in Augenhöhe. Begegnungen mit Howard Hawks. Köln 1979. – Wes D. Gehring: Screwball Comedy. A Genre of Madcap Romance. New York u. a. 1986. – James Harvey: Romantic Comedy in Hollywood from Lubitsch to Sturges. New York 1987. – Duane Byrge / Robert Miller: The Screwball Comedy Films. A History and Filmography. 1934–1942. London 1991. – Jim Hillier / Peter Wollen (Hrsg.): Howard Hawks. American Artist. London 1996.

Ninotschka

Ninotchka

USA 1939 s/w 110 min (deutsche Fassung 108 min)

R: Ernst Lubitsch
B: Charles Brackett, Billy Wilder, Walter Reisch
K: William Daniels
M: Werner R. Heyman
D: Greta Garbo (Ninotschka), Melvyn Douglas (Graf Leon Dolga), Ina Claire (Großfürstin Swana)

Paris, Place de la Concorde. Die Genossen Iranoff, Kopalski und Buljanoff, Mitglieder einer sowjetischen Handelsmission mit dem Auftrag, enteignete Juwelen devisenbringend zu verkaufen, diskutieren vor einem Luxushotel. Anfängliche Zweifel, sich dort einzuquartieren, werden mit dem Argument fortgewischt, dass es gegen Lenin und die Würde eines Bolschewiken verstoße, in billigen Zimmern zu logieren. Lenin solchermaßen auf den Kopf gestellt, machen sie es sich in der Royal Suite und im Kapitalismus gemütlich, während sich der Verkauf des Schmucks aufgrund juristischer Auseinandersetzungen mit der ehemaligen Besitzerin, Großfürstin Swana, hinzieht. Moskau ist unzufrieden und schickt einen Sonderbeauftragten, der sich als Genossin entpuppt: Nina Ivanova Yakushova, die mit eiserner Hand die Verhandlungen übernimmt. Die puristische Genossin, die Essen in Kalorien umrechnet und Liebe als rein chemischen Prozess auffasst, betrachtet den kapitalistischen Alltag zunächst abschätzig. Doch dann stößt sie zufällig auf den Grafen Leon Dolga, Inkarnation des distinguierten *French lover* und *bon-vivant*, Geliebter der Großfürstin Swana und Gegner im Rechtsstreit um die Juwelen. Allen ideologischen Differenzen zum Trotz verlieben sie sich ineinander.

Nach einer romantischen Ball- und Liebesnacht ist die Ernüchterung am nächsten Morgen umso bitterer, als Ninotschka feststellen muss, dass die Juwelen entwendet wurden und sich im Besitz der Großfürstin Swana befinden. Swana stellt die kommunistische Konkurrenz nun vor die Wahl: Leon oder der Schmuck bei sofortiger Abreise. Schweren Herzens fährt Ninotschka zurück nach Moskau, wo das Leben in beengten Wohnverhältnissen ähnlich düster ist wie der einzige Brief, den sie von Leon erhält: außer Anrede und Schluss sind alle Zeilen von der Zensur geschwärzt. Das individuelle Glücksbedürfnis kommt schließlich nicht an den stilisierten Schauplätzen Paris und Moskau zu seinem Recht, sondern an der Schnittstelle zwischen Orient und Okzident: in Konstantinopel, wohin Ninotschka aufgrund von Beschwerden über Buljanoff, Iranoff und Kopalski geschickt wird. Die drei Genossen haben dort ein Restaurant eröffnet und

Moskau endgültig den Rücken gekehrt. Hinter der ganzen Sache steckt Leon, der ebenfalls am Bosporus ist, und so enden Systemkonkurrenz und Lovestory mit dem obligatorischen Kuss. Die Schlussszene stellt dann auch Lenin vom Kopf wieder auf die Füße: Kopalski protestiert mit einem Schild dagegen, von Iranoff und Buljanoff ausgebeutet zu werden.

Ninotchka lebt vom Spiel der Garbo. Bis dato auf dramatische Rollen festgelegt, war es ihre erste Komödie. Die Fremdheit der Schauspielerin auf dem Terrain des Komischen findet im Film ihre Entsprechung in einer im mondänen Paris deplatziert wirkenden Ninotschka mit ungelenken Bewegungen, versteinerter Miene und stalinistischen Parolen. Die unterkühlte Kommissarin im ersten Teil des Films ist dementsprechend wesentlich wirkungsvoller als die schmachtende Geliebte in Großaufnahme mit Weichzeichner à la MGM im zweiten Teil. Die Schlüsselszene der Wandlung spielt sich in einem kleinen Arbeiterrestaurant ab, wo Leon zunächst vergeblich versucht, Ninotschka zum Lachen zu bringen. Verbal gelingt es ihm nicht, doch als er versehentlich vom Stuhl fällt, lacht sie zum ersten Mal im Film über die burleske Szene – zugleich eine augenzwinkernde Hommage an die Kindertage der Filmkomödie. »Garbo laughs«, lautete die Werbung der MGM für den vorletzten Film der ›Göttlichen‹, der einer ihrer größten Erfolge wurde.

Ninotschkas Entdeckung ihrer verdrängten Weiblichkeit und das Bedürfnis nach Individualität symbolisiert der Kauf eines recht bizarren, trichterförmigen Hutes, den sie anfangs als Inbegriff der Dekadenz verächtlich belächelt hatte: »Wie kann eine Zivilisation überleben, wo sich Frauen solche Sachen auf den Kopf setzen dürfen?!« Gegenstände sind bei Lubitsch immer verräterisch, ob als Ausdruck der inneren Verfassung oder des Verlangens, wobei in *Ninotchka* deren Bedeutung ironisch antiproportional zum eigentlichen Wert ist: Mit Juwelen wird in

Paris achtlos gespielt, wohingegen Eier in Moskau sorgsam gehütet werden. Lubitschs vielzitierte Kunst des Andeutens und Auslassens prägt auch *Ninotchka* mit komischen Effekten. Beispielhaft dafür ist die Rolle der ›Tür‹ als Mittel der *mise en scène*, etwa wenn die Genossen in der Eingangssequenz einer nach dem anderen eine volle Runde in der Drehtür des Luxushotels absolvieren, um einen Blick hineinzuwerfen, oder wenn während der Feier der Genossen mit Leon die Kamera vor der Tür bleibt und nur die Reaktion des Zigarrettenmädchens, das fluchtartig das Zimmer verlässt, um mit zwei Kolleginnen wiederzukommen, Rückschlüsse auf die Handlung erlaubt.

Eine neue Etappe in Lubitschs Œuvre stellte *Ninotchka* hinsichtlich des Themas dar, da er sich erstmals einem politisch aktuellen Stoff zuwandte. So stellen die linienuntreuen Genossen mit ihrer genussorientierten Dialektik eine permanente Quelle der Komik und Kritik am Kommunismus dar. Daneben enthält der Film auch einen Seitenhieb gegen das herrschende Regime in der Heimat des jüdischen Regisseurs aus Berlin: Als die drei Kommissare den unbekannten Gesandten am Bahnsteig abholen wollen, steuern sie zielstrebig einen streng blickenden Mann an. Dieser hebt jedoch den Arm und grüßt mit »Heil Hitler«. Ironisch verweist der Film auf die Nähe der Diktaturen, wobei die Dreharbeiten kurz vor Bekanntwerden des Hitler-Stalin-Paktes abgeschlossen waren. Trotz zahlreicher Stereotype und Klischees, die Lubitsch als menschliche Wunschvorstellungen gleichermaßen ernst nimmt und parodiert, ist *Ninotchka* nicht von plattem Antikommunismus getragen. Die Systemkonkurrenz wird in scharfzüngigen Repliken ausgefochten, in denen die Qualität des Drehbuchs mit seinen pointierten Dialogen zur Geltung kommt. Beispielsweise beantwortet ein Gepäckträger den Vorwurf Ninotschkas, sein Beruf sei soziale Ausbeutung, mit dem Argument: »Das hängt vom Trinkgeld ab.«

Was Satire angeht, war Lubitsch auch laut eigener Aussage nie schärfer als in *Ninotchka*, den er neben *Trouble in Paradise* (*Ärger im Paradies*, 1932) und *The Shop Around The Corner* (*Rendezvous nach Ladenschluss*, 1940) zu einem seiner besten Filme zählte, wenn er auch an anderer Stelle Bedenken äußerte, die UdSSR zu harmlos dargestellt zu haben. Dagegen könnte die Tatsache sprechen, dass Ende der vierziger Jahre *Ninotchka* erneute Popularität erlangte, als der Film von ›Kalten Kriegern‹ vereinnahmt wurde. Unter diesen Vorzeichen entstand die Synchronisation der deutschen Fassung, in der unter anderem der einleitende Text des Vorspanns um einen Hinweis auf den ›Eisernen Vorhang‹ ergänzt wurde. *Matthias Steinle*

Drehbuch: Richard J. Anobile: Ernst Lubitsch's *Ninotchka*. New York 1975.
Literatur: Herman G. Weinberg: The Lubitsch Touch: A Critical Study. New York 1977. –Leland A. Poague: The Cinema of Ernst Lubitsch. Cranbury 1978. – William Paul: Ernst Lubitsch's American Comedy. New York 1983. – Hans Helmut Prinzler / Enno Patalas (Hrsg.): Lubitsch. München 1984. – Bernard Eisenschitz / Jean Narboni (Hrsg.): Ernst Lubitsch. Paris 1985. – Eithne Bourget / Jean-Loup Bourget: Lubitsch ou la satire romanesque. Paris 1987. – N.T. Binh / Christian Viviani: Lubitsch. Marseille 1991. – Herta-Elisabeth Renk: Ernst Lubitsch. Hamburg 1992. – Herbert Spaich: Ernst Lubitsch und seine Filme. München 1992. – Scott Eyman: Ernst Lubitsch: Laughter in Paradise. New York 1993.

Die Spielregel

La règle du jeu

F 1939 s/w 113 min

R: Jean Renoir
B: Jean Renoir, Carl Koch, Camille François
K: Jean Bachelet, Jacques Lemare
M: Roger Desormières
D: Marcel Dalio (Marquis Robert de la Chesnaye), Nora Grégor (seine Ehefrau Christine), Roland Toutain (André Jurieux), Jean Renoir (Octave), Julien Carette (Marceau), Gaston Modot (Schumacher)

Im Alleinflug hat André Jurieux den Atlantik überquert und landet in Le Bourget. Aber anstelle von liebenswürdigen Nebensächlichkeiten sagt er der Reporterin nur ins Mikrofon, wie sehr er enttäuscht sei, dass die Frau, die er liebe, nicht zum Flughafen gekommen sei. Diese Frau ist Christine, die Ehefrau des Marquis Robert de la Chesnaye. Dieser selbst hat eine Geliebte, von der er sich trennen will. Als aber Geneviève ihm sagt, wie sehr sie unter der Trennung leiden werde, gibt er den Versuch auf. Er plant nun, Freunde auf seinen Landsitz übers Wochenende einzuladen. Octave, ein Freund von André wie auch des Marquis, überredet diesen und seine Frau, André ebenfalls einzuladen. Denn er hat nach dessen Landung bei einem Autounfall mit André erfahren, wie sehr der Flieger Christine liebt.

Auf dem Landsitz erleben wir die Ankunft des Hausherrn und seiner Frau. Sie werden von der Zofe Lisette begleitet, die mit dem Wildhüter des Schlosses, dem Elsässer Schumacher, verheiratet ist. Dieser ertappt bei einem Kontrollgang den Wilddieb Marceau, zu Schumachers größtem Ärger aber stellt der Marquis ihn aufgrund seiner Geschicklichkeit als Diener ein. Nun treffen weitere Gäste ein, darunter Geneviève, André und Octave. Christine begrüßt André vor allen Gästen damit, dass sie froh sei, ihn wiederzusehen, weil sie im Zeichen der Freundschaft schon lange verbunden seien.

Am nächsten Tag findet eine große Treibjagd statt. Christine wird mit dem Fernglas unerwartet Zeuge der Umarmung, die Geneviève als Zeichen des Abschieds von Robert gefordert hat. Geneviève packt nun ihre Sachen, aber Christine hält sie von der Abreise zurück und gibt zu erkennen, dass ihr eine etwas geringere Beachtung Genevièves durch ihren Mann nicht unangenehm wäre. Unten in der Küche flirten Marceau und Lisette, bis Schumacher auftaucht und droht, Marceau zu erschießen, wenn er ihn noch einmal mit seiner Frau erwische. Oben in den Salons eskaliert ein Maskenfest zu einem halb amourösen, halb gewalttätigen Durcheinander unter den Gästen und der Dienerschaft: Octave sucht verzweifelt jemand, der ihm aus seiner Bärenhaut, mit der er maskiert war, heraushilft. André sucht Christine, die aber von einem anderen Gast in Beschlag genommen wird. Marceau und Lisette amüsieren sich erneut, bis Schumacher aufmerksam wird, den Revolver zieht und den Konkurrenten verfolgt. Der Marquis ist bereit, seine Frau André zu überlassen. Sie wird aber im Garten von Octave überredet, mit ihm fortzugehen. Weil sie dabei die Pelerine ihrer Zofe trägt, sieht Schumacher, der sie von weitem für Lisette halten muss, nunmehr (nachdem er sich mit Marceau versöhnt hat) in Octave einen Nebenbuhler. Er holt sein Gewehr; doch derjenige, den er dann mit seinem Schuss tödlich trifft, ist, wiederum aufgrund einer Kleidungsverwechslung, nicht Octave, sondern André. Der Marquis erklärt den Gästen, es habe sich um einen bedauerlichen Unfall gehandelt.

La règle du jeu gilt heute als wichtigster Film von Jean Renoir und ist für viele Filmhistoriker der bedeutendste französische Film der Vorkriegszeit. Die Uraufführung im Juli 1939 stand aber unter einem schlechten Stern: Der Film wurde nach wenigen Tagen und sehr kritischen Pu-

Der eifersüchtige Wildhüter Schumacher (Gaston Modot) hat seine Ehefrau eingefangen, was nicht verhindert, dass Lisette (Paulette Dubost) ihm Hörner aufsetzt, wie es die Kulisse mit dem Hirschgeweih im Hintergrund andeutet. Die Form zu wahren ist alles in *Die Spielregel*, Renoirs Abgesang auf eine Gesellschaft, die am Vorabend des Zweiten Weltkriegs ihren Untergang mit einem frenetisch-makabren Totentanz zelebriert. Aber die Form, zumal die filmische, ist auch verräterisch: Die mobile Kamera und vor allem Renoirs Einsatz der Tiefenschärfe enthüllen – wie hier im Bild – die Beziehungen der Menschen, der Geschlechter sowie der Schichten zueinander und machen dem Zuschauer verschiedene Ebenen und Perspektiven erschließbar, ohne eine eindeutige Sicht vorzuschreiben.

blikumsreaktionen stark gekürzt (von 113 zunächst auf 90 und dann 85 Minuten). Nach Beginn des Krieges wurde der Film im September 1939 verboten und kam erst Ende 1945 wieder in die Kinos. Die auf volle Länge restaurierte Fassung ist seit 1965 zu sehen. Begonnen hatte die Produktion unter glücklichen Auspizien. Renoir arbeitete in völliger Freiheit am Drehbuch, das wie so oft bei ihm zu Drehbeginn nicht völlig fertig war. Vorausgegangen war eine erneute Beschäftigung mit Beaumarchais, Marivaux und besonders Mussets *Caprices de Marianne* (*Die Launen der Marianne*, 1833). Der dort eine wichtige Rolle spielende Octave ist dem Octave Renoirs sehr ähnlich. Bei Beaumarchais fand sich die Spannung zwischen Herr und Diener präfiguriert, bei Marivaux die eigentümliche Poesie der Dialoge zwischen den Geschlechtern.

Auf den ersten Blick meint man in dem zwischen Herbst 1938 (München!) und Juni 1939 entstandenen Film das unterirdische Beben der letzten Vorkriegsmonate spüren zu können. Gezeigt wird eine obsolet gewordene Gesellschaft, die keiner Ethik verpflichtet ist und in der nur die bloße Form zählt; in scheinbarem Gegensatz dazu das ›einfache Volk‹ der Dienerschaft. Das stimmt und ist doch nur ein Teil der Wahrheit. Die Handlungslinien sind denkbar einfach: die Liebeleien der besseren Gesellschaft und das parallele Geschehen bei der Dienerschaft. Die Gesellschaft, auf die wir blicken, ist eine Gesellschaft im Endstadium, in der die Wahrung der – hohlen – Form alles ist. Der tragische Tod Andrés wird vom Marquis als Unfall deklariert, was ein General ohne jede Ironie kommentiert: »Der Marquis hat wenigstens Stil. So etwas ist heute selten.«

Gewiss gehörte der Renoir der dreißiger Jahre zur Linken. Aber Renoir war kein Parteigänger, sondern Moralist, der sein Auge nicht nur auf die ›bessere Gesellschaft‹ richtete. Er ist ebenso kritisch anderen Schichten gegenüber, wie z. B. der Dienerschaft. Lisette würde ihren Mann wohl ebenso betrügen, wie das oben in den Salons geschieht. Der Wilddieb Marceau ist ein ›Parasit‹ der Gesellschaft, und selbst der dem Anschein nach aufrechte Schumacher bringt Chaos überall dorthin, wo er erscheint, und verbündet sich schließlich sogar mit dem ehemaligen Wilddieb zum tödlichen Schuss auf André. Für alle gilt jener berühmte Satz, den im Film Octave, also Renoir selbst, ausspricht: »Auf dieser Erde gilt etwas Schreckliches: Jedermann hat seine Gründe.« Das heißt nicht, dass alles verstehen alles verzeihen bedeutet. Die Personen des Films handeln nicht unbedingt ›moralisch‹ und zumindest eher leichtfertig, aber sie haben fast alle auch sympathische Seiten. Renoir hat es verstanden, den Personen Relief zu geben, sie nicht zu Trägern von Botschaften zu degradieren. Sie haben ihre Individualität. Der Zuschauer ist verunsichert und weiß nicht, von welchem Standpunkt aus er sie betrachten soll. Es gibt in diesem Film keinen festen Ort. Die Beziehungen zwischen den Personen verändern sich unaufhörlich. Was konstant ist, ist gerade ihre Beweglichkeit und die Änderung im Verhalten des Einzelnen: Der Marquis, keineswegs bösartig, eher ein wenig naiv, ein wenig frivol, will seine Frau nicht aufgeben, aber er folgt auch den Wünschen seiner Geliebten. Seine Frau hat mit André angebandelt, dann versucht ein Gast auf dem Schloss sie zu gewinnen, und schließlich schwankt sie zwischen André und Octave. Die Klassen sind zwar getrennt, aber die Grenzen zwischen ihnen sind durchlässig. Lisette springt zwischen beiden hin und her, der Marquis engagiert sich für den Wilddieb und schützt ihn sogar vor Schumacher.

Renoir hat 1939 seinen Film als ein »fröhliches Drama« bezeichnet. Der Regisseur war stets vom Theater fasziniert, und *La règle du jeu* respektiert nach klassischer Tradition die Einheit von Zeit, Ort und Handlung. Aber es ist die besondere Leistung von Renoir, den Personen die menschliche Wärme zu geben, die es erlaubt, das Drama als ›fröhlich‹ zu bezeichnen. Auch hier stehen wir in einer Tradition, nicht der des klassischen Theaters im 17. Jahrhundert, sondern der Komödie des 18. Jahrhunderts, wie man sie bei Beaumarchais oder Marivaux findet, die gesellschaftliche Wahrheiten in der Subtilität der Sprache versteckten. Doch Renoir will hinter den schönen Schein blicken. In der Treibjagdszene scheint vor dem grandiosen Hintergrund der Weite der Sologne ganz realistisch die Gegenwart des Todes auf, der später André ereilt und dem die ganze Gesellschaft geweiht ist. Es ist das Einbrechen der Wirklichkeit, und in ihrer Ausführlichkeit ist diese Szene ein Fremdkörper im Rhythmus des Films. Realistisch ist auch die Charakterisierung der Personen, die Renoir mit scheinbar beiläufigen Bemerkungen vermittelt. So erweist sich die ›wahre Kultur‹ des Marquis darin, dass er – trotz seiner jüdischen, also nicht noblen Abkunft – die richtige Zubereitung von Kartoffelsalat zu schätzen weiß. Durch ein Wortgeplänkel über die Liebe weht plötzlich ein kalter Hauch, wenn an das berühmte Wort von Chamfort (aus dem 18. Jahrhundert!) erinnert wird, dass Liebe doch nur ein Austausch von zwei Wunschvorstellungen und der Kontakt von zwei Häuten sei.

Im Film gibt es nur wenige Großaufnahmen, und auf besondere Kameraeffekte sowie aparte Bildwinkel wird verzichtet. Dafür ist die Kamera äußerst beweglich und geht beim Filmen eines Gesprächs auf die Sprechenden zu. Eine wichtige Rolle spielt auch die Arbeit mit der Tiefenschärfe, die es z. B. erlaubt, die ganze Tiefe eines Korridors in seinen unterschiedlichen Ebenen zu nutzen. Die Fluidität der Dialoge wie der ganzen Inszenierung erhält durch die fließenden Kamerabewegungen ihr optisches Äquivalent.

Die Kunst der beiläufigen Geste, des beiläufigen Satzes ist die Kunst des französischen Films, wie Renoir sie beispielhaft vorführt. Dadurch wird von sozialen Formen und Regeln Kaschiertes in Individuen ebenso wie in der ganzen Gesellschaft sichtbar. Darin unterscheidet sich unter anderem *La règle du jeu* von dem thematisch ähnlich angelegten Film des Amerikaners Robert Altman *Gosford Park* (2001), der im Anekdotischen stecken bleibt. Bei Renoir wird der tragische Tod einer ganzen Epoche spürbar.

Ulrich von Thüna

Drehbuch: L'Avant-Scène Cinéma (1965) Nr. 52. – Jean Renoir: *The Rules of the Game.* New York 1969. – Jean Renoir: *La règle du jeu.* Zürich 1981.
Literatur: Cahiers du cinéma. Nr. 38. Aug./Sept. 1954. – Armand-Jean Cauliez: Jean Renoir. Paris 1962. – Leo Braudy: Jean Renoir. The World of his Films. New York 1972 – Gerald Mast: Filmguide to *The Rules of the Game.* Bloomington/London 1973. – Raymond Durgnat: Jean Renoir. Berkeley / Los Angeles 1974. – Christopher Faulkner: Jean Renoir – A Guide to References and Resources. Boston 1979. – Claude Gauteur: Jean Renoir – La double méprise. Paris 1980. – Christopher Faulkner: The Social Cinema of Jean Renoir. Princeton 1986. – Roger Viry-Babel: Jean Renoir – Le jeu et la règle. Paris 1986. – Maurice Bessy / Claude Beylie: Jean Renoir. Paris 1989. – André Bazin: Jean Renoir (1971). Paris 1989. – Jean Renoir: Ecrits 1926–1971 (1974). Paris 1993. – Franck Curot: Nouvelles approches de l'œuvre de Jean Renoir. Montpellier 1995.

Der große Diktator

The Great Dictator

USA 1940 s/w 126 min

R: Charles Chaplin
B: Charles Chaplin
K: Karl Struss, Roland Totheroh
M: Charles Chaplin, mit Paraphrasen von Wagner und Brahms
D: Charles Chaplin (Hynkel / jüdischer Friseur), Paulette Goddard (Hannah), Jack Oakie (Napoloni)

Im ersten Dialogfilm seiner Karriere greift Chaplin auf das Doppelgängermotiv zurück, wobei er selbst in einer Doppelrolle, als namenlos bleibender jüdischer Friseur sowie als Diktator Hynkel des fiktiven Staates Tomania, brilliert. Ersteren erleben wir zunächst 1918 als tomanischen Gefreiten, der am letzten Tag des Ersten Weltkrieges, durch einen Flugzeugabsturz verletzt, sein Gedächtnis verliert. Erst Jahre später kehrt er aus dem Hospital in das jüdische Ghetto, in dem er seinen Friseurladen führte, zurück, freilich ohne jede Kenntnis von den politischen Veränderungen im Lande, die sich durch die Machtübernahme durch den antisemitischen Hynkel und dessen Partei ergeben haben. Zwar setzen die Drangsalierungen der Ghettobewohner durch die dumpf-brutalen Sturmtruppen kurzfristig aus, weil der Diktator, um die enormen Rüstungsausgaben zu finanzieren, einen jüdischen Bankier um ein Darlehen bittet, doch bricht, kaum dass das Kreditgeschäft platzt, der Terror gegen die jüdische Bevölkerung erneut los. Hierbei wird der Friseur, der sich mittlerweile in das Mädchen Hannah verliebt hat, verhaftet und in ein Konzentrationslager gebracht. Kurz darauf empfängt Hynkel den Diktator von Bacteria, Napoloni, mit dem er – beide Herrscher gedenken, Austerlich zu besetzen – in einen heftigen Streit gerät, der nur mit Mühe geschlichtet werden kann. Erst ganz am Schluss wird das Doppelgängermotiv handlungsrelevant, als der aus dem KZ entflohene Friseur für Hynkel, dieser dagegen für den Flüchtling gehalten und seinerseits verhaftet wird. Nachdem die tomanischen Truppen Austerlich erobert haben, hält der Friseur als Hynkel eine pazifistische Rede.

Chaplins eigenen Aussagen zufolge ging die Grundidee für seine Satire auf Alexander Korda zurück, der den Komiker schon 1937 auf die Ähnlichkeit von Hitlers Barttracht und der des Tramp, Chaplins berühmter Leinwand-Persona, aufmerksam machte. Gut ein Jahr später stand das Grundgerüst der Story fest, so dass im September 1939 die Dreharbeiten beginnen konnten – zu einer Zeit, als Hollywoods verspätete ›Kriegserklärung‹ an Nazi-Deutschland durch Anatole Litvaks im April 1939 uraufgeführten Spionagefilm *Confessions of a Nazi Spy* (*Ich war ein Spion der Nazis*) bereits erfolgt und eine ganze Reihe von Anti-Nazi-Projekten in Auftrag gegeben worden war. Darunter waren Frank Borzages Melodram *The*

Mortal Storm (*Tödlicher Sturm*) sowie Alfred Hitchcocks Agententhriller *Foreign Correspondent* (*Mord – Der Auslandskorrespondent*), die, 1940 in die Kinos gelangt, wie Chaplins Film einen Dorn im Auge so manches isolationistisch eingestellten Politikers darstellten und wesentlich dazu beitrugen, Hollywood den Vorwurf der Kriegstreiberei einzubringen.

»Hätte ich damals von den tatsächlichen Schrecken der deutschen Konzentrationslager gewusst, hätte ich *The Great Dictator* nicht machen können; ich hätte mich über den mörderischen Wahnsinn der Nazis nicht lustig machen können«, erklärte Chaplin später, dem ohne Weiteres der Vorwurf der Verharmlosung gemacht werden kann: Zu sehr erinnert seine KZ-Version an ein Pfadfinderlager, zu idyllisch geriet ihm die Darstellung der Ghetto-Realität. Dennoch steht außer Frage, dass dem Komiker mit *The Great Dictator* ein ganz großer Wurf gelang, wobei sicher zunächst an die Konzeption Hynkels zu denken ist, den Chaplin unter Aufbietung all seines komischen Talents als ebenso irrational-cholerischen wie narzisstischen Psychopathen in Szene setzt, der – mal wie ein Hund knurrend, mal primatengleich einen Vorhang hochkletternd – eindeutig animalische Züge trägt. Hynkels Rede an die Nation, für die der Komiker ein eigenes, teutonisch klingendes Idiom entwickelte (inmitten der krächzend und bellend vorgetragenen Laute lassen sich unter anderem die Worte »Wiener Schnitzel« und »Sauerkraut« verstehen!), beeindruckt hierbei in besonderem Maße, nicht nur weil Chaplin mit ihr eine unnachahmliche Karikatur von Hitlers Redestil gelang, sondern weil er zudem all jene eines Besseren belehrte, die in ihm allein den Stummfilmstar sehen wollten. Übertroffen wird die Rede wohl allein von dem legendären, mit *Lohengrin*-Klängen unterlegten Tanz mit der Erdkugel, der sowohl die Megalomanie des von der Weltherrschaft träumenden Diktators als auch das seinesgleichen suchende pantomimische Ta-

»Alles oder Nichts, ich habe es in der Hand, der Herrscher der Welt, meiner Welt!« Mit diesen Worten greift sich Diktator Hynkel den Globus und der knapp dreiminütige Tanz mit der Weltkugel beginnt als szenischer Höhepunkt des Films: Zu Klängen aus *Lohengrin* kickt Hynkel spielerisch die Weltkugel mit dem Fuß, wahlweise auch mit dem Kopf oder Hintern, dreht sie auf dem Zeigefinger, wirft sie hoch und fängt sie oder lässt sie aufspringen, um am Ende den Erdballon an sich zu drücken, worauf er platzt. Mit dieser Szene in *Der große Diktator* schuf Chaplin das Bild schlechthin für Hitlers Hybris, und bis heute ist es keiner der zahlreichen Hitler-Parodien – z.B. von Mel Brooks, Herbert Achternbusch, Hans-Jürgen Syberberg, Christoph Schlingensief und, gerade durch den Ernst emphatischer Einfühlung, Bruno Ganz … – gelungen, komisch verdichtet ähnlich gültige Bilder zu finden.

lent Chaplins offenbart und zweifellos als das szenische Glanzlicht des Filmes gelten darf. Dieser präsentiert sich – und dasselbe kennen wir bereits aus anderen Chaplin-Werken wie etwa *Modern Times* (*Moderne Zeiten*, 1936) – auf weiten Strecken als Reihung komischer, in wenigen Einstellungen gefilmter Einlagen, die gegenüber dem übergeordneten Handlungszusammenhang eine vergleichsweise hohe Eigenständigkeit aufweisen.

Nicht zuletzt hieraus resultiert die niedrige Schnittfrequenz des Films, der, weil es zwei voneinander weitgehend unabhängige Handlungen voranzutreiben gilt, ausgiebig von der Parallelmontage Gebrauch macht. Chaplin bedient sich, so Rudolph Arnheim, »der Geheimwaffe des tödlichen Lachens«, um Hitler kinematografisch zu bekämpfen. Dessen Posen, Mimik und Gestik hatte er anhand von Wochenschaumaterial genauestens einstudiert und hierbei offensichtlich auch ein Auge auf Hitlers Paladine Göring und Goebbels geworfen, die in *The Great Dictator* als Herring (Her[mann Gö]ring) und Garbitsch (*garbage*: ›Müll‹) auftreten – Ersterer als fetter, sich immer wieder den Zorn des Diktators zuziehender Operetten-Popanz, letzterer als kalt-berechnender Rationalist, der im Hintergrund die Fäden zieht und maßgeblich für die Politik der unter dem Doppelkreuz (*to double-cross*: ›ein falsches Spiel treiben‹) agierenden Hynkel-Partei verantwortlich zeichnet.

Deren Aufstieg in Tomania (*mania*: ›Besessenheit‹) hat angesichts der Lächerlichkeit ihrer Führungsriege natürlich etwas zutiefst Absurdes. Dies trifft in ähnlicher Form auch auf die andere große Satire der vierziger Jahre auf die Nazis zu: Ernst Lubitschs ebenfalls mit dem Doppelgängermotiv arbeitenden Klassiker *To Be or Not to Be* (*Sein oder Nichtsein*, 1942), in dem die ein ums andere Mal drastisch profilierte geistige Beschränktheit der Nazis im schärfsten Kontrast zu deren Machtansprüchen, aber auch zu deren militärischen Erfolgen steht. 1942 – die USA waren mittlerweile in den Krieg eingetreten und verloren im Pazifik Insel um Insel – wollte man hierüber freilich nicht mehr so recht lachen. Ganz im Gegensatz zu *The Great Dictator*, der sich sogleich als ausgesprochener Kassenmagnet erwies. Die Kritik allerdings konnte sich keineswegs auf ein uneingeschränktes Lob einigen. Vor allem stieß man sich an der sechsminütigen Rede am Schluss, die Chaplin gegen den Willen seiner Berater durchsetzte. Sie gilt seit jeher als eine der umstrittensten Passagen im Gesamtwerk des Komikers, der hier ganz offenkundig die Fiktion hinter sich lässt und aus seiner Rolle als jüdischer Friseur heraustritt, um sich anstelle dessen mit der Autorität des großen Schauspielers an sein Publikum zu wenden, das er zur Menschlichkeit, Güte und Toleranz aufruft.

Jörn Glasenapp

Drehbuch: Frank Schnelle: Charles Chaplins *Der große Diktator*. Stuttgart 1994.

Literatur: Charles Chaplin: Die Geschichte meines Lebens (1964). Frankfurt a. M. 1964. – André Bazin: Chaplin. Paris 1974. – Wolfram Tichy: Chaplin. Reinbek 1974. – David Robinson: Chaplin. Sein Leben – seine Kunst (1985). Zürich 1989. – Ivan Kalmar: Chaplin: The Little Jew and the Great Dictator. In: Adolphe Nysenholc (Hrsg.): Charlie Chaplin. His Reflection in Modern Times. Berlin / New York 1991. – Ricarda Strobel: Filme gegen Hitler: *Der Große Diktator*. In: Werner Faulstich / Helmut Korte (Hrsg.): Fischer Filmgeschichte. Bd. 2. Frankfurt a. M. 1991. – John McCabe: Charlie Chaplin. London 1992. – Frank Schnelle: Charles Chaplins *Der große Diktator*. Stuttgart 1994.

Die Nacht vor der Hochzeit

Philadelphia Story

USA 1940 s/w 107 min

R: George Cukor
B: Philip Barry (zugleich Autor des zugrunde liegenden Theaterstücks), Donald Ogden Stewart
K: Joseph Ruttenberg
M: Franz Waxmann
D: Katharine Hepburn (Tracy Lord), Cary Grant (C. K. Dexter Haven), James Stewart (Macaulay Connor), Ruth Hussey (Elizabeth Imbrie), Virginia Weidler (Dinah Lord)

Ein toller Tag vor der Hochzeit: Tracy, die Tochter einer High-Society-Familie, will zum zweiten Mal heiraten, diesmal einen tüchtigen Aufsteiger, brav und konservativ, mit politischen Ambitionen. Das passt dem ersten Ehemann nicht, C. K. Dexter, der im Zorn von Tracy geschieden ist: Er, ein Konstrukteur von Luxusyachten, stammt aus Tracys Schicht, macht daher nicht den Eindruck, er würde sich gerne und häufig überarbeiten – in der vergangenen Ehe soll er dem Whiskey zugeneigt gewesen sein. Die Vorbereitung einer zweiten Hochzeit missfällt auch der vorwitzigen kleinen Schwester Dinah, die Dexter viel spannender findet als den überkorrekten, etwas faden George – die Inszenierung teilt ihre Meinung, auch das Publikum.

Die Intrige: Dexter schleust zwei Reporter vom Klatschblatt »Spy Magazine« als angebliche Freunde der Familie in das Haus ein: den jungen Reporter Macaulay Connor, der so gerne ein ernsthafter Literat wäre, und die Fotografin Elizabeth Imbrie, die knipst, weil keiner für ihre Malerei bezahlt. In der auf Exklusivität bedachten Upper-Class-Hausgemeinschaft bewegen sich die beiden zunächst wie Fremdkörper. Der wahre Störenfried ist jedoch Dexter, der ungebetene Gast, der Tracy äußerst irritiert. Was geschieht? Der Reporter Macaulay verliebt sich in Tracy; die Fotografin ist bekümmert, dass sie anstelle des Reporters von einem lüsternen alten Onkel umschwärmt wird; der wegen seines Verhältnisses zu einer jungen Frau etwas anrüchige Vater kehrt unvermutet ins Haus zurück, obwohl man ihn nicht erwartet hat, und versöhnt sich mit der Mutter; der Rest der Gesellschaft nimmt nur unklar wahr, welche Verwirrungen vor sich gehen. Tracy wird am Vorabend ihrer geplanten zweiten Hochzeit einmal als angebetete Göttin verehrt, das andere Mal als kalte Göttin entzaubert. Als noch der Vater ihr Mangel an menschlicher Wärme vorwirft, hat Tracy genug von so viel unwirscher Fremdanalyse des eigenen Charakters und betrinkt sich. Macaulay, der Reporter, wiederum betrinkt sich, weil er nicht weiß, wie er Tracy, der eigentlich von ihm verachteten ›Gesellschaftszicke‹, seine Liebe erklären soll. Hilfe sucht er vergeblich bei Dexter. Endlich kann er zum Abschluss des langen Festes mit Tracy im Schwimmbecken baden. Glücklich singend (»Over the Rainbow«) trägt er die müde Heldin, beide halbnackt, doch züchtig bedeckt durch Bademäntel, ins Haus zurück. Dies bezeugen mitten in der Nacht der abgelegte erste Ehemann C. K. Dexter und der anverlobte zweite Kandidat George: Der Erste gelassen, der andere mit Missvergnügen. Das steigert sich zu einer Erklärung, die am nächsten Morgen als Brief ausgeliefert wird – darin kündigt George die Heirat auf, glaubt er doch, dass Tracy allzu sehr zu lockeren Sitten neige. Zwar bietet sich Macaulay als Ehemann an, doch Tracy scheint klug geworden zu sein, sie verlässt sich auf Dexter und seine Liebe, mit dem sie – etwas unkonventionell – dann zum zweiten Mal das Ehebündnis eingeht, fotografiert vom Chefredakteur des »Spy Magazine«, der dieses Gesellschaftsereignis seinen Lesern in Bild und Wort nicht vorenthalten will.

Dass diese Geschichte zunächst als Theaterstück Erfolg hatte, kann der Film von George Cukor nicht verhehlen.

Die Dialoge sind so schlagfertig und witzig ausmodelliert, wie es im Leben leider selten der Fall ist. Der Prozess der Selbsterkenntnis einer hoffärtigen ›höheren Tochter‹, die sich zur ehetauglichen Frau wandeln soll, bleibt aber bloße Behauptung: Katharine Hepburn bietet von vornherein nicht das Bild einer durch blaustrümpfige Strenge gekennzeichneten *married maiden*, der man das ›Spinster‹-Gehabe, schmallippige, sauertöpfische Jungfräulichkeit, austreiben müsste. Sie repräsentiert eher die unabhängige Wilde, die von Dexter im Original gerne mit dem Kosenamen »Red« angesprochen wird, als unzähmbare Widerspenstige: Die anspruchsvolle Einzelgängerin, spitzzüngig und sportlich, exklusiv und etwas hochmütig, eine Klasse für sich, der die meisten Männer einfach nicht das Wasser reichen können. Eigentlich eine Fehlbesetzung für diese Rolle, die vermutlich eine Schauspielerin von kleinerem Persönlichkeitsformat verlangt hätte, zumal sie dieses am Ende auch reduzieren muss, um als gefügige Braut gesellschaftlich erträglich zu erscheinen, fast so wie in Shakespeares Domestizierungs-Komödie *Der Widerspenstigen Zähmung*. Dass sie hingebungsvoll sein kann, glaubt man ihren eleganten, unprätentiösen Bewegungen und ihrem offenen Gesicht. Der wiederholte Vorwurf, sie sei egozentrisch, unnahbar und unduldsam gegenüber den Schwächen anderer Menschen, ist kaum zu begreifen – plausibel scheint jedoch, dass sie in hohem Grade selbstbestimmt über ihr Leben verfügt. Ihre Nachgiebigkeit kurz vor Schluss wirkt beinahe wie ein Verlust an Emanzipiertheit.

Die Moral des Stücks ist von gediegenem Konservativismus und plädiert für endogame Eheschließungen im Sinne der alten Ständeregel, ebenso dafür, dass Frauen auf ihre – aus der Perspektive der Männer – illegitime Souveränität verzichten, um endlich dem Wunschbild der anschmiegsamen Partnerin gerecht zu werden. Also: auch Leute aus der Oberschicht können klug sein und tiefere Gefühle entwickeln, weshalb Aufsteiger, ob arbeitsame

Karrieristen oder verirrte Dichter, keine Chance haben und als Eindringlinge von unten abblitzen. Dass kräftiger Genuss von Alkohol genügt, bei den ›Betrunkenen‹ tiefere Einsichten auszulösen und die Metamorphose ihrer Persönlichkeiten einzuleiten, wird stillschweigend hingenommen. Ebenso, dass es durch Alkohol gelingt (meist Champagner), dem *natural behavior* zum Recht zu verhelfen, zur Natürlichkeit im weitesten Sinne zurückzukehren und die von der Umwelt aufgezwungenen Masken des forcierten Anstands abzulegen. Eine solche Komödie hätte in der Prohibitionszeit nicht funktioniert, als öffentlicher Genuss des Wundermittels verboten war. So trägt *Philadelphia Story* nebenbei zur Rehabilitierung edler geistiger Getränke als Wahrheitsdroge bei.

Wann entsteht dann die komische Wirkung dieses Plädoyers für traditionelle Hierarchien? – Wenn einige, wenigstens für eine kleine Weile, aus der Rolle fallen dürfen und sich auf die Unordnung einlassen: Tracy, die Lady, der Reporter Macaulay und der wiedergekehrte erste Ehemann Dexter. James Stewart, der für seine Gestaltung des Macaulay zu Recht einen Oscar erhielt, stellt einen Mann auf Abwegen dar: einen verkannten Poeten, der Größeres in Sinn hat, als Klatschreporter zu sein. Daher rührt sein zynisches Verhältnis zu seinem Beruf und der High Society. Nur kann er sich dem besonderen Zauber der Bourgeoisie nicht entziehen, wenn er sich in Gestalt einer scheinbar unerreichbaren und attraktiven jungen Frau vor ihm präsentiert. Im seligen Besäuseltsein offenbart sich das Naive, Unbekümmerte in ihm, und er streift Sarkasmus als *déformation professionelle* ab. Nachdem er vom ›Polterabend‹ zu Dexters stillem Haus gefahren ist und dort laut Einlass begehrt hat, verliert er im Gespräch mit Grant trotz allen Schwankens und sinnlosen Schwadronierens nicht das gewinnend Herzliche eines im Kern aufrichtigen Burschen, der sich von einer korrupten Umwelt drangsaliert sieht: Ein amerikanischer ›Linker‹, vermutlich sogar ein Sozialist, der ständig gezwungen ist, sich mit den Affären der Reichen zu beschäftigen, und dann noch an eine von ihnen sein Herz verliert: ein Verführter, ein Abtrünniger wider Willen.

Hinreißend ist die Szene, als Macaulay bei dem aus dem Schlaf gerissenen und bedächtig reservierten Dexter Schluckauf bekommt. Angeblich hatte Stewart seinen Partner Grant nicht darauf vorbereitet, dass er ihn mit diesem komödiantischen Extra überraschen wolle, so dass beide über das Drehbuch hinaus ein wenig improvisierten und sich dabei merklich amüsierten. Man glaubt es zu sehen: Stewarts jungenhafte Unbekümmertheit verstärkt sich zu offensiv überschüssiger Gutgelauntheit, und Grant muss sich spürbar beherrschen, um nicht ins Lachen auszubrechen.

Cary Grant fügt sich im Vergleich zum exzessiv agierenden Stewart in die Rolle des oft stummen Betrachters, der bisweilen lakonisch kommentiert, der großäugig abwartend den Gang des Geschehens verfolgt, ohne allzu häufig einzugreifen. Er steht die meiste Zeit am Rande der Turbulenzen und wird erst gegen Ende aktiv. Für jemanden, der das ganze Spiel erst ins Rollen bringt, wird ihm viel Zurückhaltung auferlegt. Zwischendrin denkt man sehnsüchtig an das furiose Bewegungstempo, das Grant in Howard Hawks' *Bringing up Baby* (*Leoparden küsst man nicht*, 1939) an den Tag legen durfte.

Von ausgesprochen sinnlicher Heiterkeit (eine Ausnahme in diesem puritanischem Film) ist das Gespräch der beiden Beschwipsten Tracy und Macaulay im nächtlichen Park über – wie könnte es anders sein – Schichtzugehörigkeit und ungerechte Vorurteile über die Reichen und Mächtigen. Wenn Tracy den verliebten Reporter als Snob tituliert und unbewusst Dexters Lob der Toleranz predigt, wirkt sie so verführerisch wie sonst nie (auch nicht im Umgang mit Dexter). Auf diese Sequenz über einen scheinbaren Fehltritt »in der Nacht vor der Hochzeit«

fällt ein Abglanz des erotischen Verwirrspiels in Shakespeares *Sommernachtstraum*. Das flirtend-turtelnde Einander-Umkreisen von Hepburn und Stewart gleicht einem entzückenden Balzritus, der am Ende leider vergeblich bleibt. Dieser Film geht kein Risiko ein.

Cukor ist ein feinsinniger Regisseur, der Derbheiten vermeidet. Die Trunkenen bewegen sich immer noch mit Grazie und verfallen nie in grobes Spiel. Tracy und Macaulay, das ungleiche Paar, tanzen selbst- und weltvergessen am Rand eines Schwimmbeckens, der Absatz von Stewart schwebt mehrmals über dem Wasser, er würde keinen Halt mehr finden – aber selbstverständlich, bei Cukor jedenfalls, klatschen die beiden nicht hinein.

Ein mit Musiknummern versetztes Remake des Films entstand 1956 unter der Regie von Charles Walters: *High Society* (*Die oberen Zehntausend*), ein parodistisches Musical mit Bing Crosby als C. K. Dexter, Grace Kelly als Tracy Lord und Frank Sinatra als Macaulay Connor. Eine bunte Show-Version, die den Konservativismus des ideologischen Konzepts noch verstärkt und die Pointiertheit der Wortkomödie gegen die Inszenierung melodisch eingängiger Liednummern eintauscht. *Thomas Koebner*

Literatur: Jean Domarchi: George Cukor. Paris 1965. – Ronald Haver: David O. Selznick's Hollywood (1980). München 1981. – La Cinémathèque Suisse. Nr. 165–166. Lausanne 1998. – Peter Bogdanovich / Robert Aldrich: Who the Devil Made It: Conversations with Robert Aldrich, George Cukor, et al. New York 1998. – Pia Horlacher: »Der Mann, der die Frauen liebte«. Zum 100. Geburtstag von George Cukor. In: Neue Zürcher Zeitung. 2. 6. 1999.

Mein kleiner Gockel

My Little Chickadee
USA (1940) s/w 83 min

R: Edward F. Cline
B: Mae West, W.C. Fields
K: Joseph A. Valentine
M: Ben Oakland, Frank Skinner
D: Mae West (Flower Belle Lee), W. C. Fields (Cuthbert J. Twillie), Dick Foran (Wayne Carter), Joseph Calleia (Jeff Badger)

»More funny strange than funny ha-ha« – so nannte der Kritiker Andrew Sarris dieses erst- und einmalige, in der Tat seltsame und zuweilen bizarre Zusammentreffen von Mae West und W. C. Fields, zweier Superstars der amerikanischen Komödie in der frühen Tonfilmära; beide hatten sich daran gewöhnt, dass die Filme, in denen sie agierten und das Publikum eroberten, jeweils auf ihr singuläres, auch vom Leibesumfang her gesehen beträchtliches Format zugeschnitten waren und mitnichten eine Konkurrenz duldeten. Zwei ›inkompatible‹ Partner somit, von denen man überdies wusste, dass sie in herzlicher Abneigung gegeneinander entbrannt waren – was den Figuren, die sie in *My Little Chickadee* darzustellen haben, und ihrer geschäftsmäßigen, von Gefühlen vollkommen unbelasteten ›Liebesbeziehung‹ zweifellos zugute kommt. Umso erstaunlicher, dass die beiden sich zu gemeinsamer Erarbeitung des Drehbuchs bereit fanden, wobei Fields den Hauptanteil der Kollegin überließ (die schon in ihren früheren Filmen das Skript stets selbst verfasst hatte) und das Ergebnis mit den Worten zu würdigen wusste, kein Autor habe seinen Charakter so gut getroffen wie Mae West.

My Little Chickadee ist Komödie und Western zugleich – doch im Gegensatz zu jenen Western, die sich einiger Elemente der Komödie bedienen, um sich selbst auf die Schippe zu nehmen, ist hier das Genre der Komödie tonangebend, das sich gleichsam auf die herumliegenden Versatzstücke des Western wirft, sie durcheinanderwirbelt und unorthodox, willkürlich und phantasievoll weniger zu einer ›Geschichte‹ als zu einem Konstrukt aus populären Motiven amalgamiert.

Was veranlasst die resolute, bemerkenswert unabhängige Schönheit Flower Belle Lee, für eine Nacht zu verschwinden, nachdem ihre Kutsche von Banditen überfallen und die Insassen ausgeraubt wurden? Doch sicher nur die Liebe zu ihrem Kidnapper, einem mysteriösen, schwarzmaskierten Anonymus, der wie ein Rächer der Enterbten die Gegend unsicher macht. Und wie kommt sie – von den prüden Bürgern Little Bends der Stadt verwiesen – auf die Idee, die erstbeste Reisebekanntschaft, den dubiosen Cuthbert J. Twillie, unter reger Anteilnahme der übrigen Fahrgäste noch im Eisenbahnabteil zu ehelichen? Es kann nur der Haufen von Wertpapieren und Banknoten sein, den Twillie in seiner Reisetasche herumschleppt und der Flower Belle Reichtum und gesellschaftliche Rehabilitierung verspricht. Filmdramaturgisch geht es dabei einzig und allein darum, einen Ortswechsel mittels bewährter Verkehrsmittel zu vollziehen und dabei einen gereiften Herrn und eine attraktive Blondine, beide mit hinreichend undurchschaubarer Vergangenheit, so zusammenzubringen, dass sich aus der Liaison (oder besser: Mesalliance) an einem mondäneren Ort, als es das Nest Little Bend mit seinen puritanischen Einwohnern ist, eine turbulente Fortsetzung des Plots entwickeln kann.

Als ein solcher Ort entpuppt sich Greasewood City: Hier gibt es nicht nur ein Hotel und eine veritable Zeitungsredaktion, sondern auch den smarten, für alles Gute in der Welt kämpfenden Redakteur Wayne Carter und den südländisch-zwielichtigen Saloon-Besitzer Jeff Badger, der offenbar alle wichtigen Fäden in der Hand hält. Das amouröse Dreieck ist damit perfekt – zumal Flower Belles Eroberung, Mr. Twillie, von Badger als lächerliche

Mein kleiner Gockel – das erst- und einmalige Zusammentreffen zweier Ikonen der frühen US-Tonfilmkomödie: Mae West (»Whenever I'm caught between two evils, I take the one I've never tried«) in der Rolle der selbstbewusst-verführerischen Flower Belle Lee und W.C. Fields (»I am free of all prejudices. I hate everybody equally«) als zwielichtiger, grantelnder Cuthbert J. Twillie, Handelsvertreter für »Novelties & Notions« (laut Visitenkarte) – hier bei der ersten Begegnung im Zug auf der Fahrt ins nächste Wild-West-Städtchen Greasewood City.

Figur durchschaut und auf den Himmelfahrtsposten des örtlichen Sheriffs abgeschoben wird; auch die Gattin verzichtet auf den Vollzug der Ehe, als sie dahinterkommt, dass die vermeintlichen Wertpapiere in Twillies Koffer nichts anderes als Haaröl-Gutscheine sind. Der sozial engagierte Redakteur kann Flower Belle, die er in der Blindheit des Verliebten für eine gebildete Dame hält, bewegen, in der verwahrlosten Schule vor einer Klasse pubertierender Rowdies als Ersatzlehrerin einzuspringen und die Grundbegriffe der Mathematik zu pauken – eine Aufgabe, die sie ohne tiefere Kenntnis der Materie, doch mit bestrickender Eleganz zu lösen weiß. Twillie, glückloser Ehemann und belächelter Ordnungshüter, betätigt sich unterdessen im Nebenberuf als Barkeeper und schwadroniert vor seinen Gästen von jenen Zeiten, als er ein Monstrum namens »Chicago Mollie« erledigt haben will.

Ein Film kann noch so viele skurrile Episoden aufeinandertürmen – wenn die Handlung nicht so recht voranschreitet, müssen die Stränge neu verknüpft oder brachiale Lösungen herbeigeführt werden. Eine solche bahnt sich an, als bekannt wird, dass jener geheimnisvolle Maskierte, dem Flower Belle schon in Little Bend erlag, auch Greasewood City heimsucht. Abermals kommt es zu einem nächtlichen, mondschein-romantisch beleuchteten Rendezvous, das freilich weder Flower Belle noch dem Zuschauer die Identität des Maskierten enthüllt. Dafür verfällt der arme Mr. Twillie auf die verhängnisvolle Idee, sich mit schwarzer Mantille und maskiert wie jener mysteriöse Unbekannte endlich die Gunst seines Weibes zu erschleichen – ein Trug, der von ihr zwar schnell durchschaut wird, beide aber zunächst ins Gefängnis und Twillie gar an den Galgen bringt. Schon will man ihn hängen, als Flower Belle, anlässlich eines innigen Kusses, den ihr der geheime Drahtzieher Jeff Badger verabreicht, alle Rätsel lösen kann: Badger und die mysteriöse »schwarze Maske« sind eine Person! Der Letzteren verhilft Flower Belle zur Flucht, Twillie erlöst sie mit einem gezielten Schuss vom Galgenstrick, und das Geld des »geflohenen Banditen« schüttet sie auf dem Marktplatz aus – um alsbald ihre beiden rivalisierenden Verehrer Carter und Badger mit der Auskunft zu vertrösten, von Zeit zu Zeit seien sie beide willkommen. »Come up and see me sometime!«, ruft ihr am Ende der gescheiterte Ehegatte, Mr. Twillie, zu. Flower Belle, gerührt und kess herausfordernd zugleich:

»My little chickadee!« – ein Zitat aus Alexander Halls Film *The Lady's from Kentucky* (1939).

Edward F. Cline, der seine Karriere als Comedy-Spezialist bei Keystone als Mitarbeiter Mack Sennetts begonnen, an nicht weniger als 17 Kurzfilmen Buster Keatons mitgewirkt und 1932 seinen ersten W.-C.-Fields-Film, die Satire *Million Dollar Legs* (*Beine sind Gold wert*), gedreht hatte, war für diesen Stoff der passende Realisator – nicht nur, weil er nahezu der einzige Regisseur war, der von Fields toleriert wurde, sondern vor allem, weil er sich mit seinen Slapstick-Erfahrungen am besten darauf verstand, die klassischen Topoi unterschiedlicher Genres – Postkutsche und Eisenbahn, Kneipe und Hotel, Schulklasse und Zeitungsredaktion, Raubüberfall, Indianer, romantische Liebe und Masken-Mummenschanz – so mit- und gegeneinander zu verschachteln, dass beim besten Willen keine allzu kohärente Geschichte mit allzu subtiler psychologischer Folgerichtigkeit entstehen konnte.

Was in diesem Film ›geschieht‹ und von Joseph A. Valentine relativ konventionell abfotografiert wird, geschieht einzig und allein, um mal die spezifische Komik von W. C. Fields, mal Mae Wests erfrischende Un-Verschämtheit ins rechte Scheinwerferlicht zu rücken. Clines Werk ging zu Recht in die Annalen der internationalen Filmgeschichte ein, weil das scheinbar beiläufige, wenn auch gekonnt eingefädelte Rendezvous zweier Super-Stars der amerikanischen Filmkomödie in einem Eisenbahnabteil durchaus an Lautréamonts surrealistisches Programm des Zufalls denken lässt: Schön sei die Begegnung einer Schreibmaschine und eines Regenschirms auf einem Bügelbrett. Gleichwohl kann man schwerlich behaupten, dass es keinen witzigeren W.-C.-Fields-Film, keinen frecheren und komischeren Film mit Mae West gebe als *My Little Chickadee.* Die beiden Zugpferde stehen sich immer etwas im Wege; jeder versucht ein bisschen, dem anderen die Schau zu stehlen – und weil sich dies im wirklichen

Leben nicht anders verhielt und in die ansonsten mit Logik nicht gerade gesegnete Filmhandlung hineinpasste, war der Kassenerfolg ebenso wie der ewige Ruhm, den die Filmhistoriker zu verteilen haben, bald gesichert.

Auch noch als etwas gebremst wirkender Komiker behauptet Fields eine Präsenz, die sich seinen Körper-Clownerien ebenso wie seinen Wortwitzen verdankt, seiner Statur ebenso wie der Kunst, sie einzusetzen. Er ist der derangierte ›Privatmann‹ par excellence, der mit verschrobener Eleganz das Hut-auf-Hut-ab-Ritual selbst dann nicht vergisst, wenn er bemüht ist, mit der Zwille einen Indianerüberfall abzuwehren – einen Zwischenfall, den er schon darum als Zumutung empfinden muss, weil er in einem »Privatzug« reist und seine Ruhe haben will. (Mae West hingegen, bravourös gleich zwei Revolver bedienend, ist gerade in dieser Situation in ihrem Element und fühlt sich noch wohler als in einer Schießbude.) Fields' stets geschäftige Gangart, der abzulesen ist, dass dieser optimistische Bankrotteur in jeder Lebenslage hinter dem Geld her ist und seine Schweinsäuglein nur nach dem nächsten sich bietenden Vorteil Ausschau halten lässt; seine verklemmten Armbewegungen, die in mulmigen Situationen gleichzeitig Angriffslust und Hilflosigkeit, Tücke und säuglingshafte Sanftmut signalisieren; schließlich seine gedrechselten rhetorischen Kaskaden, die weniger an das gerade anwesende Publikum als an Gott und die Welt gerichtet scheinen – all dies, was W. C. zu einer einmaligen Figur des komischen Genres gemacht hat, bedarf, genau genommen, gar nicht der umständlichen narrativen Inszenierung, noch weniger eines situationskomischen Apparats, der ihn – wie in diesem Film – im Abendanzug in eine volle Badewanne plumpsen lässt oder ihm als Partner im Ehebett einen kapitalen Ziegenbock beschert.

In Szenen wie diesen verliert der Film sein Tempo; sie werden langatmig und allzu durchsichtig vorbereitet und verkaufen den Star an ein Genre, das unter seinem Preisniveau liegt. Gewiss ist Fields ein Clown – aber einer, der nur um die Ecke biegen oder aus dem Hintergrund sein gedehntes »Coming, dear!« krächzen muss, um einen Heiterkeitserfolg zu erringen. Nicht die (komische oder weniger komische) Situation treibt seinen Witz hervor – vielmehr: sein (ganz normaler) Auftritt lässt die jeweilige Situation ins Aberwitzige kippen. Es ist der Auftritt des verrutschten Privatmanns aus dem amerikanischen Mittelwesten, des ingrimmigen Kleinbürgers, der sich auf der Jagd nach dem Glück so unglücklich verrannt hat, dass er nur noch psychopathische Schrullen, im Klartext: Nonsens, produzieren kann. Sein melodramatischer Sprechrhythmus verwandelt selbst Banales in programmatische Rede. Wenn er, der abgewiesene Ehemann, an Flower Belles verschlossener Zimmertür rüttelt, schwingt er sich gar zu Shakespeare'schen Tonlagen auf: »Oh dear, I just want to discuss with thee!« Und: er hat fast immer Pech. Die Federboa, die ihm bei einem Bankett vor dem Gesicht baumelt und sich schließlich mit den Fadennudeln in seinem Suppenteller vermischt, bringt auf den Bildbegriff, was im Leben dieses Mannes so schief gewickelt – und warum der Mann selbst auf so tragische Weise komisch ist.

Mae West, Sex-Bombe und ›Baby Vamp‹ der dreißiger Jahre, hat in diesem Film sichtlich den Zenit ihrer Karriere überschritten; die Skandale, die sie mit ihren Theaterstücken schon Mitte der zwanziger Jahre ausgelöst hatte, mehr noch die puritanische Zensur, die ihr seit ihrem Kinodebut mit *Night after Night* (1932) das Leben als höchstbezahlter weiblicher Star schwer machte, waren nicht spurlos an ihr vorübergegangen. Gewiss – auch in *My Little Chickadee* ist sie noch immer »a seductive, overdressed, endearing, intelligent, buxom, sometimes vulgar blonde actress and sex symbol with drooping eyelids« (»All-Movie Guide«), doch jene provozierende Körperlichkeit, die in früheren Filmen das nationale Kartell aus Prüderie und politischer Reaktion in Amerika zur Weißglut trieb, jene Mischung aus draller Vulgarität und subtilem Spiel mit der Ambiguität der Geschlechterrollen, aus Intelligenz, Ironie und aggressiver Weiblichkeit sind in diesem Film nur noch zu ahnen. Als erfahrene Drehbuchautorin hat Mae West ihr Programm – das der erotischen Emanzipation – vor allem der Rolle und ihrer dramaturgischen Funktion eingeschrieben. Eine Frau, die ganz pragmatisch eine Zweckheirat eingeht, von der sie sich Reputation erhofft – und die gleichzeitig zwei Männer lieben lernt, ohne sich zwischen ihnen entscheiden zu wollen. Warum auch? Das Leben ist lang, Männer gibt es viele – und es wird nicht an Gelegenheiten mangeln, mal den einen, mal den anderen wiederzusehen: »Come up and see me some time!« *Klaus Kreimeier*

Literatur: William K. Everson: The Art of W. C. Fields. New York 1967. – W. C. Fields: W. C. Fields by Himself. His Intended Autobiography. New Jersey 1973. – Peter W. Jansen / Wolfram Schütte (Hrsg.): Mae West / Greta Garbo, München 1978. (Reihe Film. 16.) – Ronald Fields: W. C. Fields. A Life on Film. New York 1984. – Michael Bavar: Mae West. Ihre Filme – ihr Leben. München 1986. – Mariam Niroumand: »Westwärts, junger Mann!« Mae West. München 1998.
Hörspiel: Christa Maerker: Unmögliche Interviews – Mae West & Marlene Dietrich. SWR 2000. 44 min.

Der große McGinty

The Great McGinty

USA 1940 s/w 82 min

R: Preston Sturges
B: Preston Sturges
K: William C. Mellor
M: Friedrich/Frederick Hollaender
D: Brian Donlevy (Dan McGinty), Muriel Angelus (Catherine McGinty), Akim Tamiroff (der Boss), Louis Jean Heydt (Tommy)

Zwei Männer treffen sich in einer Bar in Mexiko. Der eine, so erzählt eine *voice-over*-Stimme, war sein Leben lang ehrlich – bis auf eine verrückte Minute. Der andere war sein Leben lang unehrlich – bis auf eine verrückte Minute. Um seinen suizidgefährdeten Gast Tommy, ehemals Kassierer einer Bank, aufzumuntern, erzählt Barkeeper Dan seinen raschen Aufstieg und seinen ebenso schnellen Abstieg. In einer Rückblende zeigt der Film die wahnwitzige Lebensgeschichte des Barmanns, der Gouverneur eines US-Bundesstaates wurde, nur um in genau dem Moment von seinen früheren Komplizen abserviert zu werden, als er sich entschlossen hat, endlich ehrlich zu handeln. Sturges erzählt die Geschichte des amerikanischen Erfolgstraums ›Vom Tellerwäscher zum Millionär‹ einmal anders: McGinty verkauft als Landstreicher seine Stimme für zwei »Bucks« an die Partei von Bürgermeister Tillinghast – und das gleich 37 Mal. Ein derartig talentierter Mann muss dem Vorsitzenden der Partei auffallen, der den käuflichen jungen Mann für eine steile Karriere vorsieht. Als Tillinghasts Betrügereien auffliegen, schickt der Boss McGinty ins Rennen. Später will er ihn sogar als Gouverneur wählen lassen – vorausgesetzt er heiratet. Doch er hat seine Rechnung ohne die Waffen einer Frau gemacht: Catherine, die zunächst als Sekretärin bei

McGinty arbeitet und die ihre beiden Kinder allein großzieht. Sie verkörpert eine der starken Frauenfiguren, wie sie typisch sind für die Filme von Preston Sturges. Zunächst von McGinty nur geheiratet, weil er als Gouverneursanwärter eine Ehefrau benötigt, wird ihr Einfluss auf ihren Mann immer stärker. Sie überzeugt ihn, seine Macht als Politiker zu nutzen, um Gutes zu tun. McGintys Beschluss, sich für das Volk einzusetzen, wird ihm zum Verhängnis. Seine einstigen Förderer bringen ihn nun wegen Betrugs ins Gefängnis. Er flieht mit Hilfe des ehemaligen Politikers, der ihn und den Boss befreit, verlässt Frau und Kinder und arbeitet schließlich als unehrlicher Barmann in Mexiko, wo er sich immer noch streitlustige Wortgefechte mit seinem einstigen Boss liefert. Die Hierarchie scheint wiederhergestellt: Dan arbeitet als Barmann, der ehemalige Politiker als Kellner, und der Boss ist Eigentümer der Bar.

Es kostete Preston Sturges viel Überzeugungskraft, Paramount davon zu überzeugen, ihn auf den Regiestuhl wechseln zu lassen. Der ehemalige Theaterautor, der seit 1930 zu den etablierten Autoren Hollywoods zählte, war einer der Ersten in Hollywood, der als Drehbuchautor die Chance erhielt, bei seinem eigenen Skript auch Regie zu führen. Um den Deal perfekt zu machen, verkaufte er Paramount das Skript zu *The Vagrant* (so der ursprüngliche Titel) für zehn symbolische Dollar. Verfasst kurz nach seinem ersten Drehbucherfolg zu *The Power and the Glory* im Sommer 1933, war das Filmskript jetzt kürzer, stärker auf eine visuelle Darstellung hin angelegt. Sturges insistierte darauf, dass in den *credits* stand: »Buch und Regie: Preston Sturges«. Dies war das erste Mal, dass in Hollywood ein derartiger Hinweis zu lesen war.

Sturges' Regiedebüt enthält bereits alle Elemente, die ihn zu einem der bissigsten Filmemacher der vierziger Jahre machen sollten. Die bitterböse Satire auf das ›Polittheater USA‹ laviert geschickt zwischen Komik und Ge-

Der große McGinty: Preston Sturges' Sicht auf die USA, von denen der kriminelle »Boss« sagt, sie seien »a land of great opportunity«: ausgelassene Stimmung auf der Wahlparty im Club »The People's Friend«; schließlich hat die Wahlmanipulation, bei der der Herumtreiber Dan MacGinty (rechts: Brian Donlevy) kräftig mitgewirkt hat, den erhofften Erfolg gezeitigt. Später wird ein solch pragmatisches Geschick McGinty in das Gouverneursamt befördern.

sellschaftskritik und gilt als eine der besten Parodien auf das politische Leben Amerikas. Den Film 1939 vor dem Hintergrund des Kriegs in Europa und der NS-Diktatur zu realisieren war ein wagemutiges Unterfangen. *The Great McGinty* enthält einige der bissigsten Passagen, die jemals über den Demokratisierungsprozess verfasst wurden. Er führt nicht nur vor, wie der amerikanische Traum an der Realität scheitert, sondern zeigt auch die bisweilen bitteren Konsequenzen romantischer Liebe, die Blindheit der Justiz und den unauflösbaren Konflikt zwischen freiem Willen und schicksalhafter Vorbestimmung. Wie in seinen übrigen Werken sind es vor allem die Dialoge, die den besonderen Witz der Filme von Sturges ausmachen. Bis auf die Rahmenhandlung ist der Film in Form einer Rückblende gestaltet, daneben zählen *voice-over*-Kommentar, Erzählraffer und Parallelmontagen zu den narrativen Mitteln. Sturges setzte auf eine unauffällige Kameraführung, die er vom Theater ableitete. Die Kamera sollte sich immer dann bewegen, wenn auch ein Zuschauer seinen Kopf drehen würde. Als innovativ galt seine Technik, einzelne Szenen wie die Liebesszene zwischen Dan und Catherine McGinty ohne Schnitte in einer einzigen Aufnahme zu drehen. Muriel Angelus sagte später, sie habe häufig den Eindruck gehabt, nicht vor einer Kamera zu stehen, sondern vor einem Theaterpublikum. Daneben verwendet Sturges, der zehn goldene Regeln für eine gelungene Komödie aufstellte, Mittel der *screwball comedy*, die er mit solchen der Farce geschickt verquickt. Die Komödie glänzt durch originelle Einfälle und die von ihm gewohnte Dialog-Qualität. Seine Figuren sind zugleich Prototypen und kauzige Charaktere. Da Spencer Tracy für die Rolle des McGinty nicht zur Verfügung stand, besetzte Sturges sie mit dem Bösewicht vieler Gangster-, Abenteuer- und Westernfilme der Zeit, Brian Donlevy. Sturges erkannte in ihm eine Verwundbarkeit, die so zuvor nie wahrgenommen worden war. Der Film wurde ein großer Kritiker- und Publikumserfolg: Für das Filmskript zu *The Great McGinty* wurde Sturges 1941 mit dem Oscar für das beste Originaldrehbuch ausgezeichnet.

Kirsten von Hagen

Drehbuch: Brian Henderson (Hrsg.): Five Screenplays by Preston Sturges. Berkeley [u. a.] 1985.
Literatur: James Ursini: The Fabulous Life and Time of Preston Sturges, an American Dreamer. New York 1973. – James R. Gor-

don: Comic Structures in the Films of Preston Sturges. Ann Arbor (Mich.) 1981. – James Curtis: Between Flops. A Biography of Preston Sturges. New York 1984. – Andrew Dickos: Intrepid Laughter: Preston Sturges and the Movies. Metuchen (N.J.) 1985. – Roland Cosandey: Preston Sturges. Locarno 1989. – Preston Sturges: Preston Sturges. New York [u.a.] 1990. – Diane Jacobs: Christmas in July: The Life and Art of Preston Sturges. Berkeley [u.a.] 1994. – Jay Rozgonyi: Preston Sturges's Vision of America: Critical Analyses of Fourteen Films. Jefferson (N.C.) 1995.

Quax, der Bruchpilot

D 1941 s/w 97 min

R: Kurt Hoffmann
B: Robert A. Stemmle nach der Erzählung von Hermann Grote
K: Heinz von Jaworsky
D: Heinz Rühmann (Otto Groschenbügel), Lothar Firmans (Fluglehrer Hansen), Karin Himboldt (Marianne Bredow), Hilde Sessak (Adelheid)

In einem Preisausschreiben hat der Angestellte Otto Groschenbügel statt der angestrebten Urlaubsreise eine Ausbildung zum Sportflieger gewonnen. Mürrisch, überheblich und skeptisch kommentiert er vom ersten Moment an das Geschehen auf der Fliegerschule und braucht nicht lange, bis Mitschüler und Ausbilder von ihm genug haben. Doch die Begeisterung und Gutgläubigkeit der Honoratioren seiner kleinen Heimatstadt und die Zuneigung der jungen Marianne bringen Groschenbügel, genannt Quax, dazu, sich doch ernsthafter mit der Fliegerei zu beschäftigen. Trotz besonderer physischer Eignung und zunehmender Freude am Fliegen fehlt ihm aber noch immer das Zeug für die »stürmische Front«. Fliegerische Eskapaden, Angeberei und Disziplinlosigkeit lassen den väterlich-strengen Ausbilder Hansen fast an ihm verzweifeln, bis

Quax nach einer Bruchlandung reumütig und kleinlaut bekennt, nun Hansens Vorbild folgen und sein Leben ganz in den Dienst der Fliegerei stellen zu wollen.

Die Geschichte vom ›gernekleinen‹, doch großmäuligen Angestellten, der nur mühsam aus der Selbstzufriedenheit bürgerlicher Provinzialität auf den ›rechten Weg‹ (volks)gemeinschaftlicher, disziplinierter Lebenshaltung gebracht werden kann, entwickelt in der Regie von Kurt Hoffmann seine Unterhaltungswerte weniger aus dem NS-ideologisch linientreuen Plot als aus dessen inszenatorischen Ausformungen. Angelegt als zeitnahe Situationskomödie mit clownesken Einlagen, wird *Quax, der Bruchpilot* für den im Jahr zuvor von Goebbels zum Staatsschauspieler ernannten Heinz Rühmann zum bis dahin erfolgreichsten Film seiner Karriere. Genau auf Fähigkeiten und Interessen des Hauptdarstellers zugeschnitten – u. a. wurde die Vorlage per Preisausschreiben als »Filmstoff für Heinz Rühmann als Sportflieger« gesucht –, fand der Film im dritten Kriegsjahr in der breiten Bevölkerung ebenso Zuspruch wie bei höchsten Parteikreisen. So berichtet Joachim Fest über Adolf Hitlers allabendliche *double features* auf dem Obersalzberg, bei denen *Quax, der Bruchpilot* zu den beliebtesten, vielfach vorgeführten Streifen gehörte.

Genealogisch betrachtet, funktioniert der NS-Unterhaltungsfilm oft gerade dort überaus erfolgreich, wo etablierte Genres zu einem bestimmten historischen Zeitpunkt neu miteinander kombiniert werden, so auch in diesem Fall: Wie in Eduard von Borsodys *Wunschkonzert* (1941) oder Rolf Hansens *Die große Liebe* (1942) gründet der Erfolg von *Quax, der Bruchpilot* auf den zeitspezifischen Synergieeffekten der Genremischung. So gesellen sich zur Kleinstadtkomödie Versatzstücke der Militärklamotte, auch wenn der Film seinen ›zivilen‹ Charakter betont. Hinzu kommen Elemente eines im zeitgenössischen Diskurs hochgradig aktuellen und klar herrschaftsideologisch besetzten Genres, des heroischen Fliegerfilms. Mit den zahlreichen Flugaufnahmen (durch eine an Rühmanns Maschine montierte Kamera), den Kunstfluganimationen und der überhöhenden Darstellung des Fluglehrers Hansen, eingebettet in ein Gesamtmilieu fast fanatischer Hochachtung für den Fliegerstand, schlägt der Film aus dem vorhandenen Mythos Kapital und führt ihm gleichzeitig neue Nahrung zu.

Quax, der Bruchpilot ist ein Produkt des Star-Systems, das die Filmproduktion in NS-Deutschland entscheidend prägte. So funktioniert der Film gerade auch auf der Ebene des Flieger-Mythos als Star-Vehikel, das aufgrund der Überlagerungen von Person, Image und Rolle Rühmanns an Attraktivität gewinnt – z.B. hinsichtlich seiner bekannten Flugbegeisterung und der Freundschaft mit dem berühmten Flieger Ernst Udet. Am interessantesten ist der Film im Hinblick auf sein durchaus mehrschichtiges ideologisches Potential, das schon in der Ausgestaltung des Figurenensembles sichtbar wird. Rühmanns raumgreifende komödiantische Vorstellung wird durch Darsteller von skurrilen Neben- und Randfiguren ergänzt, deren Chargenspiel ein wirkungsvolles Gegengewicht zur arg strapazierten Korrektheit der ›Führerfigur‹ Hansen, zur sachlich-blassen Darstellung der Flugschüler und zur romantischen Nebenhandlung bildet.

Rühmann gibt die trotzige Laus im Pelz der vorbildlichen Fliegerschule ebenso wie den selbstgefälligen Provinzler mit sichtbarer Spielfreude. Die kindlichen Züge der Hauptfigur sind es denn auch, die den Blick auf eine etwas andere Lesart öffnen. Dann wird eine tendenziell unterminierende, weil zügellose Energie, ein zersetzendes, weil unberechenbares Moment sichtbar, das zwar nicht überschätzt werden darf, aber das trotz des erzieherischen Impetus der Handlung mehr als einmal den Sieg gegenüber der NS-moralinsauren Botschaft davonträgt. Das ›Muckertum des kleinen Mannes‹ geht dem in dieser Rolle erfahrenen Rühmann so gut von der Hand, dass man im

Zuschauerraum des Jahres 1941 erwartungsvoller und mit mehr Schadenfreude der nächsten Attacke des Quax'schen Spiel- und Meckertriebs entgegengesehen haben mag, als das den Propagandisten des Systems genehm war. Hieraus ein subversives Potential des Films ableiten zu wollen hieße allerdings, die ideologisch stabilisierenden Ventil-Funktionen solcher Rezeptionsprozesse zu übersehen. Am Ende müssen der Held und die Zuschauer einsehen, dass es mit dem Spaß nun vorbei ist, weil hinter der Lust des Fliegens die Realität des Krieges wartet. *Astrid Pohl*

Literatur: Georg Seeßlen: Der kleine Mann in Krieg und Frieden. In: Frankfurter Rundschau. 6. 10. 1994. – Karsten Witte: Lachende Erben, toller Tag. Filmkomödie im Dritten Reich. Berlin 1995. – Stephen Lowry: Der kleine Mann als Star. Zum Image von Heinz Rühmann. In: Thomas Koebner (Hrsg.): Idole des deutschen Films. München 1997. – Peter Zimmermann: Kleiner Mann was nun? Der Komiker Heinz Rühmann im Obrigkeitsstaat. In: Ebd. – Torsten Körner: Ein guter Freund. Heinz Rühmann. Berlin 2001.

In der Hölle ist der Teufel los

Hellzapoppin

USA 1941 s/w 84 min

R: H. C. Potter
B: Nat Perrin, Warren Wilson
K: Woody Bredell
M: Gene de Paul, Don Raye, Sammy Fain, Frank Skinner
D: Ole Olsen (Ole Olsen), Chic Johnson (Chic Johnson), Martha Raye (Betty Johnson), Jane Frazee (Kitty Rand)

In der Hölle quälen unzählige Teufel ihre armen Opfer. Plötzlich erscheint mit lautem Knall ein Taxi. Aus diesem steigen die Komiker Ole Olsen und Chic Johnson, und Letzterer stellt erstaunt fest, dass der Fahrer tatsächlich getan hat, was er von ihm verlangte: zur Hölle zu fahren! Bei der infernalen Umgebung handelt es sich um eine mögliche Kulisse für die Filmkomödie *Hellzapoppin*. Der zuständige Regisseur weigert sich jedoch, den Film als strukturlose Anhäufung verrückter Gags und skurriler Szenen vor ständig wechselnden Hintergründen zu inszenieren. Er stellt den beiden Komikern einen jungen Drehbuchautor vor, der bereits eine passende Handlung entwickelt hat. Mit einer Überblendung beginnt die eigentliche Geschichte: Der arme, aber gutaussehende Jeff produziert auf dem Anwesen des vermögenden Mr. Rand eine Musikrevue, unter den Premierengästen ist ein an der Show interessierter Broadway-Produzent. Jeff ist darüber hinaus verliebt in Kitty, Mr. Rands Tochter. Diese erwidert seine Liebe, soll nach dem Willen der Eltern aber den reichen Woody heiraten. Neben Olsen und Johnson ist die überdrehte Betty ein weiterer Star in Jeffs Show. Ein verarmter russischer Adliger hält sie fälschlicherweise für Kitty und macht ihr Avancen. Als er seinen Fehler bemerkt, ist Betty bereits zum nymphomanen Monster mutiert und verfolgt ihn für den Rest des Films. Das ganze Durcheinander wird überdies von dem trotteligen Privatdetektiv Quimby beobachtet und kommentiert. Durch eine Reihe von Missverständnissen gelangen Olsen und Johnson zu dem Schluss, dass Kitty nicht die richtige Frau für Jeff ist. Um ihn vor einer vermeintlichen Enttäuschung zu bewahren, sabotieren sie seine Show. Der Broadwayproduzent ist von dem Chaos allerdings begeistert und bietet Jeff einen Vertrag an. Alle Irrtümer klären sich auf, und der nun durchaus wohlhabende Jeff bekommt natürlich seine Kitty. Der Film endet damit, dass der Regisseur seine Meinung über die Geschichte dadurch zum Ausdruck bringt, dass er mehrere Schüsse auf den Drehbuchautor abgibt. Dieser zeigt sich davon relativ unbeeindruckt, da er in weiser Voraussicht eine schusssichere Weste trägt. Als er allerdings den unvermeidlichen Schluck Wasser trinkt, kommt die Flüssigkeit postwendend wieder aus den Schusslöchern heraus.

»Anything for a laugh!« war das künstlerische Motto des Komikerduos John Sigvard »Ole« Olsen und Harold Ogden »Chic« Johnson, und die derben Zoten und gnadenlosen Plattheiten des Films belegen dies eindrucksvoll. *Hellzapoppin* war ursprünglich eine Bühnenrevue, die anfangs den ebenfalls treffenden Titel *Everything Goes* trug und mit der Olsen und Johnson in den dreißiger Jahren erfolgreich durch die USA tourten. Basierend auf Elementen des traditionellen amerikanischen Vaudeville, einer szenischen Mischung aus Kabarett, Chanson, Tanz und Akrobatik, und angereichert mit jeder Menge Slapstick und Nonsens, hatten Olsen und Johnson ihre eigene Form von Komik entwickelt, die mit *Hellzapoppin* ihren Höhepunkt erreichte. 1938 holte der Theateragent Lee Shubert die beiden Komiker und ihre Show an den Broadway. *Hellzapoppin* wurde entgegen aller Kritik zum gefeierten Publikumserfolg und mit insgesamt 1104 Aufführungen eine der erfolgreichsten Broadway-Produktionen überhaupt.

Der Film übernimmt zwar viele Gags und komische Bestandteile der Show und versucht durch schnelle Schnitte sowie Szenen- und Kostümwechsel, deren Tempo und Unvorhersehbarkeit zu transformieren; das Ergebnis bleibt jedoch in weiten Teilen hinter den Effekten der Bühnenshow zurück. Die verantwortliche Produktionsfirma Universal, deren Haltung in der Eingangssequenz deutlich parodiert wird, bezweifelte den kommerziellen Erfolg eines Revuefilms ohne Handlung, und so wich die bewusste Konzeptlosigkeit der Bühnenshow den narrativen Konventionen des Hollywood-Kinos. Olsen und Johnson wurden zu komischen Nebenfiguren in einer gänzlich uninspirierten Liebesgeschichte mit erschreckend stereotypen Frauenrollen. Zu den Höhepunkten des Films gehören daher die Sequenzen, die diese Normierungen der filmischen Narration durchbrechen und so komische Irritationen erzeugen. Die hierfür genutzten Spezialeffekte haben eine erstaunliche optische Wirkung und sind bemerkenswert selbstreferentiell, da sie den Film als Medium und das Kino als Aufführungsort zu Mitteln der Komik machen. Mit Hilfe des Filmvorführers Louie, dessen Rolle auf einer dritten Handlungsebene angesiedelt ist, sind Olsen und Johnson z.B. in der Lage, ihren eigenen Film anzuhalten, ihn vor- oder zurückspulen zu lassen oder sogar aus ihm auszusteigen. Louie wird jedoch von einer zudringlichen Platzanweiserin abgelenkt, so dass der Film in einer Szene auf der Transportrolle verrutscht. Plötzlich sind die Beine der Darsteller in der oberen, ihre Oberkörper hingegen in der unteren Hälfte des Bildfensters zu sehen. Bei dem Versuch, die Situation zu retten, vertauscht er die Filmrollen, Olsen und Johnson finden sich unversehens inmitten von schießenden Indianern wieder. In einer anderen Sequenz singen Jeff und Kitty gerade ein Liebeslied, als ein gewisser Stinky Miller wiederholt durch Einblendungen aufgefordert wird, nach Hause zu gehen. Die Darsteller unterbrechen schließlich ihr Duett, und augenscheinlich vor einer Leinwand, auf die der Film projiziert wird, erhebt sich die Silhouette eines Jungen, der hastig den Kinosaal verlässt.

Der Film zeigt darüber hinaus einige klassische Runninggags, wie z.B. die Frau, die auf der Suche nach ihrem Mann Oscar ständig durchs Bild läuft und die Schauspieler nervt, oder der Mann, der nach Mr. Jones ruft und einen Blumentopf bei sich trägt. Jedes Mal, wenn er auftaucht, ist die Pflanze darin gewachsen, am Ende des Films müht er sich mit einem Baum ab. Erwähnenswert sind außerdem die von Gene de Paul komponierten Gesangsnummern sowie die spektakuläre Lindy Hop Performance der Harlem Cangaroo Dancers. Diese temporeiche Mischung aus Akrobatik und Swing, die in den zwanziger Jahren im Savoy Ballroom in Harlem entstand, setzt einen klaren Kontrapunkt zu den im damaligen Musicalfilm vorherrschenden ornamentalen Choreographien à la Busby Berkeley.

Universal produzierte noch drei weitere Filme mit Olsen und Johnson. *Crazy House* (*Die Nacht der lachenden Leichen*, 1943), *Ghost Catcher* (1944) und *See My Lawyer* (1945) folgten dem gleichen Muster wie *Hellzapoppin*. Danach verlor Universal das Interesse an einer weiteren Zusammenarbeit mit Olsen und Johnson. Das Komikerduo kehrte Hollywood den Rücken und ging mit dem bewährten Revuekonzept wieder auf erfolgreiche Bühnentour. *Andrea Nolte*

Literatur: Leonard Maltin: Olsen and Johnson. In: L. M. (Hrsg.): Movie Comedy Teams. New York 1970. – Raymond Durgnat: The Crazy Mirror. Hollywood Comedy and the American Image. London 1969.

Sein oder Nichtsein

To Be or Not to Be

USA 1942 s/w 99 min

R: Ernst Lubitsch
B: Edwin Justus Meyer, nach einer Story von Ernst Lubitsch und Melchior Lengyel
K: Rudolf Maté
M: Werner R. Heyman
D: Carole Lombard (Maria Tura), Jack Benny (Joseph Tura), Robert Stack (Leutnant Stanislav Sobinski), Stanley Ridges (Prof. Alexander Siletsky), Sig Rumann (SS-Gruppenführer Ehrhardt)

Die wohl berühmtesten Worte der Theatergeschichte als Titel für einen Film zu wählen wäre anmaßend, handelte es sich nicht im wahrsten Sinne der Worte um Sein oder

Nichtsein zu einer Zeit, als Nazi-Deutschland die Welt mit Krieg überzogen hatte. Aber der Film ist mehr als die kinematografische Abrechnung des aus Berlin stammenden jüdischen Regisseurs Ernst Lubitsch, den die NS-Propaganda mit Häme überzog und dem 1935 die deutsche Staatsbürgerschaft aberkannt worden war: *To Be or Not to Be* ist nicht nur eine satirisch-ironische Komödie, die Funktionsmechanismen des Nazismus, Autoritätsgläubigkeit sowie die Macht der Propagandabilder spielerisch reflektiert, es ist auch ein Film über den – zivilen – ›Krieg der Geschlechter‹, allzu menschliche Schwächen wie Narzissmus und Eifersucht, die Lust am Spiel auf der Bühne und im Leben und eine Hommage ans Theater und die Zivilgesellschaft.

Der Film setzt ein im August 1939, in Europa herrscht noch Friede, und doch schlendert Adolf Hitler durch die Warschauer Innenstadt, von der Menge ungläubig bestaunt. Eine Rückblende verspricht Aufklärung: Das Ganze begann im Gestapo-Hauptquartier in Berlin, wo ein Hitlerjunge gerade dabei ist, seinen Vater zu denunzieren. Da ertönen aus dem Flur »Heil Hitler«-Rufe, der Führer tritt ein und erwidert den Gruß mit: »Ich heil mich selbst!« – im amerikanischen Original weniger klinisch, dafür na(r)zis(s)tischer, »Heil myself!« »Aus!«, Regisseur Dobosh protestiert, wir befinden uns im Warschauer Teatr Polski auf der Probe des Stückes »Gestapo«. Da der Regisseur in der sich anschließenden Diskussion mit den Schauspielern die Ähnlichkeit des Hitler-Darstellers Bronski in Frage stellt, geht dieser auf die Straße, um eben diese unter Beweis zu stellen. Das Spiel im Spiel – und das Spiel Lubitschs mit dem Kinopublikum – ist aufgedeckt, und die eigentliche Handlung kann beginnen.

Im Zentrum steht die Theatertruppe, in der Eifersüchteleien und kleinere Zänkereien an der Tagesordnung sind. Vor allem die Stars des Ensembles, Joseph Tura und seine Frau Maria, sind sich in kleinen Reibereien innig

Das Ehepaar Tura mit Regisseur Dobosh (Charles Halton) bei der Probe des Theaterstücks über Nazi-Deutschland. Maria Tura (Carole Lombard) will ihre KZ-Folterszene in einem hinreißenden Abendkleid spielen, was Dobosh und Joseph Tura (Jack Benny) ihr als schlechten Geschmack auslegen. Ähnlichen Vorwürfen sah sich Lubitsch aufgrund seiner komischen Behandlung des NS-Terrors in *Sein oder Nichtsein* ausgesetzt. Wenn Lubitsch auch trotz des ernsten Themas auf Lacher nicht verzichtet hat, so sind diese nie gratis, sondern immer funktional eingebunden. Streitet sich etwa in der abgebildeten Szene Joseph Tura mit seiner Frau im Stil der *screwball comedy*, charakterisiert dies ihr trotz Reibereien und Eifersüchteleien inniges Verhältnis ebenso wie die ›zivile‹ Form, mit der die Theatertruppe ihre Konflikte austrägt. Hinter deren Eitelkeit und Narzissmus findet Lubitsch eine Größe alltäglicher Normalität, die keiner ideologischen Selbstüberhöhung wie im Nazismus bedarf.

verbunden. Sie baut ihn wieder auf, wenn er geknickt von seinem Auftritt zurückkommt, weil während seiner großen Hamlet-Szene sich bei den Worten »To be or not to be« ein Zuschauer erhoben hat. Was er – noch – nicht weiß, ist, dass diese Worte das vereinbarte Signal für den jungen Bomberpiloten Stanislav Sobinski sind, um Maria Tura ungestört in ihrer Garderobe zu treffen. Das Stück über Nazi-Deutschland wird von der polnischen Regierung verboten, was die Deutschen nicht davon abhält, Polen zu überfallen und die Regie zu übernehmen. In London ist es dem Doppelagenten Professor Siletski gelungen, die Namen polnischer Widerstandskämpfer herauszufinden. Sobinski, der sich mit seiner Staffel nach England absetzen konnte, wird dem deutschen Spion hinterhergeschickt. Dessen Absprung über Warschau endet, wie Joseph Tura empört feststellt, direkt in seinem Bett und seinen Pantoffeln. Siletski hat inzwischen Maria Tura zum Essen eingeladen und versucht sie zu einem Seitenwechsel – erotischer wie ideologischer Art – zu überreden. Die Schauspielerin geht zum Schein darauf ein, um an die Namensliste zu gelangen. Unterstützung erhält sie dabei von der Theatertruppe und vor allem von ihrem Mann: Auf der Jagd nach dem verhängnisvollen Dokument spielt Joseph Tura erst den Chef der SS »Concentration Camp Ehrhardt«, dann den Spion – und dabei immer auch um sein Leben und das der Mitverschwörer. Dem selbsternannten »great, great actor« kommt zu Gute, dass sich die Nazis genau so wie in dem Theaterstück verhalten. Die Beseitigung des Spions gelingt, doch da im Gestapo-Hauptquartier noch eine Kopie der Liste liegt, kommt es zu zahlreichen Verwicklungen. Den Besuch Hitlers in ihrem Theater nutzt die Schauspieltruppe als deutsche Soldaten verkleidet mit Bronski in seiner Paraderolle als Hitler, um sich mit einem Flugzeug der deutschen Luftwaffe nach England abzusetzen. Glücklich im Land Shakespeares angekommen, spielen sie wieder den *Hamlet*, und bei Turas Monolog »To be or not to be« erhebt sich wieder jemand im Zuschauerraum – jetzt ein junger englischer Offizier.

Wie wichtig der Film dem Regisseur und Koproduzenten Lubitsch war, zeigt die Tatsache, dass er zum ersten Mal selbst einen Stoff entwickelte, statt wie sonst fremde Stücke zu adaptieren. Auch schöpfte er aus seiner eigenen Biografie und Erfahrung als Schauspieler bei Max Reinhardt am Deutschen Theater, wo er den zweiten Totengräber im *Hamlet* gespielt hatte. Die Theatermetapher ist für den Film auf allen Ebenen konstitutiv: In der Handlung verschwimmen die Grenzen zwischen Spiel und Ernst, Rolle und Identität, Bühne und Realität, Kostüm und Uniform, echten und falschen Bärten. In ›echt‹ gestorben wird theatralisch auf der Bühne mit den Schauspielern als Zuschauer. Die Verwicklung von theatraler Kunstwelt und ›Realität‹ verstärken Dekor und Kameraarbeit: Gezeigt werden kaum Außenräume, kaum Totalen, was zugleich einen klaustrophobischen Eindruck vom Leben unter der NS-Herrschaft vermittelt. Die Kamera kadriert die Menschen zumeist relativ nah und ermöglicht keinen Blick über das Umfeld, so dass die Unüberschaubarkeit der Lage, in der sich die Protagonisten befinden, auch sinnlich erfahrbar wird.

Das Spiel mit dem Zuschauer, dem die Montage notwendige Informationen entweder zu früh oder zu spät enthüllt, bringt die Eingangssequenz als selbstreflexive Sensibilisierung auf den Punkt: Neben dem Herausstellen medialer Repräsentationsmodi ist sie zugleich eine Analyse des Hitler-Bildes, das als einfaches, aber wirkungsvolles Zeichensystem dechiffriert wird. Ohne den von außen herangetragenen Führer-Mythos, dem auch Dobosh mit seiner Kritik (»Ich rieche einfach keinen Hitler in ihm«) erliegt, wäre Hitler nicht mehr als Bronski, nicht mehr als »ein Mann mit einem kleinen Schnurrbart«. Konsequenterweise hat Hitler bzw. Bronski keinen Text. Das einzige

Wort, das Letzterer in seiner Rolle als Führer spricht, ist ein verhängnisvoller Befehl an die deutschen Piloten: »Spring!« – umgehend und ohne Fallschirm ausgeführt.

To Be or Not to Be wurde bei seinem Erscheinen heftig kritisiert, war aber nicht, wie häufig zu lesen ist, ein totaler Misserfolg. Lubitsch selbst fasste die Vorwürfe als seine »drei Todsünden« folgendermaßen zusammen: »Ich habe die üblichen Genres missachtet, als ich Melodrama mit komischer Satire und sogar mit Farce verband, ich habe unsere Kriegsziele gefährdet, weil ich die Nazibedrohung verharmloste, und ich habe außerordentlich schlechten Geschmack bewiesen, weil ich das Warschau von heute als Schauplatz für eine Komödie wählte.« Das zeitgenössische Publikum verwirrte vor allem die ›Genre-Mischung‹: Elemente der *screwball comedy* in den Dialogen des Ehepaares stehen neben tragischen Momenten wie der dreimal wiederholte Shylock-Monolog als humanistisches Manifest; daneben finden sich Klischees des Agententhrillers, wenn Sobinski nach seinem Fallschirmabsprung gejagt oder der Spion im Theater erschossen wird, und dokumentarisierende Darstellungsstrategien mit im Wochenschau-Gestus präsentierten Bildern des besetzten Warschaus.

Der Lubitsch am tiefsten treffende Vorwurf war der des schlechten Geschmacks. Als Beleg diente vor allem eine Replik von Concentration Camp Ehrhardt, dem einzigen Theaterkenner, der Turas Talent mit den Worten kommentiert: »Was er mit Shakespeare gemacht hat, machen wir jetzt mit Polen.« Vielleicht hatte Lubitsch bereits mit solcher Kritik gerechnet, als er Greenberg in der Eingangssequenz folgende Antwort in den Mund legte: »Einen Lacher soll man nie verachten.« Dabei macht der Film sich nicht über die Opfer lustig, obwohl diese, vertreten durch die polnische Schauspieltruppe, mit ihren menschlichen Schwächen zur Komik des Films entscheidend beitragen. Auch die ›unbedeutendste Rolle‹ der Truppe scheut nicht davor zurück, die Meinung zu äußern und sich in Gegenwart der ›Stars‹ über diese lustig zu machen. Das Lachen der Täter dagegen ist ein anderes: zynisch und in letzter Konsequenz panisch angstbehaftet, etwas Falsches gesagt zu haben. So führt Lubitsch sie als Biedermänner und Bestien zugleich vor, und weicht damit vom Hollywood-Klischee des peitscheschwingenden SS-Schergen ab: Der Terror ist ihnen längst zur Alltagsroutine geworden, über die sie schlechte Witze machen. Verfangen sie sich darin und wissen nicht mehr weiter, bleibt als letzter Ausweg nur ein mechanisches »Heil Hitler« als Glaubensbekenntnis. Und letzten Endes sind es Kadavergehorsam, Autoritätshörigkeit und blindes Vertrauen in die von Uniformen repräsentierten Machthierarchien, die den Schauspielern die Flucht ermöglichen. Damit inszeniert Lubitsch den Sieg des Zivilen über gleichgeschaltetes militärisches Funktionieren. In der chaotischen, aber solidarischen Theatertruppe, die sich durch List und Zivilcourage gegen den übermächtigen Feind durchsetzt, entwickelt *To Be or Not to Be* ein aktives Gegenbild zum NS-System. Lubitschs Film teilt mit Chaplins Hitler-Satire *The Great Dictator* (*Der große Diktator*, 1940) die Funktion des Bildes als kinematografische Waffe, das die gegnerische Inszenierung als solche vorführt und damit der Lächerlichkeit preisgibt. *To Be or Not to Be* geht konzeptionell darüber hinaus, indem die Narration einen bewussten sozialen Gegenentwurf szenisch entwickelt; Chaplin hingegen konnte dies nur als Epilog mit humanistischem Pathos vermitteln, was als ›Anhängsel‹ aus dem restlichen Film herausfällt.

Das westdeutsche Publikum bekam *Sein oder Nichtsein* erst nach 18 Jahren zu sehen, und selbst 1960 hatte die Importfirma Schwierigkeiten, einen Verleih zu finden. Die Bavaria urteilte: »Die breite Masse wird ihn nicht schlucken«, und der Ufa-Verleih-Chef fand *To Be or Not to Be* »gar nicht so interessant«. Zum gleichnamigen Remake des Films 1983 von Mel Brooks urteilte der *Spiegel*, dass dieser seinerseits mit Lubitsch mache, was Hitler mit Polen und Tura mit Hamlet gemacht hat: »Er dreht ihn, auf das werktreueste, durch den Fleischwolf«. Brooks brachialer Humor versucht erst gar nicht, die subtile Komik der Vorlage umzusetzen, und zollt zumindest in der Hinsicht dem Original seine Achtung. *Matthias Steinle*

Literatur: »Spott mit Entsetzen«. In: Der Spiegel (1960) Nr. 27. – Herman G. Weinberg: The Lubitsch Touch: A Critical Study. New York 1977. – Leland A. Poague: The Cinema of Ernst Lubitsch. Cranbury 1978. – Jean-Louis Comolli / François Géré: Deux fictions de la haine. 3 Tle. In: Cahiers du cinéma. Nr. 286, März 1978; Nr. 288, Mai 1978; Nr. 290/291, Juli/August 1978. – William Paul: Ernst Lubitsch's American Comdedy. New York 1983. – Hans Helmut Prinzler / Enno Patalas (Hrsg.): Lubitsch. München 1984. – »Pschzstwst wzjdjst«. In: Der Spiegel (1984) Nr. 10. – Bernard Eisenschitz / Jean Narboni (Hrsg.): Ernst Lubitsch. Paris 1985. – Eithne Bourget / Jean-Loup Bourget: Lubitsch ou la satire romanesque. Paris 1987. – N. T. Binh / Christian Viviani: Lubitsch. Marseille 1991. – Herta-Elisabeth Renk: Ernst Lubitsch. Hamburg 1992. – Herbert Spaich: Ernst Lubitsch und seine Filme. München 1992. – Scott Eyman: Ernst Lubitsch: Laughter in Paradise. New York 1993. – Peter Barnes: *To Be or Not to Be*. London 2002. – Michaela Naumann: Schein und Sein – Blickwelten in Ernst Lubitschs *To Be or Not to Be*. In: Matthias Steinle / Burkhard Röwekamp: Selbst/Reflexionen. Marburg 2004.

Atemlos nach Florida

The Palm Beach Story

USA 1942 s/w 88 min

R: Preston Sturges
B: Preston Sturges
K: Victor Milner
D: Claudette Colbert (Gerry Jeffers), Joel McCrea (Tom Jeffers), Mary Astor (Maude), Rudy Vallee (J.D. Hackensacker III)

Der US-amerikanische Traum von Geld und Wohlstand sowie der Zwang, erfolgreich zu sein, sind die Themen dieser satirischen Komödie des Regisseurs Preston Sturges, der während der Kriegsjahre seine erfolgreichsten Filme schrieb. Wie schon in *The Great McGinty* (*Der große McGinty*, 1940) sorgt auch hier der erzählerische Rahmen für narrative Geschlossenheit. Zu Beginn werden in parallel angeordneten Einstellungen eine Braut, ein wartender Ehemann in spe und ein Pfarrer gezeigt. Sturges verwendet den klassischen Schluss vieler Komödien »Und sie lebten glücklich bis an ihr Lebensende« nur, um diesen zu hinterfragen: »Wirklich?« Er zeigt eine im Grunde glückliche Ehe, die allerdings dadurch getrübt wird, dass der Ehemann Tom keinen rechten Erfolg hat – u.a., weil er zu ehrlich ist. Im Gegensatz zu dem Wurstfabrikanten Wienie King, der es nur deshalb zu Geld gebracht hat, weil er weiß, wo er billiges Fleisch für seine Würste herbekommt: »Wenn Sie ein langes Leben wollen, dürfen Sie die nicht essen.« Als der exzentrische Unternehmer King der jungen Gerry Geld für die Miete gibt, statt sie aus ihrer Wohnung zu werfen, trennt sie sich von ihrem erfolglosen Mann Tom, um sich in Palm Beach einen wohlhabenderen Ehemann an Land zu ziehen. Dies gelingt ihr erst nach einigen Fehlschlägen mit den exzentrischen Mitgliedern des »Ale and Quail Clubs«. Sie trifft den Millionär J. D. Hackensacker III, muss aber feststellen, dass die Liebe zu ihrem Ehemann stärker ist als die Gier nach Millionen. Tom, der seiner Frau nachgereist ist und den sie als ihren Bruder ausgibt, erobert seine Frau zurück. Als Hackensacker schließlich einwilligt, Toms Patent zu fördern (obwohl dieser nicht der Bruder, sondern der Ehemann seiner Zukünftigen ist), steht einem Happyend nichts mehr im Wege. Der Film endet mit einer Tripel-Hochzeit von Gerry und Tom, Hackensacker und dessen Schwester Maude, die jeweils die Zwillingsgeschwister des Ehepaares ehelichen.

Seit dem Frühling des Jahres 1942 arbeitete Preston Sturges an dem Filmskript zu *The Palm Beach Story*, der zunächst »Is Marriage Necessary?« heißen sollte. »Voraussetzung«, schrieb Sturges in einer der frühen Notizen, »dass eine hübsche Frau alles tun kann, was sie möchte, ohne Geld zu haben. 2. Dass eine hübsche Frau ihre Ausstrahlung nutzen kann, um ihren Mann in seinem Aufstieg zu unterstützen.« Sein fünfter Film in zwei Jahren drehte sich um Wohlstand und Schönheit, das *setting* war mit New York und Palm Beach gut gewählt, der Ton war der anspruchsvoller Komödien. Wie sein früherer Film *Sullivan's Travels* (*Sullivans Reisen*, 1941) öffnet auch dieser Film mit einer sehr schnellen Sequenz parallel montierter Einstellungen, die eine Frau zeigen, die sich verzweifelt aus einem Schrank zu befreien sucht, eine weitere Frau – ihr genaues Ebenbild –, die sich ein Hochzeitskleid überstreift, einen Mann, der vor der Kirche wartet, und einen Pfarrer, der in der Kirche vor seiner Gemeinde steht. Das Rätsel der Braut im Schrank wird bis zum Schluss nicht gelöst. Zwar erfährt der Zuschauer am Ende, dass beide, Tom und Gerry, eineiige Zwillinge sind, aber ob Gerry Tom nur heiraten konnte, weil sie in die Rolle ihrer Schwester geschlüpft ist, gehört zu den unbeantworteten Geheimnissen dieses Films, der nur scheinbar als harmlose Komödie daherkommt. Tatsächlich stellt *The Palm Beach Story* fast alle scheinbaren Sicherheiten in Frage: die Ehe als Institution, die romantische Liebe und den Glauben, mit Tatkraft und Aufrichtigkeit könne man es zu etwas bringen.

Dialoge und Schauspieler sind das große Kapital dieses Regisseurs. Claudette Colbert als Gerry und Joel McCrea als Tom bringen die feinsinnige Ironie des Drehbuchs zur vollen Entfaltung. Der Film bietet vom Plot her wenig Überraschung und ist kinematografisch weniger kühn als *Sullivan's Travels*, wartet aber mit einigen filmisch sehr eindrucksvollen Sequenzen auf. Die ›Ale-and-Quail‹-Sequenz, in der die Jäger schließlich in der Bar des Zuges auf alles schießen, was nicht schnell genug in Deckung geht, zeigt Sturges' Gefühl für Slapstick. Wienie King, dargestellt von Robert Dudley, ist ein Beispiel für die genaue Zeichnung der Nebenfiguren. Während andere für sechs Darsteller gute Dialoge schreiben konnten, habe Sturges für 25 Schauspieler gute Sätze verfassen können, so die Meinung vieler Kritiker Hollywoods. Der amerikanische Filmkritiker Andrew Sarris nannte die Filme, die Preston Sturges in den frühen vierziger Jahren drehte, »einen der brillantesten und bizarrsten Ausbrüche von Kreativität in der Geschichte des Films«. *Kirsten von Hagen*

Drehbuch: John Pym: *The Palm Beach Story.* London 1998.
Literatur: James R. Gordon: Comic Structures in the Films of Preston Sturges. Ann Arbor (Mich.) 1981. – James Curtis: Between Flops. A Biography of Preston Sturges. New York 1984. – Andrew Dickos: Intrepid Laughter: Preston Sturges and the Movies. Metuchen (N.J.) 1985. – Antoine de Baecque: »Palm Beach Story«. In: Cahiers du cinéma. Nr. 426. Dezember 1989. – Roland Cosandey: Preston Sturges. Locarno 1989. – Preston Sturges: Preston Sturges. New York [u. a.] 1990. – Diane Jacobs: Christmas in July: The Life and Art of Preston Sturges. Berkeley [u. a.] 1994.

Die Feuerzangenbowle

D 1944 s/w 98 min

R: Helmut Weiss
B: Heinrich Spoerl
K: Ewald Daub
M: Werner Bochmann.
D: Heinz Rühmann (Dr. Johannes Pfeiffer), Karin Himboldt (Eva), Erich Ponto (Professor Crey), Paul Henckels (Professor Bömmel), Lutz Götz (Mathematiklehrer Dr. Brett)

Durch den Genuss einer Feuerzangenbowle in feuchtfröhliche Heiterkeit versetzt, schwelgt eine Gruppe arrivierter älterer Herren in ihren Erinnerungen an die Schulzeit. Lediglich Dr. Pfeiffer, ein erfolgreicher junger Schriftsteller, kann mit keinerlei Pennäler-Geschichten aufwarten, weil er von einem Privatlehrer ausgebildet wurde. Die vier übrigen animieren ihn, sich in den Gymnasiasten Hans Pfeiffer zu verwandeln, um auf diese Weise alle Lausbuben- und Schülerstreiche nachzuholen. Am Gymnasium einer Kleinstadt sorgt er mit vielerlei Albernheiten und Streichen für Wirbel, ehe er sich in die Tochter des Direktors verliebt und den Schwindel nach einigen besonders turbulenten Maskeraden aufdeckt.

Die schwungvoll-spritzige Komödie gehört zu den beständigsten und populärsten deutschen Filmlustspielen überhaupt, wird regelmäßig vom Fernsehen wiederholt und hat bis heute nichts von ihrer humoristischen Verve eingebüßt. Basierend auf Heinrich Spoerls 1933 erschienenem Roman, beziehen die durchaus konventionell in Szene gesetzten Pennäler-Späße ihre belustigende Wirkung vor allem aus einer Schar verschrobener Lehrer-Originale. Der großartige Erich Ponto als Professor Crey, genannt Schnauz, außerdem Paul Henckels, Hans Leibelt, Max Gülstorff und der nur wenig bekannte Egon Vogel liefern köstliche Karikaturen teils dünkelhaft-aufgeblasener, teils liebenswert-tattriger Klischee-Pädagogen, deren Glaube an die eigene Autorität vor allem in der satirisch übertriebenen Trottelsprache salbadernder Worthülsen besteht. Diese brillanten Vertreter großer Schauspielkunst bewältigen sogar Spoerls reichlich plumpen Typen-Humor. Szenen wie Henckels' Erläuterungen über die Funktionsweise der Dampfmaschine oder Pontos Versuch, den Chemieunterricht durch Verabreichung eines »wänzigen Schlocks« Alkohol lebendiger zu gestalten, sind komödiantische Kabinettstückchen. Ihre Komik mildert sowohl die unübersehbare Tendenz zu sentimentaler Realitätsflucht als auch die kaum verhüllte Aufforderung zu Duckmäusertum und Gehorsam gegen die Obrigkeit ab. So bemerkt der Mathematiklehrer Dr. Brett, den die Schüler wegen seiner militärisch ›gerechten‹ Autorität als einzige Lehrkraft respektieren: »Junge Bäume, die wachsen wollen, muss man anbinden, dass sie schön gerade wachsen, nicht nach allen Seiten ausschlagen. Genauso ist es mit den jungen Menschen. Disziplin muss das Band sein, das sie bindet zu schönem, geradem Wachstum.« Dass sie dabei in den Himmel wüchsen, verhindere schon das Leben. Auch Pfeiffers Schlussmonolog, nachdem er seine Maskerade offenbart hat, lässt an dieser kleinbürgerlichen und restaurativen Gesinnung keine Zweifel: »Wahr sind nur die Erinnerungen, die wir mit uns tragen; die Träume, die wir spinnen; und die Sehnsüchte, die uns treiben. Damit wollen wir uns bescheiden.« Um dem künftigen Schwiegervater seine Integrität zu beweisen, legt er mit Abiturzeugnis, Doktorbrief und Bankauszug schließlich auch die Dokumente bürgerlichen Werte- und Wohlstandsdenkens vor.

Botschaften wie diese passen zu Heinz Rühmanns (vor allem in seinen Nachkriegsfilmen variierter) Standardrolle des sprichwörtlichen ›kleinen Mannes‹, der zwar immer wieder gegen ›die da oben‹ rebelliert, doch auch bei Schicksalsschlägen seine lächelnde Sanftmut behält, letztendlich sein kleines Glück findet und mit verschmitzter

Pfiffigkeit die eigenen Grenzen akzeptiert. Nicht ganz zu Unrecht hat man dem Film, der unter Rühmanns ›künstlerischer Gesamtleitung‹ entstand, deshalb vorgeworfen, er rufe latent zu Anpassung, Stillhalten und Konformismus auf – ein Verdikt, das immer wieder zur Untermauerung der These angeführt wird, es habe im ›Dritten Reich‹ keinen unpolitischen Film gegeben. Interessanterweise sollte der Film wegen Diffamierung des Lehrerberufs verboten werden. Gleichwohl finden sich in der *Feuerzangenbowle* einige wenige Momente, in denen eben dieses Duckmäusertum angesprochen wird. Beispielsweise ignorieren die Schüler das Flehen von Professor Bömmel, ihm seine Schuhe wiederzugeben. Erst als der strenge Dr. Brett, der die Jungs in einer Mischung aus Drill und Nachsichtigkeit behandelt, im Klassenzimmer erscheint, werden Bömmel seine Schuhe ausgehändigt. Zunächst bedankt er sich lächelnd und höflich, doch im Hinausgehen sagt er: »Habt ihr einen fiesen Charakter.«

Vor allem aber ist *Die Feuerzangenbowle* ein glänzend gespielter Unterhaltungsfilm voll harmlosem Witz und einer trotz aller Spießigkeit erfrischend temporeichen Unbekümmertheit. Tatsächlich wirkt er flotter als Spoerls Romanvorlage, deren Erzählstil immer ein wenig behäbig und bemüht daherkommt. Auch die Erstverfilmung, die Robert A. Stemmle 1934 unter dem Titel *So ein Flegel* ebenfalls mit Rühmann in der Hauptrolle drehte, birgt einige komödiantische Höhepunkte, etwa die Szenen in der von Rudolf Platte geleiteten Tanzschule. Die dritte Fassung von Helmut Käutner, in der 1970 Walter Giller den Pfeiffer spielte, ist dagegen kaum mehr als eine der damals gerade in Mode gekommenen Lümmel- und-Pauker-Possen in historischem Gewand. *Rainer Dick*

Literatur: Hans Hellmut Kirst: Heinz Rühmann – Ein biographischer Report. München 1969. – Gregor Ball: Heinz Rühmann: Seine Filme – Sein Leben. München 1981. – Heinz Rühmann: Das war's. Frankfurt a.M. 1982. – Hans Hellmut Kirst / Matthias Forster: Das große Heinz Rühmann Buch. Grünwald 1990. – Stephen Lowry: Der kleine Mann als Star. Zum Image von Heinz Rühmann. In: Thomas Koebner (Hrsg.): Idole des deutschen Films. München 1997. – Peter Zimmermann: Kleiner Mann was nun? Der Komiker Heinz Rühmann im Obrigkeitsstaat. In: Ebd. – Stephen Lowry / Helmut Korte: Der Filmstar. Stuttgart 2000. – Torsten Körner: Der kleine Mann als Star: Heinz Rühmann und seine Filme der 50er Jahre. Frankfurt a.M. 2001. – Fred Sellin: Ich brech' die Herzen … Das Leben des Heinz Rühmann. Reinbek 2001. – Torsten Körner: Ein guter Freund – Heinz Rühmann. Berlin 2001. – Franz Josef Görtz / Hans Sarkowicz: Heinz Rühmann 1902–1994. München 2001.

Arsen und Spitzenhäubchen

Arsenic and Old Lace

USA 1944 s/w 118 min

R: Frank Capra
B: Julius J. und Philip G. Epstein nach dem gleichnamigen Theaterstück von Joseph Kesselring
K: Sol Polito
M: Max Steiner
D: Cary Grant (Mortimer Brewster), Josephine Hull (Tante Abby), Jean Adair (Tante Martha), Raymond Massey (Jonathan Brewster), Peter Lorre (Dr. Einstein)

Arsenic and Old Lace ist eine schwarze Komödie über zwei liebenswerte alte Damen, über zwölf Leichen im Keller und über die Grenzen zwischen Spleen und Wahnsinn. Das Drehbuch basiert auf dem gleichnamigen Stück von Joseph Kesselring, welches in den frühen vierziger Jahren am Broadway unter der Regie von Lindsay und Crouse große Erfolge feierte. Capra hielt sich bei der Verfilmung eng an die Vorlage und versah sie nicht, wie in seinem filmischen Werk sonst, mit sozial-realistischen Bezügen.

Brooklyn, New York: Der Ehe- und Theaterkritiker Mortimer Brewster heiratet die Pfarrerstochter Elaine Harper. Bevor das glückliche Paar zu seiner Hochzeitsreise an die Niagarafälle aufbricht, will Mortimer seine zwei alten Tanten mit der frohen Nachricht überraschen. Doch eine Leiche in der Fenstertruhe der Brewsters verzögert die Abreise. Mortimer verdächtigt seinen verrückten Cousin Teddy, der sich in Folge einer Persönlichkeitsstörung für Präsident Roosevelt hält. Aber seine Tanten erklären ihm ohne Reue, dass sie selbst den Mann aus Mitleid mit Arsen vergiftet haben. Und damit nicht genug: In ihrem Keller sind elf weitere Junggesellen begraben, die das gleiche Schicksal ereilt hat. Mortimer ist fassungslos und versucht, die sofortige Einlieferung seiner Familie in die Heilanstalt »Seelenfrieden« zu veranlassen. Als dann schließlich noch sein Bruder Jonathan und dessen Komplize Doktor Einstein aus der Nervenheilanstalt für Straftäter flüchten und im Hause Brewster untertauchen, beginnt Mortimer an seinem eigenen Verstand zu zweifeln …

Thematisch stellt *Arsenic and Old Lace* in Capras Werk eine Ausnahme dar, denn es handelt sich wohl um das skurrilste Sujet, das Capra je zu einer Verfilmung ausgewählt hat. Der Film ist das direkte Gegenteil jener Geschichten über den ›kleinen Mann‹ und seine Mitmenschlichkeit, die u.a. durch *Mr. Deeds Goes to Town* (*Mr. Deeds geht in die Stadt*, 1936) und *It's a Wonderful Life* (*Ist das Leben nicht schön?*, 1946) zu Capras Markenzeichen geworden sind. In *Arsenic and Old Lace*, der in der Mitte von Capras Œuvre steht, geht es nämlich um die moralisch ganz und gar nicht korrekte Lust am Morden.

Wie schon der Titel des Films andeutet, entsteht die Komik aus dem Zusammentreffen der antiquierten, verniedlichten Lebensweise der Tanten und der Brutalität der

Handlung. Tatsächlich verbirgt das Geschehen hinter der harmlosen Kulisse eine fast obszöne Lust an Gewalt und Sex. Mortimers Angst vor der erblichen Familienpsychose geht einher mit einer sexuellen Frustration, die sich in seiner Angst vor den Flitterwochen und der damit verbundenen sexuellen Fortpflanzung äußert. Wenn die Tanten ihm am Ende des Films erklären, dass er kein leiblicher Brewster ist, leitet sein Ausruf »Ich bin der Sohn eines Fischers« das Happyend ein. Im nicht so prüden Bühnenstück hatte es noch »Darling, I'm a bastard« geheißen. Ebenso wie Mortimer sieht sich der Zuschauer zunehmend mit den Grenzen von Normalität und Wahnsinn konfrontiert. Denn sukzessive offenbaren auch die seriös anmutenden Nebenfiguren wie der Polizist und der Arzt eindeutige psychische Defizite. Die Komik besteht in großen Teilen aus Elementen der Situationskomik, die den Zuschauer ständig mit neuen absurden Geschehnissen überrascht. Es finden sich jedoch auch Elemente des Slapstick und des Sprachwitzes (Mortimer über Teddy: »Es wäre schlimmer, wenn er sich für Stalin halten würde«).

Inszenatorisch orientiert sich Capra an den Vorgaben des Bühnenstücks. Auf engem Raum, dem Haus und Vorgarten der Brewsters, kreiert er einen Mikrokosmos, der den zeitlichen und örtlichen Bezug aufhebt, der durch den *voice-over*-Kommentar in der Exposition geschaffen wurde.

Wirklich makaber und unheimlich wird der Plot mit dem Auftauchen Jonathans und Doktor Einsteins, hier schafft Capra Bezüge zu Klassikern des Horrorfilms. Maßgeblich geschieht dies durch die Figur Jonathans, die in ihrem Äußeren und Verhalten an Frankensteins Monster angelehnt ist. Jonathan sorgt besonders in den Nachtsequenzen für unheimliche Momente, die durch eine Inszenierung von Licht und Schatten, wie sie in frühen Horrorfilmen verwendet wurde, verstärkt werden. Um diese Figur besonders authentisch zu gestalten, wollte Capra ursprünglich Boris Karloff verpflichten, der dem Publikum als Frankensteins Monster bekannt war und schon auf dem Broadway den Jonathan verkörpert hatte. Da die Regisseure Lindsay und Crouse aber auf einem Tausch mit Humphrey Bogart bestanden, stimmte Warner Brothers dem Deal nicht zu. Lange gesucht wurde auch der Darsteller für Mortimer Brewster. Nach einem ausgiebigen Casting mit den begehrtesten männlichen Schauspielern Hollywoods, verpflichtete Capra Cary Grant, der mit 160000 Dollar schließlich eine höhere Gage als er selbst bekam. *Kirsten Gudd*

Literatur: Frank Capra: Autobiographie (1971). Zürich 1992. – Victor Scherle / William Turner Levy: The Complete Films of Frank Capra. New York 1972. – Leland A. Poague: The Cinema of Frank Capra. An Approach to Film Comedy. Cranbury/London 1975. – Raymond Carney: American Vision: The Films of Frank Capra. Cambridge 1986. – Joseph McBride: Frank Capra: The Catastrophe of Success. New York 1992. – Leland A. Poague: Another Frank Capra. Cambridge 1994. – Robert Sklar: Frank Capra: Authorship and the Studio System. Philadelphia 1998.

Monsieur Verdoux – Der Frauenmörder von Paris / Der Heiratsschwindler

Monsieur Verdoux

USA 1947 s/w 110 min

R: Charles Chaplin
B: Charles Chaplin, Orson Welles
K: Roland Totheroh, Curt Courant
M: Charles Chaplin
D: Charles Chaplin (Henri Verdoux), Mady Correll (Mona Verdoux), Martha Raye (Annabella Bonheur), Margaret Hoffmann (Witwe Lydia Floray)

Monsieur Verdoux ist ein charmanter, zärtlicher, menschenfreundlicher, naturverbundener und romantisch veranlagter Mensch – er liebt Blumen und Kinder, er rettet eine Raupe, bevor sie seine eigene Schuhsohle zerquetschen kann, und wenn er eine Dame umarmt, konzentriert er seine ganze akkurat bemessene Grandezza auf das feinfingrige Nesteln im Dschungel ihrer Federboa. Monsieur Verdoux ist ein zynischer, brutaler Mensch, der ebenso heiratsschwindlerisch wie meuchelmörderisch die Frauen, die er so erfolgreich umgirrt, um Geld und Leben bringt; der mit schneidender Schärfe seinem Börsenmakler telefonische Anweisungen erteilt und sich in eine Präzisionsmaschine verwandelt, wenn er Banknoten zählt oder im Telefonbuch nach der Adresse seines nächsten Opfers sucht. Monsieur Verdoux ist ein Verwandlungskünstler, ein Proteus seiner Zeit zwischen den Weltkriegen, der seinen diversen Ehefrauen mal als weltreisender Ingenieur, mal als Schiffskapitän, mal als Forscher im Auftrag einer Gesellschaft für Geografie erscheint – jedenfalls: stets als Konstruktion seiner selbst und als schweifender Geist, der in einen zierlichen, überaus eleganten Körper geschlüpft ist und vor den Damen seiner verbrecherischen Wahl die verzücktesten Verrenkungen vollführt, während er sie gleichzeitig mit diamantscharfem Blick durchbohrt und heimlich die chemische Formel für das Gift memoriert.

In den grazilen Verschraubungen dieses Körpers blitzen gelegentlich noch die Pirouetten auf, die Charlie in seinen frühen Slapstick-Filmen drehte. Aus dem Tramp ist der dekomponierte (Klein-)Bürger der Inflationszeit geworden, der, mit penibler Aufmerksamkeit für die nachgerade ins Groteske getriebene Korrektheit seiner Selbstinszenierung, die Attitüden des verspäteten Flaneurs durchdekliniert – gilt es doch zu verdecken, dass er, ein kleiner überschuldeter Bankangestellter, auf ungewöhnliche Einfälle kommen muss, um zu überleben. Er überlebt, indem er den Umweg über die komplizierten Installationen der bürgerliche Ökonomie ab- und den Kapitalismus auf seine roheste Quintessenz verkürzt: auf Betrug und Mord. Gegen die brutale Welt setzt Verdoux die Brutalität des Individuums – veredelt durch Intelligenz, eingehüllt in überschwängliche Galanterie und ausgestattet mit einem beträchtlichen Apparat an romantischen Aufwallungen, die enzyklopädisch das Maskenrepertoire der untergegangenen bürgerlichen Epoche zitieren.

Die Idee zu diesem Film, so ist im Vorspann zu lesen, stammt von Orson Welles, der Chaplin, wie dieser in seinen Memoiren klarstellt, ursprünglich für einen Dokumentarfilm über den französischen Frauenmörder Landru gewinnen wollte und schließlich 5000 Dollar sowie die Nennung im Vorspann verlangte, als Chaplin, von der Blaubart-Idee angeregt, ein ganz anderes Konzept, nämlich sein eigenes verfolgte. Der Film entstand gegen Ende des Zweiten Weltkriegs, als das Europa des Monsieur Verdoux in Trümmer gesunken war. Die Kamera zeigt in der ersten Einstellung seinen Grabstein und schwenkt über einen Friedhof; Verdoux erzählt seine Geschichte als Toter: ein König Blaubart, den sich am Ende die Henker schnappten.

Seiner blumig-unverblümten Courtoisie, seinen Silberlöckchen, seinem Menjoubärtchen, seinem komisch-süffisant verkräuselten Mund hat Chaplin einen Schuss gereifter Melancholie beigegeben: Hier ist ein Wolfs-Typus, der selbst in den Reißwolf der Zeit geriet. Seine Diktion ist präzis, maschinell und gleichzeitig fähig zu einem Schmelz, von dessen Theatralität er sich selbst hinreißen lässt, ohne indes die Kontrolle über die genaue Platzierung seiner Gefühlskaskaden zu verlieren. Sein Leben ist eine komplizierte Architektur aus Rollenspielen, die nur punktuell Präsenz zulassen; doch immerhin hat er so, in der Rolle des vollendeten Familienvaters, »zehn glückliche Jahre« mit Mona, seiner an den Rollstuhl gefesselten Ehefrau, zugebracht. Heiratsschwindel, also die Virtualisierung der bürgerlichen Ehe, ist ein Geschäft, das auch den Schwindler als Menschen virtualisiert. Rollenspiele produzieren ihren eigenen Verschleiß. »Du arbeitest zu viel«, sagt die ahnungslose Mona. Verdoux entgegnet: »Millionen Menschen sind heute arbeitslos.« Beschwingt, doch tief pessimistisch bewegt sich dieser Gauner durch die gigantische Gaunerei der Zeit; er stellt sich der Epoche, indem er das große barbarische Morden, das kommen wird, in seinen kleinen, exakt kalkulierten mörderischen Spielen persifliert.

Wie *Modern Times* (*Moderne Zeiten*, 1936) und *The Great Dictator* (*Der große Diktator*, 1940) gehört *Monsieur Verdoux* somit zu den großen Warntafeln, die Chaplin gegen die bedrohlichen Entwicklungen der ersten Jahrhunderthälfte, gegen Gewalt, Ausbeutung und Faschismus aufgerichtet hat – und wie die berühmte Hitler-Parodie hat er auch diesen Film am Ende mit einem nur rhetorisch glänzenden Bekenntnis versehen, das sich von der Stringenz der filmischen Narration entfernt und einen Eigenwert als politisch-moralische These reklamiert. Wenn Monsieur Verdoux dem Gericht, das ihn zum Tod durch die Guillotine verurteilt hat, entgegenhält, im Vergleich zu den politischen Massenmördern der Zeit sei er mit seinen paar Frauenleichen nur ein Dilettant, überspielt er mit augenzwinkernder Bescheidenheit, dass er den Mord, als schöne Kunst betrachtet, durchaus als Virtuose seiner Branche praktiziert hat. Sein tödliches Geschäft exekutiert er als Ästhet, gleichsam mit weißen Handschuhen – hier mag man sogar eine untergründige Beziehung zum Ästhetizismus der Massenmörder, der italienischen und deutschen Faschisten sehen, deren Führer in ihrem Cäsarenwahn in dokumentarischen, die Fiktion sprengenden Filmaufnahmen eingeblendet werden.

Monsieur Verdoux wäre vermutlich nur ein dramaturgisch gut gebauter Durchschnittsfilm – ohne die bizarren Extravaganzen, die Chaplin als (Selbst-)Darsteller der Figur verpasst, und ohne die situationskomischen Kunst- und Kabinettstücke, die, ganz in der Tradition der frühen *slapstick comedy*, die Gesellschaftstableaus dieses Films zu satirischen Clownesken ver- oder vielmehr ent-zerren. Akrobatische Einlagen – wie eine Rolle rückwärts aus dem Fenster hinaus ins Blumenbeet oder der gelungene Versuch, mit einer Kaffeetasse vom Sofa zu purzeln, ohne einen Tropfen zu verschütten – entwickeln sich als konsequente Fortsetzung einer gelegentlich ins Barocke geschraubten Körpersprache forcierter Dandy-Eleganz. Eingebaut finden sich Burlesken von eigener, durchaus surrealer Qualität – etwa wenn Verdoux als Kapitän Bonheur eines seiner Opfer, Annabelle, beim Angeln zu erdrosseln versucht oder wenn er seine eigene Hochzeit, nach einem turbulenten Versteckspiel in einem Treibhaus, zur Verwirrung der illustren Gäste platzen lässt. Die Romantizismen früherer Filme kehren in sarkastischer Brechung wieder – am schönsten sicher in jener Szene, in der Verdoux vor der ebenso garstigen wie geldgierigen Witwe Lydia den Mond anschmachtet (»Luna fährt mit milchweißen Segeln über den Himmel ...«); er verschwindet mit ihr im Schlafzimmer, die Kamera blickt weiter auf das Fenster mit dem Nachthimmel – dann hellt sich das Bild allmählich auf, es ist früher Morgen, Verdoux kommt aus dem Zimmer und macht sich mit 70000 Francs davon. Wir wissen nun: Im Schlafzimmer liegt wieder eine Leiche.

Die Geschichte der jungen Frau (Marilyn Nash) wiederum, die Verdoux auf der Straße aufliest, um an ihr ein neues Gift zu erproben, und mit einem großzügigen Geldgeschenk entlässt, weil ihn ihr Schicksal zu Tränen rührt, erinnert an die ungetrübte Sentimentalität so vieler Geschichten, die schon der Tramp Charlie mit den ätherischen, transsexuellen Wesen des anderen Geschlechts – sei's Edna Purviance, sei's Paulette Goddard – erlebt hat. So verwundert es nicht, dass Verdoux, wenn er in der letzten Einstellung durch einen düsteren Gefängnishof zur Guillotine geführt wird, in den Knien fast unmerklich einknickt und in den berühmten Watschelgang verfällt: Der Horizont, auf den er diesmal zuläuft, ist ganz nah, und es ist definitiv der Tod.

Die amerikanische Zensur – genauer: das den reaktionären Einflüsterungen der League of Decency ausgelieferte Breen Office – überzieht Chaplins Drehbuch mit lächerlichen Auflagen, Kürzungsvorschriften und Änderungsvorschlägen; auch an der politischen Botschaft, Verdoux' Polemik gegen die Massenmörder der imperialistischen Kriege, nimmt sie Anstoß. Mit Recht weist Georges Sadoul darauf hin, dass Chaplin mit den ziemlich unsympathischen Witwen in seinem Film – einer »Galerie egoistischer Weiber, fünfzigjähriger Scarletts, die zum großen Teil die Banken und die Sittlichkeitsvereine lenken« – zielsicher die aggressive Prüderie der amerikanischen Frauenligen ins Visier genommen habe. Erst zwei Jahre nach dem Krieg, im Frühjahr 1947, wird *Monsieur Verdoux* in New York uraufgeführt; zuvor lädt Chaplin zu einer Pressekonferenz, auf der ihm der offene Hass der Zeitungsvertreter, vor allem des konservativen Hearst-Konzerns, entgegenschlägt. Die Ereignisse fallen mit dem heimtückischen Vaterschaftsprozess zusammen, den ihm Joan Barry angehängt hat; gleichzeitig läuft bereits die Kampagne hysterischer Kalter Krieger gegen den ›vaterlandslosen Kommunistenfreund‹ Chaplin, der sich im Krieg für die Eröffnung einer ›Zweiten Front‹ gegen Hitler eingesetzt hat.

Monsieur Verdoux sei »der klügste und brillanteste Film«, den er bisher gemacht habe, meinte sein Regisseur. Der große Erfolg in Europa bestätigt ihn, während die amerikanischen Kinounternehmer, nach anfänglich vollen Kassen, sich von den Demonstrationen und militanten Drohungen der Catholic League und anderer einflussreicher Organisationen auf der äußersten Rechten einschüchtern ließen und den Film bald aus dem Programm nahmen. Insgesamt spielte *Monsieur Verdoux* gerade seine Produktionskosten ein. *Klaus Kreimeier*

Literatur: Charles Chaplin: Die Geschichte meines Lebens (1964). Frankfurt a. M. 1964. – André Bazin / Eric Rohmer: Charlie Chaplin. Paris 1972. – Wolfram Tichy: Chaplin. Reinbek 1974. – Georges Sadoul: Vie de Charlot. Charles S. Chaplin, ses films et son temps. Paris/Brüssel 1978. – Jean Mitry: Tout Chaplin. Paris 1987. – David Robinson: Chaplin. Sein Leben – seine Kunst (1985). Zürich 1989. – John McCabe: Charlie Chaplin. London 1992.

Blockade in London / Pass nach Pimlico

Passport to Pimlico

GB 1949 s/w 84 min

R Henry Cornelius
B: T. E. B. Clarke
K: Lionel Baines
M: Georges Auric
D: Stanley Holloway (Arthur Pemberton), Betty Warren (Connie Pemberton), Barbara Murray (Shirley Pemberton), Paul Dupuis (Herzog von Burgund)

Hochsommer im London der Nachkriegszeit, wo die Folgeschäden des Krieges noch allgegenwärtig sind. Die wirtschaftlichen Notverordnungen der Regierung, die Rationierung von Lebensmitteln, die durch die deutschen Bombardements entstandenen Ödflächen inmitten der Stadt stimulieren Bedürfnisse nach einem besseren Leben. Eine Hitzewelle lässt britische Förmlichkeiten dahinschmelzen: Zu den lateinamerikanischen Rhythmen aus dem Radio räkelt sich die junge Dame im zweiteiligen Sonnenanzug lasziv auf der Luftmatratze unter dem Sonnenschirm, der kleinbürgerliche Stadtteil Pimlico hält unbritisch Siesta. Es ist eine Zeit, so unökonomische wie sympathische Projekte in die Welt zu setzen, wie sie der Kaufmann Pemberton der *community* von Pimlico vorschlägt: nämlich auf dem von Bombentrichtern zerfurchten Ruinengelände nicht Geschäfts- und Industriebetriebe anzusiedeln, sondern einen »Lido«, ein Strandbad mit einem künstlichen See sowie Kinderspielplätzen, anzulegen.

Die zufällige Explosion einer nicht gezündeten Fliegerbombe verändert das Leben um den Miramont Place grundlegend. Denn im Krater des Blindgängers finden sich ein umfangreicher Schatz sowie Dokumente, deren nachhaltige Bedeutung die schrullige Historikerin Prof. Hatton-Jones (Margaret Rutherford in einer Glanzrolle) entschlüsselt. Danach gehört der Stadtteil Pimlico seit Jahrhunderten als eine alte Enklave zu dem französischen Herzogtum Burgund. Sehr schnell dämmert es den Einwohnern Pimlicos, dass sie als Staatsbürger von Burgund nicht länger der britischen Gesetzgebung unterworfen sind. Geradezu anarchisch feiern sie ihre neue Unabhängigkeit. Die Sperrstunde im Pub wird ebenso aufgehoben wie die Lebensmittelrationierung. Pimlico wird zu einer von Händlern und Käufern überschwemmten Freihandelszone, in der die Geschäfte selbst am geheiligten Sonntag blühen. Passend zur Hitzewelle blüht der bescheidene Cockney-Bezirk über Nacht zu einem Konsumparadies voller Vitalität mit mediterranem Ambiente auf. Selbstbewusst zerreißt man die Lebensmittelkarten.

Doch das Empire ist nicht gewillt, diese Unbotmäßigkeit und Unterminierung staatlicher Verordnungen hinzunehmen, und schlägt zurück. Whitehall schließt die Grenzen zu Pimlico/Burgund; strenge Zoll- und Passkontrollen werden eingeführt. Die Situation eskaliert, als die ›Burgunder‹ im Vertrauen auf ihren schon im Krieg unter Beweis gestellten Durchhaltewillen keineswegs bereit sind, einzulenken. Wenn schon im Krieg die Nazis mit ihren V1-Raketen ihnen nichts anhaben konnten, so erst recht nicht der übermächtige Gegner aus Whitehall. »Because we're English, we're sticking up for our rights to be Burgundians.«

Mit der totalen Wirtschaftsblockade und Isolierung von Pimlico, deren Bilder vermutlich nicht nur aus heutiger Sicht mitunter eine seltsame Affinität zu den Bildern der realhistorisch gleichzeitig durchgeführten Blockade Berlins offenbaren, verschärft die Regierung die Situation. Doch hat sie weder mit den Medien, die mit kriegserprobtem Pathos in dieser Auseinandersetzung zwischen David und Goliath für den Schwächeren Partei ergreifen, noch mit der breiten Solidarisierung der britischen Bevölkerung gerechnet. Kein Stacheldraht kann die Versorgung mit Lebensmitteln unterbinden, schließlich wird sogar eine Luftbrücke eingerichtet. Und wenn die staatlichen Versorgungsunternehmen auch noch die Wasserzufuhr abstellen, bewährt sich auf Seiten der Belagerten das schon im Krieg demonstrierte Selbsthelfertum des Zivilschutzes. Nur die Geschäfte kommen völlig zum Erliegen.

Am Ende siegt die Vernunft, die auch eine ökonomische ist. Schließlich kann Pimlico nur in Frieden und Wohlstand überleben, indem es zu Britannien mit seinen Rationierungskarten und geregelten Öffnungszeiten zurückkehrt. Aber es ist eine Kompromisslösung im Sinne des viel beschworenen britischen *common sense*, die mit einem öffentlichen Festbankett gefeiert wird; ein produktiver Kompromiss nicht zuletzt auch deshalb, als bei dieser Gelegenheit auch Pembertons gemeinnütziges Projekt eines »Lido« eingeweiht werden kann. Einsetzender Sturzregen bringt eine deutliche Abkühlung der Temperaturen, Sinne und Gemüter mit sich.

Passport to Pimlico ist ein Schlüsselfilm aus der Komödienproduktion der britischen Ealing-Studios unter der Ägide des Produzenten Michael Balcon. Die knapp 20 Filmkomödien aus der Zeit 1947–57 lebten von einem sorgsam austarierten, im Inland wie Ausland höchst erfolgreichen Konzept. Produktionstechnisch hatte Balcon eine weitgehend konstante Studio-Crew von Regisseuren, Autoren und exzellenten Darstellern um sich versammelt, die auf der Basis von Originaldrehbüchern für einen weitgehend einheitlichen Stil von hohem Wiedererkennungswert sorgte. Kauzige Stereotypisierung und deren Verankerung in gesellschaftlichen Zeitbildern, die vom Realismus der Dokumentarfilmschule Griersons geprägt waren, hielten sich vor allem in den ersten Filmen in einer einzigartigen Balance. Inhaltlich lag vielen Ealing-Komödien ein typisches Konfliktmuster zugrunde: David gegen Goliath, ob nun auf der Ebene der lokalen *community* gegen die Zentralgewalt oder auf der des individuellen Rechtsempfindens im Verhältnis zur allgemeinen Gesetzeslage. Michael Balcon: »Unsere Theorie der Komödie – wenn wir denn eine hatten – war eine denkbar einfache. Wir wählten eine Person oder eine Gruppe, und wir ließen sie sich auf eine höchst angestrengte Weise an einem Problem abarbeiten, das offensichtlich unlösbar war.« Der Autor T. E. B. Clarke sah das bestimmende dramaturgische Prinzip der Ealing-Komödien in einer hypothetischen Konstruktion nach dem Muster des »What if …?« Was wäre, wenn – siehe oben – ein Londoner Stadtteil sich für unabhängig vom Empire erklären würde? Was wäre, wenn einer kleinen Gemeinde an der Peripherie Schottlands in Kriegszeiten das Lebenselixier, der Whisky, ausginge, dann aber ein unerwarteter Zufall in Form eines gestrandeten Frachters Rettung verhieße, die der Vertreter der Autorität Londons zu unterbinden versucht (Alexander Mackendrick: *Whisky Galore!*, 1949)? Was wäre, wenn sich der uneheliche Sohn einer britischen Adeligen und eines italienischen Tenors daran machen würde, die subjektiven Erbschaftsrechte auf seine Art einzufordern – indem er das ganze Geschlecht der Ascoyne d'Ascoyne mit ausgeprägtem Stilgefühl zu Tode bringt, um sich selbst als zehnter Herzog von Chalfont ins Oberhaus zu bringen? Töten als eine der schönsten Künste praktiziert: Jedem seiner Opfer verschafft Alec Guiness in nicht weniger als acht Rollen einen formgerechten Abgang (Robert Hamer: *Kind Hearts and Coronets / Adel verpflichtet*, 1949).

Am Ende finden sowohl Pimlico wie auch die kleine schottische *community* zur gesellschaftlichen Normalität zurück, darin ist der affirmative Zug der Ealing-Komödien zu finden. Indem diese Filme aber davon leben, dass sie über weite Strecken lustvoll die Subversion des gesellschaftlichen *common sense* feiern, ist es eine Rückkehr zur Normalität, die um unverzichtbare Erfahrungen eines anderen Lebens bereichert ist. *Heinz-B. Heller*

Literatur: John Ellis: »Made in Ealing«. In: Screen 16 (1977) Nr. 1. – Charles Barr: Ealing Studios. London 1977. – Geoff Brown: Der Produzent. Michael Balcon und der englische Film. Berlin 1981. – Vincent Porter: The Context of Creativity: Ealing Studios and Hammer Films. In: James Curran / V. P. (Hrsg.): British Cinema History. London 1983. – Ian Green: Ealing: In the Comedy Frame. In: James Curran / Vincent Porter (Hrsg.): British Cinema History. London 1983. – Marcia Landy: British Genres. Cinema and Society, 1930–1960. Princeton (N. J.) 1991.

Adel verpflichtet

Kind Hearts and Coronets

GB 1949 s/w 106 min

R: Robert Hamer
B: Robert Hamer, John Dighton nach dem Roman *Israel Rank* von Roy Horniman
K: Douglas Slocombe
M: Ernest Irving
D: Dennis Price (Louis Mazzini / Vater), Alec Guiness (Ascoyne d'Ascoyne / Henry d'Ascoyne / Canon d'Ascoyne / Admiral d'Ascoyne / General d'Ascoyne / Lady Agatha d'Ascoyne / Lord Ethelred d'Ascoyne / Bankier d'Ascoyne), Joan Greenwood (Sibilla), Valerie Hobson (Edith d'Ascoyne)

»Here during a quarter of a century many films were made projecting Britain and the British character.« So die Gedenktafel an den Toren der ehemaligen Ealing-Studios, in denen auch *Kind Hearts and Coronets* entstanden ist. Das Ziel, den britischen Nationalcharakter auch über Großbritannien hinaus zu einem Erfolgsrezept für Spielfilmproduktionen zu machen, zeigt sich an diesem Film, der zu einer der ersten *Ealing Comedies* zählt, besonders gut. Nicht nur sind die Hauptfiguren von einer deutlichen ›Englishness‹ gezeichnet, auch die Schauplätze und

Problemfelder, die angerissen werden, zeugen von einer nationalen Ausrichtung auf das typisch Britische.

Die Hauptfigur, Louis Mazzini, ist Sohn einer englischen Adligen aus dem Geschlecht der d'Ascoynes und eines italienischen Opernsängers. Die Mutter, von der Familie ausgestoßen und verarmt, versucht den Kontakt wieder herzustellen, der Versuch schlägt allerdings fehl, da die adlige Familie nicht verzeihen kann, dass die Tochter unter ihrem Stand geheiratet hat. Der junge Louis wird von seiner Mutter von Kindheit an in dem Bewusstsein erzogen, um seine Geburtsrechte betrogen zu werden. Als der Versuch, eine Karriere in der Bank der d'Ascoynes zu machen, fehlschlägt und die Mutter von einer Straßenbahn überfahren wird, reift im jungen Louis der Plan, den Titel an sich zu bringen und seine Mutter zu rächen. Sein Plan wird zusätzlich angestachelt durch seine Liebe zur attraktiven Sibilla, die Louis' Heiratsantrag ablehnt, da sie den reichen Jugendfreund Lionel heiraten will. Louis' erstes Opfer ist Ascoyne d'Ascoyne, der mit seiner bürgerlichen Geliebten ein geheimes Wochenende verbringt. Er wird mit seinem Boot eine Stromschnelle hinabgeschickt. Nächstes Opfer wird der junge Henry d'Ascoyne, dessen Tod nicht nur den Titel näherrücken lässt, sondern auch die schöne Edith d'Ascoyne zur Witwe macht. Von nun an folgen die Morde an den Mitgliedern der Familie in immer schnellerer Abfolge. Währenddessen fängt Louis eine Affäre mit der inzwischen verheirateten Sibilla an, umwirbt gleichzeitig aber auch Henrys Witwe Edith. Der Letzte, der zwischen Louis und dem Titel steht, ist Lord Ethelred d'Ascoyne, ein bis zur Karikatur überzeichneter britischer Adliger, der über nichts anderes redet als über die Jagd, seine Ländereien und darüber, Söhne zu ›züchten‹. Von Louis in seine eigene Fußangel gelockt, kommt er bei einem inszenierten Jagdunfall ums Leben. Louis wird zum zehnten Herzog von Chalfont, Edith willigt in eine Ehe ein, und Louis' Träume scheinen wahr zu werden. Hier stolpert er aber über einen Mord, den er *nicht* begangen hat. Er wird des Mordes an Lionel für schuldig befunden und zum Tod verurteilt, wenige Minuten vor der Hinrichtung aber befreit, da Sibilla einen Abschiedsbrief hat auftauchen lassen. Dies allerdings nur gegen das Versprechen, Louis müsse Edith umbringen und sie selbst zur Herzogin machen.

Ganz im Sinne einer Literaturverfilmung macht sich Hamers Film nicht nur die Stereotypen des britischen Nationalcharakters zunutze, sondern auch die Charakteristika des viktorianischen Bildungsromans: So wird der gesamte Film von einer der Romanvorlage entlehnten Rahmenhandlung aus erzählt, in der der Protagonist in typischer Weise bei der Geburt beginnend und der Gegenwart endend auf sein Leben zurückblickt. In einer satirisch-kritischen Inversion stellt der Film allerdings keine ›Bildung‹ im positiven Sinne dar, sondern vielmehr eine Entwicklung hin zum perfekten Beherrschen von Mord, Betrug und Manipulation. Auf diese Weise werden sowohl formal als auch inhaltlich die Konventionen kritisiert, die der Film vor allem in den acht von Alec Guiness brillant und witzig dargestellten d'Ascoynes vorführt. Sei es nun der dümmliche Priester oder der bornierte Admiral, sie alle werden als Heuchler enttarnt, die in einer von Standesdünkel und Arroganz geprägten englischen Adelsgesellschaft nicht fähig sind, über ihren Titel hinauszublicken. Doch auch die Hauptfigur ist von solchem Dünkel nicht frei, wenn er sich durch seine Herkunft ausgezeichnet fühlt und die Morde als Weg zu seiner ›natürlichen‹ Bestimmung ansieht. So wirft der Schluss des Films auch auf Louis' Schicksal ein ironisches Licht, wenn dieser in seiner Zelle die Memoiren vergisst, in denen er sein Schicksal geschildert und die Morde genau beschrieben hat. Vielleicht verpflichtet sein Adel also auch ihn zu einem kurzen Leben, so gewitzt und skrupellos er auch sein mag.

Sarah Heinz

Drehbuch: L'Avant-Scène Cinéma (1962) Nr. 18.
Literatur: Harry A. Hargrave: »Kind Hearts and Coronets«. Victorians Institute Journal (1972) Nr. 1. – Charles Barr: Ealing Studios. London 1977. – Geoff Brown: Der Produzent. Michael Balcon und der englische Film. Berlin 1981. – Andreas Missler: Alec Guiness. München 1987. – Marcia Landy: British Genres. Cinema and Society. 1930–1960. Princeton (N.J.) 1991.

Ich war eine männliche Kriegsbraut

I Was a Male War Bride

USA 1949 s/w 105 min

R: Howard Hawks
B: Charles Lederer, Leonard Spigelglass, Hagar Wilde nach einem Zeitungsbericht von Henri Rochard
K: Norbert Brodine, O.H. Borrodaile
D: Cary Grant (Capt. Henri Rochard), Ann Sheridan (Lt. Catherine Gates), Marion Marshall (Lt. Kitty Lawrence), Randy Stuart (Lt. Eloise Billings)

Jenseits der Zeitgrenze seiner größten Popularität (1934 bis in die frühen vierziger Jahre) aktualisierte Howard Hawks das *screwball*-Genre, zunächst mit *I Was a Male War Bride*, später dann mit *Monkey Business* (*Liebling, ich werde jünger*, 1952) und *Man's Favourite Sport* (*Ein Goldfisch an der Leine*, 1964). Stilbildendes Moment der frühen *screwball*-Komödie und subversive Resonanz auf die strengen Zensurbestimmungen unter Roosevelts New-Deal-Politik während der großen US-amerikanischen Depression ist der (komische) Kampf zwischen den Geschlechtern. Anspielungsreich, aber nie explizit wird das zentrale Thema Sex in Szene gesetzt.

Die bewährten Ingredienzien eines liberalen, ›depression denying‹-Lebensgefühls kommen auch in *Male War*

Bride wieder zum Einsatz. Von der Großstadt, dem klassischen Setting der *screwball*-Komödie, in ein auf bäuerliches Milieu getrimmtes und insofern entpolitisiertes Nachkriegs-Deutschland verlegt, das als Originalschauplatz einen kulissenartig aufbereiteten Hintergrund bildet, sprach das aufgewärmte Genre sowohl Besatzer als auch Besetzte an. Die ›Rock-Rolle‹ des *screwball*-bewährten Cary Grant als französischer Hauptmann Henri Rochard und der burschikos-großstädtische Chic, den Ann Sheridan, dauergewellt und in Uniform, als amerikanischer Lieutnant Catherine Gates ausstrahlt, vermitteln einen Hauch modernen amerikanischen Lebensgefühls, das kurz vor der Währungsunion hoch im Kurs stand.

Im offenen Wagen lässt sich der französische Hauptmann Henri Rochard durch zerbombte deutsche Nachkriegsstädte chauffieren. Souverän eruiert er den Weg nach Heidelberg, ohne sich in den Streit zwischen Fahrer und Schutzmann verwickeln zu lassen. Stolz verkündet er dem amerikanischen Militärpersonal, er spreche 16 Sprachen, und vor den Augen ihrer Kolleginnen übergibt er Catherine die Unterwäsche, die sie bei einer gemeinsamen Mission zurückgelassen hat. Die Anfangssequenz zeichnet das Bild männlicher Unbeirrbarkeit und Geradlinigkeit im Gewand alliierter Selbstgefälligkeit, allein, um es im Folgenden konsequent in Grund und Boden zu stampfen. Hawks' favorisierter *comic hero* und Objekt komischer Deformation, Cary Grant, verkörpert einen Typus Mann, der gute Manieren, einen ausgeprägten Charme und einen klugen Humor besitzt. Eine gewisse Unreife lässt ihn im Umgang mit Frauen bisweilen verstockt oder autoritär auftreten. Zu komischen Konflikten kommt es daher, wenn er die Kooperation mit seiner modernen, selbstbewussten Partnerin verweigert oder gar versucht, sie zu bevormunden. Zur Strafe wird sie ihn erbarmungslos übervorteilen und bis auf die Knochen blamieren, nur, damit sie am Ende doch noch in seine Arme sinken kann; denn: »Cary Grant war der Mann, den die Frauen liebten, *weil* er keine gute Figur machte« (Christiane Peitz). Während Catherine das Motorrad steuert, ein Boot besorgt und aus der Havarie rettet und auch sonst alle Entscheidungen trifft, sitzt Henri nörgelnd oder schlafend im Beiwagen, wird von einer Bahnschranke in die Luft gehoben, versteckt sich im Bootsheck, landet auf einer Markise, im Mist, im Gefängnis und schließlich in einem Heuhaufen, wo sich beide ihre Liebe gestehen. Anschließend lässt sich das Paar dreimal (amerikanisch, französisch, deutsch) trauen und steht damit erst am Anfang der hysterischen Turbulenzen ihrer Beziehung. Was beide nämlich zuerst zwangsvereinigte, vereitelt den nun paarungswilligen Parteien die Hochzeitsnacht: Die Dienstvorschrift befiehlt den unverzüglichen Abzug Catherines und macht aus ihrem Gatten ein echtes bürokratisches Problem. Seine Umwandlung zur ›Kriegsbraut‹ beraubt Henri endgültig seiner nationalen und geschlechtlichen Identität und stempelt ihn zum Vasallen seiner Partnerin.

Pragmatismus, Cleverness, Flexibilität sowie ausgeprägte kommunikative Fähigkeiten sind die Tugenden, die Catherine stets einen Vorsprung vor Henri verschaffen. Einzelkämpfertum und Egoismus, wie Henri sie verkörpert, sind Sackgassen und führen zu Misserfolg. Informiert durch die Kollegen, erledigt Catherine, während Henri faktisch weggesperrt ist, in aller Seelenruhe dessen letzten Dienstauftrag. Durch geschicktes Taktieren und die Idee der Verkleidung manövriert sie Henri, der mit seiner Eitelkeit schon wieder alles verpatzt hat, an Deck des Dampfers gen USA. Catherine verkörpert hier zugleich die Rollentypologie der cleveren Reporterin der Zeitungsfilme, einer *screwball*-Variante der dreißiger Jahre, die nun als Vertreterin ihrer Nation im Krieg gefordert ist. Als dominante Frau einen kindlichen Mann großzügig in dem Glauben zu lassen, ein toller Kerl zu sein und im Hintergrund die Fäden zu ziehen, bezeichnet zweifellos ihre Überlegenheit.

Wiederholt fixiert die Kamera Grant frontal, der seinerseits Blickkontakt aufnimmt, vorwiegend dann, wenn er sich in unangenehmen Situationen befindet; so z.B., als über Lautsprecher Kosmetiktipps an die ausreisenden Frauen in der Wartehalle ergehen. Die Kamera fährt während dieser Worte nah auf Grant und gibt dessen Gesicht als komische Projektionsfläche frei. Auch der Höhepunkt des Films, Henris Geschlechterrollenwechsel, vollzieht sich als ›Gesichtsverlust‹. In einer Überblendung wird von der Großaufnahme eines Pferdehinterteils auf Henris Gesicht geschnitten, das hinter dem abgeschnittenen Pferdeschweif, den Catherine zur Seite zieht, zum Vorschein kommt: »Ich werde nicht viel Erfolg bei Männern haben«, stellt Henri richtig fest. Rollenwechselgeübt z.B. in plüschigem Morgenmantel und Slippers in *Bringing up Baby* (*Leoparden küsst man nicht*, 1938) oder in Frauenkleidern in *My Favourite Wife* (*Meine liebste Frau*, 1940), erreicht Grants Rolle als »female-frustrated man« (Gerald Mast) in *Male War Bride* einen Höhepunkt.

Bei Hawks kommt das Motiv des Rollentauschs in Form eines demütigenden Kostüms zum Einsatz, das seine Komik aus der Abwertung von ›Weiblichkeit‹ bezieht; ein Aspekt, der seine zeitgenössische Aktualität aus dem veränderten Rollenbild der Frau gewinnt, die durch den Krieg in berufliche Konkurrenz zum Mann trat. Sheridans Rolle ist hiervon geprägt. In der Anfangssequenz sabotiert die Hegemonie des Weiblichen im Gewand des Bürokratismus den männlichen Orientierungssinn. Desorientiert von den kryptischen Amtskürzeln (WAIRCO, SSODDP), findet sich Henri vor der Aufschrift »LADIES« wieder. Während er noch grübelt, öffnet sich die Tür und die heraustretende Frau mustert ihn amüsiert. Der scheinbar weiblichen Verschwörung auf sprachlicher Ebene entspricht jene auf militärbürokratischer: Eine weibliche Vorgesetzte bestimmt, dass er mit Catherine zusammenzuarbeiten hat. Die psychologische Struktur des Films nährt die Vorstellung einer sich kontinuierlich steigernden Invasion des Weiblichen, an deren Ende die Auflösung von Henris männlicher Identität steht. Durch die Heirat mit Catherine verliert Henri Letztere, findet keinen Schlaf und sich selbst in Räumen wieder, die ausschließlich mit Frauen und Kindern angefüllt sind. Die Bürokratie erschafft das Alptraum-*setting* einer homogen weiblichen Welt, in der Henri nur noch eines bleibt: seine eigene Frau zu werden. So erscheint die Narration auch als ein kathartischer Gang durch die Hölle männlicher Weiblichkeitsphobien, an deren Ende erst die sexuelle Vereinigung möglich wird.

Der Showdown bestätigt das traditionelle Rollenbild. Vor den Türen des Kreißsaales, hinter denen Henri während einer Entbindung sprichwörtlich vergewaltigt zu werden scheint, repräsentiert der werdende Vater die ›richtige‹ Rolle, indem er ängstlich draußen bleibt. Die Komik wird zur Demarkationslinie traditioneller Rollenklischees und bezeichnet tatsächlich die festen Grenzen zwischen den Geschlechtern. Am Ende spricht die visuelle Sprache die deutlichsten Worte. Im Bullauge der Kabine, in die sich beide eingeschlossen haben, zieht die Freiheitsstatue als phallisches Sinnbild vorüber. Die Grenzen sind wiederhergestellt, die Vereinigung ist, so Hawks, vollzogen, »während das Schiff an der Freiheitsstatue vorbei in den Hafen von New York einläuft. Das war Sex.«

Patricia Römer

Literatur: Gerald Mast: The Comic Mind. Comedy and the Movies. Chicago [2]1979. – Naomi Wise: The Hawksian Woman. Dt. in: Filmkritik 17 (1973) Nr. 5/6. – Hans C. Blumenberg: Die Kamera in Augenhöhe. Begegnungen mit Howard Hawks. Köln 1979. – Wes D. Gehring: Screwball Comedy. A Genre of Madcap Romance. New York [u. a.] 1986. – Daniela Sannwald: Unser bester Mann. Die Reporterin in der amerikanischen Komödie der 30er

Jahre. In: Frauen und Film (1986) H. 41. – James Harvey: Romantic Comedy in Hollywood from Lubitsch to Sturges. New York 1987. – Duane Byrge / Robert Miller: The Screwball Comedy Films. A History and Filmography, 1934–1942. London 1991.

Das Wunder von Mailand

Miracolo a Milano

I 1951 s/w 95 min

R: Vittorio De Sica
B: Vittorio De Sica, Cesare Zavattini nach der Novelle *Totò il buono* von Zavattini
K: Aldo Graziati
D: Francesco Golisano (Totò), Emma Grammatica (Lolotta), Brunella Bovo (Edvige), Guglielmo Barnabò (Mobbi)

»So ist das Leben – und so ist das Leben nicht.« Mit diesen Sätzen beginnt das Märchen über das Wunder von Mailand, das von der Melodie eines einfachen Liedes über die Tugend der Bescheidenheit begleitet wird und sich als Leitmotiv durch den gesamten Film zieht. Totò der Gute wird als Baby in einem Garten ausgesetzt und fortan von der ältlichen und gütigen Lolotta aufgezogen. Nach ihrem Tod wächst das Kind in einem Waisenhaus auf. Als junger Mann ins Leben entlassen, stößt Totò mit seiner gütigen und freundlichen Art auf Ablehnung und Unverständnis in der Welt. In einer Armensiedlung am Stadtrand von Mailand findet er schließlich Obdach, Freundschaft und die Liebe zu dem Dienstmädchen Edvige. Gemeinsam mit den Bewohnern baut Totò eine fröhliche Budenstadt auf, deren Leben solange funktioniert, bis auf dem Grundstück eine Petroleumquelle gefunden wird. Der reiche, heuchlerische Spekulant Mobbi – resistent gegen die Wünsche und Argumente der Dorfbewohner – will die

Gemeinschaft schon bald darauf vertreiben. Erst als Totò vom Geist seiner Mutter eine weiße Taube gesandt bekommt, »die ihm Kraft gibt, alles zu erreichen, was er will«, entkommen die Bewohner der Aussichtslosigkeit. Ein kurzes Glück weht durch die Budenstadt, da Totò nun die Fähigkeit besitzt, die Sehnsüchte seiner Freunde zu erfüllen. Es geschehen förmlich Wunder, so dass Totò als Engel oder Heiliger von der Armengemeinschaft verehrt wird. Doch der besitzgierige Mobbi kennt keine Gnade und vertreibt die Armen von ihrem Boden. Vor dem Mailänder Dom gelingt ihnen jedoch eine wundersame Flucht: Gemeinsam schweben sie auf den Besen der Straßenkehrer in die Wolken und in eine bessere Zukunft, »dorthin, wo Guten Tag wirklich Guten Tag bedeutet«.

Die eigentlich tragische Geschichte von Totò dem Guten, der mit dem Unrecht der Welt konfrontiert wird, erzählt Vittorio de Sica anfangs ohne viel Dialoge und mit großer visueller Kraft. *Miracolo a Milano* ist keine klassische Komödie, sondern ein Märchen mit einer ernst gemeinten Moral, dessen Komik sich erst im Laufe des Films erschließt. Diese Komik ist nicht feinnervig, sondern stets grotesk, etwa wenn in einer Sterbeszene zwei Ärzte laut den Puls von Lolotta zählen, während die Patientin ungläubig zuschaut. Surrealistisch wird sie, wenn sich die frierenden Menschen am Stadtrand kreisrund im Lichtkegel der winterlichen Sonnenstrahlen versammeln, um sich zu wärmen. Mit Slapstickelementen aus der Stummfilmzeit werden streitende Männer dargestellt, die plötzlich in Hundegekläff verfallen oder materielle Wünsche bis ins Aberwitzige steigern. Von poetischer Schönheit und eher von schwarzem Humor geprägt dagegen sind die Versuche einer geschäftstüchtigen Nachbarin, für das gemeinsame Genießen eines schönen Sonnenuntergangs Eintrittsgeld zu verlangen.

Nach seinem neorealistischen Meisterwerk *Ladri di biciclette* (*Fahrraddiebe*, 1948) inszenierte de Sica hier ein

Märchen, das jedoch immer wieder von realistischen Szenen durchsetzt ist. Umgekehrt brechen bei dieser filmischen Gratwanderung märchenhafte Elemente in die reale Welt ein. Der poetische Stil des Films in Kombination mit seinem humanistischen Anliegen erinnert dabei an die Filme von Charles Chaplin und René Clair. Nicht lange nach Kriegsende war die Verfilmung der Geschichte von Totò dem Guten, der die Wünsche und Sehnsüchte der Menschen ernst nimmt und sie mit einer christlichen Grundhaltung an das Gute glauben lässt, mutig und ungewöhnlich. Nach langer Suche fand Vittorio de Sica in Francesco Golisano seinen idealen Hauptdarsteller, der als blonder, meist hell gekleideter Totò entsprechend das Licht symbolisiert. Totò in seiner großen Güte wird im Laufe des Films durch seine ausgeprägte Fähigkeit zur Empathie immer mehr zum Mann ohne Eigenschaften, dem nur Edviges Liebe Individualität verleiht.

Die Bilder aus der Großstadt, in der die alte Welt mit Pferdefuhrwerken auf die neue Welt mit neugebauten Hochhäusern trifft, zeigen auf poetische Weise die Verlorenheit der Menschen, was visuell durch die häufig regennassen Straßen noch betont wird. Ein vorbeifahrender Zug steht für Sehnsucht nach einem besseren Leben, ein Türrahmen mit Tür mitten im Freien symbolisiert die Zukunft. Einfache Trickaufnahmen ermöglichen die Wunder, die schlicht materiell sein können. *Miracolo a Milano* ist ein Appell an die christlichen Grundwerte wie Humanität, Mitgefühl und Hilfsbereitschaft. Mit offener christlicher Symbolik, der weißen Taube als Heilsbringer und mit Totò selbst als Erlöser erzählt er ein surreales Märchen für Erwachsene, das vielleicht tricktechnisch gealtert, in seiner poetischen Wirkung jedoch zeitlos geblieben ist.

Claudia Engelhardt

Drehbuch: Vittorio de Sica: Miracle in Milan. New York 1968. – Bianco e Nero. Jg. 44. Nr. 2. April/Juni 1983.

Literatur: André Bazin: Vittorio de Sica. Parma 1953. – Henri Angel: Vittorio de Sica. Paris 1955. – Franco Pecori: Vittorio de Sica. Florenz 1980. – John Daretta: Vittorio de Sica. A Guide to References and Resources. Boston 1983. – Millicent Marcus: Italian Film in the Light of Neorealism. Princeton (N.J.) 1986. – Lino Micciché: De Sica: autore, regista, attore. Venedig 1992. – Peter Bondanella: Italian Cinema. From Neorealism to the Present. New York [2]1993.

Don Camillo und Peppone

Le petit monde de Don Camillo / Il piccolo mondo di Don Camillo

F/I 1952 s/w 107 min

R: Julien Duvivier
B: René Barjavel, Julien Duvivier nach dem gleichnamigen Roman von Giovannino Guareschi
K: Nicolas Hayer, Noel Martin
M: Alessandro Cicognini
D: Fernandel (Don Camillo), Gino Cervi (Guiseppe Botazzi, genannt Peppone), Franco Interlenghi (Mariolino Brusco), Sylvie (Madame Christina)

Ein kleines Landstädtchen in der italienischen Po-Ebene wird während der ersten Nachkriegsjahre von einem kommunistischen Bürgermeister regiert. Der katholische Pfarrer versucht zwar, ihm mit Einfallsreichtum und Hinterlist das Leben schwer zu machen. Die beiden Kontrahenten wahren bei ihrem permanenten Schlagabtausch indes nicht nur sportlich-›gerechten‹ Kampfgeist, sondern üben bei gravierenden Problemen auch stets einen durch kleine Boshaftigkeiten relativierten Schulterschluss. Am Ende können die Kommunisten beim Bischof die vorübergehende Versetzung des Geistlichen durchsetzen, bereiten ihm aber gleichwohl einen anrührenden Abschied.

Diese unaufdringlich versöhnliche Note kennzeichnet sowohl die erstmals 1946 veröffentlichten *Don Camillo*-Geschichten des Journalisten Giovannino Guareschi als auch Julien Duviviers gelungene Verfilmung. Der Regisseur übernimmt die Episodenhaftigkeit der Buchvorlage, die im Grunde nur die reizvolle Ausgangsidee zweier Gegner aus extrem unterschiedlichen Lagern variiert. Obwohl Guareschi als zeitweiliger Chefredakteur einer kommunistischen Zeitung die Gegensätzlichkeit von Katholizismus und Marxismus am eigenen Leib kennen gelernt hatte, handelt es sich keineswegs um einen politischen Film. Es geht nicht um ›Ideen‹ irgendeiner Couleur, sondern um die Naivität, Bauernschläue, Eulenspiegelei und trotz aller Unversöhnlichkeit stets erkennbar kordiale Freundschaft zweier prachtvoll gezeichneter Typen.

So ist dies vor allem ein Schauspielerfilm, der seinen beiden Hauptdarstellern die Möglichkeit gibt, lebenspralle Menschlichkeit zu präsentieren. Der wandlungsreiche Komödiant und Charakterdarsteller Gino Cervi brilliert als kinderreicher, aufbrausender Schlosser Peppone, der im Krieg gegen die Faschisten gekämpft hat und nunmehr das Amt des Bürgermeisters bekleidet. Er ist ein Hitzkopf, cholerisch und ungebildet, aber hilfsbereit und selbstlos, wenn es um die Nöte der mittellosen Kleinbauern geht. Ihnen gilt auch das Wirken von Don Camillo, dem nicht minder rauflustigen Popen, der keiner Prügelei aus dem Wege geht und Peppone im Bedarfsfall auch mit Holzschlegeln traktiert. Der rustikale französische Star-Komiker Fernandel verleiht dieser Figur Leben und drängt damit alle anderen Charaktere beiseite. In seinem grobschlächtigen Pferdegesicht werden alle Gefühlsregungen zwischen Schalkhaftigkeit, Melancholie, Berserkertum und echter Herzensgüte sichtbar. Nicht von ungefähr wird die Gestalt des hünenhaften Dorfpfarrers so sehr mit Fernandel identifiziert, dass seine Nachfolger keinerlei Eindruck hinterließen: In der britischen TV-Serie *The*

Little World of Don Camillo (1981) von Peter Hammond spielte Mario Adorf den Priester, während Brian Blesset als Peppone erschien; Terence Hill schließlich traf als Regisseur und Hauptdarsteller der geistlosen Prügel-Posse *Don Camillo* (*Keiner haut wie Don Camillo*, 1983) mit Colin Blakely als Peppone nicht einmal ansatzweise die herzliche Heiterkeit des Duvivier-Films.

Diese nachgerade humanistische Note der Dorffehde zwischen Priester und Bürgermeister löst sich nicht zuletzt durch Don Camillos regelmäßige Dialoge mit einer Christusfigur in ironischer Heiterkeit auf. Schon in der ersten Szene des Films, als die Kommunisten mit lauter Blasmusik ihren Wahlsieg feiern, rennt Don Camillo wutentbrannt in sein Kirchlein und redet auf den Gekreuzigten ein. Im Zwiegespräch mit Christus entwickelt er seine Strategien gegen Peppone. Im Übrigen beschränkt sich Duviviers Regie darauf, die mit sanftem Sarkasmus inszenierten Einzelepisoden aneinanderzureihen: Camillo stört Peppones großspurige Wahlrede mit Glockengeläut; als sich ein scheinbarer Massenauflauf als spontane Kundgebung zur Geburt des jüngsten Bürgermeister-Kindes entpuppt, stimmt der Pfarrer gerührt ein Festgeläute an. Die beiden Widersacher prügeln sich in der Sakristei, konkurrieren um den Bauabschluss von »Volkshaus« und Kinderheim, stellen Mannschaften für ein Fußballspiel zwischen Kommunisten und Gläubigen zusammen. Als Peppone und eine Abordnung seiner Kämpfer bei Camillo erscheinen, zieht dieser ungerührt ein Maschinengewehr unter seiner Zeitung hervor. Selbst einen von Peppone ausgerufenen Streik der Landarbeiter – das harte Dasein entlang des Po wird durchaus im Stil des Neorealismus geschildert – brechen die beiden Widersacher, als die Kühe unter ihren prallgefüllten Eutern zu leiden beginnen. Für ein wohldosiertes Maß an Sentimentalität sorgt die Romeo-und-Julia-Geschichte zweier junger Liebender, die gleichfalls aus den beiden gegensätzlichen Lagern stammen.

Selbst als Peppone und die Seinen endlich Camillos Strafversetzung erreicht haben, raunt er dem Pfarrer zum Abschied zu, man werde weiter verhandeln, »wenn Sie zurückkommen. Ihr Nachfolger macht nicht lange«. Den weiteren Schlagabtausch schildert Duvivier in *Le Retour de Don Camillo* (*Don Camillos Rückkehr*, 1953). Auch Carmine Gallons 1955 entstandene Fortsetzung *Don Camillo e l'onorevole Peppone* (*Die große Schlacht des Don Camillo*) atmete den Geist von Menschlichkeit und Wärme, während *Don Camillo Monsignore ma non troppo* (*Hochwürden Don Camillo*, 1961) von Gallone und *Il compagno Don Camillo* (*Genosse Don Camillo*, 1965) von Luigi Comencini trotz der Mitwirkung der bewährten Darsteller den beschwingten Ton der Vorgänger nicht mehr trafen. Die Dreharbeiten zu einem sechsten Film mussten aufgrund der schweren Krebserkrankung Fernandels abgebrochen werden, der er wenig später erlag.

Rainer Dick

Literatur: Raymond Chirat: Julien Duvivier. Paris 1968. – Yvonne Gerald: Fernandel's Comic Style. In: Films in Review (1960) Nr. 11. – Jacques Lorcey: Fernandel. Paris 1981. – Filmspiegel: Wiedersehen mit Julien Duvivier. In: Neue Zürcher Zeitung. 3. 8. 1984. – L'Eglise dans la comédie italienne: de Don Camillo à Il Pap'occhio: le retour du cliché. In: CinémAction (1987) Nr. 42.

Liebe, Brot und Fantasie

Pane, amore e fantasia

I 1953 s/w 90 min

R: Luigi Comencini
B: Ettore Maria Margadonna, Luigi Comencini
K: Arturo Gallea
M: Alessandro Cicognini.
D: Gina Lollobrigida (die Bersagliera), Vittorio de Sica (Maresciallo Carotenuto), Roberto Risso (Stelluti), Marisa Merlini (Hebamme Annarella)

Herzhaft-vitale Liebesirrungen in einem kleinen italienischen Bergdorf. Ein Gendarmerie-Maresciallo mittleren Alters wird in ein Dörfchen versetzt und findet rasch Gefallen an zwei sehr unterschiedlichen Frauen: Ein bildschönes junges Mädchen, das die Dörfler Bersagliera (etwa: Wirbelwind) nennen, lebt zusammen mit ihrer Mutter und einem halben Dutzend Geschwister in Armut. Die andere ist Anarella, die Hebamme, zurückhaltend und nicht mehr ganz jung, aber ihren Patientinnen gegenüber hingebungsvoll und zuverlässig. Der Maresciallo kann zunächst bei keiner von beiden landen, zumal die Bersagliera eher dem schüchternen Gendarmen Stelluti zugetan ist. Auch dieser verehrt das arme Mädchen, findet aber erst aufgrund der Überredungskünste seines väterlichen Maresciallo die richtigen Worte. Der erobert schließlich auch seine Hebamme, so dass nach turbulenten Händeln beim großen Dorffest zu Ehren des Heiligen Antonius zwei glückliche Paare in die Menge winken.

»Ein Film – so frei, so leicht und heiter wie ein fröhlicher Sommertag« (*Süddeutsche Zeitung*), stellt *Pane, amore e fantasia* die Hinwendung des Neorealismus zur Komödie dar. Regisseur Luigi Comencini rückt die bittere Armut der Bersagliera, die in einem regelmäßig von Erdbeben heimgesuchten Bergdörfchen ihren Lebensunterhalt mehr schlecht als recht bestreitet, zwar immer wieder ins Bild. Allerdings hat er nicht den Anspruch, gesellschaftliches Elend und soziale Unmittelbarkeit im Sinne des *neorealismo* zum Stilmittel zu machen. Vielmehr präsentiert der 1916 in Salò geborene Filmemacher, der unter anderem mit einer *Heidi-* (1950) und einer *Pinocchio*-Adaption (1969) sowie der deutschen Produktion *Und das am Montagmorgen* (1959) hervorgetreten ist, eine temporeich-beschwingte Liebeskomödie, die ob ihrer schwebenden Leichtigkeit zu den besten Werken dieser Gattung gehört. Optimismus, Unbekümmertheit, Sympathie für die Figuren und ihre Lebensumstände, Grazie, eine dezente, aber sehr wirkungsvolle Dosis Sex und vor allem das richtige Maß an liebenswürdiger Wärme kennzeichnen die heiteren Verwicklungen in Herzensdingen.

Erzählt wird die romantische Annäherung zweier Paare. Der junge Polizist und die Bersagliera hegen füreinander zärtliche Gefühle, aber keines sagt es dem anderen. Stelluti ist ebenso schüchtern wie verzagt, weshalb er sich auf seine Dienstpflichten zurückzieht, wenn ihm die Bersagliera über den Weg läuft. Die glaubt schließlich aufgrund von Gerüchten nicht nur, er habe eine andere, sondern schenkt ihren Distelfink ausgerechnet dem Maresciallo, der sich nun seinerseits Hoffnungen macht. Dabei hat er längst ein Auge auf die Hebamme geworfen, die er mit seinem motorisierten Fahrrad sogar zu niederkommenden Müttern kutschiert. In ihrer Gegenwart wird der korrekte, aber nicht uneitle Dienststellenleiter der Gendarmerie zum wahren Poeten. Am Ende stellt sich heraus, dass sie ihn durchaus liebt, wegen ihres unehelichen, in einem Internat lebenden Kindes aber keine Bindung eingehen wollte.

Die Bersagliera, die eigentlich Maria heißt und ob ihrer scharfen Zunge auch Pizzicarella genannt wird, ist der älteste Spross einer kinderreichen und vaterlosen Familie. Betörend schön und keinem eine Antwort schuldig bleibend, steht sie bei den Dörflern zu Unrecht in dem Ruf, sich aus Armut an die Männer zu verkaufen, die ihr ununterbrochen nachstellen. Gina Lollobrigida, die nach ihrem Debüt 1946 neben einer Fülle spekulativer Kolportagefilme immerhin bereits in Christian-Jaques *Fanfan la tulipe* (*Fanfan der Husar*, 1951) und René Clairs *Les belles de nuit* (*Die Schönen der Nacht*, 1952) mitgewirkt hatte, wurde durch diese Rolle zur »Gina nazionale«. Sinnlich und attraktiv, wie sie ist, verleiht sie dem wildkatzenhaften Wirbelwind indes zugleich Würde und bleibt auch in stilleren Momenten glaubhaft. Ihre scheuen Annäherungsversuche gegenüber Stelluti und die Trauer, die sie angesichts der Gerüchte um seine angebliche Braut empfindet, verleihen dem Film jene sanfte Melancholie, die ihn so liebenswert macht. Lollobrigida wurde dafür mit dem »Nastro d'argento« der italienischen Kinobesitzer ausgezeichnet (außerdem erhielt der Film – die erfolgreichste italienische Produktion der Saison 1953/54 – den Silbernen Bären der Berlinale).

Auch das vitale Spiel Vittorio de Sicas und Marisa Merlinis besitzt eine ungekünstelte, herzhaft-bodenständige Menschlichkeit, wie sie der südlichen Lebensart zugeschrieben wird. Diesen Geist, der Fröhlichkeit und Melancholie nebeneinander stehen lässt, atmen auch die von Luigi Comencini 1954 mit identischer Besetzung inszenierte Fortsetzung *Pane, amore e gelosia* (*Liebe, Brot und Eifersucht*). Ein deutlich schwächerer dritter Teil, in dem Gina Lollobrigida durch Sophia Loren ersetzt wurde, entstand 1955 unter dem Titel *Pane, amore e …* (*Liebe, Brot und 1000 Küsse*) unter der Regie von Dino Risi, ehe die geistvolle Poesie in *Pane, amore e Andalusia* (1958) sowie *Tuppe, tuppe marescia* (1958) endgültig verwässert wurde.

Rainer Dick

Literatur: Entretien avec Luigi Comencini. Filmographie. In: Positif. Nr. 156. Februar 1974 (Tl. 1). Nr. 157. März 1974 (Tl. 2). –

»Comencini et la comédie italienne.« In: Téléciné (1974) Nr. 191–192. – Lino Micciché: Luigi Comencini, Infanzia, vocazione, esperienze di un regista. Mailand 1999. – Lino Micciché: *Pane, amore e fantasia*: un film di Luigi Comencini. Neorealismo in commedia. Turin 2002.

Die Ferien des Monsieur Hulot

Les vacances de Monsieur Hulot

F 1953 s/w 114 min (deutsche Fassung 89 min)

R: Jacques Tati
B: Jacques Tati, Henri Marquet
K: Jacques Mercanton, Jean Mousselle
M: Alain Romans
D: Jacques Tati (M. Hulot), Nathalie Pascaud (Martine), Lucien Frégis (Hotelbesitzer), Valentine Camax (die Engländerin)

Die von Felsen umrahmte Bucht eines kleinen beschaulichen Ferienortes irgendwo in Frankreich – das sanfte Rauschen der auf den Strand auflaufenden und sich wieder zurückziehenden Wellen wird überlagert von dem warmen, melodischen Klang einer Klarinette aus dem Off, die einen entspannten Slowfox spielt. Zeit wird in diesen ersten Einstellungen moduliert durch Momente der Wiederholung und des unangestrengten, verspielten Dahinströmens. – Schnitt: Ein Provinzbahnhof, der von Touristen förmlich überquillt – Ungeduld, Hektik, Nervosität und Verwirrung, für die nicht zuletzt auch ein blechern quäkender Lautsprecher sorgt, der die Reisewilligen von Bahnsteig zu Bahnsteig hetzt. Unter ihnen befindet sich eine hübsche Blondine. – Schnitt: Eine Landstraße in einer weiten, sanften Hügellandschaft ... mit hustendem Motor nähert sich ein Uralt-Cabrio. Für Automobil und Chauffeur scheint ein eigenes Zeitmaß zu gelten; sogar von Radfahrern werden sie spielend überholt. – Schnitt: Das Strandbad bringt diese ungleichen Feriengäste zusammen. Das kann nicht gut gehen; dies umso weniger, als in dem Ferienort eine eigene Zeit herrscht: Sie scheint fast zum Stillstand gekommen zu sein; allein die festen, eingeläuteten Essenszeiten sowie die nächtlichen Abblenden markieren einen Zeit-Raum, der durch Aktivitäten der Feriengäste ausgefüllt werden will. Freizeit-Aktivität – selten zuvor ist dieses Oxymoron auf so entspannte Weise sinnlich erfahrbar gemacht worden. Auch Hulot – so der Name des auffallend freundlichen und zuvorkommenden Individualtouristen in dem für ihn auch sprachlich fremden Land – gibt sich diesen Ritualen sommerlicher Feriengeschäftigkeit zwischen Flirt und körperlichen Aktivitäten hin. Dies beschwört immer wieder Situationen unfreiwilliger Komik herauf. – Der Film endet mit der Abreise aller: Von Hulot verabschieden sich lediglich die ältere spleenige Engländerin und der kauzige Ehemann, dessen ehelicher Freiraum nur aus den fünf Schritten besteht, die er auf der gemächlichen Promenade hinter seiner Frau zurückbleibt.

Mit dem in *Les vacances* erstmals auftretenden Monsieur Hulot schuf Jacques Tati eine Figur, die wie Chaplins Charlie oder der von Buster Keaton verkörperte, allerdings unter wechselndem Namen agierende Rollentypus zu einem Klassiker in der Geschichte der Filmkomödie wurde. Was Tati mit den großen Filmkomikern der Stummfilmzeit verbindet, ist sein ausgeprägter Sinn für die körpersprachliche Ausprägung von Filmkomik, die einhergeht mit einer psychologisch höchst differenzierten Anlage seiner Titelfigur; ein Aspekt, der vor allem in der zeitgenössischen Rezeption zunächst die Wahrnehmung dominierte. Was ihn als eminent modern erscheinen lässt und sich mit zunehmendem zeitlichen Abstand immer deutlicher dem filmhistorischen Gedächtnis eingeschrieben hat, ist die filmästhetische Raffinesse, mit der Tati das komische Subjekt Hulot in einer Konstruktion des Komi-

In *Die Ferien des Monsieur Hulot* schaffen vor allem Blicke, Blickdifferenzen sowie die daraus resultierenden divergierenden Wahrnehmungen der Protagonisten und des Filmzuschauers komische Spannungsverhältnisse: wie links am Bildrand der in der Hitze um sein Eis besorgte Eisverkäufer, die freundlich-einladend lächelnde Dame, die versonnen-verschämt zu Boden schauende, sich umkleidende Frau ... und der moralisch streng blickende Hulot. Doch hat er – anders als der Filmzuschauer – mitnichten den verführerisch entblößten Rücken der Frau im Auge, sondern – wie der nächste Umschnitt erweisen wird – einen Fotografen, den Hulot als Spanner ausmacht ... allerdings zu Unrecht, wie sich zeigen wird.

schen ansiedelt, die sich vor allem über eine Inszenierung des filmischen Raums und seiner visuellen Repräsentation sowie über Ton-Bild-Montagen realisiert.

Hulot hat keine individuelle Geschichte – auch in *Les vacances* nicht. Niemand weiß, woher er kommt oder wohin er nach dem Urlaub zurückkehrt; niemand kennt seine Profession oder seine soziale Herkunft. Vielmehr verkörpert Hulot ein Prinzip – das des unzeitgemäß Unangepassten. Von seiner Umgebung hebt er sich allein schon durch seine körperliche Größe ab, durch seine Kleidung nicht minder. In späteren Filmen wird Hulots Kostüm aus einem ›zeitlosen‹ Trenchcoat, dem Stockschirm, der Lesepfeife des Dandy und einem Hut bestehen, der an die Jagdkappe eines englischen Landlords denken lässt; Attribute, die zeichenhaft Erinnerungen an das ›Outfit‹ des Gentlemans wachrufen, diese aber gleichzeitig gebrochen erscheinen lassen: durch die zu kurzen Hosen, denen Hulot, zumeist in verspielten Ringelsocken, wie ein zu groß gewordenes Kind entwachsen wirkt. Dieses seit *Mon oncle* (*Mein Onkel*, 1958) geläufige Erscheinungsbild Hulots wirkt in *Les vacances* saisonbedingt nur leicht modifiziert: Wenn nicht am Strand in einen puritanisch-züchtigen einteiligen Badeanzug aus der Zeit der Jahrhundertwende gehüllt, trägt Hulot anstelle des situativ wenig angebrachten Regenmantels ein Jackett, das ein übergroßer Schillerkragen überlappt. Die auffallend wenigen Großaufnahmen auf das flächige Gesicht mit seiner kindlich unschuldigen, naive Neugier verratenden Physiognomie unterstreichen den Eindruck eines zu groß geratenen, erwachsenen Körpers im zu knappen, deshalb leicht unpassenden Gewand verstaubter Soigniertheit und außer Form geratener Akkuratesse.

Eine solche Erscheinung zieht die Blicke seiner Umwelt auf sich; zumal dann, wenn sich ihr Kommen wie in *Les vacances* obwohl gemächlich, dafür aber akustisch umso nachhaltiger mit den stotternden Motorgeräuschen und knallenden Fehlzündungen eines bemitleidenswert altersschwachen Amilcar, Baujahr 1924, ankündigt. Mehr noch: Hulot fühlt sich den Blicken ausgesetzt – noch bevor er das Strandhotel betritt.

In Hulots Art zu gehen drückt sich dieses Gefühl körperlich aus. Der an sich athletische Körper – Tati war in früheren Jahren ein erfolgreicher Rugby-Spieler – wirkt in den Beinen oft bemüht steif, die Arme sind zumeist straff durchgedrückt, die Hände an den Manschetten Halt suchend. Diese Verlegenheit, die Hulot besonders in Gesellschaft befällt, wird kompensiert durch den forsch nach vorn geneigten Oberkörper, der Neugier, Zielstrebigkeit und zuvorkommende Höflichkeit seiner Umwelt gegenüber verheißt. Solch einander widerstrebende Gefühle müssen auch physisch ausbalanciert werden. Das verleiht Hulots Gang nicht selten Züge des wippend Tänzerischen, bei dem der Zuschauer indes Beklemmung empfindet. Denn nicht nur misslingt ihm vieles ungewollt; immer wieder erweckt er auch den Eindruck, mit seinem Erscheinen ungelegen zu kommen. Bazin spricht von Hulots »génie de l'inopportunité«. Merkwürdige Zufälle verstärken diesen Eindruck. Infolge einer Panne kommt sein Amilcar auf einem Friedhof zu stehen, wo gerade eine Beerdigung stattfindet. Was kann Hulot dafür, dass der Schlauch des Autoreifens, an dem Laub kleben bleibt, von anderen als Trauerkranz gehalten und auf das Grab gelegt wird?

Anders als etwa W. C. Fields oder die Marx Brothers, die die Unordnung bewusst inszenierten und lustvoll auskosteten, entfesselt Hulot – hierin Buster Keaton vergleichbar – komische Gags unfreiwillig und oft, ohne dessen gewahr zu werden. Da aber die Spuren seiner Präsenz unübersehbar (wie die nassen Fußabdrücke im Salon), unüberhörbar (wie der überlaute Plattenspieler im Nebenzimmer) oder wie die auf der Treppe zum ersten Stock herunterrutschenden Paddel des Faltbootes eben beides zusammen sind, liegen bei Hulot, der die Blicke der Umwelt auf sich lasten spürt, hilfsbereite Zuvorkommenheit und das beklemmende Gefühl, in den Augen der anderen etwas falsch zu machen, eng beieinander. Wenn Bazin sagt, Hulot verkörpere eine existentielle Diskretheit (»discrétion d'être«), so ist dies wörtlich zu verstehen: Mit den

Bewegungen und Gesten seines sportlichen Körpers versucht Hulot, den Widerstreit der Gefühle auszutarieren und zu überformen. Die einzigartige Verbindung von Exzentrik und Eleganz ruft sowohl befremdete Verwunderung als auch heimliche Bewunderung hervor. Beispielhaft wirkt Hulots unkonventioneller Aufschlag beim Tennismatch, der mehr ist als nur das Resultat eines sprachlichen Missverständnisses.

Obwohl in den nachfolgenden Filmen Tatis stärker ausgeprägt, lebt auch schon *Les vacances* nicht vom komischen Subjekt Hulot allein. Komik stellt sich bei Tati immer auch dar als ein Effekt der filmischen Inszenierung, vor allem der des Raums sowie der Tonmontage. Mit der kunstvollen Betonung der Tiefe des Raums löst sich Tati von der auf Gags und Pointen angelegten und von einem *performer* getragenen narrativen Sketchstruktur, wie sie für viele amerikanische Komödien insbesondere der Stummfilmzeit charakteristisch war. Statt dessen schafft Tati komische Konfigurationen, die im Sinne von Bazins Ästhetik der Tiefenschärfe die gestalterischen Möglichkeiten der Bildmontage ohne Schnitt in die Dreidimensionalität eines Bildraumes integrieren. So basiert die komische Wirkung, die von dem leitmotivisch auftauchenden flanierenden älteren Ehepaar ausgeht, darauf, dass Tati den Ehemann ständig in gehörigem Abstand hinter seiner Frau in Erscheinung treten lässt: den Blick stets in eine andere Richtung schweifen lassend, als von seiner Frau angemahnt. So gewinnt Hulots abendliches Tischtennisspiel komische Züge insbesondere dadurch, dass Tati vor allem dessen akustische Irritation aus der Tiefe des Raums in den Vordergrund des Salons mit den lesenden und Karten spielenden Pensionsgästen hineintragen lässt. So konstituiert sich die Komik des kostümierten Paars Hulot – Martine vor allem über die Tiefe des Ballsaals in seiner ungesellig-gähnenden Leere, die die beiden nicht wahrnehmen (wollen).

Der Verräumlichung des Geschehens entspricht die Entdramatisierung der Zeit, die Betonung ihres durativen Charakters vor dem final zielgerichteten. So entstehen Zeit-Räume, in denen sich die Handlung vor allem nach dem Prinzip der Wiederholung und der Simultaneität organisiert; Zeiträume, die vor allem durch auffällig wiederkehrende Akzente auf der Tonspur strukturiert und in ihrer undramatischen Gleichförmigkeit sinnlich erfahrbar gemacht werden: die Glocke, die die Essenszeiten verkündet, die Rufe der besorgten Mutter nach dem Sonnenöl, die annocierten Ferngespräche für den Geschäftsmann oder die überlauten, dumpfen Geräusche, die die Pendeltür zur Küche von sich gibt.

Vor diesem Hintergrund ist schließlich auch Tatis Umgang mit Sprache zu sehen. Abgesehen davon, dass Hulots Sprachlosigkeit – in *Les vacances* seine Unfähigkeit, die Landessprache zu verstehen – Anlass und Quelle von komischen, mitunter grotesk-poetischen Missverständnissen ist, erscheint Sprache in Tatis filmdramaturgischem Konzept von ihrer traditionellen Funktion entbunden, sinnträchtige Sprechhandlungen zu konstituieren. In diametralem Gegensatz etwa zum rasanten Wortwitz der amerikanischen Komödie (von den Marx Brothers über die *screwball comedy* bis hin zu Billy Wilder) offenbart sich in der formelhaft erstarrten und konventionalisierten Sprache des Tati'schen Figurenarsenals dramatischer Leerlauf. Diese sprachlichen Versatzstücke – ob die Agitationsversuche des Studenten, die Reminiszenzen des Ex-Offiziers oder die Floskeln der um Martine bemühten jungen Männer – sie fungieren als Elemente eines Klangteppichs, der sich im filmischen Raum ausdehnt. Komik stellt sich hier vor allem dann ein, wenn der Zuschauer entdeckt, dass diese sprachlichen Bruchstücke, deren denotativer Gehalt gegen Null tendiert, auf der konnotativen Ebene den überlaut registrierten mechanischen Geräuschen der Objektwelt gleichgestellt werden: denen der

Schwingtür, des Tischtennisballs, des knarrenden Schaukelstuhls, dem verrückt spielenden Radio mit seinen anarchisch wechselnden Empfangsfrequenzen ... In einem solchen filmischen Raum, in dem die sprachlichen Verkehrsformen der Menschen verdinglicht gezeichnet werden und die Objektwelt (anders als im Slapstick) auch ohne die Berührung des Komikersubjekts ein geheimes Seelenleben zu bergen scheint, findet eine Person wie Hulot, ein um Anpassung bemühter Nonkonformist, nicht seinen Sprach-, sondern seinen Spielraum. *Heinz-B. Heller*

Literatur: André Bazin: M. Hulot et le temps (1953). In: A. B.: Qu'est-ce que le cinéma? Paris 1975. – Geneviève Agel: Hulot parmi nous. Paris 1955. – Armand J. Cauliez: Jacques Tati. Paris 1968. – Brent Maddock: Die Filme von Jacques Tati (1977). München 1984. – Thomas Brandlmeier: Filmkomiker. Die Errettung des Grotesken. Frankfurt a.M. 1983. – Lucy Fischer: Jacques Tati. A Guide to References and Resources. Boston 1983. – Heinz-B. Heller: Vom komischen Subjekt zur Konstruktion des Komischen: Die Ferien des Monsieur Hulot. In: Werner Faulstich / Helmut Korte (Hrsg.): Fischer Filmgeschichte. Bd. 3: 1945–1960. Frankfurt a.M. 1990. – David Bellos: Jacques Tati. His Life and Art. New Ed. London 2002. – Stephane Goudet: Jacques Tati. De François le facteur à Monsieur Hulot. Paris 2002.

Das Lächeln einer Sommernacht

Sommarnattens leende

S 1955 s/w 108 min

R: Ingmar Bergman
B: Ingmar Bergman
K: Gunnar Fischer
M: Erik Nordgren
D Eva Dahlbeck (Desirée Armfeldt), Gunnar Björnstrand (Fredrik Egerman), Ulla Jacobsson (Anne Egerman), Björn Bjelvenstam (Henrik Egerman)

Der Film spielt in einer schwedischen Provinzstadt zu Beginn des 20. Jahrhunderts. Der wohlsituierte Advokat Fredrik Egerman, der als Lebemann von sich behauptet, in den besten Jahren zu stehen, ist in zweiter Ehe mit der unerfahrenen erst 19-jährigen Anne verheiratet. Sie begegnet ihrem Mann mit einer eher kindlichen Liebe, während sie sich in erotischer Hinsicht mehr zu Fredriks aus erster Ehe stammenden Sohn Henrik hingezogen fühlt, der soeben sein Theologie-Examen bestanden hat.

Vorgeblich um ihr eine Überraschung zu bereiten, lädt Fredrik seine Frau zu einem Theaterstück ein, in dem seine ehemalige Geliebte, die berühmte Aktrice Desirée Armfeldt, die Hauptrolle spielt. Da Anne Verdacht schöpft und sich der selbstbewussten Schauspielerin unterlegen fühlt, bittet sie ihren Mann, sie nach Hause zu bringen. Dieser willigt ein, kehrt jedoch noch einmal zum Theater zurück, um Desirée zu treffen. Er bittet sie um Rat wegen des unbefriedigenden Verhältnisses zu seiner Frau, die er aus Rücksicht auf ihre Scheu während der inzwischen zweijährigen Ehe noch nicht berührt habe. Desirée geht scheinbar auf seinen Wunsch ein, indem sie ihn zu sich nach Haus einlädt, beabsichtigt jedoch eigentlich, den ehemaligen Geliebten und vermutlichen Vater ihres kleinen Sohns zurückzugewinnen. In Desirées Wohnung erscheint zu später Stunde ihr neuer Liebhaber, der Offizier Graf Malcolm. Die alsbald sich ergebenden Eifersüchteleien zwischen den beiden Männern spielt Desirée geschickt gegeneinander aus und fasst den Plan, bei einem Fest auf dem Landsitz ihrer Mutter die Paarbeziehungen neu zu ordnen. Unter den Teilnehmern des Festes, zu denen Fredrik, Anne, Henrik, Graf Malcolm und seine Frau Charlotte gehören, entwickelt sich ein Gespräch über das für den Film zentrale Thema der Verführung, von dem sich Henrik angewidert abwendet. In dem Gefühl, das Leid der Welt zu tragen, versucht er sich zu erhängen, löst dabei jedoch einen geheimen Mechanismus aus, durch den das Bett der nebenan schlafenden Anne in sein Zimmer gefahren wird. Während beide beschließen, von nun an zusammenzubleiben, unternimmt Charlotte infolge einer Wette den Versuch, Fredrik zu verführen. Den von Desirée in Kenntnis gesetzten Grafen erfasst erneut die Eifersucht. Er fordert Fredrik zu einem russischen Roulette heraus, bei dem dieser von der freilich nur mit Ruß geladenen Pistole getroffen wird. Über die Flucht seines Sohnes mit seiner Frau wird er von Desirée hinweggetröstet, während sich Graf Malcolm wieder seiner Frau zuwendet, allerdings ohne ihr Treue versprechen zu können. Ein burleskes Gegenstück finden die drei tragikomischen Paarbildungen in dem Verhältnis zwischen dem Hausmädchen Petra und dem Bediensteten Frid, die sich nach einem erotischen Spiel im Freien miteinander verloben.

Seinen Charakter als Komödie verdankt der Film vor allem der Art und Weise, in der die verschiedenen Vorstellungen von Liebe einander wechselseitig brechen. Fredriks illusionslose Auffassung von Liebe als einem Spiel für Jünglinge und Greise kontrastiert zunächst mit dem verdrehten Idealismus seines Sohnes. In Henriks religiös begründetem Tugendeifer bekundet sich einerseits der Versuch, der zwischen Ironie und Zynismus, zwischen Lustprinzip und Desillusion changierenden Haltung des Vaters entgegenzutreten. Andererseits aber ist ihm der Tugendeifer auch ein willkommenes Mittel, um bei den beiden jungen Frauen des Hauses – Anne Egerman und dem Dienstmädchen Petra – Eindruck zu machen und so sein eigenes Begehren zu camouflieren. Einen weiteren Gegenpol zu Fredriks illusionslos genießender Liebesauffassung bildet das aufgeblasene Ehrgefühl des Offiziers Graf Malcolm. Als Machtkampf gestaltet sich das Thema der Liebe aber nicht nur in den verschiedenen Rivalitäten, sondern vor allem auch zwischen den Geschlechtern. Insbesondere in der Beziehung zwischen Fredrik und Desirée geht es immer wieder darum, im Spiel der Verführung die Oberhand zu gewinnen. Genauer gesagt begegnet Fredriks Begehren in Desirée einer Kunst der Verführung, die eben dieses Begehren in ihr Spiel einzuspannen vermag.

Die für die Handlung charakteristische Arbeit mit Symmetrien und kontrastierenden Gegenüberstellungen zeigt sich auch in der Bildkomposition, vornehmlich bei den Nahaufnahmen und den Totalen. Zudem werden die Wechsel zwischen dem harten Mittagslicht und dem weichen Dämmerlicht für den Wandel der atmosphärischen Gestaltung genutzt.

Die Dramaturgie des Films weist eine deutliche Nähe zur klassischen Form der französischen Komödie, insbesondere zu den Stücken Marivaux' auf. Bergman selbst sagt über den Aufbau, ihn habe die technische Voraussetzung gereizt, »eine Komödie mit einem mathematischen Verhältnis zu machen«. In der Tat steht, abgesehen von dem Diener Frid, jede Figur der vier Paare zwischen zwei anderen Figuren, bevor sich die Schlusskonstellation ergibt. Der Bezug des Films zum Theater zeigt sich nicht nur in der Gestaltung des Spannungsbogens, sondern bildet darüber hinaus eine Metaphorik, in der und durch die die Figuren sich selbst und ihr Gegenüber verstehen. Bezeichnenderweise ist es die Schauspielerin Desirée, die aus den Konflikten am souveränsten hervorgeht. Für Eva Dahlbeck wurde die Darstellung der Desirée zu einer ihrer Glanzrollen. *Dietmar Götsch*

Literatur: John Simon: Ingmar Bergman Directs. New York 1972. – Stig Björkman / Torsten Manns / Jonas Sima: Bergman über Bergman. Interviews mit Ingmar Bergman über das Filmemachen. München 1976. – Ingmar Bergman: Mein Leben. Hamburg 1987. – Peter Cowie: Ingmar Bergman. A Critical Biography. London 1992. – Lars Ahlander (Hrsg.): Gaukler im Grenzland. Ingmar Bergman. Berlin 1993. – Marilyn Johns Blackwell: Gender and Representation in the Films of Ingmar Bergman. Columbia 1997. – Thomas Koebner: Ingmar Bergman. In: Th. K. (Hrsg.): Filmregisseure. Stuttgart 1999. – Roger W. Olivier (Hrsg.): Ingmar Bergman. Der Film, das Theater, die Bücher. Rom ^{2}2001.

Ladykillers

The Ladykillers

GB 1955 s/w 97 min

R: Alexander Mackendrick
B: William Rose nach seinem gleichnamigen Roman
K: Otto Heller
M: Tristram Cary
D: Alec Guinness (Professor Marcus), Cecil Parker (Claude), Herbert Lom (Louis), Peter Sellers (Harry), Danny Green (One-Round), Katie Johnson (Mrs. Wilberforce)

Der Film beginnt mit einer Einstellung aus der Vogelperspektive auf das Ende einer Sackgasse in einem Arbeiterwohnviertel. Zwischen all den langweilig-schmutzigen Mietskasernen steht trotzig ein etwas lädiertes, aber vornehmes Haus im viktorianischen Stil quer zur Straßenflucht. Es ist das Heim von Mrs. Wilberforce, einer alten Dame, die für zwei möblierte Zimmer im Dachgeschoss Mieter sucht. Mrs. Wilberforce ist eine unerschrockene *old-fashioned* Lady, wackeres Überbleibsel aus den Zeiten des alten Empire rechtschaffen und aufrecht inmitten veränderter Verhältnisse. An einer Hausecke werden Bilder verkauft, darunter ein Porträt Winston Churchills, der Ikone britischer Machtfülle, die hier für billiges Geld verramscht wird. Inszenatorische Details wie dieses illustrieren nicht nur die ironische Bearbeitung des Autoritätsverlusts der alten Mächte mit den Mitteln der Komödie, sie künden auch unaufdringlich von ihrer durchaus politischen Grundierung – zugleich ein Markenzeichen der Komödien der britischen Ealing Studios. Wie üblich für Ealing-Komödien zeigt *Ladykillers* Figuren an identifizierbaren Schauplätzen und in bekannten Verhältnissen, die dann unvermittelt in außergewöhnliche Situationen gestürzt werden, woraufhin sich die scheinbar stabilen Verhältnisse plötzlich als fragile Illusionen erweisen. Zwar fügt sich *Ladykillers* diesem Prinzip, ist als Umkehrung von *Kind Hearts and Coronets* (*Adel verpflichtet*, 1949) aber zugleich prominentes Beispiel für einen Perspektivenwechsel der Ealing-Komödien hin zur Distanzierung von der eigenen Labour-Orientierung.

Die temporeiche Komödie beginnt, als eines Tages wie in einem Horrorfilm ein Schatten um das Haus der alten Dame schleicht. Alec Guinness spielt den geheimnisvollen Fremden, der sich als Professor Marcus ausgibt und sich für die zu vermietenden Zimmer interessiert. Mit aschfahlem Gesicht und einem diabolischen Lächeln ähnelt er sogar etwas Christopher Lees Dracula-Figur. Zweifel sind also angebracht an der Aufrichtigkeit seines Ansinnens, die Räume mit ein paar Freunden regelmäßig zum gemeinsamen Musizieren nutzen zu wollen. Doch der ebenso traditions- wie standesbewussten Mrs. Wilberforce kommt Marcus' Offerte natürlich mehr als gelegen. Und tatsächlich: Das Musikquintett erweist sich als Gangsterbande, die einen Überfall auf einen Geldtransport plant. Obwohl die neugierige Mrs. Wilberforce ihre konspirativen Sitzungen immer wieder stört, woraus sich fortgesetzt komische und zugleich spannende Momente entwickeln, bleibt sie vollkommen ahnungslos. Ohne ihr Wissen wird sie schließlich sogar Teil des kriminellen Plans der Herrenrunde. Der minutiös geplante Überfall gelingt trotz einiger haarsträubender Komplikationen, die darin gipfeln, dass Dank Mrs. Wilberforce' arglosem Tatendrang der Koffer mit dem Diebesgut schließlich sogar, eskortiert von zwei Polizisten, der Bande geradezu ›ordnungsgemäß‹ zugestellt wird. Zahlreiche äußerst vergnügliche retardierende Momente sorgen nicht nur für permanenten Nervenkitzel, sie lassen der durchweg exzellent agierenden Besetzung des Films zugleich genügend Gelegenheit zur Entfaltung ihres Spiels.

Und so scheint das Ganovenstück perfekt – wenn nicht Kommissar Zufall und menschliches Versagen der Gerechtigkeit zur Hilfe käme. Denn während der eiligen Abreise der Ganoven öffnet sich vor den Augen von Mrs. Wilberforce versehentlich der Cellokasten mit der Beute. Angesichts der Erkenntnis, dass sie durch die anscheinend vornehmen Herren arglistig getäuscht wurde, erweist sich die zuvor als senil und verschroben vorgestellte Dame unversehens von messerscharfem Verstand und energischer Souveränität. Die aberwitzige Komödie nimmt die entscheidende Wendung zum furiosen Finale: Während die Gangster darüber nachdenken, wie sie die lästige Mitwisserin los werden können, besteht Mrs. Wilberforce darauf, das Geld der Polizei zu übergeben. Doch anstatt die alte Dame zu beseitigen, bringen sich die Gangster gegenseitig um. Als Mrs. Wilberforce auf der Polizeiwache schließlich wahrheitsgetreu die Vorgänge schildert, glaubt wie immer niemand ihre Geschichte. Augenzwinkernd rät man ihr dort, das Geld zu behalten.

Die schwarze Ealing-Komödie weist sich formal durch eine konventionelle Struktur aus. Neben der Konfrontation der kriminellen Machenschaften der Gangster mit der tugendhaften Hartnäckigkeit von Mrs. Wilberforce zeichnet sich *Ladykillers* insbesondere durch ein perfektes komödiantisches Timing aus. Eine zweistufige Dramaturgie, die virtuos das Erzähltempo verlangsamt und beschleunigt, führt immer wieder in absurde Situationen bis zur Schlusspointe. Geschickt werden haarsträubende Höhepunkte gesetzt, aber nur, um in der nächsten Wendung auch diese noch einmal zu überbieten. Neben der Überzeichnung von Stereotypen wie dem der ›schrulligen Alten‹ und dem der konspirierenden Gangster karikiert der Film parodistisch-munter Genreelemente des Horror- und Gangsterfilms, kombiniert sie mit Slaptstickeinlagen und spart auch nicht mit Anspielungen auf Milieuschilderungen wie im Sozialdrama.

Charles Barr hat *Ladykillers* gar als Satire auf die englischen Verhältnisse Mitte der fünfziger Jahre beschrieben. Für ihn verkörpert die Gangsterbande nichts anderes als die Nachkriegs-Labour-Regierung, die sich in das gute alte Haus England eingenistet und versucht hat, den bestehenden Reichtum neu zu verteilen. In dem so skizzierten Ensemble verkörpern die einzelnen Gangster die Feindbilder der konservativen Gesellschaft: Der Intellektuelle (Professor Marcus), der Abtrünnige der Mittelklasse (Major Courtney), die Jugend (Harry), die Arbeiter (One-Round bzw. »Pfannkuchen«) und Kriminelle (Louis) formieren ein stereotypes Set der Gegner der rückwärtsgerichteten englischen Gesellschaft. Ihre ›soziale Dissidenz‹ wird indes von den gesellschaftlichen Umständen aufgerieben, unterworfen und zu guter Letzt auch beseitigt. Intern gespalten und von den alten Mächten bedrängt, scheitert die Bande in erster Linie allerdings an sich selbst, weil sie nicht in der Lage ist, alte Strukturen zu überwinden und die eigenen Ziele zu verwirklichen. *Ladykillers* destruiert das Bild Labours zusätzlich durch den kriminellen Impuls der Gangster, die an der Inkarnation viktorianischer Tugendhaftigkeit und Sittsamkeit zu Fall kommen, Mrs. Wilberforce, die den Geist des *good old England* verkörpert. Dass allerdings auch dieses Modell längst von der sozialen Realität überholt worden ist, belegt vor allem die Schlusspointe.

Mackendricks letzter englischer Film ist ein durchaus despektierlicher filmischer Abschied vom (trotz Labour) konservativen England Mitte der fünfziger Jahre. *Ladykillers* war sowohl an den Kinokassen als auch bei den Kritikern ein großer Erfolg und erhielt 1955 den British Film Award für das beste Drehbuch und die beste Schauspielerin.

Burkhard Röwekamp

Literatur: Charles Barr: Ealing Studios. London 1977. – Jeffrey Richards / Anthony Aldgate: Best of British. Cinema and Society 1930–1970. Oxford 1983. – Positif. Nr. 372. Februar 1992. [Sonderheft über Alexander Mackendrick.] – Kate Buford: Alexander Mackendrick. In: Film Comment. 30. Jg. Nr. 3. Mai 1994. – Philip Kemp: Tavernier on Mackendrick. In: Sight & Sound. 4. Jg. Nr. 8. August 1994. – Anthony Lane: The Current Cinema: Alexander Mackendrick Reconsidered. In: The New Yorker. 69. Jg. Nr. 48. Januar 1994.

Der Hauptmann von Köpenick

BRD 1956 f 93 min

R: Helmut Käutner
B: Carl Zuckmayer, Helmut Käutner nach dem gleichnamigen Bühnenstück von Carl Zuckmayer
K: Albert Benitz
M: Bernhard Eichhorn
D: Heinz Rühmann (Wilhelm Voigt), Martin Held (Bürgermeister Dr. Obermüller), Erich Schellow (Hauptmann von Schlettow), Friedrich Domin (Zuchthausdirektor)

Schuster Wilhelm Voigt, soeben aus der Haft entlassen, versucht auf legale Weise, sich in die Gesellschaft einzufinden, indem er sich um Arbeit und bei den Behörden um die nötigen Papiere bemüht. Zur selben Zeit lässt sich Hauptmann von Schlettow eine preußische Uniform schneidern, die zu tragen er nach einem Scharmützel in einem Café jedoch nicht mehr berechtigt ist. Die Uniform geht daraufhin an Dr. Obermüller, Bürgermeister von Köpenick. Da Voigts legale Integrationsversuche erfolglos enden, versucht er es auf illegale Art, mit Passfälschung. Zu diesem Zweck überredet er einen Kumpanen, mit ihm in das Passamt einzubrechen. Er landet abermals im Gefängnis, wo er die preußische Felddienstordnung auswendig lernt und sich als Musterknabe erweist. In Vorbereitung auf das Kaisermanöver reißt dem Bürgermeister die Uniformjacke, die daraufhin im Operettencouplet der Schneiderstochter Verwendung findet und zum Trödler wandert. Voigt findet nun zeitweise Geborgenheit in der kleinbürgerlichen Welt seiner Schwester und deren siecher Untermieterin Liesken, der er aus Grimms Märchen vorliest, als eine amtliche Ausweisung eintrifft. Erschüttert in seinem Glauben an das Menschenrecht auf deutsche Untertänigkeit, kauft Voigt beim Trödler die Uniform und agiert fortan als Hauptmann mit Geheimbefehl. Er kommandiert Soldaten ab und lässt das Rathaus von Köpenick besetzen. Da dort wider Erwarten gar keine Pässe ausgestellt werden, lässt er sich wenigstens die Stadtkasse aushändigen und Obermüller abführen. Entmutigt sitzt Voigt in einer Kneipe, während Extrablätter und Litfaßsäule die Nachricht von seinem Coup verbreiten. Voigt stellt sich der Polizei und verlangt als Gegenleistung seinen ersehnten Pass. Die obere Polizeibehörde amüsiert sich köstlich über diesen Bubenstreich. Auch der Kaiser lacht über seinen Untertanen, der gezeigt hat, was preußische Disziplin zuwege bringt, und begnadigt den Inhaftierten vorzeitig.

Der Film basiert auf dem gleichnamigen Bühnenstück (1931) von Carl Zuckmayer, das im Untertitel »ein deutsches Märchen« heißt. Es erzählt die tragische Geschichte eines Untertanen, dessen Versuche zur Wiedereingliederung in die wilhelminische Gesellschaft in den Mühlen der bürokratischen Ordnung zerrieben werden. Zur Komödie wird der Teufelskreis staatlicher Verwaltungsvorschriften durch den Handstreich Voigts, sich schlicht mit einem Uniformrock in die Befehlsgewalt zu versetzen und der preußischen Disziplin zu bedienen, das Militär nach Belieben zu dirigieren, ein ganzes Rathaus zu besetzen und sich dessen Kasse ausliefern zu lassen. Und durch den unverhofft glücklichen Ausgang, dass Volk und Herrschaft gleichermaßen über dieses Schelmenstück lachen können. Kaiser Wilhelm II., dessen kräftiges Lachen Käutner durch die an der Tür lauschenden Hofschranzen darstellt, gewährt in einem jovialen Akt die vorzeitige Begnadigung seines gewitzten Untertanen, wodurch das latente Thema einer gesellschaftskritischen Satire auf deutschen Militarismus und Autoritätsgläubigkeit abgemildert wird zu einem gemütvollen Plädoyer für Menschlichkeit.

Dramaturgisch als lockere Reihung von 42 Szenen angelegt, darunter acht Außeneinstellungen, die Käutner in Hamburg drehte, ist Zuckmayers Komposition eines klassischen Dreiakters übernommen. Im ersten Akt sind die beiden Handlungsstränge, das Schicksal der Uniform und das Voigts, miteinander verschachtelt; im zweiten wird Voigts Situation unverschuldet ausweglos; im dritten wirkt die »Köpenickiade« als befreiende Lösung. Hinzukomponiert hat Käutner die grelle Operetteneinlage, die den Fetisch Uniform karikiert. Angehängt wurden die Schlusssequenzen, die den Plot ins Idyllische ziehen und einen zufriedenen Volkshelden à la Chaplin mit Blume am Hut davonwatscheln lassen. Gestrichen wurde von der Produktionsgesellschaft Real-Film die ursprünglich vorgesehene Schlusseinstellung, ein Schwenk auf eine Vogelscheuche mit Uniform. Käutner ist weitgehend der ersten Zuckmayer-Verfilmung von Richard Oswald (1931) gefolgt. Diese akzentuiert jedoch den Schein einer sachlichen Reportage, in der das triste Schicksal eines Vorbestraften betont wird. Den sozialkritischen Akzent erzeugte Oswald durch kontrastreiche Schwarzweiß-Aufnahmen, vor allem aber durch die Besetzung der Hauptrolle mit Max Adalbert, dessen kantiges, ausgemergeltes Gesicht die geschundene Kreatur authentischer ausdrückt als die sonnige Identifikationsfigur Rühmanns mit ihrem burlesken Spiel. Oswald verzichtete um des naturalistischen Effekts willen auf die Figur der siechen Liesken, die Käutner als sentimentale Kontrastfigur zur märchenhaften Verwandlung Voigts einsetzte. Beide Filme werden in der Eingangs- und Schlussszene eingerahmt durch einen marschierenden Musikzug, um die wilhelminische Zeit und Voigts Untertanengeist zu visualisieren.

Die Hauptrolle, volkstümlich durch den Berliner Jargon, ist von Käutner als Sympathieträger angelegt für die kleinbürgerliche Moral, die ihre Rechtschaffenheit jenseits der praktizierten Staatsgewalt im Sinne höherer Gerechtigkeit anerkannt sehen will. Heinz Rühmann spielt die Identifikationsfigur des beflissenen Voigt, der aus jugendlichem Leichtsinn auf die schiefe Bahn geraten ist und die Chance auf Bewährung als sein menschliches Recht ansieht, mit enorm hoher Rollenkompetenz. Der Akzent liegt auf dem Lausbubenhaften, wie es etwa das infantile Spiel in der Strafanstalt verlangt, aber auch auf dem Slapstick, wenn Voigt tapsig über seine Steigbügel zu stolpern droht. Naive Volkstümlichkeit prägt die Szene, in der er als Hauptmann fürsorglich für Fahrtgeld der Soldaten sorgt und ihnen eine Bockwurst zur Belohnung spendiert. Überzogen karikaturistisch wirkt die Anlage der Nebenrollen; von Schlettow verkörpert das Militärideal durch blonde Haarfarbe, hochgewachsene Statur, unbeweglich wie ein Spazierstock; Obermüller im Kreis seiner Familienidylle agiert als lächerlicher Anwärter auf militärische Ehren, Ilse Fürstenberg als Voigts Schwester fügt den im Wohnraum enthaltenen Insignien kleinbürgerlicher Gemütlichkeit den Charme eines Feldwebels hinzu, und Walter Giller als Sohn des Militärlieferanten fungiert als der typische Tollpatsch des Schwanks. Ebenso typisiert wirkt Käutners Gegenüberstellung der Milieus, der harten Militärwelt und der kleinbürgerlichen Idylle, durch Marschmusik und Leierkasten à la Zille.

Im Unterschied zu Oswald, der auf filmische Mittel wie Zeitraffer und Serien hart geschnittener Großaufnahmen setzte, hat Käutner mit der *mise en scène* gearbeitet und sich auf das in Mimik und Gestik überzeugende Spiel seines Hauptdarstellers verlassen. Mit der für ihn typischen Liebe zur zeichenhaften Requisite arrangierte er Spiegel, in denen die Uniform mehrfach erscheint, Stiefel als militärisches Emblem, polierte Knöpfe als Glanz der Uniform und Bildteilungen und Barrieren als Symbol für Ausgeschlossenheit. Begleitet von beträchtlichem Ausstattungsprunk, dominiert in der Version von 1956 die ausgespielte Situationskomik und die Posse. Käutners Film war unter den ohnehin populären Historienfilmen der fünfziger Jahre ausgesprochen erfolgreich: Ausgezeichnet mit sieben Filmbändern in Gold beim Deutschen Filmpreis 1956 und nominiert für den Oscar 1957, hatte er bereits nach fünf

Monaten Laufzeit 10 Millionen Zuschauer in Deutschland und war in 53 Länder exportiert worden.

Die »Köpenickiade« geht auf einen authentischen Fall im Jahr 1906 zurück, der bereits zur Stummfilmzeit viermal verfilmt wurde. Oswald ließ in den USA 1941 ein Remake seines eigenen Films mit Albert Bassermann in der Hauptrolle unter dem Titel *I Was a Criminal* folgen, der jedoch die komödiantische Seite der Geschichte vollständig unterdrückte und auf die aktuelle Kritik am deutschen Militarismus abhob. 1997 inszenierte Frank Beyer die Tragikomödie erstmals am Originalschauplatz. Sein Fernsehfilm geht mit der Bühnenvorlage sehr frei um. Unter Verzicht auf jegliche Posse konzentriert er sich vollständig auf die Charakterstudie eines an den Verhältnissen Verzweifelnden, meisterlich gespielt und gesprochen von dem Berliner Harald Juhnke. Verglichen mit Käutners Version verliert Beyers Film, weil er auf die zweite Ebene, die Geschichte von der Uniform, gänzlich verzichtet, wodurch die latente Kritik des gesellschaftlichen Fetisch verblasst und das akribisch präparierte Zeit- und Lokalkolorit der wilhelminischen Ära im historischen Dekor verbleibt. Viel gewinnt Beyers Version hingegen an Überzeugungskraft durch die geschicktere Akzentuierung der Nebenrollen, etwa Katharina Thalbach als Voigts Schwester oder Rolf Hoppe als Gefängnisdirektor. *Annette Deeken*

Literatur: Irmela Schneider: *Der Hauptmann von Köpenick* (1956). In: Werner Faulstich / Helmut Korte (Hrsg.): Fischer Filmgeschichte Bd. 3: 1945–1960. Frankfurt a. M. 1990. – Wolfgang Jacobsen / Hans Helmut Prinzler (Hrsg.): Käutner. Berlin 1992. – Rainer Rother: Der Kaiser lacht – The Kaiser Screamed. *Der Hauptmann von Köpenick* und *Passport to Heaven.* In: filmwärts 22 (1992) Nr. 23. – Thomas Koebner: Carl Zuckmayers deutsche Filmhelden. In: Zuckmayer-Jahrbuch 1 (1998). – Klaus Kanzog: Aktualisierung-Realisierung. Carl Zuckmayers *Der Hauptmann von Köpenick* in den Verfilmungen von Richard Oswald (1931/1941) und Helmut Käutner (1956). In: Ulrike Weiß: Carl

Zuckmayer und die Medien. St. Ingbert 2001. – Torsten Körner: Der kleine Mann als Star. Heinz Rühmann und seine Filme der 50er Jahre. Frankfurt a.M. 2001.

Das Wirtshaus im Spessart

BRD 1958 f 99 min

R: Kurt Hoffmann
B: Luiselotte Enderle, Heinz Pauck, Günter Neumann nach dem Roman von Wilhelm Hauff
K: Richard Angst
M: Franz Grothe
D: Liselotte Pulver (Comtesse Franziska), Carlos Thompson (Räuberhauptmann), Günther Lüders (Baron Sperling), Hubert von Meyerinck (Obrist von Teckel)

Eine Räuberbande lockt die junge Comtesse Franziska, die zusammen mit ihrem Bräutigam per Kutsche durch den Spessart reist, in einen Hinterhalt. Zwar kann die Grafentochter entwischen, indem sie die Kleider eines fahrenden Handwerksburschen anzieht. Als ihr Vater die Zahlung eines Lösegeldes ablehnt und statt dessen Militär in den Schlupfwinkel schickt, kehrt Franziska in der Maske des Handwerksgesellen zu den Räubern zurück. Geschwächt von internen Zwistigkeiten, kann die Bande von den Soldaten dingfest gemacht werden. Der Hauptmann wird von Franziska im Turm des väterlichen Schlosses versteckt. Sie hat sich inzwischen in ihn, der sich als verarmter italienischer Grafensohn entpuppt, verliebt. Am Tage ihrer geplanten Hochzeit lässt sich Franziska vom Räuberhauptmann entführen.

Obwohl nur in groben Zügen der literarischen Vorlage Hauffs folgend, ist Kurt Hoffmanns stimmungsvoll-liebenswerte Satire im Biedermeier-Gewand eine ebenso temporeiche wie vergnügliche Musikkomödie, die nicht zuletzt von der augenscheinlichen Spielfreude ihrer Darsteller lebt. Das durchgängig hervorragend besetzte Typenarsenal präsentiert außer dem markigen Räubersmann und der unschuldsreinen, aber gleichwohl durchtriebenen Grafentochter eine Riege trefflicher Karikaturen vor allem in den Nebenrollen. Neben dem vom Kabarett-Gespann Wolfgang Neuss und Wolfgang Müller gespielten Gaunerpaar, das eine bürgerliche Existenz anstrebt, brillieren vor allem Günther Lüders' borniert-aufgeblasener Baron auf Freiersfüßen, Helmut Lohner und Hans Clarin als hasenfüßige Handwerksgesellen, Rudolf Vogel als irrlichterndskurriler Gaukler und der großartige Hubert von Meyerinck in der Rolle des schneidigen Obersten. Wann immer er seine Schlachtpläne darlegt, sind seine Mundbewegungen mit pompöser Marschmusik unterlegt. Die romantisierend-schwungvolle Musik Franz Grothes und die parodistischen Liedtexte aus der Feder von Günther Neumann stellt den Film in eine Reihe mit Musikkomödien wie Wilhelm Thieles *Die Drei von der Tankstelle* (1930) oder Reinhold Schünzels *Amphitryon* (1935). Auch die liebevollen Dekors (Bauten: Robert Herlth) und die farbenfrohen Kostüme (von Irms Pauli) tragen zum zeitlosen Charme eines Filmes bei, der weit über der einfallsloskonventionellen Konfektionsware des bundesdeutschen Belustigungs-Kinos der fünfziger Jahre steht. Überdies wimmelt es von parodistischen Anspielungen auf die Wirtschaftswunder-Mentalität des ersten Nachkriegsjahrzehntes. Politische Sottisen kommen nicht nur aus dem Munde der ›anständigen‹ Räuber Knoll und Funzel (»Wenn ich da an unseren vorigen Führer denke ...«), sondern kulminieren in einer Fülle verbaler Gags – beispielsweise wenn »in Anbetracht der traurigen Ereignisse« um das Verschwinden der Comtesse auf dem gräflichen Schloss »heute Schwarzwurzeln in einer trüben Soße, dazu Graubrot« serviert werden.

Die allzu ›progressive‹ Kritik hat dem Film diese vermeintlich übertriebene Orientierung an den Idealen des Biedermeier vorgeworfen. Tatsächlich präsentiert Hoffmann ein durchaus ironisiertes Szenarium, zumal die von Hauff erzählten Abenteuer des Handwerksburschen an den Rand gedrängt und statt dessen die keinesfalls ernst zu nehmende Liebesgeschichte vom Räuberhauptmann und der Grafentochter vorgeführt wird. So bietet der Film in der Tat einen »geistreichen Ulk im historischen Gewande« mit vielen »aktuellen Spitzen« (Ingo Tornow).

Noch mehr in den Vordergrund rückt Hoffmann diese (gesellschafts)politische Komponente in der als »Grusical« angekündigten Fortsetzung *Das Spukschloss im Spessart* (1960), die in der zeitgenössischen Bundesrepublik spielt: Liselotte Pulver, die für ihre Darstellung im *Wirtshaus* den Bundesfilmpreis erhielt, wird diesmal als Schlosserbin im Kampf gegen einen gnadenlosen Immobilienspekulanten von den Geistern der einstigen Räuberbande unterstützt. Hubert von Meyerinck als groteskakkurater Regierungsrat aus Bonn brilliert erneut und wurde dafür mit dem Preis der deutschen Filmkritik ausgezeichnet. Seine satirischen Momente bezieht das *Spukschloss*, das gleichfalls von schmissig-kabarettistischen Musiknummern und der grandiosen Besetzung profitiert, durch diverse Seitenhiebe auf die Prosperität der Adenauer-Ära samt ihren entwicklungspolitischen Ambitionen. Dagegen sind Hoffmanns *Herrliche Zeiten im Spessart* (1967) nur noch eine schwung- und einfallslose, allzu bemühte und im Vergleich zu den Vorgängern besonders enttäuschende Nummern-Revue um eine Zeitreise der Räuber durch die Jahrhunderte, die auch durch die Mitwirkung von Pulver und Meyerinck nicht gerettet werden kann. Franz Grothe und Günther Neumann arbeiteten den *Wirtshaus*-Film später außerdem zu einer Art Bühnenmusical um. *Rainer Dick*

Literatur: Klaus Sigl / Werner Schneider / Ingo Tornow: Jede Menge Kohle? Kunst und Kommerz auf dem deutschen Filmmarkt der Nachkriegszeit. München 1986. – Ingo Tornow: Piroschka und Wunderkinder oder: Von der Vereinbarkeit von Idylle und Satire. Der Regisseur Kurt Hoffmann. 1990.

Manche mögen's heiß

Some Like It Hot

USA 1959 s/w 120 min

R: Billy Wilder
B: Billy Wilder, I. A. L. Diamond
K: Charles Lang
M: Adolph Deutsch, Bert Kalmar, Leo Wood
D: Marilyn Monroe (Sugar Kane Kowalczyk), Tony Curtis (Joe/ »Josephine«), Jack Lemmon (Jerry/»Daphne«), Joe E. Brown (Osgood Fielding III)

Wenn es in der Geschichte der Filmkomödie so etwas wie eine ästhetische Quadratur des Kreises gibt, dann ist sie Billy Wilder mit *Some Like It Hot* gelungen; mehr noch: Er hat auf einen Schlag die Lösung gleich mehrerer unlösbarer Probleme in Angriff genommen und ohne Blessuren bewältigt. Des Drehbuchautors Diamond obsessive Idee, hier werde eine »Sache auf Leben und Tod« verhandelt, bleibt der Geschichte auch dort inhärent, wo sie in die Wirbel der Gags und in den Sog der Situationskomik gerät. Was für zwei arbeitslose Musiker, die nur als unfreiwillige Transvestiten der Mordlust einer Chicagoer Gang entgehen, als Kampf ums nackte Überleben beginnt, setzt sich auf der Ebene des Komisch-Komödiantischen als turbulentes Tribunal um Existenzfragen, um die Definition des Ichs und die Ambiguität des Sexus fort.

Der raue, eindimensionale Duktus des Gangsterfilms (des amerikanischen der dreißiger Jahre, dessen Gewaltrituale Billy Wilder präzis zitiert) transzendiert nahezu bruchlos in die Equilibristik der *sophisticated comedy* – Parodie und Travestie andererseits siedeln dicht am Abgrund, in den der Mensch blickt, wenn er sich seiner selbst zu vergewissern sucht. Das sentimentalische Klischee wendet sich unversehens ins Tragische, der dralle Spaß balanciert am Rande zum Exzess, und in den Orgien der Verwechslungskomik versteckt sich das existentielle Drama der Nicht-Identität, jener Inkonsistenz des Geschlechtswesens Mensch, das stets in das Andere changiert und sich verlieren muss, um sich zu gewinnen.

»Keine Komödie übersteht diese Art brutaler Realität«, soll der Produzent David O. Selznick geurteilt haben. Meinte er den blutigen Realismus des Gangster-Genres, den Bandenkrieg im Chicago der Prohibitionszeit, das erbarmungslose Massaker am St.-Valentins-Tag 1929, das für das Musiker-Duo zum Albtraum wird und dem sie nur, so mag es zunächst scheinen, durch einen schrägen Salto in die Klamotte entrinnen? Wie sollen, mag Selznick sich gedacht haben, aus der Düsternis der Krisenjahre, der Härte des Chicagoer Winters und dem Gemetzel in einer Tiefgarage Leichtigkeit und Lebenslust einer Komödie entspringen? Oder meinte er womöglich jene »brutale Realität«, mit der die hemmungslosen Spezialisten des Transvestiten-Genres à la »Charleys Tante« unbekümmert um Geschmacksfragen Körperlichkeit ausstellen und denunzieren, so dass weder psychologische Nuancen noch feine Ironie, geschweige die subtilen Übergänge zum Melancholischen eine Chance haben?

Wie dem auch sei – Billy Wilder hat die ›Entgleisungen‹, die hier wie dort angelegt sind, elegant vermieden; genauer: er spielt mit der Verlockung zur brachialen Komik, um sie in Ambivalenzen und Abgründigkeiten aufzulösen; er stellt sich selbst lauter diabolische Fallen, um zielsicher an allen vorbeizukurven und dumpfe Erwartungen abstürzen zu lassen. So gelingt es ihm, »die Travestie als zentrale Idee durchzuhalten und da weiterzuentwickeln, wo sie in anderen Händen nur schal und geschmacklos geworden wäre« (Neil Sinyard / Adrian Turner). Es gelingt ihm, weil er dem Zuschauer in keiner Situation Realismus in Aussicht stellt: *Some Like It Hot* ist reine Konstruktion, ein Artefakt, das sich aus den Zeichensprachen unterschiedlichster Genres generiert, um sie zu einem Essay, einem brillanten Denkspiel zu konfigurieren. Eine Konstruktion, die eben dort, wo sie von äußeren Turbulenzen verschlungen zu werden droht, ihre innere Balance beweist; ein Denkspiel, das gerade aus kruder Körperlichkeit, dem materiellen Substrat der Klamotte, seine Funken schlägt.

Zur Klamotte gehört die Verkleidung – und zur Verkleidung die Vertauschung der Geschlechterrollen: Für die beiden Jazzmusiker freilich wird, was wie ein biederer Ulk aussieht, zu einer Hängepartie auf des Messers Schneide. Das weibliche Kostüm, das sie in die Damenkapelle »Sweet Sue's Society Syncopaters« katapultiert, erweist ihnen in doppeltem Sinne einen (hintergründigen) Dienst: als Tarnung, die sie einer ruinösen Männerwelt (in der männliche Musiker keine Arbeit finden und Gefahr laufen, im Maschinengewehrfeuer verfeindeter Gangs zersiebt zu werden) entzieht – und als Mittel der Flucht ins andere Geschlecht, dessen Spielregeln sie freiwillig-unfreiwillig zu akzeptieren lernen. Dabei bedingt die Notwendigkeit, die Tarnung aufrechtzuerhalten (die Gangster haben ja ihre Spur aufgenommen), die Intensität der Camouflage, die Joe und Jerry als Männer in Frauenkleidern in einer Schar lebens-, auch liebeslustiger junger Mädchen auf sich nehmen.

Über die Freiheit, aus ihren Rollen nach Belieben auszusteigen, verfügen sie nicht. Mit dem Wechsel zwischen den ›Lagern‹ haben sie auch die Lebenswelten vertauscht:

Manche mögen's heiß: Sugar Kane (Marilyn Monroe) von Frau zu ›Frau‹ (Tony Curtis) schwärmerisch über ihre Nachmittagsbegegnung mit dem spleenigen Jung-Milliardär (Tony Curtis): »Er ist jung, nicht verheiratet, sieht blendend aus. Er ist ein richtiger Gentleman, keiner von diesen alten Lustmolchen. Er ist einfach süß.« Das visuelle Arrangement dieser Szene konterkariert nicht nur die naive Glücksvorstellung Sugar Kanes: Der versonnene Blick ist auf die verhüllenden Schaumflocken gerichtet. Gleichzeitig kehrt es das bildliche Klischee um, wonach männliches Begehren sich im Blick auf die badende Frau artikuliert und sich diese imaginär verfügbar macht.

Ein Sprung aus dem ›männlichen‹ Realitätsprinzip und einer Welt eindimensionaler Konflikte mit meist tödlichem Ausgang in ein Reich »weiblicher« Möglichkeiten, in eine Sphäre verheißungsvoller Lebensvielfalt, allerdings auch vielfältiger Komplikationen. Die Notbremse, die während einer nächtlichen Bahnfahrt gezogen wird, und ein abrupter Schnitt markieren den Schauplatzwechsel, der eher ein Paradigmenwechsel und eine Grenzüberschreitung zu nennen wäre: »Chicago ist mit Nacht, Tod, Gewalt und Gangstern verbunden; es ist überwiegend ein männlicher Bereich. Miami wird auf der anderen Seite sofort mit Sonne, Leben und Gesang assoziiert; es ist vorwiegend eine weibliche Welt« (Sinyard/Turner).

Wie das männliche Prinzip in der weiblichen Welt beinahe verloren geht und sich nur dadurch zu behaupten vermag, dass es sich, als männliches, verändert: davon erzählt *Some Like It Hot.* Joe verliebt sich in Sugar Kane, aber da er sich in Josephine verwandelt hat und Josephine bleiben muss, solange die Gangster hinter ihm her sind, werden ihm seine Gefühle zur Qual und zum existentiellen Rätsel. So sicher ihm scheint, dass er Sugar Kane nur als Mann zu erobern vermag, so ungewiss bleibt auch, ob ihre Sympathiebeweise den männlichen oder den weiblichen Anteilen seiner androgynen Performance gelten.

Jerry wiederum muss sich, als Daphne, der Zudringlichkeiten des froschmäuligen Millionärs Osgood Fielding erwehren, bis er am Ende – sei es als Jerry, sei es als Daphne – erkennt, dass auch dieses Monstrum eines senilen Charmeurs seine liebenswerten Seiten hat. »Ich bin ein Mädchen, ein Mädchen, ein Mädchen«: Die lebensnotwendige Selbstsuggestion, die Jerry trainieren muss, um sein Rollenspiel durchzuhalten, erfährt ihre Umkehrung, wenn er am Ende Osgood und wohl mehr noch sich selbst beteuert, was inzwischen unklar geworden ist: »Ich bin ein Mann, ein Mann, ein Mann.« Osgood akzeptiert auch diese Version: »Nobody is perfect« – und sorgt damit für einen der genialsten Schlusssätze in der Geschichte des Films.

Erotik heißt jene zauberische Alchemie, die uns anleitet, eine Rolle zu verinnerlichen, um unsere innere Substanz zu veräußern, sie einem anderen mitzuteilen. Tony Curtis als Joe unterwirft sich dieser Prozedur in einem doppelten Verwandlungsprozess, der einer zwiefachen Häutung gleicht: Der mediokre Frauenheld, den er im Alltag abgibt, muss sich als Josephine verpuppen, eine leidvolle Erfahrung, die ihm die Frauen in weite Ferne, zugleich aber das Symbol aller sexuellen Wünsche, Marilyn Monroe als Sugar Kane, in die nächste Nähe rückt. Nur die – konspirativ inszenierte – Rückverwandlung und seine Maskierung als sexuell verklemmter Millionär verhelfen ihm, diese Nähe zu genießen – wenn er sie denn genießen könnte und nicht den Impotenten spielen müsste: Eine Rolle, mit der es ihm zwar gelingt, verführt zu werden, die ihn jedoch gleichzeitig zwingt, von der angestammten Rolle des ewigen Verführers Abschied zu nehmen.

Auf dem Höhepunkt des Films, als Sugar Kane in hingebungsvollem Schmerz ihr »I'm through with love« gesungen hat, geht Joe, nun wieder als Josephine, auf sie zu – und der Kuss, der nun folgt, ist vermutlich der gefühlvollste, sicher aber der vertrackteste in der Geschichte Hollywoods: Ein Kuss, der sich (skandalträchtig genug) als Kuss zwischen zwei Frauen tarnt – und ein Kuss, den ein Liebender der Geliebten gibt und dabei unversehens erkennt, dass er selbst ein anderer geworden ist. Kein Kerl, sagt Joe zu Sugar, sei ihre Tränen wert. Richard Corliss schrieb, die »Überzeugungskraft, Technik, Sicherheit und Kühnheit« dieses Kusses habe alle diejenigen (in Hollywood) widerlegt, die Wilder für einen »Schmalspur-Zyniker« gehalten haben, der mit »Berliner Weltschmerz« hausieren gehe.

So richtig es ist, dass der Regisseur in keinem seiner Filme eine zynische Sicht seiner Figuren und ihres Handelns offenbart, so wahr ist auch, dass er sich stets eine ›europäische‹ Distanz zum *american way of life* und vor allem zu Hollywood bewahrt hat – mag man diese Distanz nun im »Berliner Weltschmerz« (?) oder in einer ironisch-selbstironischen Melancholie verwurzelt sehen, die sich, in der Tat, europäischer Urbanität verdankt: Berlin und Paris seien die beiden einzigen Städte, die ihn immer wieder erregen, sagte Wilder noch 1979. Nur in Hollywood hat er seine Filme machen können – aber auch nur mit jener von europäischer Kultur inspirierten Distanz zu allem, was Hollywood zu einem technizistisch-kommerziellen System, zu einer reinen Produktionsmaschine werden ließ.

Gerade weil Billy Wilder nie ein Genre-Regisseur war, konnte er in *Some Like It Hot* so souverän das Inventar des Gangsterfilms und der Verwechslungskomödie ausbeuten und ihre Ingredienzien zu einem neuen, höchst kunstvollen Gebilde zusammenfügen. Wie in einer surrealistischen Collage begegnet hier antithetisches Material der gewagtesten Spielart: Ein Zusammentreffen extremer Szenen wie der ausgelassenen Körper-Orgie im Eisenbahnabteil und des gnadenlosen Gangster-Showdowns am Anfang und kurz vor Schluss des Films – pubertäre Kissenschlacht und blutiger Mafiakrieg, hier wie dort ein durchkomponiertes, auf die Spitze des Absurden getriebenes Ballett.

Dass der Film im selben Jahr wie Hitchcocks *North by Northwest* (*Der unsichtbare Dritte*, 1959) entstand, ist zweifellos ein Zufall, doch ist kaum zu übersehen, dass die beiden so gegensätzlichen Stoffe strukturelle Gemeinsamkeiten aufweisen: Das Motiv der Flucht vor einer übermächtigen Bedrohung und die labyrinthischen Verknotungen aus Identitätsverlust und Rollentausch – subtextuelle Konnotationen, die von amerikanischen Exegeten schnell ›kafkaesk‹ genannt, d.h. einer vagen Vorstellung von europäischer Moderne zugeordnet werden. Selbst die Briten Sinyard/Turner sehen in *Some Like It Hot* das Grundmuster von Kafkas Erzählung *Die Verwandlung* durchscheinen. Der Witz ist allerdings, dass der europäisch geprägte Wilder mit solchen Subtexten seinerseits ganz unbekümmert, mithin ›amerikanisch‹ umgeht – und sich wohl den Teufel um alle Exegesen schert.

Andere, eher zufällige Analogien zu Hitchcocks Film (Curtis' Vollbad im Abendanzug; in *North by Northwest* steht Cary Grant im vollen Anzug unter der Dusche) verweisen darauf, dass sich Wilder immer wieder um die Mitarbeit von Grant bemüht hat, bis er schließlich Curtis engagierte, um Grant ›darzustellen‹, wie Sinyard/Turner bemerken. Freilich gerät die Figur des linkischen, neurotisch verschüchterten Millionenerben allenfalls zu einer schrägen Karikatur des Vorbilds – ebenso wie die Hornbrille allein aus dieser improvisierten Figur eines schwerreichen Sonderlings noch keinen Arthur Miller macht.

An der Schnittstelle von Filmwirklichkeit und Hollywood-Realität indessen ist diesen heimlichen (auch etwas unheimlichen) Anspielungen Raffinement und Ironie, eine Wilder-spezifische Neigung zum charmant-hinterhältigen Kommentar nicht abzusprechen. Tony Curtis als unvollkommener Schatten von Cary Grant – das ist eine Art Fußnote zum Starsystem der *factory*, jener Retorte, aus der Rollenbilder, Klischees und massenwirksame Verhaltensmuster entstehen. Und Curtis als eine schemenhafte Skizze Arthur Millers – in einer Szene, in der Marilyn Monroe als Sugar Kane ihre grenzenlose Liebesfähigkeit aufbietet, um einen Mann aus seiner Impotenz zu erlösen: Das mutet, im nachhinein, wie eine Geistererscheinung an.

Spielt Marilyn Monroe Sugar Kane – oder ist in dieser betörend schönen, vom Leben und den Männern enttäuschten Sugar Kane nicht der Stoff zu jener Biografie angelegt, die Marilyn Monroe gelebt und bis zur bitteren Neige ausgekostet hat? Lässt Wilder hier die Monroe eine Filmfigur ›nach ihrem Bilde‹ formen – oder hat er eine Filmfigur ersonnen, die sich gleichsam vorstellt, sie könnte die Monroe sein? Wilder riskiert einen Balanceakt zwischen Schein und Sein, von dem er, 1959, noch nicht wissen, allenfalls ahnen konnte, dass er über einem Abgrund stattfand.

Das Ende des Films ist offen – und so ›unmöglich‹ wie die Liebesbeziehungen, die sich angebahnt haben. Der leicht marode, doch noch immer hochaktive Millionär Osgood – an seiner Seite Jerry, der nicht mehr so genau weiß, ob er ein Mädchen oder ein Mann ist. Und Joe, der das sehr genau weiß, aber eine Frau liebt, die ihn eindringlich vor sich selbst warnt, die ihn fernzuhalten sucht von ihrem zerstörten, aussichtslosen, hoffnungslosen Leben. Sugar Kane hat ihr Leben satt, wie drei Jahre später Marilyn Monroe ihr Leben satt haben wird. »Nobody is perfect« – diese Weisheit, mit der sich Osgood damit abfindet, dass seine Geliebte vermutlich ein Mann ist, hilft uns allenfalls über die Schwächen des anderen hinweg. Für das unaufhebbare Leid am eigenen Ich ist sie kein Trost.

Klaus Kreimeier

Drehbuch: Billy Wilder / I. A. L. Diamond: *Some Like It Hot.* A Screenplay. New York 1959. – B. W. / I. A. L. D.: *Some Like It Hot / Manche mögen's heiß.* Wien [u. a.] 1986.

Literatur: Axel Madsen: Billy Wilder. London 1968. – Tom Wood: The Bright Side of Billy Wilder. New York 1970. – John Gillett: Billy Wilder. London 1970. – Steve Seidman: The Film Career of Billy Wilder. London 1977. – Maurice Zolotow: Billy Wilder in Hollywood. New York 1977. – Neil Sinyard / Adrian Turner: Billy Wilders Filme. Berlin 1980. – Claudius Seidl: Billy Wilder. München 1988. – Hellmuth Karasek: Billy Wilder. Eine Nahaufnahme. Hamburg 1992. – Susanne Marshall: Billy Wilder. In: Thomas Koebner (Hrsg.): Filmregisseure. Stuttgart 1999.

Zazie

Zazie dans le métro

F 1960 f 93 min

R: Louis Malle
B: Louis Malle, Jean-Paul Rappenau nach dem gleichnamigen Roman von Raymond Queneau
K: Henri Raichi
M: Fiorenzo Carpi, André Pontin
D: Catherine Demongeot (Zazie), Philippe Noiret (Onkel Gabriel), Vittorio Caprioli (Trouscaillon), Yvonne Clech (Madame Mouaque), Antoine Roblot (Charles)

Zazie, ein zwölfjähriges Mädchen aus der Umgebung von Paris, wird für zwei Tage ihrem Onkel Gabriel und der Tante Marceline in Paris anvertraut, damit sich ihre Mutter ungestört einem Liebhaber widmen kann. Zu Zazies maßloser Enttäuschung lässt sich ihr größter Wunsch, nämlich mit der Pariser Metro zu fahren, nur schwer erfüllen, da sie im Augenblick bestreikt wird. Auf den nun folgenden Streifzügen durch Paris, die Zazie teils allein, teils in Begleitung ihres Onkels und des Taxifahrers Charles unternimmt, trifft sie auf allerlei skurrile Gestalten: Trouscaillon, einen – vielleicht nur verkleideten – Polizisten, der sich in Marceline verliebt, die Witwe Mouaque, die sich wiederum in Trouscaillon verliebt, eine Gruppe ausländischer Touristen und die Freunde und Nachbarn des Onkels. Die ganze Gesellschaft sieht sich schließlich Gabriels Vorstellung an – Gabriel ist ›Tänzerin‹ in einem Nachtlokal – und feiert die ganze Nacht. Vollkommen erschöpft wird Zazie am nächsten Morgen wieder ihrer Mutter übergeben.

Ende der fünfziger Jahre schlug Louis Malle alle Warnungen in den Wind und machte sich an die Verfilmung von Raymond Queneaus Kultroman *Zazie dans le métro.* Zusammen mit seinem Freund Jean-Paul Rappeneau arbeitete Malle am Drehbuch, doch das Unterfangen erwies sich langwieriger als geplant. Dabei machte weniger die Handlung Schwierigkeiten als vielmehr der besondere Umgang Queneaus mit Sprache. Mit seinen unorthodoxen Erzähltechniken hatte der Autor den *nouveau roman* nachhaltig beeinflusst. In *Zazie dans le métro* treibt Queneau grotesk-witzige Sprachspiele, eine Sprachreflexion im Modus des Komischen, die sich vor allem mit der akustischen und kommunikativen Dimension des Gesprochenen auseinandersetzt. So schockiert Queneau das ›gesunde‹ Leserempfinden mit Wortschöpfungen wie »Doukipudonktan« und »Skeutadittaleur«. Der Sinn dieser scheinbaren Nonsens-Wörter wird erst transparent, wenn sie laut gesprochen werden. In diesem Sinne lässt er seine Charaktere sich an ihren eigenen Aussagen inhaltlich wie formal abarbeiten. Queneau formulierte dieses Verfahren in einem seiner Gedichte wie folgt: »Prends ces mots dans tes mains et vois comme ils sont faits.«

Für Louis Malle stellte sich die Aufgabe, eben diesen sprachreflexiven Modus in die Dimension des audiovisuellen Mediums zu übersetzen. In seiner Verfilmung behielt er die Ereignisabfolge und die Charaktere bei, allein der Witz der literarischen Komik drohte sich im rein gesprochenen Wort zu verlieren. So verstärkte Malle z.B. Zazies ›Sprachschrapnelle‹, die konträr zu der sprachlichen Gespreiztheit der Erwachsenen stehen, durch Großaufnahmen von ihrem Gesicht, die mit einem unwirklichen, gläsernen Gelächter unterlegt sind. Auch in ihrer Kleidung wird Zazie im Bildaufbau hervorgehoben: Stets trägt sie einen roten Pulli, mit dem sie in jeder noch so grotesken Situation im Bild ausgemacht werden kann. Zudem betont die Kameraführung die physischen Körperunterschiede zwischen den erwachsenen Charakteren und Zazie; sei es, dass sich die Kamera auf die kindliche Perspektive einlässt oder aber das kleine Mädchen im Gegensatz zu ihrem riesenhaften Onkel außerhalb des Bildkaders hält.

Das Gelächter Zazies ist bitter nötig: Die Erwachsenen in Malles Film demonstrieren eine selbstgefällige, scheinbar allwissende Weltgewandtheit, die in der Kombination mit Bildern eine groteske Entlarvung erfährt. So fahren Charles, Zazie und Gabriel mit dem Taxi durch Paris. Die Erwachsenen erklären dem kleinen Mädchen, was man sieht, aber ihre Aussagen erweisen sich als inhaltsleere, austauschbare Worthülsen: Ein und dasselbe Gebäude wird beim mehrmaligen Passieren erst zu »Notre Dame«, dann zum »Invalidendom« oder zur »Ostseite der Tuilerien« erklärt.

Das Spiel mit der Beliebigkeit von Signifikanten und Namen setzt sich im Roman wie im Film fort, wenn eine Figur mehrere Namen oder Identitäten hat, die überdies willkürlich wechseln. Malle unterstreicht dies, indem im gesamten Film ein nur sehr kleines Schauspielerensemble agiert, das erkennbar in sämtlichen Neben- und Komparsenrollen auftaucht. Die Dekonstruktion der konventionellen Filmsprache, orientiert am literarischen Pendant von Queneau, radikalisiert Malle auf vielfältige Weise: surrealistisch anmutende Anschlüsse, die die Kategorien herkömmlicher raum-zeitlicher Realitätskonstruktion und -wahrnehmung unterlaufen, Stoptricks, extensive Ausleuchtungen, Cartooninserts, Stummfilmtafeln, unterschiedliche Bildlaufgeschwindigkeiten und Überzeichnungen des Tons, wie etwa in dem Moment, als Zazie feststellen muss, dass die Metro immer noch bestreikt wird, und sich ihr enttäuschtes Heulen wie von Lautsprechern verstärkt über die ganze Stadt legt. Neben diesen formalen Elementen (die manchen Kritiker Malle als Vorreiter der *nouvelle vague* feiern ließen) setzt Malle zahlreiche intertextuelle Bezüge zu filmhistorischen Komödienidolen wie Charles Chaplin, Jacques Tati, Buster Keaton, Luis Buñuel und René Clair. Nicht zuletzt die furiose Zerstörung eines Restaurants erinnert an die anarchischen ›Verwüstungskünste‹ der Marx Brothers.

Trotz oder vielleicht gerade wegen der forcierten formalen Konventionsbrüche war die Resonanz des Publikums auf den Film verhalten, erzielte dieser nicht die Lacherfolge, die der Roman hervorrief. Das breite Publikum kam verwirrt aus dem Kino, der Bruch mit den kinematografischen Sehgewohnheiten war wohl zu groß. Ulrich Gregor urteilte in diesem Sinne: »Die Maschinerie des Witzes läuft Amok.« Tatsächlich geht nicht selten der einzelne Effekt in der Fülle der einfallsreichen Gags unter. Allerdings steht *Zazie dans le métro* in seiner formalen Experimentierfreudigkeit einzigartig im Gesamtwerk Louis Malles da. Außerdem fand Malle durch diesen Film zu einem seiner Hauptthemen, das er im Folgenden sowohl tragisch wie komödiantisch behandelte: das Kind, das der von Lug und Trug geprägten Erwachsenenwelt ausgesetzt wird. In diesem Sinne resümiert auch Zazie nach ihrer Odyssee durch die verzerrten Wahrnehmungs- und Ausdrucksmuster der Erwachsenen: »J'ai vieilli« – ein Satz, der zwei Übersetzungen zulässt: »Ich bin älter geworden« sowie »Ich bin alt geworden«. *Franziska Heller*

Drehbuch: L'Avant-Scène Cinéma (1970) Nr. 104.
Literatur: Raymond Queneau: Zazie dans le métro. Paris 1959. – Dt.: Frankfurt a. M. 1966. – Filmkritik 5 (1961) H. 2. [Beiträge von Ulrich Gregor und Günter Rohrbach.] – Enno Patalas: Zazie. Göttingen 1968. – Elisabeth Gülich: Raymond Queneau. In: Wolf Dieter Lange (Hrsg.): Französische Literatur der Gegenwart in Einzeldarstellungen. Stuttgart 1971. – Peter W. Jansen / Wolfram Schütte (Hrsg.): Louis Malle. München/Wien 1985. – Philip French (Hrsg.): Louis Malle über Louis Malle (1993). Berlin 1998.

Das Apartment

The Apartment
USA 1960 s/w 125 min

R: Billy Wilder
B: Billy Wilder, I. A. L. Diamond
K: Joseph LaShelle
M: Adolph Deutsch
D: Jack Lemmon (C. C. »Bud« Baxter), Shirley MacLaine (Fran Kubelik), Fred MacMurray (Jeff D. Sheldrake), Jack Kruschen (Dr. Dreyfuss)

Das Jahr 1959 und die Großstadtmetropole New York bilden den zeitlichen und räumlichen Rahmen der Tragikomödie *The Apartment*, die ihre spezifische Atmosphäre besonders durch die Verwendung von Originalschauplätzen und eine fein nuancierte Schwarzweißfotografie aufbaut. Im Zentrum der filmischen Erzählung steht der sympathische, jedoch gewiefte Protagonist C. C. Baxter, der als einer von 31 259 Angestellten bei einer Versicherungsgesellschaft arbeitet und sich in einem außergewöhnlichen Dilemma befindet: »Sehen Sie: ich habe da so ein kleines Problem mit meinem Apartment«, benennt Baxter bereits in der einleitenden *voice-over*-Exposition den Gegenstand seiner persönlichen Bedrängnis und zielt damit direkt ins Zentrum der weiteren Handlung. Der von naivem Enthusiasmus gekennzeichnete Baxter verleiht nämlich stundenweise seine Junggesellen-Wohnung an einzelne einflussreiche Herren der Chefetage, die sein schmuddelig-gemütliches Apartment als privates Liebesnest für ihre außerehelichen Büroaffären nutzen und ihm dafür berufliche Protektion versprechen. Baxter hingegen, der im Zuge dieser Dienstleistungen genötigt ist, bei Wind und Wetter vor der Tür seines Mietshauses zu warten, und daher ständig erkältet ist, liebt heimlich die hübsche Fahrstuhlführerin Fran Kubelik. Eines Tages muss er jedoch entdecken, dass Fran eine Liaison mit dem Personalchef J. D. Sheldrake unterhält und sich mit diesem in eben seinem Apartment trifft. Die Dramaturgie des Zufalls will es, dass gerade am Weihnachtsabend, an dem Baxter selbst einmal Damenbesuch mit nach Hause nimmt, dort die nahezu leblose Fran vorfindet, die nach einem verstörenden Treffen mit Sheldrake versucht hat, sich das Leben zu nehmen. In den darauf folgenden Tagen übernimmt es Baxter, die Liebeskranke zu pflegen: Er umsorgt sie liebevoll und spielt mit ihr Karten. Sheldrake belohnt ihn dafür mit einer Beförderung. Als dieser von Baxter jedoch ein weiteres Mal den Schlüssel für das Apartment verlangt, um sich dort mit der von ihm weiter hingehaltenen Fran zu treffen, verweigert Baxter diese Forderung und kündigt fristlos seine gerade erst erworbene, hoch dotierte Stellung. Einer plötzlichen Einsicht folgend, verlässt auch Fran den kaltblütigen Sheldrake in der Silvesternacht. Nach einem letzten spannungssteigernden retardierenden Moment – Fran hört ein Schussgeräusch aus Baxters Wohnung und befürchtet, er könne sich das Leben genommen haben – löst sich der dramatische Konflikt und nimmt schließlich doch noch eine Wendung zum Guten: Der Totgeglaubte öffnet Fran die Tür zu seinem Apartment. In der Hand hält er eine Sektflasche, deren Korken das Schussgeräusch verursacht hat. Baxter gesteht Fran seine Liebe, worauf diese, bereits in vertrauter Geste das Kartenspiel mischend, mit den vieldeutigen Worten entgegnet: »Halt den Mund und gib.«

Billy Wilders – im Wesentlichen durch David Leans *Brief Encounter* (*Begegnung*, 1945) inspirierte – bittersüße Filmkomödie besticht zunächst durch zahlreiche Szenen gelungener Situationskomik, die sich vor allem aus der grotesken Verkennung des Helden ergeben. So halten die freundlich-neugierigen Nachbarn ihren in Liebesdingen wenig versierten Mitbewohner für einen rasanten Mädchenfänger, den der jüdische Arzt Dr. Dreyfuss sogar

Der Versicherungsangestellte C. C. Baxter (Jack Lemmon) auf dem Weg zur Beförderung. »Was eigentlich ist es, was Sie so beliebt macht?«, wird ihn der Personalchef Sheldrake fragen – noch nicht um die wahren Gründe für Baxters gute Referenzen wissend. Später wird auch er Baxters Apartment für seine Affäre mit der Fahrstuhlführerin Fran Kubelik (Shirley MacLaine) in Anspruch nehmen. Eindrucksvoll übersetzt Jack Lemmon in *Das Apartment* verbal- und körpersprachlich Baxters Fahrigkeit und versatiles Verhalten – Ausdruck der Preisgabe seiner häuslichen Privatsphäre aus materiellem und sozialem Opportunismus. Die ihm von Fran ans Revers gesteckte Nelke und die damit verbundene freundliche Geste nimmt Baxter nicht wahr.

für wissenschaftliche Forschungszwecke anzuwerben beabsichtigt, um auf diese Weise eine Erklärung für Baxters scheinbar übermenschliche Potenz zu finden. In der Rolle des verhinderten Filous überzeugt der im Wilder-Kino bewährte Komödiant und Komiker Jack Lemmon (*Some Like It Hot / Manche mögen's heiß*, 1959; *Irma la Douce / Das Mädchen Irma la Douce*, 1963; *The Fortune Cookie / Der Glückspilz*, 1966), der die Figur des ›ewigen Zweiten‹ mit grandioser schauspielerischer Finesse verkörpert – zu denken wäre etwa an die treffliche Szene, in der Lemmon Spaghetti über einem als Sieb verwendeten Tennisschläger ausgießt.

»*Das Apartment* habe ich nie als Komödie betrachtet«, urteilte Wilder selbst einmal in einem *Cinema*-Interview über seinen Film, dessen Grundakkord merklich ernste Töne und Stimmungen anschlägt. Die trügerische Doppelmoral, die unter der ›Salzstangenromantik‹ der ausgehenden fünfziger Jahre lauert, ebenso wie die Geißeln modernen Lebens, Sinnverlust und urbane Einsamkeit, sind die tragenden Sujets, um die es Wilder und seinem Koautor I. A. L. Diamond maßgeblich zu tun war. Bereits die Anfangseinstellung verleiht diesem ideologie- und gesellschaftskritischen Impetus eine bildliche Analogie, indem die Kamera ausgehend von einem Panoramabild der Manhattan-Skyline von unten nach oben an einem Wolkenkratzer entlangschwenkt, um auf diese Weise ebenso wie durch die später häufig zum Einsatz kommenden Fahrstuhlszenen das Thema sozialen und moralischen Auf- und Abstiegs zu etablieren. Darauf folgend wird der Blick in ein Großraumbüro – eine beengende, unpersönliche kafkaeske Szenerie mit mehreren hundert Arbeitern – eröffnet, in der die Kamera den Protagonisten Baxter in einer der vielen Schreibtischreihen findet, wo er im Takt der das Geräusch von Rechenmaschinen imitierenden Musik (Ernst Deutsch) als Menschmaschine seiner Arbeit nachgeht. Dieser filmische Auftakt gibt die wesentliche Stoßrichtung der Handlung vor: Das ›Große‹ am ›Kleinen‹ verdeutlichend, gilt es, ein gesellschaftliches Porträt und Anliegen mittels der Geschichte eines Einzelnen aufzuzeigen. Dieser Einzelne, nämlich Baxter, will es, getreu den Vorstellungen des *American dream*, in seinem Leben zu etwas bringen. Der Schlüssel zu seinem Apartment ist – Wilder verdichtet seine Erzählung durch zahlreiche Leitmotive – der Schlüssel zu seinem Erfolg. Wäre da nicht die von Shirley MacLaine mit berührender Sensibilität dargestellte Fran, die in dieser auf Karriere und Profit zielenden Welt zum Opfer der jeglicher Werte entbehrenden Gesellschaft wird. Ihr zerbrochener Handspiegel, aus dem ihr ihr gebrochenes Selbst entgegenblickt, spricht hier eine deutliche Bildersprache. Sowohl die Liebe zu Fran als auch der von dem lebensweisen Dr. Dreyfuss formulierte Appell »Be a *Mensch*, a human being!« geben Baxter schließlich die entscheidenden emotionalen und gedanklichen Anstöße und verhindern seine moralische Degeneration. Das neu gemischte Kartenspiel, das immer auch ein Symbol für das Leben ist, bestimmt das Schlussbild dieses Leinwandklassikers und setzt damit ein zutiefst ambivalentes, lediglich einen neuen Anfang antizipierendes Finale unter diesen meisterlichen, mehrfach Oscar-prämierten Film.

Claudia Lillge

Drehbuch: Cornelius Schnauber (Hrsg.): *Das Appartement.* Wien [u. a.] 1987.

Literatur: Steve Seidmann: The Film Career of Billy Wilder. London 1977. – Neil Sinyard / Adrian Turner: Billy Wilders Filme. Berlin 1980. – Bernard F. Dick: Billy Wilder. New York 1980. – Claudius Seidl: Billy Wilder. Seine Filme – Sein Leben. München 1988. – Hellmuth Karasek: Billy Wilder. Eine Nahaufnahme. Hamburg 1992. – Andreas Hutter / Klaus Kamolz: Billy Wilder. Eine europäische Karriere. Wien 1998. – Susanne Marschall: Billy Wilder. In: Thomas Koebner (Hrsg.): Filmregisseure. Stuttgart 1999.

Eins, zwei, drei

One, Two, Three

USA 1961 s/w 108 min

R: Billy Wilder
B Billy Wilder, I. A. L. Diamond nach dem Bühnenstück *Egy, kettő, három* von Ferenc Molnár
K: Daniel L. Fapp
M: André Pevin
D: James Cagney (C. R. MacNamara), Horst Buchholz (Otto Ludwig Piffl), Pamela Tiffin (Scarlett Hazeltine), Lilo Pulver (Ingeborg)

Ein Völkermischmasch im Berlin der sechziger Jahre, von Billy Wilder mit bitterbösem Blick zugespitzt: Die Deutschen sind servil, aber ordentlich; sie ziehen es vor, strammzustehen, sobald ein Chef den Raum betritt. Die Russen sind schwerfällig, aber pfiffig; sie sind zu jedem Handel bereit, halten dabei aber stets noch eine List in der Hinterhand. Und die Amerikaner sind clever, aber naiv; sie ermöglichen den Wiederaufbau, doch zwischen Luftballon und Frauenbrust können sie nicht unterscheiden. Wilders *One, Two, Three* ist ein Film voller Klischees, voller Stereotype und Vorurteile. Die aber als Witze genommen sind, indem sie überdeutlich ausgestellt werden als widersinnige Reflexe auf eine doch ganz offenkundige Realität. Alles Falsche, so scheint Wilders Komik beweisen zu wollen, wird umso stärker bloßgestellt, wenn ein Film augenzwinkernd den Anschein erweckt, er halte es für echt und wahr.

Erzählt wird die Geschichte eines amerikanischen Managers im geteilten Berlin, der eigentlich nur den Umsatz seiner Cola-Company steigern will, um in London Direktor der Gesellschaft für Gesamt-Europa zu werden. Dann aber muss er die Tochter seines Chefs aus den USA betreuen, die sich in einen kommunistischen Himmelsstürmer aus Ost-Berlin verliebt. Wodurch seine Welt aus den

Fugen gerät. Die einfachsten Dinge kommen in totale Verwirrung. Selbst das Gängigste ist plötzlich ver-rückt.

Der Manager intrigiert und betrügt, lügt, dass sich die Balken biegen, korrumpiert alles und jeden, lässt verhaften und lässt wieder befreien, arrangiert, inszeniert, bringt alles und jeden auf Trab. Und hat am Ende doch nur das Nachsehen. Es gehört zu Wilders Prinzip – er hat es von Lubitsch gelernt, mit dem Augenschein zu spielen, Assoziationen und Wünsche zu wecken, die schon im nächsten Moment jegliche Gültigkeit verlieren. Wie in allen besseren *comedies* stehen im Vordergrund die Situationen und wie sie aufgebaut, umgedreht, auf die Spitze getrieben und dann wieder enttäuscht werden.

Berlin, kurz vorm Mauerbau: ein Schauplatz der Unsicherheit und Unruhe. Im kommunistischen Teil der Stadt liegt alles in Trümmern, ununterbrochen wird demonstriert: für Kuba und Chruschtschow, gegen die USA. Im Westen lässt sich niemand durch diese Demonstrationen provozieren. Jeder ist damit beschäftigt, die eigene Stadt wieder aufzubauen: mit amerikanischem Geld, großem Fleiß und viel Coca-Cola. Von Anfang an spielt Wilder mit Überhöhungen und Kontradiktionen – und treibt dieses Spiel bis an die Grenze. Seine Devise lautet: Im Grunde ist das Ernste nur vor dem Hintergrund des Lächerlichen zu begreifen.

Er sei entlassen, schreit der Manager seinen deutschen Sekretär einmal an, als der bei seinem Eintritt ins Zimmer wieder die Hacken akkurat zusammenschlägt. Kurz danach fragt er ihn noch, was er während des Krieges gemacht habe. Die Antwort, nach leichtem Hüsteln: Er sei im Untergrund gewesen (»in the underground«). »Aha! Also wie alle im Widerstand?« Der Sekretär daraufhin, eher peinlich berührt: »Nein, im Untergrund. Als Schaffner bei der U-Bahn!« Er sei so beschäftigt gewesen, dass er nichts gehört und nichts gesehen habe von dem, was oben passiert sei. Der Amerikaner, höhnisch: »Nichts gehört und nichts gesehen von Adolfs Aktivitäten?« Woraufhin der Sekretär mit listiger Verwirrung reagiert: »Welcher Adolf?«

Wilder übertreibt seine Gags, bis sie fast die Grenze zur provokativen Blödelei überschreiten. Erst später ist anerkannt worden, wie sehr er das Neurotische der politischen Situation im geteilten Berlin kurz vorm Mauerbau zugespitzt hat, um das Groteske des Ganzen zu betonen. Wobei das Groteske nicht als Falsches, Willkürliches oder Widerliches verstanden werden sollte, sondern eher, im Sinne Thomas Manns, als »das Überwahre«, »das überaus Wirkliche«. Wilder überschreitet bewusst die letzte Grenze des Witzes, um so direkt beim grellen Kalauer zu landen. Er ist nicht aufs Schmunzeln aus, sondern auf lautes Lachen. Im Grotesken zeigt sich, wie die Welt auseinanderfällt.

Ungewöhnlich für Wilder ist der rasante Rhythmus des Films, das Tempo. Es geht los, als solle Hawks' *Bringing up Baby* (*Leoparden küsst man nicht*, 1938) noch übertroffen werden. Die Dialoge sind schneller als Chatschaturjans »Säbeltanz«, den André Pevins Filmmusik mehrfach zitiert. Die Handlung überschlägt sich, als der Manager gegen eine verkürzte Flugzeit anreden muss. Man vergisst beinahe zu atmen, wenn er seine Befehle so schnell ausspuckt, als wolle er W. C. Fields eine Lektion erteilen. Sinyard/Turner haben darauf verwiesen, dass dieses Tempo zum Teil auch Wilders Reaktion auf die Vorliebe fürs Bedächtige in den frühen Sechzigern gewesen sei und seine Antwort auf jene Kritiker, die Langsamkeit und Feierlichkeit mit Tiefe verwechselten.

Doch bei allem Tempo, bei aller Rasanz wird *One, Two, Three* nie hektisch. Die Liebe zwischen einer höheren Tochter aus den USA und einem kommunistischen Himmelsstürmer verlangte im Hollywood der Sechziger eine doppelte Verwandlung: nicht nur Abkehr, sondern auch Hinwendung. Der junge Kommunist muss ein Cola-Chef werden, am Ende, damit er eine Stunde lang als

Commie brillieren darf: schwärmen von einem Leben ohne Bad, ohne Kühlschrank und sonstigen Komfort. Er muss auch schwach werden in seiner Stärke, um am Ende stark zu sein in seiner Schwäche. Wilders Kommentar dazu, das ist zu unterstreichen, lautet: Ein junger Spund, der nichts kann, außer Phrasen zu dreschen, kann nur mehr Erfolg haben als der Tüchtige, wenn er sich die richtige Frau ausguckt, die seine Idiotie als lebenswerten Spleen goutiert.

Immer wieder entsteht in diesem Film Komik durch Verdrehung und Übertreibung. Die Frau des amerikanischen Managers nennt ihren Mann liebevoll »mein Führer« und folgt ihm überallhin, grenzt sich aber, als sie ihren eigenen Weg gehen will, sofort von ihm ab. Ein deutscher Reporter empört sich zunächst, als der Manager ihn bestechen will, wird dann aber von dessen Sekretär mit militärischem Gruß geehrt: »Herr Gruppenführer, endlich!« DDR-Grenzsoldaten akzeptieren den Sechserpack Cola als Beweis dafür, dass der Manager tatsächlich der örtliche Repräsentant dieser Limonade ist – und reichen, als der später wieder zurück nach West-Berlin will, die leeren Flaschen zurück, ordentlich in Reih und Glied.

One, Two, Three ist auch ein Film über den Alltag als Horror. Und den Horror als Witz, so geschmacklos wie amüsant, also bösartig, also hinreißend. Wilder spielt mit den Arrangements hinter den Rollen. Er will nachdrückliche Eindrücke von den Oberflächen gewähren, bis sie zerreißen und hinter dem Gewohnten die Abgründe auftauchen. Einen Ideologen, so seine ideologische These, kann man immer noch mit pragmatischem Tun nerven – und einfangen. So wird die Anstrengung, den jungen Kommunisten zur besseren, westlichen Haltung zu bekehren, zunächst einmal zu der Frage, wie viele Anzüge aus feinem Tuch und wie viele Hüte man dafür braucht.

Norbert Grob

Literatur: Axel Madsen: Billy Wilder. London 1968. – Tom Wood: The Bright Side of Billy Wilder. New York 1970. – John Gillett: Billy Wilder. London 1970 – Steve Seidman: The Film Career of Billy Wilder. London 1977. – Neil Sinyard / Adrian Turner: Billy Wilders Filme. Berlin 1980. – Norbert Grob: Das Ernste vor dem Lächerlichen. In: Filmbulletin. Nr. 143. April 1985. – Claudius Seidl: Billy Wilder. München 1988. – Hellmuth Karasek: Billy Wilder. Eine Nahaufnahme. Hamburg 1992.

Scheidung auf italienisch

Divorzio all'italiana

I 1961 s/w 108 min

R: Pietro Germi
B: Ennio de Concini, Alfredo Giannetti, Pietro Germi
K: Leonida Barboni, Carlo di Palma
D: Marcello Mastroianni (Baron Ferdinando »Fefè« Cefalù), Daniela Rocca (Baronin Rosalia Cefalù), Stefania Sandrelli (Angela), Leopoldo Trieste (Carmelo Patané)

Im Sizilien Anfang der sechziger Jahre, als es in Italien noch keine gesetzliche Möglichkeit zur Ehescheidung gab, blickt Baron Ferdinando »Fefè« Cefalù auf sein Leben zurück. Ehelich gebunden an seine Frau Rosalia, verzehrt er sich nach seiner sehr viel jüngeren Cousine Angela. Um seiner Obsession nachgehen zu können, muss er also sein Problem »auf sizilianische Art« lösen. Da das Gesetz mit dem Artikel 587 »Straftaten aus ehrenhaften Gründen« mit Milde begegnet, plant er, Rosalia mit ihrem ehemaligen Liebhaber Carmelo zusammenzubringen, sie auf frischer Tat zu ertappen, um seine Frau dann guten Gewissens umbringen zu können. Rosalia jedoch ist inzwischen mit ihrem Liebhaber davongelaufen. Fefè, der sein nun stadtbekanntes unehrenhaftes Schicksal nicht mehr hinnehmen darf, reist Rosalia hinterher, um seine selbst auferlegte Mission zu erfüllen. Auch Carmelos Frau, die vom Betrug ihres Mannes erfahren hat, verfolgt denselben Plan für ihre eigene Ehrenrettung. Sie erschießt Carmelo, Fefè seine Frau Rosalia. Wie genau von ihm vorhergesehen, wird Fefè nach Abbüßen einer kurzen Strafe aus dem Gefängnis entlassen und kann in seinen Heimatort zurückkehren, wo ihn seine nun wieder ehrenhafte Familie gebührend empfängt. Der Baron kann endlich seine angebetete Angela heiraten. Monate später sieht man die beiden an Bord eines Bootes auf offenem Meer. Ein glücklicher Fefè umarmt seine Frau, doch diese sendet bereits eindeutige Signale an den jungen Bootsmann.

Wie viele klassische Komödien beginnt auch diese mit einem Hindernis, das den Liebenden im Wege steht. Die Widersinnigkeit der damaligen Rechtslage, die im Vorspann ausführlich erläutert wird, wird hier in grotesker Weise auf die Spitze getrieben. Der äußere Anstand und eine Fassade der Ehrenhaftigkeit – sowohl des Einzelnen als auch der Familie – sind im Sizilien der sechziger Jahre buchstäblich lebenswichtig. In überspitzter und durchaus gesellschaftskritischer Weise entschuldigt das Motiv der Ehrverletzung innerhalb der sizilianischen Gesellschaft alles, sogar Mord. Klischees werden dabei streckenweise bis zur Karikatur überspitzt, seien es nun laut gestikulierende Großfamilien, die verborgenen Reize der Frauen, die Verschworenheit der Männergesellschaft oder die leutseligen Umarmungen, die dem Klatsch und Tratsch in der Stadt folgen.

Der Protagonist Fefè erzählt den Film in einer einzigen langen Rückblende, wobei sich der Rhythmus der Geschichte an seinen lyrischen oder emotionalen Ausbrüchen orientiert. Regisseur Germi arbeitet mit extrem schnellen Schnitten, wenn es dem Gefühlsleben seines Protagonisten entspricht und verweilt entsprechend lange auf der Landschaft Siziliens, wenn er über die Vergänglichkeit sinniert. Ein Schwenk über die Stadt erzählt visu-

Im Tagtraum löst Fefè (Marcello Mastroianni) sein Eheproblem nicht gerade subtil, aber effizient: Während er sich seine Frau Rosalia (Daniela Rocca) beim Seifekochen vorstellt, schleicht er sich von hinten an, bringt sie kurzentschlossen um, schmeißt sie in den Topf ... und kocht weiter Seife. Die Wirklichkeit aber macht es Fefè schwerer, da er Rosalia erst in eine kompromittierende Situation bringen muss, um mit einer Tat im Affekt bzw. einem Mord zur Wiederherstellung seiner Ehre mit der Milde des Gesetzes rechnen zu können. Die Grundlage für sein Handeln ist dabei immer die bürgerlich-katholische Doppelmoral der sizilianischen Gesellschaft, die *Scheidung auf italienisch* ironisch vor- und ad absurdum führt.

ell von den Gewohnheiten der Bewohner und sich plötzlich aufdrängende Mordphantasien (ein Messerstich in den Rücken seiner Frau), und Wahnvorstellungen (das Ertrinken Rosalias im Schlamm) werden real inszeniert und leicht pathetisch vom Erzähler kommentiert. Der ständig präsente Off-Kommentar, der den Zuschauer in Fefès geheime Pläne einweiht, verführt ihn zu einer ungewollten Komplizenschaft.

Der trockene Humor der Geschichte entsteht vor allem durch das unbeirrbare Festhalten Fefès an seinem eigentlich unerhörten Plan. Jede Reaktion sagt er zudem präzise und weitsichtig voraus, was das Geschehen und das Schicksal Rosalias fast unabänderlich wie ein Naturgesetz erscheinen lässt. Die Sympathien bleiben dabei bei Fefè. Die Nebenfiguren wie z.B. Ferdinandos Schwester, die sich in einem Runninggag regelmäßig und heimlich mit ihrem zukünftigen Verlobten vergnügt, stellen eher typisierte Figuren als ausgearbeitete Charaktere dar und tragen wie Figuren der Commedia dell'Arte ihren klar definierten Teil zum Handlungsverlauf bei. Wenn Rosalia von Fefè vor allem Liebe einfordert und durch ihre übermäßig anhängliche Art seine Geduld überstrapaziert, könnte der Kontrast zur unerreichbaren Angela – die liebreizend und leidenschaftlich Briefe aus der Ferne schreibt – größer nicht sein. Doch auch in dieser reduzierten und gleichzeitig übersteigerten Form überzeugen die Darsteller in einer vollkommenen Geschlossenheit. Einzig Marcello Mastroianni als am normalen Leben leidender Baron kann mehrere Facetten seines Charakters ausspielen. Leicht gebeugt und mit hängenden Augenlidern porträtiert er genauso überzeugend die bedauernswerte Opferrolle, wie er mit pomadeglänzendem Haar, blasiertem Ausdruck und mit bei Erregung zuckender Oberlippe den begehrenswerten Prototyp des sizilianischen Adligen abgibt.

Augenzwinkernd hält Regisseur Pietro Germi dem Volk einen Spiegel vor, indem er in die erzählte fiktive Geschichte den wahren Skandal integriert, den seinerzeit der als anstößig empfundene Film *La dolce vita* (*Das süße Leben*, 1959) von Federico Fellini – mit Marcello Mastroianni in der Hauptrolle – verursachte. In *Divorzio all'italiana* rät der Priester eindringlich vom Besuch des Films ab, da die Kirche eine nachhaltige Schädigung der gesellschaftlichen Moral befürchtet. Keine Frage, dass sich daraufhin die ganze Gemeinde verpflichtet fühlt, die Wirkung des verpönten Objekts selbst zu überprüfen.

Leonida Barboni, die schon Germis ersten Film fotografierte, schafft auch in diesem Werk einen meisterlichen Schwarzweiß-Film. Die Bildgestaltung arbeitet vorwiegend mit starken Kontrasten. So wird das gleißende Sonnenlicht Siziliens durch das immer wiederkehrende Motiv der Schatten der Jalousien und Fensterläden gebrochen. Die vorwiegend schwarz gekleideten Menschen, die zum Kirchgang durch die Straßen laufen, stehen in seltsamem Kontrast dazu. Auch die Landschaft erhält durch das bewusste Spiel von Licht und Schatten eine übergeordnete Art von Unbestechlichkeit. Die sehr mobile Kamera folgt den Protagonisten wie ein unsichtbarer Beobachter, bis ein unerwartet eingesetzter Zoom groteske Verfremdungen erzielt. Der metaphorische Blick in den Spiegel und das visuelle Spielen mit dem eigenen Spiegelbild versinnbildlicht offen das doppelte Spiel der Charaktere. Pietro Germi scheut sich nicht, klassische *comedy*-Elemente einzusetzen. Wenn Ferdinando beispielsweise eine Wand durchbohrt, um seine Frau besser belauschen zu können, und dies genau im Rhythmus ihres Klavierspiels geschehen muss, wirkt diese Szene wie eine Hommage an die Slapstickfilme der zwanziger Jahre. Rapide Tempowechsel, ein vorgetäuschter Schlendergang, dann – außer Sichtweite – ein rasender Lauf in sichere Gefilde sind im Rhythmus meisterlich inszenierte Szenen einer Komödie im allerbesten Sinne.

Pietro Germi, als bekannter Vertreter des Neorealismus, plante den Film ursprünglich als Drama, bis er ihn gemeinsam mit den Drehbuchautoren Alfredo Giannetti und Ennio de Concini in eine Satire verwandelte. *Divorzio all'italiana* wurde so ungewollt zu Germis erster Komödie, die sogleich stilbildend für ein ganzes Genre wurde: das der Commedia all'italiana. Ende der fünfziger Jahre war in Italien eine Hochzeit der Komödien mit Filmen wie *Costa azzurra* (*Zweimal Riviera ... und zurück*, 1959) von Vittorio Sala oder *Tutti a casa* (*Der Weg zurück*, 1960) von Luigi Comincini. *Divorzio all'italiana* wurde nicht nur zu einem großen Publikumserfolg, sondern war auch für den Oscar in Regie und für den besten Hauptdarsteller nominiert und gewann den Oscar für das beste Drehbuch, sowie Preise bei den Filmfestspielen in Cannes und Venedig. Bis heute gilt der Film als eine der bekanntesten italienischen Komödien. Das Thema der Ehescheidung greift Germi Jahre später in seinem Film *Alfredo, Alfredo* (1972), mit Dustin Hoffman und wieder mit Stefania Sandrelli in der weiblichen Hauptrolle, erneut auf. Vittorio de Sica verwies mit seiner Komödie *Matrimonio all'italiana* (*Hochzeit auf italienisch*, 1964) mit Marcello Mastroianni und Sophia Loren in den Hauptrollen auf Germis Vorbild, dessen Bekanntheitsgrad diese jedoch nie erreichen konnte. *Claudia Engelhardt*

Literatur: Ermanno Comuzio: De Sica, Germi, Lattuada. Mailand 1977. – Adriano Apra: Pietro Germi: Ritratto di un Regista all'antica. Parma 1989. – Enrico Giacovelli: Pietro Germi. Florenz 1991. – Freddy Buache: Le cinéma italien. 1945–1990. Lausanne 1992. – »Redécouverte de Pietro Germi.« In: Positif. Nr. 406. Dezember 1994. – Mario Sesti: Tutto il Cinema di Pietro Germi. Mailand 1997.

Der verrückte Professor

The Nutty Professor

USA 1963 f 107 min

R: Jerry Lewis
B: Jerry Lewis, Bill Richmond
M: Louis Y. Brown, Walter Scharf
D: Jerry Lewis (Prof. Ferris Kelp / Buddy Love / Baby Kelp), Stella Stevens (Stella Purdy), Del Moore (Dr. Hamius R. Warfield)

»All comedy is based on man's delight in man's inhumanity to man«, bezeichnete einst Al Capp, ein renommierter amerikanischer Filmkritiker, die Inhalte früher Chaplinscher Komik. Daran knüpft Jerry Lewis, dessen großes Vorbild Chaplin ist, vor allem in seinen frühen Filmen an. Er spielt als Opfer der Unmenschlichkeit den Archetyp des *fall guy*, jenes unbedarften, gutmütigen Pechvogels, der nichts anderes anstrebt, als ein geachtetes Mitglied der Gesellschaft zu sein. Diese Absicht versucht er jedoch immer mit den falschen Mitteln durchzusetzen. Jerry Lewis begann seine Karriere als Partner von Dean Martin. Die beiden avancierten zum erfolgreichsten Komikerduo der fünfziger Jahre. Ihr Witz lebt vor allem aus dem komischen Gegensatz zwischen kindlichem Trottel und charmantem, coolen Frauenhelden.

Im wohl bekanntesten Jerry Lewis-Film *The Nutty Professor* verarbeitet Lewis den Verlust seines Partners dadurch, dass er beide Rollen in einer spielt, die des Tollpatschs vom Dienst und die des Sunnyboys. Der Tölpel ist hier der Intellektuelle, kurzsichtig, weltfremd und linkisch. Der Beau ist wiederum so schön, dass sich die Leute auf der Straße nach ihm umdrehen. Menschlich gesehen ist Letzterer hingegen ein echtes Ekel. Jerry Lewis spielt Ferris Kelp, einen tollpatschigen, schüchternen, hasenzahnigen Chemieprofessor an einem kleinen College, der sich bei den Studenten nicht durchsetzen kann und ihrem Terror nicht gewachsen ist. Zudem verliebt er sich auch noch unsterblich in die attraktive Studentin Stella Purdy. Diese jedoch steht mehr auf die durchtrainierten Jungs des universitätseigenen Football-Teams, die sie regelmäßig im Nachtclub »Purple Pit« trifft. Um mit diesen Adonis-Gestalten äußerlich mithalten zu können, sucht Kelp ein Bodybuilding-Studio auf. Doch bereits am ersten Gerät scheitert er kläglich. So entschließt sich der Professor, mittels einer eigens von ihm gemixten Wunderdroge, sich vom hässlichen, langweiligen Chemiker in den gutaussehenden, arroganten und unausstehlichen Playboy Buddy Love zu verwandeln. Dieser tritt allabendlich im »Purple Pit« auf und versucht mit seinem Klavierspiel und seinem schmachtenden Gesang die Damenwelt in seinen Bann zu ziehen. Damit zieht er endlich Stellas Aufmerksamkeit auf sich. Der Nachteil von Kelps Zaubertrank ist jedoch, dass seine Wirksamkeit nur über einen bestimmten Zeitraum anhält und ohne Vorwarnung nachlässt, was den Professor in peinliche Situationen bringt. Schließlich nimmt das Unglück seinen Lauf: Buddy Love hat sich bereit erklärt, bei einem großen Schulfest aufzutreten, und vor den Augen des geschockten Publikums geschieht die Rückverwandlung in den Professor mit der Piepsstimme. In einer rührseligen Schlusssequenz erklärt Professor Kelp seinen Studenten, warum er sie getäuscht hat, und appelliert gleichzeitig, sich so zu akzeptieren, wie man ist. Stella Purdy hat sich unterdessen wirklich in Kelp verliebt. Sie wollen heiraten.

Diese Parodie – die bis dahin vierte Regiearbeit von Lewis – auf Stevensons *Dr. Jekyll und Mr. Hyde* gibt dem Komödianten Jerry Lewis, der hier nicht nur als Hauptdarsteller, sondern auch als Regisseur und Co-Autor fungiert, im Übermaß Gelegenheit zu der für ihn typischen atemberaubenden Gesichtsakrobatik und unnachahmliche Pantomime. Jerry Lewis' Metier ist die artistisch virtuose Slapstick-Komödie, in der der Grimassenschneider par excellence brilliert. Die Botschaft von *The Nutty Professor* lautet: Man muss sich selbst auf das Äußerste verwirklichen, um der konformistischen, nivellierenden Gesellschaft gewachsen zu sein. Love und Kelp sind jedoch gleichermaßen Außenseiter. Sie stehen außerhalb der *respectable normality*. So wie Love ein Darsteller ist – jemand, der anderen etwas vormacht –, ist es Kelp auch in seiner Rolle als Professor. Love, ein Dean-Martin-Typ, bündelt alle verborgenen Wünsche und Träume des krächzenden, chaotischen Professors. Loves Nightclub-Geplänkel wiederum verbirgt seine großen Selbstzweifel und die Angst des Entertainers vor dem Versagen. Letztlich siegt der Tölpel, weil er versucht, sich mit sich selbst abzufinden.

Die Genre-Bedeutung des *Nutty Professor* beruht nicht etwa auf der oberflächlichen Vermischung von Komödie und Horror, sondern auf der tiefen psychologischen Affinität zwischen diesen beiden Genres. Jerry Lewis brilliert in einer der witzigsten Doppelrollen der Filmgeschichte, die beweist, dass sein Talent nicht auf vordergründigem Klamauk basiert. Die Rezeption dagegen ist geteilter Meinung: In Frankreich wird Jerry Lewis als »le Roi de Crazy« gewürdigt und als genialer Filmemacher in einem Atemzug mit Jean-Luc Godard, Claude Chabrol und anderen genannt. In den USA hingegen, ebenso wie in Deutschland, ist das Echo beim Publikum gespalten und reicht von gänzlicher Missbilligung und Missachtung bis hin zu Ovationen. *Silvia Lambri*

Literatur: Jerry Lewis: Wie ich Filme mache (1971). München 1974. – Herb Gluck / Jerry Lewis: Jerry Lewis in Person. New York 1982. – Michael Freedland: Dino. The Dean Martin Story. London 1984. – Rolf Giesen: Die großen Filmkomiker. Von 1945 bis heute. München 1993.

Der rosarote Panther

The Pink Panther

USA/GB 1963 f 113 min

R: Blake Edwards
B: Blake Edwards, Maurice Richlin
K: Philip H. Lathrop
M: Henry Mancini
D: Peter Sellers (Inspektor Jacques Clouseau), David Niven (Sir Charles Litton), Capucine (Simone Clouseau), Robert Wagner (George Litton)

Blake Edwards' Film *The Pink Panther*, der die »Pink Panther Series« einleitete und die Figur des Inspektor Clouseau vorstellte, ist eine Komödie, die mit überraschenden Wendungen und überzeugenden Darstellern glänzt, die gleich zu Beginn in kurzen, nebeneinandergestellten Szenen eingeführt werden. Da ist George Litton, der Neffe von Sir Charles, Simone Clouseau, die Ehefrau von Inspektor Clouseau und Komplizin des Phantom genannten Juwelendiebs Sir Charles, und Sir Charles Litton selbst, der im Skiort Cortina d'Ampezzo sein neuestes Opfer, die indische Prinzessin Dala, Besitzerin des titelgebenden Juwels, beobachtet und verfolgt. Unterdessen ist auch Clouseau mit seiner Frau in Cortina angekommen, da die Spur des Phantoms ihn zum rosaroten Panther geführt hat. Während Sir Charles die Prinzessin umschmeichelt, kümmert sich seine Komplizin Simone um den ebenfalls angereisten Neffen von Sir Charles, der durch einen Zufall das Geheimnis seines Onkels entdeckt hat. Trotz der Versuche von Sir Charles, die Prinzessin von der Abreise abzuhalten, beschließt diese, in ihre Villa nach Rom zurückzukehren. Mehr durch einen Zufall entdeckt Clouseau zur gleichen Zeit, wer hinter dem mysteriösen Phantom steckt, und versucht, Sir Charles festzunehmen. Doch dieser entkommt mit Hilfe von Simone. In Rom, wo sich der berühmte Diamant im Safe von Dala befindet, treffen sich alle Protagonisten schließlich wieder, und während eines Maskenballs werden sowohl Sir Charles als auch George gefasst. Der Diamant ist allerdings nicht im Safe, da ihn die Prinzessin vorher selbst hat verschwinden lassen, denn ihr droht eine Klage vor dem internationalen Gerichtshof, der das Schmuckstück dem Volk ihres inzwischen demokratisierten Landes zusprechen könnte. In der den Film abschließenden Gerichtsverhandlung wird in einer letzten Wendung allerdings nicht Sir Charles und George, sondern Inspektor Clouseau als das Phantom überführt, da seine Frau und die Prinzessin einen Plan zur Rettung von Sir Charles geschmiedet und den angeblich gestohlenen Diamanten an Clouseaus Taschentuch befestigt haben. Doch, so Sir Charles, wird der Inspektor wohl bald wieder befreit werden, wenn das Phantom wieder zuschlägt.

Blake Edwards' Film nutzt klassische Stilelemente der Komödie wie Slapstick, Parodie oder Verwechslungs- und Verkleidungsspiele und kommentiert gleichzeitig mit einem selbstreferentiellen Seitenhieb auf die Filmindustrie Genres wie den Detektiv- und Gangsterfilm oder die Gesellschaftskomödie. So wimmelt der Film nicht nur von charismatischen Gentleman-Verbrechern, schönen Frauen und Trenchcoat tragenden Inspektoren, sondern er enthält auch alle Versatzstücke, die man von einem Spielfilm erwartet, der im internationalen Jet-Set angesiedelt ist: glamouröse Kostüme, prächtige Schauplätze und Autoverfolgungsjagden, riesige Diamanten oder die abschließende Gerichtsverhandlung. Dabei versteht es Edwards geschickt, die Schwächen seiner Protagonisten auf komische Weise vorzuführen und sie zu Stellvertreterfiguren gängiger Filmklischees zu machen. So verkörpert beispielsweise die stark überzeichnete Angela Dunning die Oberflächlichkeit und Vergnügungssucht der Highsociety, die Figur des Inspektor Clouseau persifliert die zerstreuten Inspektoren und Kommissare, die seit den Sherlock-Holmes-Romanen die meisten Fälle eher durch Zufall als aus eigener Kraft lösen, und Sir Charles Litton ist der smarte Kriminelle, der dem Inspektor an Esprit, Charme und Intelligenz weit überlegen ist. Dabei wirken die Figuren allerdings nie unsympathisch oder inkonsistent, so inszeniert und überdreht die Handlung auch sein mag.

Nicht zuletzt die für einen Oskar nominierte Musik von Henry Mancini trägt zur Atmosphäre des Films bei und hilft, die verschiedenen Handlungsstränge zusammenzuhalten. So stehen für die sechziger Jahre typische lateinamerikanische Rhythmen für die Partys der Reichen und Schönen und geben ein höheres Tempo der filmischen Sequenzen vor, das berühmte Pink-Panther-Thema erzeugt eine langsamere, spannungsgeladene Stimmung, die zu den dem Krimi entlehnten Szenen passt. Auch die Kameraführung trägt zu dieser Spannung zwischen temporeichen und langsamen Sequenzen bei, wenn z.B. die rasante Verfolgungsjagd nach dem Maskenball der Prinzessin mit der Bedächtigkeit eines alten Italieners kontrastiert wird. Nicht zuletzt dieser Kontrast erzeugt die Komik vieler Situationen und macht den Abwechslungsreichtum dieses Films aus. *Sarah Heinz*

Literatur: Georg Seeßlen: Klassiker der Filmkomik. München 1976. – Peter Lehman / William Luhr: Blake Edwards. Athens (O.) 1980. – P. Lehmann / W. Luhr: Returning to the Scene: Blake Edwards. Bd. 2. Ebd. 1980. – Edoardo Bruno: Blake Edwards: L'Occhio Composto. Genua 1994.

Dr. Seltsam oder Wie ich lernte, die Bombe zu lieben

Dr. Strangelove or How I Learned to Stop Worrying
and Love the Bomb

GB 1964 s/w 90 min

R: Stanley Kubrick
B: Stanley Kubrick, Terry Southern, Peter George nach dem Roman *Red Alert* von Peter George
K: Gilbert Taylor
M: Laurie Johnson
D: Peter Sellers (Group Captain Lionel Mandrake / Präsident Muffley / Dr. Seltsam), George C. Scott (General »Buck« Turgidson), Sterling Hayden (General Jack D. Ripper), Slim Pickens (Major T. J. »King« Kong)

Die USA Anfang der sechziger Jahre im Kalten Krieg, der heiß zu werden droht: Luftwaffengeneral Jack D. Ripper befiehlt den atomaren Vergeltungsschlag gegen die UdSSR, weil er in seiner Paranoia sich und die Vereinigten Staaten als Opfer kommunistischer Saboteure wähnt, die die Körpersäfte mittels »Fluoridation« des Trinkwassers vergiften. Der liberale und friedliebende US-Präsident ist schockiert und schlägt die Empfehlung seines ewig Kaugummi kauenden Militärberaters aus, die Überraschung zu nutzen und sich dem Angriff anzuschließen. Stattdessen lässt er den sowjetischen Botschafter kommen und warnt seinen Kollegen in der UdSSR. Dabei muss er erfahren, dass die Sowjets im Besitz einer *doomsday machine* sind – deren Bekanntmachung erst für den nächsten Parteitag vorgesehen war –, die bei einem Angriff automatisch die gesamte Erde zerstört. Während Soldaten Rippers Stützpunkt stürmen, begeht dieser Selbstmord, um nicht den Code preiszugeben, mit dem die B-52-Bomber zurückgerufen werden können. Sein britischer Adjudant Mandrake knobelt zwar in letzter Sekunde die Ziffernkombination aus, doch nicht alle Flugzeuge werden rechtzeitig erreicht oder von der sowjetischen Abwehr abgefangen: Ein nur angeschossener Bomber steuert das Ausweichziel vom Radar unerkannt im Tiefflug an. Im *war room* des Pentagon schlägt nun die Stunde des obskuren deutschen Wissenschaftlers Dr. Seltsam. Auf großes Interesse bei den Militärs stoßen seine Pläne, das Überleben eines Nukleus der menschlichen Art nach der atomaren Verwüstung in Bergwerksstollen zu sichern. Neben der politischen und militärischen Führungselite sollen dafür Frauen und Männer im Verhältnis zehn zu eins nach biologistischen Kriterien ausgewählt werden. Schließlich gelingt es der Flugzeugbesatzung trotz technischer Probleme, die Bombe abzuwerfen.

Horror und Humor verbinden sich in *Dr. Strangelove* zu einer scharfen und bitterbösen Satire über Rüstungswahn, atomare Abschreckungsdoktrin, militärisch-technokratisches Denken, US-amerikanische Symbole und die beiden ›Supermächte‹. Bereits der Vorspann stellt den Film unter ironische Vorzeichen: Ästhetisierte Bilder zeigen das Auftanken eines Kriegsflugzeugs in der Luft, unterlegt mit dem langsamen Walzer »Try a Little Tenderness«. Dieser ›Koitus‹ über den Wolken ist zugleich eine erste Anspielung auf die Verbindung von Sexualität und Tod, die den Film durchzieht. Die dokumentarischen Bilder von Atompilzen in Zeitlupe am Filmende schließen in ihrer obszönen Schönheit quasi als ästhetisch-narrative Konsequenz zynisch die Klammer, die der Vorspann geöffnet hat.

Die Namen der Akteure, Major »King« Kong, Colonel »Bat« Guano, Botschafter »de Sade«sky usw. verweisen auf die satirische Überzeichnung der Rollen. Sie sind Karikaturen, deren Spiel ins kindisch Groteske geht, was der Kritik jedoch nicht die Spitze nimmt. Im Gegenteil, je mehr Macht diese Repräsentanten einer verqueren Logik besitzen, desto verrückter und/oder gewissenloser handeln sie. Peter Sellers brilliert in gleich drei Rollen: Seine

Interpretation des Dr. Seltsam ist die ins Absurde übersteigerte Perfektion des deutschen Psychoanalytikers, den er als Quilty in Kubricks *Lolita* (1961) spielte. Mit Dr. Seltsams Thesen denunziert Kubrick Denkmodelle, die in ähnlicher Form im Kontext des Kalten Krieges zirkulierten, und zeigt, wes Geistes Kind diese sind, wenn der Wissenschaftler den Präsidenten mit »mein Führer« anredet und sein Arm sich unkontrolliert zum Hitlergruß versteift.

Im Gegensatz zu den Marx Brothers, deren Komik etwas Befreiendes hat und deren anarchisches Spiel die Dinge zum Tanzen bringt, bleiben die Figuren in *Dr. Strangelove* dem mechanischen Tanz einer sich verselbständigenden, in die Katastrophe führenden Technik unterworfen. Diese Mechanik ist Quelle der Komik und des Schreckens zugleich, was in der finalen Bombenabwurf-Szene gipfelt: Nachdem es Flugzeugkommandant Kong in letzter Sekunde gelungen ist, die klemmende Luke zu öffnen, ›reitet‹ der Texaner seinen Cowboyhut schwenkend wie Münchhausen auf der Bombe dem Ziel entgegen. Wie der Major kann sich auch der Zuschauer der Dynamik, die der Film entwickelt, kaum entziehen. In deren Sog gerät er durch Kubricks hinterhältig-subtile Nutzung aller filmischen Mittel, von der Schauspielerführung über die visuellen Attraktionen großartiger Kulissen wie des *war room* oder der Flugaufnahmen, der narrativen Dichte bis hin zum Einsatz der Musik: Das dem Bomberflug unterlegte rhythmische Summen von »When Johnny Comes Marching Home« entfaltet eine ebenso mitreißende Wirkung wie die nach klassischem Muster etablierte Spannung, die einen am Ende mitfiebern lässt, dass Kong den Kurzschluss beheben und sein selbstzerstörerisches Ziel erreichen kann. In diesem ›Spiel‹ mit der Zuschauerwahrnehmung finden sich zahlreiche Strategien und Motive angelegt, die Kubrick in seinen folgenden Filmen weiter entwickelte. Im Mittelpunkt steht dabei die Konditionierung

Mit dem *war room* schuf Filmarchitekt Ken Adams in *Dr. Seltsam oder Wie ich lernte, die Bombe zu lieben* eine dem Wahnsinn der Geschichte adäquate Kulisse und damit eine Legende des Set Designs: In dem riesigen, 10 Meter hohen bunkerähnlichen Raum von 40 Meter Breite und 30 Meter Länge wirken die Mächtigen der Welt wie verlorene Statisten. Hilflos betrachten sie die blinkenden Bildschirme im Hintergrund, auf denen sich die Flugbahnen der Bomber abzeichnen und spinnennetzartig zusammenziehen. Gerade aus Kubricks Überspitzung, in der moderne Technik, menschliche Schwäche und faschistisches Gedankengut eine unheilvolle Verbindung eingehen, resultiert ein beunruhigender Überschuss an realer Bedrohung, die die Komik nicht lindert, sondern vielmehr bis zur Kenntlichkeit entstellt.

des Zuschauerblicks durch ästhetisch-narrative Formierung wie in *A Clockwork Orange* (1971). Was in *Dr. Strangelove* noch als sarkastisches Spiel mit Genrecharakteristika der Satire und Groteske genossen werden kann, entfaltet in der Faszination von Alex' ästhetisierten Gewaltorgien eine verstörende Wirkung. Dabei sind die sozialen Instanzen in *A Clockwork Orange* auf ihre Art ähnlich brutal, so dass Kubrick nicht nur moralische Gewissheiten des scheinbar aufgeklärten Individuums in Frage stellt, sondern auch am zivilisatorischen Lack der Gesellschaft kratzt. Die Infantilität des Militärs hatte Kubrick in *Dr. Strangelove* nicht nur plakativ durch deren ranghöchste Repräsentanten vorgeführt, sondern sie auch als strukturelles Phänomen und notwendig im Umgang mit der eigenen Absurdität gezeigt, etwa wenn die Atombomben in Anlehnung an die Tradition des Zweiten Weltkriegs mit »Hi There« und »Dear John« beschriftet sind. *Full Metal Jacket* (1987) treibt die Regression durch das Prinzip des Militärischen auf die Spitze. Dabei werden neben den jungen Rekruten auch die Zuschauer durch Kubricks Blickinszenierungen ›abgerichtet‹ und swingen im Sound der Sechziger durch den zweiten Teil in einer Mischung aus regressiver Lust und Entsetzen.

Dass *Dr. Strangelove* weder ins Moralisieren noch in den Slapstick abgleitet, liegt an der Balance zwischen Satire und Realismus. Neben ästhetisierten Flugaufnahmen stehen im Wochenschaustil mit der Handkamera gedrehte, verwackelte Bilder der Erstürmung des Luftwaffenstützpunktes. Dabei sind Schrecken und Groteske ineinander verwoben, wenn noch in der dramatisch-realistischen Kampfszene um die Kaserne ein Schild mit der Aufschrift »Peace is our profession« zu sehen ist. Bei aller Groteske sind die Situationen, die der Film entwirft, mit einem Restrisiko an ›Realität‹ behaftet, so dass nicht Surrealismus, sondern »Super-Realismus« (Jean Narboni) Kubricks pessimistische Vision treffend bezeichnet. Wie nah *Dr. Strangelove* an der Realität war, verdeutlicht die Anekdote um Ronald Reagan, der beim Antritt seiner US-Präsidentschaft den aus dem Film bekannten *war room* gesucht haben soll. Dabei war dieser nicht nur eine Kulisse, sie befand sich seinerzeit zudem in Großbritannien, wo Kubrick *Dr. Strangelove* als seinen zweiten Film in der alten Welt gedreht hatte, der zugleich der erste seiner eigenen Produktionsfirma »Hawk Film« war.

Matthias Steinle

Drehbuch: Film (1964) H. 8.
Literatur: Uwe Nettelbeck: *Dr. Seltsam oder Wie ich lernte, die Bombe zu lieben.* In: Filmkritik (1964) Nr. 8. – Jean Narboni: Homo ludens. In: Cahiers du cinéma (1964) Nr. 155. – Michel Ciment: Stanley Kubrick (1980). München 1982. – Thomas Allen Nelson: Stanley Kubrick (1982). München 1984. – Stanley Kubrick. München/Wien 1984. (Reihe Film. 18.) – Kay Kirchmann: Stanley Kubrick. Das Schweigen der Bilder. Marburg 1993. – Norman Kagan: The Cinema of Stanley Kubrick. New York 1999. – John Baxter: Stanley Kubrick: A Biography. New York 1999. – Georg Seeßlen / Fernand Jung: Stanley Kubrick und seine Filme. Marburg 1999. – Lars-Olav Beier [u. a:] Stanley Kubrick. Berlin 1999. – Bernd Eichhorn (Red.): Stanley Kubrick. [Ausstellungskatalog des Deutschen Filmmuseums.] Frankfurt a. M. 2004.
Filmdokumentation: Jan Harlan: *Stanley Kubrick – Ein Leben für den Film* (*Stanley Kubrick – A Life in Pictures*), USA 2000. 132 min.

Der gewisse Kniff

The Knack – and How to Get It

GB 1964 s/w 85 min

R: Richard Lester
B: Charles Wood nach einem Theaterstück von Ann Jellicoe
K: David Watkin
M: John Barry
D: Rita Tushingham (Nancy Jones), Michael Crawford (Colin), Ray Brooks (Tolen), Donal Donnelly (Tom)

Im London der Mittsechziger sehnt sich der junge schüchterne Lehrer Colin nach Erfolg bei den Frauen. Vor der Tür seines draufgängerischen Untermieters Tolen hingegen stehen die Mädchen gleich einem Sortiment Schaufensterpuppen Schlange – zumindest in Colins Tagtraum. Vom Liebeswahn erfasst sucht Colin bei Tolen männlichen Rat, der ihm erklärt, den »gewissen Kniff« habe ein Mann schnell heraus, er sei aber nicht erlernbar, sondern intuitiv. Zur gleichen Zeit trifft die unbedarfte Nancy aus der Provinz in London ein. Sie sucht den CVJM (Christlichen Verein junger Mädchen). Auf ihrem Weg beobachtet sie die ›kleinen Verruchtheiten‹ der Metropole mit riesigen Augen, etwa wie eine Frau in einem Passbildautomaten Nacktaufnahmen macht.

Bei Colin ist inzwischen der Ire Tom eingezogen und hat sein ganzes Zimmer – inklusive der Fenster und Spiegel – weiß gestrichen, um so dem Nachkriegsbraun zu Leibe zu rücken. Er kauft mit Colin als Voraussetzung für erfolgreiche Rendezvous beim Schrotthändler ein riesiges eisernes Bett auf Rädern. Als ihnen Nancy über den Weg läuft, versprechen die beiden, sie mit ihrem Gefährt zum CVJM zu bringen, und reisen zu dritt auf dem Bettgestell durch die Metropole: Sie frühstücken darauf in einer Parklücke, benutzen es wahlweise als Trampolin oder Floß und tragen Nancy darauf wie auf einem Elefantensattel. Auf dieser surrealen Reise rivalisieren Tom und Colin um Nancys Gunst. Doch zu Hause angekommen, macht Tolen ihnen die Aufmerksamkeit von Nancy streitig und verschwindet mit ihr auf dem Motorrad, worauf sich eine wilde Verfolgungsjagd anschließt. In einem Gebüsch im Park fühlt sich die zugleich verängstigte und faszinierte Nancy von Tolens Annäherungsversuchen überwältigt und liegt wie tot da. Als sie erwacht, wiederholt sie litaneiartig, sie sei von Tolen vergewaltigt worden, der aber streitet dies ab. Inzwischen aufgetaucht, kommen Colin und Tom zu dem Schluss, um alles wieder ins Lot zu bringen, müsse Nancy nun eben vergewaltigt werden. Währenddessen gewinnt Colin Nancys Aufmerksamkeit und hat schließlich Erfolg bei ihr. Am Ende spazieren die beiden Verliebten vor romantischer Kulisse durchs nächtliche London.

Die Beziehungskomödie ist eine Adaption des erfolgreichen Theaterstücks *The Knack* (1961), das die veränderlichen Beziehungen und Machtbalancen zwischen vier jungen Leuten vorführt. Richard Lester versuchte nicht, das Bühnenstück für den Film zu erweitern, sondern nahm es vollständig auseinander, ließ es ›explodieren‹, um dann aus einzelnen Teilstücken die Elemente für die Filmstory zusammenzusetzen. Zeitlich zwischen Lesters beiden Beatles-Erfolgsfilmen *A Hard Day's Night* (1964) und *Help!* (1965) gelegen, entstand der technisch innovativere *The Knack* als spontanes Projekt in nur sechs Wochen mit kleinem Budget. Der Film gewann 1965 in Cannes die Goldene Palme. Lester, dem ›Vater der Musikfilme‹, gelang damit das vollendete Zusammenspiel von Filmbildern und Popmusik. *The Knack* begründete das »Red Bus Movie« als eigenes Genre: John Barry komponierte mit der unverwechselbar lässigen Melange aus Jazz und Pop eine seiner eindrucksvollsten Filmmusiken, die das Lebensgefühl des Swinging London der Sechziger vermittelt. Voller Experimentierfreude setzte Lester das Jugendselbstbild der Pop-Ära mit aus der französischen Nouvelle Vague und der Werbefilmästhetik importierten Stilmitteln wie Jump Cuts, Zeitraffer und Zeitlupe sowie Schrift im Bild zu einer neuen Ausdrucksform zusammen.

In der Komödie sind zahlreiche Anspielungen auf die klassischen Slapstick-Burlesken von Mack Sennett und Laurel & Hardy, aber auch auf Thriller und Teenie-Filme vereint: Besonders Buster Keatons physischer Humor und Motive aus dessen Filmen, wie die Invasion der Bräute in *Seven Chances* (*Sieben Chancen*, 1927) oder das Bett in *Steamboat Bill, Jr.* (*Dampfer-Willis Sohn*, 1928), dienen als Vorbilder für Colins Angst vor überbordender Weiblichkeit und die surreale Fahrt durch London. Die ›Farbgestaltung‹ des Schwarzweißfilms ist sowohl vom Vorbild Jacques Tati und dessen Vorstellung von ›koloristischen Gags‹, z.B. eines wirklichen Weiß, als auch von der Werbung inspiriert. So verwendeten Lester und sein Kameramann in *The Knack* extreme Weißtöne mit starken Kontrasten, die sie zuvor in einem Butter-Werbespot getestet hatten.

Die Ausgelassenheit der vier jungen Leute wird begleitet von einem ›griechischen Chor‹ der Alten, dessen Gehader während der Dreharbeiten mit versteckter Kamera von Passanten aufgenommen wurde: ein Vorbild für die Fernsehserie *Monty Pythons Flying Circus* (1969–74). Beeinflusst von François Truffaut, zitiert Lester Elemente der Dreiecks-Geschichte *Jules et Jim* (1961) und der Suche nach neuen Lebens- und Liebesformen. Grundelement der Konstellation um die drei Männer und eine Frau in *The Knack* ist der schwankende Boden sich verändernder Liebesbeziehungen, der Umgang mit der neu gewonnen sexuellen Freiheit und Machtbalancen zwischen den Geschlechtern. Nancy ist naiv und vom Land, und sie lässt sich zunächst von Tolens ruppiger Männlichkeit verwirren, aber wie die großstädtischen Attitüden durchschaut sie schließlich auch die Verknüpfung von Tolens Machtwillen und Sexualität. Und es zeigt sich, dass den gewissen Kniff nicht Tolen mit seinem *bad-boy*-Machismus, sondern der schüchterne, aber ehrliche Verlierertyp Colin heraus hat. Gewagt dabei ist das Motiv der ›Vergewaltigung‹: Ob es als treffsichere Karikatur auf die besonders für Frauen einengende und einschüchternde Sexualmoral zu verstehen ist oder als vermeintliches ›Kavaliersdelikt‹ von naivem Sexismus der sechziger Jahre zeugt, bleibt offen, wie auch die auseinandergehenden Meinungen der Kritik widerspiegeln. Trotz seiner starken Zeitbezogenheit hat *The Knack* nichts von seinem anarchischen Charme verloren und wird als Lesters bester Film und als einer der komischsten britischen Filme überhaupt gelobt. *Cornelia Tüxsen*

Literatur: Diane Rosenfeldt: Richard Lester: A Guide to References and Resources. Boston 1978. – Gerald Mast: The Comic Mind. Comedy and the Movies. Chicago [2]1979. – Neil Sinyard: The Films of Richard Lester. Sidney 1985. – Sarah Street: British National Cinema. London [u.a.] 1997 – Steven Soderbergh: Interview with Richard Lester. The Guardian. 8.11.1999. – Kerstin-Luise Neumann: Richard Lester. In: Thomas Koebner (Hrsg.): Filmregisseure. Stuttgart 1999.

Tausendschönchen. Kein Märchen

Sedmikrásky

ČS 1966 f und s/w 76 min

R: Věra Chytilová
B: Ester Krumbachová, Věra Chytilová
K: Jaroslav Kučera
M: Jiří Sust, Jiří Šlitr
D: Ivana Karbanová (Marie I), Jitka Cerhová (Marie II), Julius Albert, Oldřich Hova

Vor einem Badehäuschen sitzen zwei junge Mädchen, die dem Ton der knarzenden Gelenke nach Holzpuppen zu sein scheinen. Sie beschließen, da die Welt so verderbt sei, es auch zu werden. Plötzlich ganz lebendig, hüpfen sie zum Baum der Erkenntnis und beißen beherzt in die Äpfel. Mithilfe eines Jungfernkranzes angeln sich die beiden Schwestern von nun an Männer und ziehen sie über den – reich gedeckten – Tisch: Einzeln lassen sie sich zum Essen einladen, die andere kommt hinzu und schmaust und trinkt so ungeniert, dass der Verehrer in große Verlegenheit gerät. Voll anarchischer Freude führen die beiden durch gezielte Taktlosigkeit gegenüber dem kultiviert-bürgerlichen, großväterlichen, kleinbürgerlich-derben oder künstlerischen Bewunderer den Eklat herbei, in der Regel mit einer Frage nach ihrem Alter oder ihrer »Alten« – oder beidem. Abschließend wird der Unglückliche in den Zug gesetzt und fortgeschickt. Doch jeder dieser sinnlichen Jagdzüge scheint sich nur um eines zu drehen: Essen ist ihr ganzes Glück. Das andere Geschlecht ist zwar ständig als Objekt präsent, aber ein Gegenüber als Spiegelbild und Negativ sind die Schwestern nur sich selbst. So ziehen sie in einem Varieté, in dem als eigentlicher Auftritt ein Paar Charleston tanzt, in einer ausschweifenden Trink- und Tanz-Burleske nach Art der Stummfilmkomödien die Aufmerksamkeit des gesamten Publikums auf sich.

Zwischen den Verköstigungen räkeln und turnen die beiden lustvoll-linkisch in Dessous auf ihrem Bett und zwischen den Rollenbildern von Puppe, Mädchen und verderbter Dame herum. Aber nach dem Essen kommen Zweifel: »Es hat keinen Sinn – höchstens, wenn einer nicht mehr is(s)t; du meinst, wenn einer stirbt – sagen wir mal du.« Selbst eine genüssliche Kastration von Würstchen, Gurken, Bananen und Eiern mit anschließender Verspeisung im abgebrannten Himmelbett kann nicht darüber hinwegtäuschen, dass es zu Hause langweilig ist. Schließlich interessiert sich trotz Lockrufen, extravaganter Mode und maskenartiger Kajalstriche niemand mehr für ihre Weiblichkeitsinszenierungen. In einem Festsaal entdecken sie ein feudales Buffet. Mit wachsender Verzückung tafeln die beiden wie Schneewittchen an jedem Gedeck und liefern sich eine Tortenschlacht nach klassischer Manier. Beim Tanz auf dem Tisch entgeht kein Glas und keine Flugente ihren Stöckelschuhen. Befriedigt von diesem Ausbruch destruktiver Freude, schaukeln die beiden schließlich im Kronleuchter. Damit alles wieder »schön und so wie früher« werde, wenn sie nur »fleißig und arbeitsam und glücklich« sind, versuchen die beiden Maries, den Saal notdürftig wieder aufzuräumen, um das Rad der Zeit zurückzudrehen und ihre ›Verderbtheit‹ rückgängig zu machen. Schließlich erwischt sie aber doch der abstürzende Kronleuchter.

Die groteske Komödie *Tausendschönchen* wurde 1967 in Bergamo ausgezeichnet. In der Blütezeit des »Prager Frühlings« entstanden, etablierte sich mit diesem Film Věra Chytilová neben Miloš Forman und Jiří Menzel als wichtigste Vertreterin der tschechischen ›Neuen Welle‹. Nach der Niederschlagung des »Prager Frühlings« hatte Věra Chytilová besonders lange unter Verboten und Zensur zu leiden, dennoch blieb sie in der Tschechoslowakei. Als Gegenbild zu ihrem früheren Film *Von etwas anderem* (*O něčem jiném*, 1963), in dem zwei Frauen den Ausbruch aus ihrem Alltag in letzter Konsequenz doch nicht wagen, zeigt *Tausendschönchen* zwei junge Mädchen, die radikal mit der gesellschaftlichen Ordnung brechen und sich verrückt und künstlich verhalten. Chytilovás Ziel war es, mit diesem Film etwas völlig Gegensätzliches zu schaffen. Auf die Strenge vorhergegangener, oft dokumentarisch orientierter Filme folgt die unzusammenhängende, surreale Erzählung und das scheinbar willkürliche Handeln der Figuren; auf das Grau die Farborgie. Die bizarre Fantasie äußert sich stilistisch in einer Explosion der Ausdrucksmittel: Die originellen Farbexperimente mit einem Wechsel zwischen Schwarzweiß- und Farbfilm von Jaroslav Kučera verbinden sich mit z.T. extrem schnellen Schnittfrequenzen und Irritationen durch Perspektivwechsel der Kamera und verweisen auf surrealistische Einflüsse. Die Hauptrollen sind zudem mit Laiendarstellerinnen besetzt. Ausufernd waren auch die Dreharbeiten – die Büffetszenen wurden eine Woche bis zur physischen Erschöpfung wiederholt, und die durch die Hitze der Scheinwerfer verderbenden Speisen erzeugten bei den Darstellerinnen starke Übelkeit.

Chytilová nähert sich über die Komödie philosophischen Fragen wie der nach der Entwicklung des Individuums. Die schematischen Figuren, Marie I und Marie II, transportieren ins Extreme gesteigerte Elemente des Alltags und karikieren die leere Oberflächlichkeit eines Lebens, das sich in einem irrigen Kreis von Pseudo-Beziehungen und Pseudo-Werten bewegt. Destruktion als befreiende und zugleich gefährliche Kraft bildet hierfür die Basis, eingebettet in Vor- und Abspann mit Aufnahmen einer Atombombenexplosion. In postmoderner Manier dekonstruieren Inhalt und filmische Mittel Wirklichkeit und soziale Geschlechterrollen: Das Spiel der beiden Maries mit Maskeraden und weiblichen Zuschreibungen scheint in seiner bewussten Überspitzung Judith Butlers Aufruf zur Verwirrung der Geschlechter vorwegzunehmen. Die Bandbreite der Rollen erstreckt sich von ›Lolitas‹ über ›Evas‹, ›Kleopatras‹ oder ›Hexen‹ – nur ›sozialistische Heldinnen der Arbeit‹ tauchen nicht auf. Das Geschäft des Paares ist weder Prostitution noch Mannstollheit: Die Rolle der Männer ist lediglich die des Schlüssels zum Essen, ein Mittel zur Einverleibung von Welt. In allen Szenen beziehen sich die beiden Frauen symbiotisch aufeinander, wobei die homoerotischen Anspielungen im zweiten Teil des Films in einer beiläufigen Liebesbezeugung ihren Höhepunkt finden. *Tausendschönchen* wird mit der symbolischen Aufladung der Motive – mit den Farben Schwarz und Weiß, Äpfeln oder phallusförmigen Früchten, Blumen, Schmetterlingen und ähnlichem – derart überfrachtet, dass eindeutige Zuschreibungen ad absurdum geführt werden. Trotzdem gelingt *Tausendschönchen* sehr leicht und lustvoll die Umsetzung in burleske Szenen mit filmhistorischen Anspielungen – besonders auf die Slapstickkomik der Stummfilmzeit.

Die Rezeption bewegte sich zwischen begeisterter Aufnahme – besonders im Westen – und der Anstrengung im ehemaligen Ostblock, eine systemkompatible Deutung des anarchischen Wertebruchs von *Tausendschönchen* zu finden. Im überblendeten Schlusstext wird Chytilovás Botschaft noch einmal verbalisiert: »Dieser Film ist all jenen gewidmet, die sich nicht nur zertretenen Salats wegen empören.« Bei einem im Jahr 2000 aufgenommenen Interview sagte sie, sie glaube nicht an Feminismus per se, aber an Individualismus: »If there's something you don't like, don't keep to the rules – break them.« *Cornelia Tüxsen*

Literatur: »Chytilová parmi les marguerites«. In: Cahiers du cinéma. Nr. 174. Januar 1966. – Serge Daney: A propos Věra Chytilová. In: Cahiers du cinéma. Nr. 193. September 1967. – Mihai Nadin: Mut für den Alltag. CSSR-Film im Prager Frühling. Bern 1978. – Oksana Bulgakowa: Von nichts anderem – die drei Trilogien von Věra Chytilová. In: Fred Gehler (Hrsg.): Regiestühle international. Berlin 1987. – Kate Connolly: Bohemian Rhapsodist. Interview mit Věra Chytilová. In: The Guardian. 11. 8. 2000. – Michael Hanisch: Der Prager Frühling begann auf der Kinoleinwand. In: Freitag. 8. 2. 2002.

Der Feuerwehrball / Anuschka – es brennt, mein Schatz

Hoří, má panenko

ČS/I 1967 f 71 min

R: Miloš Forman
B: Miloš Forman, Jaroslav Papoušek, Ivan Passer
K: Miroslav Ondřiček
M: Karel Mares
D: Václav Stockel (Kommandant), Josef Svet (Greis), Jan Vostrčil (Vorsitzender des Komitees), Josef Kolb (Josef)

Der letzte in der CSSR entstandene Spielfilm Miloš Formans ist viel mehr eine bitterböse, satirische Parabel als nur eine Komödie. Der ausschließlich mit Laiendarstellern aus dem kleinen Ort Vrchlabí besetzte Film schildert den Verlauf eines Feuerwehrballs, bei dem es zu allerlei Verwicklungen kommt. Die Kunst des Films ist es, die alltäglichen Ereignisse dieser Kleinbürger und ihrer Verfehlungen mit leichter Hand zu schildern, dabei aber die Personen nicht der Lächerlichkeit preiszugeben, und zugleich noch Anspielungen auf tatsächliche Zustände im realsozialistischen Osten zu machen, ohne je wirklich explizit zu werden.

Der Film beruht auf der aristotelischen Einheit von Raum, Zeit und Handlung. Er erzählt die Geschichte einer Nacht, die sich fast nur im großen Ballsaal des Ortes abspielt. Es gibt auch keine Protagonisten, alle Handelnden bleiben Figuren, die wie in einem Rollenspiel gleichwertig verschiedene Typen repräsentieren und nur im Zusammenhang ein schlüssiges Bild des Ganzen ergeben. Im Grunde geht es um bestimmte Vorstellungen, die die Feuerwehrleute von ihrem Fest haben, und ihre immer wieder scheiternden Versuche, diese umzusetzen. Zunächst soll es eine große Tombola geben, die die Kasse der freiwilligen Feuerwehrleute etwas aufbessern soll. Schon hier stellt sich das erste Problem: Schon vor Beginn des Festes verschwinden Dinge von dem großen Tisch mit den Preisen, was sich im Verlaufe des Films noch fortsetzen wird. Ein weiteres Ereignis ist die Misswahl, die von den Männern organisiert werden soll. Sie haben in einer Zeitschrift gesehen, wie so eine Wahl aussieht, und träumen jetzt auch davon, aus acht Bikinischönheiten die hübscheste auszuwählen, die dann schließlich einem greisen Ehrenmitglied ein goldenes Beil überreichen soll. Doch auch dies scheitert teils an der Mentalität der Ballteilnehmer, teils an der Tölpelhaftigkeit der Durchführenden. Zunächst scheint es schwierig, überhaupt Mädchen zu finden; als nach einiger Zeit des Suchens die Damen gefunden sind, genieren sie sich aufzutreten. Zum Schluss sind nicht nur die Tombolapreise und die Mädchen verschwunden, sondern auch das Ehrenbeil: Die Männer müssen ihrem Genossen eine leere Schachtel überreichen. Peinlich berührt lassen sie seine Dankesrede über sich ergehen. An dieser und anderen bitterkomischen Stellen überschreitet Forman die Schwelle zur Melancholie, die dem Film die nötige Ernsthaftigkeit verleiht. Dies wird noch deutlicher durch die Szene mit dem Brand, der im Haus eines alten Mannes während des Balles ausbricht. Der Versuch, dem Greis die (ohnehin verschwundenen) Tombolapreise zu schenken, scheitert schon daran, dass dieser wegen seines Aufzuges nicht in den Festsaal eingelassen wird: weil er im Schlaf vom Brand überrascht wurde, trägt er nur ein Nachthemd.

Der ganze Film schildert diese kleinen, parallel verlaufenden Begebenheiten als scheiternde Versuche, die Bilder der existierenden Realität in die Wirklichkeit zu übertragen. Zunehmend entgleitet den Feuerwehrmännern die Kontrolle über ihr Fest. Dass die Gäste ihren Spaß trotzdem haben – ebenso wie die Tatsache, dass die ›Wirklichkeit‹ nicht den festgelegten Mustern folgt –, liegt nicht zuletzt auch an der Menschlichkeit, mit denen Forman seine Figuren zeichnet. Unschwer ist zu erkennen, dass die Ansprüche der Männer an ihre Feier den Ansprüchen der sozialistischen Regierung an ihr Volk entsprechen und dass diese zwangsläufig auf dem Wege zur Durchsetzung an den chaotischen Irrwegen des menschlichen Lebens scheitern müssen. Formans Vorgehen, den Schauspielern, die sich selbst spielen und die wirklich einen solchen Ball durchgeführt haben, dessen Zeuge der Regisseur wurde, immer nur kleine Teile des Drehbuchs mitzuteilen und sie dann Dialoge improvisieren zu lassen, ist auch im fertigen Film noch spürbar. Die verzerrte Dramaturgie der alltäglichen Wirklichkeit, die der Planung immer wieder in die Quere kommt, ist der zentrale Entwurf des Films und die Quelle seines subversiven und satirischen Charmes, der aufgrund seines Einfühlungsvermögens für die Situation der Menschen nie manieriert oder selbst inszeniert wirkt.

Der italienische Produzent Carlo Ponti unterstützte Forman finanziell, so dass der Filmemacher unabhängig von staatlichen Geldgebern arbeiten konnte. Diese verboten den Film nach seiner Vorführung auch »für alle Zeit«, was freilich nicht verhindern konnte, dass er im Westen ein großer Erfolg wurde und sogar eine Oscar-Nominierung erhielt. Der Film bedeutete auch die Überschreitung des Zenits für die ›tschechische neue Welle‹ und war für den Regisseur die Fahrkarte nach Amerika. Auch wenn Forman später noch größere Erfolge feiern konnte, so machte er nie wieder einen Film, der so charmant und doch bitterkomisch mit den einfachsten Mitteln die alltägliche Wirklichkeit reflektiert und der sich so anarchisch über die vermeintliche Planbarkeit des Lebens hinwegsetzt. *Florian Mundhenke*

Literatur: Robin Bates: The Ideological Foundations of the Czech New Wave. In: The Emergence of Film Art. Hrsg. von Lewis Jacobs. New York / Londen [2]1979. – Michel Ciment: Passeport pour Hollywood. Paris 1987. – Thomas J. Slater: Miloš Forman. A Bio-Bibliography. New York [u.a.] 1987. – Miloš Forman / Jan Novak: Rückblende. Erinnerungen (1994). Hamburg 1994.

Tanz der Vampire

Dance of the Vampires / The Fearless Vampire Killers

I/GB 1967 f 124 min (dt. und US-Fassung 108 min)

R: Roman Polanski
B: Gérard Brach, Roman Polanski
K: Douglas Slocombe
M: Christopher (Krzystof) Komeda
D: Jack MacGrowan (Professor Abronsius), Roman Polanski (Alfred, sein Assistent), Sharon Tate (Sarah), Ferdy Mayne (Graf von Krolock)

Professor Abronsius, ein passionierter, aber etwas vertrottelter Vampirologe und Fledermausexperte, ist mit seinem treuen Assistenten Alfred in den winterlichen Südkarpaten unterwegs, um sich den Objekten seiner Forschung zu widmen. Bereits in der Herberge des jüdischen Gastwirts Shagal entdecken sie erste Anzeichen ihrer Nähe. Unmengen von Knoblauch verhindern nicht, dass die von Alfred angebetete Wirtstochter Sarah vom Vampirgrafen Krolock entführt wird. Die beiden Jäger begeben sich auf die Suche und gelangen zu einem alten Schloss. Zur Begeisterung von Abronsius und zum Schrecken von Alfred sind dessen Bewohner allesamt Vampire. Doch Alfred hat noch eine andere Sorge: Herbert, der schwule Sohn des Grafen Krolock, macht ihm eindeutige Avancen. Alle Versuche, die Vampire tagsüber in ihrer Gruft zu pfählen, scheitern kläglich an Alfreds Angst und an der Zerstreutheit des Professors. Bei ihrem Fluchtversuch finden die beiden Sarah auf dem Fest der barocken Schlossgesellschaft, deren Teilnehmer sich um Mitternacht in hungrige Blutsauger verwandeln. Nach einer wilden Verfolgungsjagd können die drei auf einem Pferdeschlitten entkommen, doch da verwandelt sich auch Sarah in einen Vampir …

Polanski schuf mit *Dance of the Vampires* eine der weltweit beliebtesten Horrorkomödien. Zu Polanskis

Vorlagen zählen der Klassiker aller Vampirgeschichten, Bram Stokers *Dracula*, aber auch die seriell produzierten B-Filme mit Christopher Lee als Dracula in der Hauptrolle. Polanski greift die gängigen Klischees und Legenden seiner Vorlagen auf. Seine Figuren sind äußerlich dabei derart stilisiert, dass sie fast als Modelle gelten können. Ein wichtiges Beispiel hierfür ist der Graf von Krolock, der – optisch angelehnt an Christopher Lee – mit seinem aristokratisch-distinguierten Verhalten geradezu ein Idealbild des Grafen Dracula ist. Die Komik des Filmes ist in weiten Teilen in den Charakteren angelegt: Sie entsteht dadurch, dass Polanski die stereotypen Fantasiefiguren mit menschlichen Attributen und menschlicher Logik ausstattet. So trachtet Shagal zwar ganz der Tradition gemäß danach, schönen Frauen das Blut auszusaugen, doch ist er gegen die klassische Abwehr durch das Kreuz Polanskis Theorie zufolge immun: schließlich ist Shagal Jude. Auch Standesdünkel sind Polanskis Vampiren nicht fremd, und so verbittet sich der eingebildete Graf von Krolock, Shagals Sarg in seiner Gruft zu lagern.

Die sexuellen Subtexte der Vampirlegenden spielen im *Tanz der Vampire* eine wichtige Rolle. Polanski verwendet zahlreiche erotische Anspielungen auf inhaltlicher, aber auch auf visueller Ebene. So ziert Sarahs Badeschaum nach ihrer Entführung ein roter Fleck, augenscheinlich ein Zeichen dafür, dass sie von einem Vampir gebissen wurde, aber auch im übertragenen Sinne für ihre erotische Entjungferung. Wie in den meisten Vampirgeschichten hat das Erotische hier eine dämonische Triebkraft. Im Biss des Vampirs mischen sich Lust, Tod und Verderben. Polanskis Vampire leben jedoch eine moderne Form der Sexualität. Das beste Beispiel hierfür ist Herbert von Krolock, ein homosexueller Vampir, dessen Leidenschaft Alfred nur entgehen kann, indem er ihm die historische Abhandlung *Hundert Wege, sich ins Herz einer Jungfrau zu schmeicheln* zwischen die Zähne schiebt. In diesem Zusammenhang ist der Film auch eine Reflexion der sexuellen Revolution der sechziger Jahre.

Parodistische Elemente finden sich insbesondere in der Figur des Abronsius. Dieser ist eine Mischung aus einem zerstreuten Wissenschaftler und einem furchtlosen Vampirjäger. Anders als van Helsing, der Gegenspieler Draculas in Bram Stokers Vorlage, handelt Abronsius nicht aus moralischer Überzeugung, sondern aus gekränkter wissenschaftlicher Eitelkeit und ist weit davon entfernt, seine Widersacher zu bezwingen. Abronsius gleicht im Aussehen und Verhalten einer Karikatur Albert Einsteins und wirkt so wie eine menschliche Comicfigur. Auch bei der Inszenierung der Schauplätze vertraute Polanski auf eine übertriebene Darstellungsweise. Eine besondere Rolle wird hierbei der Farbgebung zuteil, die das Geschehen bereits auf visueller Ebene grell und fantastisch wirken lässt.

Nur ein Jahr später drehte Polanski mit *Rosemary's Baby* einen weiteren Versuch im Horrorgenre. Doch während in *Rosemary's Baby* die Kombination aus Satanismus und weiblicher Paranoia zunehmendes Grauen beim Zuschauer hervorruft, ist es in *Dance of the Vampires* umgekehrt: Hier gewinnt das Grauen für den Zuschauer etwas nahezu Beschauliches. Für Polanski persönlich war das Projekt mit sehr unangenehmen Erfahrungen verbunden, da er dem amerikanischen Verleih vertraglich zugestanden hatte, eigenmächtige Kürzungen vorzunehmen. Als die MGM den Film für den amerikanischen Markt um 17 Minuten gekürzt hatte, versuchte Polanski vergeblich, seinen Namen aus dem Vorspann von *The Fearless Vampire Killers or Pardon Me, But Your Teeth Are in My Neck* zurückzuziehen. Dennoch ist der *Tanz der Vampire* auch heute einer der kommerziell erfolgreichsten Filme des Regisseurs. *Kirsten Gudd*

Drehbuch: L'Avant-Scène Cinéma. Nr. 154. Januar 1975.
Literatur: Ivan Butler: The Cinema of Roman Polanski. New York / London 1970. – Christian Oddos: Fantastique et politique. Un cas

unique: Le bal des vampires. In: C. O.: Le cinéma fantastique. Paris 1977. – Paul Werner: Roman Polanski. Frankfurt a.M. 1981. – Barbara Leaming: Polanski. A Biography. New York 1981. – Marion Kroner: Roman Polanski. Seine Filme und seine Welt. Schondorf (Ammersee) 1981. – Roman Polanski: Roman Polanski. Autobiographie (1984). München/Wien 1985. – Virginia Wright Wexman: Roman Polanski. Boston 1985. – Peter W. Jansen / Wolfram Schütte: Roman Polanski. München/Wien 1986. (Reihe Film. 35.) – Dominique Avron: Roman Polanski. Paris 1987. – Susanne Marschall: Roman Polanski. In: Thomas Koebner (Hrsg.): Filmregisseure. Stuttgart 1999.

Zur Sache, Schätzchen

BRD 1967 s/w 80 min

R: May Spils
B: May Spils, Rüdiger Leberecht, Peter Schlieper
M: Kristian Schultze
D: Werner Enke (Martin), Uschi Glas (Barbara), Henry van Lyk (Henry), Rainer Basedow (Polizist)

Zwei Einbrecher rauben nachts ein Fernsehgeschäft aus. Martin beobachtet die Ganoven am Fenster seiner Wohnung, schließt die Vorhänge und legt sich ins Bett. Am nächsten Tag, es ist bereits Mittag, weckt ihn sein Freund Henry. Mit einer Pistole im Rücken drängt dieser ihn durch Schwabing, um ihn zu zwingen, sich als Augenzeuge bei der Polizei zu melden. Da Martin von dieser Idee ebenso wenig hält wie von der staatlichen Institution, nimmt er Reißaus, womit er selbst in Verdacht gerät. Die beiden Freunde besuchen ein Freibad, wo Martin sich in Barbara verliebt und einen Voyeur vor dem Volkszorn rettet, während Henry die flotten Sprüche seines Freundes dem Münchner Schlagerproduzenten Block verkauft. Nachmittags im Tiergarten entführen Martin und Barbara eine Ziege im Kinderwagen. Bei der Rückkehr werden sie verhaftet; auf der Wache lenkt Barbara zwei Polizisten mit einem schüchternen Striptease ab, wodurch Martin abermals fliehen kann. Während Henry und Anita, die sich als angehende Verlobte Martins betrachtet, auf einer Party bei Block sind, führt Martin Barbara seine Abblätterbücher vor und verbringt einige Stunden mit ihr im Bett. Als Anita ihm die Freundschaft kündigt, tauchen die Polizisten wieder auf. Martin bezichtigt sie der Idiotie und spielt mit dem Gedanken, seine nicht geladene Pistole zu entsichern, um das Verhaltensschema der Polizei auszuprobieren. Einer der Polizisten fühlt sich provoziert und schießt auf Martin, trifft ihn aber nur am Arm, was dieser mit »Na, da haben Sie ja noch mal Glück gehabt« kommentiert, als er abgeführt wird.

In episodischer Form und voller Situationskomik spiegelt der Film, dessen Titel zur Redensart wurde und die banale Schlagerwelt karikiert, das Lebensgefühl der Jugend zwischen Popkultur und Studentenprotest der Zeit von 1967/68. Heiter und auf der Oberfläche völlig unpolitisch werden 24 Stunden im Leben des juvenilen 25-jährigen Martin erzählt, dessen Dasein zwischen Verbummeln und spontanen Einfällen, zwischen schüchternen Liebeserklärungen und antibürgerlicher Provokation pendelt. Ebenso wie sein Freund Henry wurstelt er sich mit Gelegenheitsjobs in der Schwabinger Medienszene durchs Leben. Zum Sympathieträger wird die Figur des durchaus adretten Taugenichts, dessen Lebensart seinerzeit mit dem Wort »gammeln« bezeichnet wurde, durch ihre erfrischende Lust am Spiel und ihre sanfte Art, gegen staatliche Gewalt und gesellschaftliche Konventionen zu rebellieren. Martins Zimmer, beherrscht von seinem Bett und Durcheinander, spiegelt seine antiautoritäre Einstellung zur bürgerlichen Welt, auf deren Normen von Ordnung, Sauberkeit und Arbeitserfolg er mit kindlicher Freude an seinem Spielzeug und der Welt der Phantasie antwortet.

So frech Martin Fremden gegenüber auftritt, so hilflos und täppisch wirkt er in Liebesdingen: In rührender Einfalt und wohlig wie ein Kind legt er sich im Halbdunkel an die Brust seiner neuen Freundin, womit er der Erotik eine gemütliche Wendung gibt. In einer der rührendsten Szenen gibt Martin seine Sensibilität und Verletzlichkeit preis, die er sonst hinter seinem ruppigen Spott verschanzt: Er führt Barbara seine »Filmproduktion« vor, womit er sein Daumenkino meint, liebevoll gezeichnete Abblätterbüchlein aus seinen Kindertagen.

Der Trumpf des Films liegt nicht in der Kameraarbeit oder seiner Montage, sondern in der Dialogführung. So antwortet Martin beim Verhör auf die Frage »wohnhaft?« schlicht mit »ja« und bekennt, da das polizeiliche Ritual Antworten verlangt, er habe den Reichstag angezündet und sei beduinischer Religion. Seine Revolte als selbsternannter Pseudo-Philosoph findet schlagfertig auf der Ebene der Wortspiele statt, die aus flotten Sprüchen, ironischen Wendungen und Wortschöpfungen besteht (»fummeln«, »abquatschen«, »es wird böse enden«). Zum Schluss endet das Spiel ohne jedes Pathos in dem Einsatz seines Lebens. Dass der Schuss des Polizisten mit der lakonischen Folgerichtigkeit eines rein theoretischen Experiments provoziert wirkt, lässt die Ironie über den tumben Staatsbeamten siegen. Der Figur eines Menschen, der das Leben unter keinen Umständen ernst nimmt, sind die Frauenfiguren vollständig untergeordnet. Anita, mit toupiertem Haar und Schminkköfferchen charakterisiert, wird parallel zu den Polizisten wie eine lästige alte Ehefrau harsch beschimpft, dass sie sich ihre Furcht vor der realen Gefahr sparen solle, während Barbara, braves Mädchen aus gutem Hause, Martins Eskapaden gutwillig, aber vollständig naiv (»Ich bin ja nur ein Mädchen«) mitmacht. Die Darstellerleistung wirkt in beiden Fällen wenig überzeugend, was aber auch an der Sprachorientierung des Drehbuchs liegt und an den ohnehin typisierten

Figuren (der dümmliche Polizist, der geile Schlagerproduzent).

Der Film ist in Schwarzweiß gedreht, was den Straßenszenen gelegentlich ein Flair von kühler Distanz gibt. Die Außenaufnahmen sind jedoch meist mit einem heiter seichten Swing unterlegt, wodurch die Atmosphäre auf der Ebene eines lapidaren Erzähltons gewahrt bleibt.

Der Film der damals 26 Jahre alten Regisseurin, produziert von Peter Schamoni, zählt zu den erfolgreichsten Filmen des Jungen Deutschen Films, was May Spils veranlasste, vier weitere Filme ähnlicher Machart mit Werner Enke zu drehen, darunter *Nicht fummeln, Liebling* (1970) und *Hau drauf, Kleiner* (1974). *Annette Deeken*

Drehbuch: Film 6. Jg. Nr. 5. Mai 1968.
Literatur: Peter W. Jansen. In: Filmkritik (1968) Nr. 2. – Thomas Elsaesser: New German Cinema. New Brunswick (N.J.) 1989. – Olaf Möller: Der Traum – Zu Filmen der Neuen Münchener Gruppe. In: filmwärts. Nr. 32. Dezember 1994.

Playtime – Tatis herrliche Zeiten

Playtime

F/I 1967 f 153 / 135 / 113 / 124 min

R: Jacques Tati
B Jacques Tati, Art Buchwald, Jacques Lagrange
K: Jean Badal, Andréas Winding
M: Francis Lemarque
D: Jacques Tati (Monsieur Hulot), Barbara Dennek (Barbara)

Ein ›Metropolis‹ im Paris der sechziger Jahre, wie es in der Realität erst Jahre später in der Agglomeration La Défense entstehen sollte: Obwohl alles architektonisch im lichten Stahlbeton und mit riesigen Glasflächen transparent gehalten ist, ist nichts so, wie es dem Augenschein nach sich gibt. Die riesige Lobby, die zu einem Krankenhaus zu gehören scheint, entpuppt sich als Abfertigungshalle des Flughafengebäudes, wo u.a. eine Gruppe amerikanischer Touristinnen von einem genervten französischen Reiseleiter in Empfang genommen und auf die hypermodernen Busse in die Stadt verteilt wird. Ihr Weg führt in eine Geschäfts- und Konsummeile mit einem riesigen Komplex gleichförmiger Hochhäuser – Ausstellungshallen, Großraumbüros, Ladenzeilen, Hotels, standardisierte Wohnstudios und ein neonbeleuchteter Treff an der Ecke, der aber kein Bistro ist, sondern als »Drugstore« firmiert. Eine der amerikanischen Touristinnen ist die junge Barbara, für die sich die Kamera aber nur mit absichtsvoller Beiläufigkeit interessiert; etwa dann, wenn sie, die offensichtlich auf der Suche nach ›typischen‹ Paris-Ansichten ist, wiederholt vergeblich eine in diesem Umfeld anachronistisch wirkende ältere Blumenverkäuferin an ihrem Straßenstand zu fotografieren versucht.

Unzeitgemäß allein schon durch ihr Outfit wirken an diesem Ort der uniformierten oder zumindest geschäftsmäßige Konfektionskleidung tragenden Beschäftigten jene, die die altertümlich wirkenden grün-weißen Fahrzeuge der Pariser RATP-Busse entlassen und wieder aufnehmen. Unter ihnen finden sich auffallend häufig solche Personen, die von Konstitution und äußerem Habitus her dem aus früheren Tati-Filmen – *Les vacances de Monsieur Hulot* (*Die Ferien des Monsieur Hulot*, 1953), *Mon oncle* (*Mein Onkel*, 1958) – bekannten Hulot zum Verwechseln ähneln. Hier findet der Augenschein immerhin partiell eine Bestätigung: Tatsächlich sehen wir Jacques Tati in der Rolle des Monsieur Hulot eines dieser Geschäfts- und Bürogebäude betreten. Offensichtlich hat er in geschäftlichen oder beruflichen Dingen eine Verabredung, die aber im Labyrinth der Großraumbüros, Ladenzeilen und Ausstellungsstände nie zustande kommen wird.

Weniger ein stringenter Handlungszusammenhang als ein eher konfigurativer sozialer Kontext, in dem ultramoderne Urbanität und Reste eines traditionell kleinbürgerlichen Individualismus aufeinandertreffen, macht die Grundstruktur dieses Films aus und gibt Raum für eine Fülle simultaner ›kleiner‹ Geschichten. Dazu gehören auch die flüchtigen Begegnungen Hulots mit Barbara; am nächsten Tag, bei ihrer Abfahrt gegen Ende des Films, wird er ihr ein Kopftuch zukommen lassen, auf dem all die bekannten Sehenswürdigkeiten von Paris abgedruckt sind, die sie in der Realität dieser Metropole nicht zu sehen bekam.

Fast die Hälfte des Films nimmt die abendliche Eröffnung des hochmodischen Royal Garden ein, eines in allerletzter Minute (fast) fertiggestellten Restaurants und Nachtclubs, der zahlreiche amerikanische Touristen und Einheimische zusammenbringt. Die Einweihung dieses neuen (auch) kulinarischen Tempels modernen Konsumgenusses endet jedoch in einem Desaster, in einer lustvollen, anarchisch ausgekosteten Demolierung des Etablissements. Bemerkenswert daran ist nicht zuletzt, dass hier französische Improvisationskunst (der Kellner, der Handwerker, des Portiers ...) und phantasievoll-spielerischer Pragmatismus der US-Amerikaner sich vortrefflich ergänzen; so etwa, wenn der mit seinen Dollars zuvor so freigebig gezeigte Amerikaner die heruntergekommenen Deckenpaneele kurzerhand als Einlassschranke für sein imaginäres ›private bistro‹ adaptiert.

Nicht ein Tati oft zugeschriebener Antimodernismus kommt hier zum Tragen, sondern ein Prinzip der poetischen Anverwandlung des Neuen, des Fremden, des Modernen. Am Ende des Films ist auch der Drugstore zu einem von erkennbaren Originalen bevölkerten Bistro umfunktioniert. So wie der Briefträger François in *Jour de fête* (*Tatis Schützenfest*, 1949) die Prinzipien der »rapidité américaine« bei der Postzustellung via Fahrrad sich zu eigen macht, so poetisiert Tati die sozialen Verkehrsformen der Moderne auf seine Weise: In der Schlusssequenz setzt sich der am Verkehrskreisel paralysierte, zum Stillstand gekommene Strom der Autos mit bemerkenswerter Zufälligkeit gerade dann wieder in Bewegung, als eine Parkuhr gefüttert wird. Das Verkehrskarussell beginnt sich wieder zu drehen – begleitet von fröhlicher Kirmesmusik.

Wie kaum ein anderer Filmemacher hat Tati mit *Playtime* einer hochgradig ausdifferenzierten Inszenierung und Montage audio-visueller Komik zugearbeitet, die fast völlig ohne Elemente der Typenkomödie oder des dialogischen Wortwitzes auskommt. Statt dessen dominiert, zumal in dem aufwendigen 70mm-Format, eine virtuos beherrschte Ästhetik des filmischen Raums: das Spiel mit den Möglichkeiten der Tiefenschärfe, dem Regime der Blickstrategien, der Inszenierung und Montage akustischer Raumpläne. Bezeichnenderweise tritt Tatis Figur des Hulot in diesem Film auffällig zurück, aus dem unverwechselbaren ›Original‹ Hulot ist ein Jedermann geworden, dessen Erscheinungsbild uns immer wieder begegnet (siehe oben) – ein »relationales Subjekt« (Kenneth Gergen), wie es im postmodernen Identitätsdiskurs heißt.

Die Rezeptionsgeschichte dieses Films ist nicht zu trennen von den materiellen Begleiterscheinungen. Zwei Millionen Franc sollte *Playtime* kosten, als Tati 1964 mit den Dreharbeiten begann; als der Film im Dezember 1967 ins Kino kam, hatte er 15 Millionen und das gesamte Privatvermögen des Regisseurs verschlungen. In der Version der Uraufführung war der Film 153 Minuten lang – zu lang für die Sehgewohnheiten der Zuschauer, wie Tati selbst feststellen musste. So nahm Tati direkt an der Kopie Schnitte vor, die er dann am Negativ nachvollziehen ließ. Danach war *Playtime* nur noch 135 Minuten lang – und trotzdem ein Flop. Als man 1978 den Film zur Wiederaufführung brachte, musste ihn Tati gar auf weniger als zwei Stunden kürzen. Erst in den 1990er Jahren haben Tatis mittlerweile verstorbene Tochter Sophie Tatischeff und François Ede begonnen, eine möglichst umfassende Version wieder herzustellen. 2002 wurde mit einer Gala auf dem Festival in Cannes eine Fassung gefeiert, die immerhin 124 Minuten umfasst und die inzwischen auch vom TV-Sender Arte ausgestrahlt wurde. *Heinz-B. Heller*

Literatur: Armand J. Cauliez: Jacques Tati. [2]1962. – Brent Maddock: Die Filme von Jacques Tati (1977). München 1984. – Thomas Brandlmeier: Filmkomiker. Die Errettung des Grotesken. Frankfurt a.M. 1983. – Lucy Fischer: Jacques Tati. A Guide to References and Resources. Boston 1983. – Thomas Koebner: Jacques Tati. In: Th. K. (Hrsg.): Filmregisseure. Stuttgart 1999. – David Bellos: Jacques Tati. His Life and Art. London 2002. – François Ede / Stéphane Goudet: *Playtime*. Paris 2002.

Catch-22 – Der böse Trick

Catch-22

USA/I 1970 f 122 min

R: Mike Nichols
B: Buck Henry nach dem gleichnamigen Roman von Joseph Heller
K: David Watkin
D: Alan Arkin (Captain Yossarian), Martin Balsam (Colonel Cathcart), Orson Welles (General Dreedle), John Voight (Milo Minderbinder), Anthony Perkins (Kaplan Tappman)

Die Kriegssatire *Catch-22* kam 1970, wenige Monate vor dem Filmhit *M.A.S.H.*, in die Kinos, war aber weder in den Augen der Kritik noch finanziell ein Erfolg. Mike Nichols' aufwendiger Verfilmung gelang es nicht, die Antikriegsstimmung seiner Zeit für sich zu nutzen, obschon der ihm zugrunde liegende Roman von Joseph Heller ein Bestseller war. Zu dem Misserfolg des Films trug nicht zuletzt die Tatsache bei, dass er mit seiner nicht-linearen, episodischen Erzählweise es dem Publikum schwer machte, ihm zu folgen.

Der Plot stützt sich auf die Person des paranoiden Bomberpiloten Yossarian, der gegen Ende des Zweiten Weltkriegs auf einer Luftwaffenbasis im Mittelmeer stationiert ist. Er hat Ärger mit Colonel Cathcart, einem inkompetenten Ehrgeizling, der das Leben des Piloten gefährdet, indem er die Zahl seiner Flugeinsätze erhöht. Yossarian will aus dem Kriegswahnsinn aussteigen, das geht aber nur, wenn man als verrückt untauglich geschrieben wird – doch da gibt es einen hinterhältigen Trick in der Dienstordnung, den »Catch-22«, der besagt, dass wer einen Antrag auf Fluguntauglichkeit stellt, nicht verrückt sein kann … Yossarian muss weiterfliegen.

Der Film signalisiert seine ›unkomischen‹ Absichten gleich zu Anfang: Die Sonne geht romantisch über der schönen Mittelmeerinsel Pianola auf, bevor Nichols in einem harten Schnitt die B-29 Bomber zeigt, wie sie die Startposition einnehmen und mit ohrenbetäubendem Lärm abheben. Diese Szene, ebenso wie die spätere Bombardierung der Basis, sind von David Jenkins so ästhetisierend fotografiert worden, dass die Gefahr einer Glorifizierung der *hardware* auf Kosten der Schauspieler oder der Botschaft des Filmes besteht.

Alan Arkin spielt Yossarian mit intensiver Ernsthaftigkeit, die stark genug ist, Mitgefühl auszulösen, aber nicht exzessiv genug, um ironische oder parodistische Züge zu offenbaren. Seine schauspielerische Leistung wird durch die Passivität des Charakters empfindlich beeinträchtigt. So zieht Yossarian lange Zeit eine Weigerung, weiter zu fliegen, nicht in Betracht. Das fast idyllische Leben, das er auf Pianosa führt, und die Tatsache, dass seine Umwelt ihn als leicht verrückt einstuft, tragen ihr Übriges dazu bei, ihn zu isolieren und damit seine moralische Autorität in Frage zu stellen. *M.A.S.H.* konnte seine Anti-Kriegs-

Haltung erfolgreich deutlich machen, weil seine Helden, Lazarettärzte, moralische Integrität besaßen. Sie sind mit ihrer Art zu denken nicht alleine und machen ihre Rebellion unmissverständlich deutlich. Nichols überlässt es der Figur des Yossarian und einigen schwerfälligen Szenen in Rom, seine Botschaft gegen den Krieg zu transportieren.

Dabei gelingt es dem Film durchaus, in einigen Szenen Komik zu erzeugen. Häufig ist diese aber vulgär, etwa wenn Yossarian und seine Kameraden beim Anblick von General Dreedles kindchenhaft-erotischer Sekretärin lustvoll zu stöhnen beginnen. (In dieses Register gehört auch die Tatsache, dass *Catch-22* der erste Hollywood-Film war, der einen Schauspieler auf dem Klo zeigte.) Oder die Komik entsteht durch die sanfte und zugleich humoristische Darstellung des schüchternen Kaplans, die Darstellung Major Danbys und des neurotischen Major Major, wobei die fragmentarische Natur des Films und die Kürze der Szenen es den Schauspielern Bob Balaban, Art Garfunkel und Martin Sheen schwer macht, ihre Charaktere zu entfalten und deren Beziehung zu Yossarian deutlich zu zeichnen.

Romanautor Heller verfolgte eine dreifache Strategie: Die militärischen Autoritäten werden in Frage gestellt, indem ihre Vertreter der Lächerlichkeit preisgegeben werden; der Unterschied zwischen Ursache und Wirkung wird durch die Darstellung absurder Situationen, die wegen mangelnder Logik komisch wirken, deutlich (wäre der Patient noch am Leben, hätte die Krankenschwester nicht entdeckt, dass er tot ist), und die kapitalistische Wirtschaftsordnung wird als ideologische Grundlage unterminiert, indem ihre inneren Widersprüche überzeichnet und damit erkennbarer gemacht werden. Regisseur Nichols aber ersetzt Hellers Angriffe auf die systemstabilisierende Logik durch das Unverständnis, die zwischen Yossarian und seinen ehrgeizigen Vorgesetzten sowie den naiv-patriotischen Kameraden herrscht. Dieser Mangel an Kommunikation wird unterstrichen, indem die Dialoge gerade in den Schlüsselszenen vom Lärm überfliegender Bomber übertönt werden, so dass Yossarian sich nur schreiend verständigen kann.

Nichols greift zwar ebenfalls kapitalistisch-egoistisches Denken an, stellt die Figuren aber als Individuen und nicht als Repräsentanten eines korrupten und inkompetenten industriell-militärischen Establishments dar. Einen Höhepunkt erfährt diese Kritik, als Milo Minderbinder, der mit undurchsichtigen Geschäften die Versorgung des Camps betreibt, mit den Nazis eine Abmachung über die Bombardierung der eigenen Basis trifft. Dabei übergeht der Film die politischen Verselbständigungen, kleingeistigen Eifersüchteleien und kindischen Tricks der Offiziere Cathcart, Dreedle und Peckem. Das Verhalten dieser eigennützigen Figuren führt eher ins Chaos als in den Wahnsinn. Nichols' Kritik zielt dabei mehr auf die Art, wie Krieg geführt wird, als auf die Frage, warum er geführt wird. *Drew Bassett*

Literatur: Robert Merrill: Joseph Heller. Boston 1987. – Paul Fussell: Wartime: Understanding and Behaviour in the Second World War. Oxford 1989. – Frieder Busch: Montage als beherrschendes Prinzip in Mike Nichols' Verfilmung von Joseph Hellers Roman *Catch-22*. In: Horst Fritz (Hrsg.): Montage in Theater und Film. Tübingen/Basel 1993.

Harold und Maude

Harold and Maude

USA 1971 f 91 min

R: Hal Ashby
B: Charles B. Mulvehill nach dem gleichnamigen Roman von Colin Higgins
K: John Alonzo
M: Cat Stevens
D: Bud Cort (Harold Chason), Ruth Gordon (Maude), Vivian Pickles (Mrs. Chasen), Charles Tyner (Onkel Victor), Ellen Geer (Sunshine)

Ein Paar Beine bewegt sich gemessenen Schrittes die Treppe herab. Eine Hand mit goldenem Armband und Ring legt eine Platte von Cat Stevens auf und entzündet Kerzen, die kurz das fahle Gesicht eines Jünglings aufscheinen lassen. Welchem Anlass mag die feierliche Zeremonie gelten? Schon finden zwei Füße Platz auf einem Hocker, schwingen sich in die Luft, bleiben baumeln. Aus einer Totalen erschließt sich mit einem Mal der ganze Raum, ein Wohnzimmer der oberen Gesellschaftsschicht, den der Lebensmüde zum makaberen Szenario auserkoren hat. Gegenschuss auf eine Dame, die in diesem Moment den Raum betritt, der strangulierten Person im rechten Bildrand lediglich einen kurzen strengen Blick schenkt, dann energisch zum Telefon marschiert und ungerührt einen Termin absagt. Zum Erhängten gerichtet bemerkt sie lapidar: »Ich nehme an, du hältst das für überaus witzig, Harold!« Eine Szene im Leben von Mutter und Sohn.

»Langeweile ist immer konterrevolutionär.« Dieser situationistische Slogan, den Greil Marcus in seinem Buch *Lipstick Traces* (1996) zitiert, könnte einen Button an Harolds Jackett zieren. Buttons kommen zwar erst Ende der Siebziger so richtig in Mode, der nekrophile Manierismus und destruktive Anarchismus indessen, der Ashbys Anti-

Helden auszeichnet, scheint die somnambule Lieblingsfigur der schwarzen Romantik in einer Art Fin de siècle der Jugendprotestbewegung zu aktualisieren und in ihr bereits Elemente von Punk und späterem Grufti-Kult vorzuprägen. Der britisch anmutende Sarkasmus, mit dem Ashby adoleszente Rebellion in bizarren Tableaus, zumindest in der ersten Hälfte des Films inszenierte, stellt die auf den gleichnamigen Roman von Colin Higgins zurückgehende schwarze Komödie in eine gewisse Verwandtschaft zu britischen Produktionen wie Lindsay Andersons *If ...* (1967), Stanley Kubricks *A Clockwork Orange* (1971) sowie zu den Grotesken der Monty-Python-Truppe. *Harold and Maude* entfesselte einen Kult, der die Kinos mit »regelrechten Harold-and-Maude-Süchtigen« füllte, wie die *Rheinische Post* beobachtete. Ashbys nachfolgende Filme variierten bis Mitte der achtziger Jahre das Rezept der Konformismus, Rassismus und Militarismus der amerikanischen Gesellschaft attackierenden Satire. An die Popularität von *Harold and Maude* konnten sie indes nicht mehr anknüpfen.

Harolds spektakuläre Selbstmordinszenierungen und seine Ausflüge in der eigenen Leichenkarosse zu fremden Beerdigungen bedienen die Abgrenzungsphantasien eines pubertierenden Publikums und zollen dessen Wunsch, anders, rebellisch, *bad* zu sein, einen orgiastischen Tribut, der zugleich in satirischer Überzeichnung die hohle Attitüde entlarvt, hinter der sich Harolds Sehnsucht nach Mutterliebe verbirgt. Harolds Beobachtung authentischer Emotionen seiner Mutter als Reaktion auf einen Unfall, den er als Kind erlitt, bilden das Initialereignis und den regressiven Kern seiner Kammerstücke, mit denen er der Mutter vollkommen verpflichtet bleibt. Mit kalter Indifferenz übersieht sie seine längst zum solipsistischen Ritual verkommene Rebellion, um ihn im Gegenzug regelmäßig mit Heiratskandidatinnen zu konfrontieren, denen er auf seine Weise die kalte Schulter zeigt – z.B. durch Selbstverbrennung. Die *mise en scène* macht den Zuschauer zum Komplizen, der in sadistischer Erwartungshaltung durch ein Fenster die Vorbereitungen verfolgt, die Harold im Garten für die ahnungslos Konversation Treibenden im Vordergrund trifft.

Das Korsett seines gesellschaftlichen Standes umschließt Harold und konserviert den Zustand der Verpuppung. Aus diesem befreit ihn schließlich Maude, eine lebensfrohe Rentnerin, die Harold bei seinen Beerdigungs-Sessions kennen und bald lieben lernt. In Maude pulsieren konzentrierte Hippie-Energien, die sie mit missionarischem Eifer an Harold abzugeben sucht. Dabei bringt sie Harolds ödipales Gleichgewicht, respektive die mütterlichen Symmetrieachsen, gehörig durcheinander. Harold beginnt seine Umwelt wahrzunehmen und neugierig einzutauchen in das bunte Chaos von Maudes Behausung, die, aus verschiedenen Winkeln aufgenommen und durch im Weg stehende Objekte undurchschaubar, gleichwohl offen und mannigfaltig erscheint.

Die konfligierenden Welten, zwischen die Harold nun gerät, vermitteln sich über den Kontrast ihrer räumlichen Inszenierung. Die Totalen, die Harold und Maude in freier Natur zeigen, opponieren der Hermetik von Innenräumen, die sich in Nah- und Halbnaheinstellungen und starren Kamerapositionen konstituiert. Staatliche Institutionen, die Harold auf Geheiß der Mutter zur Räson bringen sollen, erscheinen als zweidimensionale Raumbühnen repräsentierende Zimmer. In ihnen sitzen die Vertreter von Militär, Psychiatrie und Kirche, die sich gegen das vermeintlich sittenwidrige Verhältnis von Harold und Maude aussprechen. Der Schematismus ihrer Inszenierung – sie werden in serieller Reihung einer stereotypen Nachrichtensprecher-Einstellung präsentiert – gibt sie der Lächerlichkeit preis und entlarvt ihre Plädoyers als spießbürgerliche Phrasen. Aber auch in der unmittelbaren Konfrontation der Figuren erfahren Autoritäten ihre Demontage.

Maude versteht ihre Beziehung zum Tod als eine Lebensphilosophie, die, im Unterschied zu Harolds nekrophiler Marotte, ›ganzheitlich‹ begründet und positiv im Kreislauf von Werden und Vergehen allen Lebens verankert ist. In diesem Sinne nimmt sie Einfluss auf Harolds Entwicklung und damit leider auch auf einen integralen, wenn man so will, Schaulust-Faktor der Komödie, die satirische Dekonstruktion. Die sarkastische weicht einer sentimentalen Grundstimmung, die auf Idealisierung und Vermarktung der Flower-Power-Bewegung setzt.

Ein trostloser Schrottplatz, ein Margeritenfeld, der Blick aus der Totalen auf ein Meer weißer Grabsteine von Kriegsgefallenen bilden die Betroffenheit heischende Kulisse. Cat Stevens transzendiert die visuellen Konstruktionen vollends in die Welten eines sentimentalen Pop-Kitsches und die anarchische Komik in eine verschnarchte Poetik. Auf allen Ebenen posaunt es: »Make love, not war!« Die aggressive Larve konvertiert zum Blumenkind und lässt die Waffen, mit der sie einst ihre Umgebung traktierte und demaskierte, ruhen. Analog wandelt sich Harolds martialischer Blick in die Kamera in einen tranigverträumten, der in unbestimmte Ferne schweift. Wie moralinsaure Belehrungen über die wahren, spirituellen Werte des Lebens ergehen Maudes Weisheiten über Harold an den Zuschauer. Ironie synthetisiert sich im unverbrüchlichen Glaubensbekenntnis, das sich an Maude festmacht, die die Wogen der destruktiven Visionen glättet und in eine so harmlose wie belanglose Schwerelosigkeit überführt. Das fragwürdige Prädikat »liebenswert«, mit dem der Film wiederholt bedacht wurde, findet somit eine Erklärung. Zum betroffenheitsduseligen Rührstück mit einem Showdown à la *Love-Story* verflacht die Geschichte vollends, als Maude ohne ersichtlichen Grund Gift schluckt, um ihrem Leben ein Ende zu setzen. Als ihr Werk hinterlässt sie einen quietschfidelen Jüngling. Tatsächlich verliert Harold, bildlich übersetzt, die feste Bodenhaftung: In der letzten Szene hüpft er wie von blöder Heiterkeit übermannt banjospielend von dannen.

Patricia Römer

Literatur: Colin Higgins: *Harold and Maude.* London 1971. – Rheinische Post (Düsseldorf). 17. 5. 1975. – Helmut Schmitz: Die Realität des Märchens. In: Frankfurter Rundschau. 18. 11. 1975. – Greil Marcus: Lipstick Traces. Von Dada bis Punk – Eine geheime Kulturgeschichte des 20. Jahrhunderts. Hamburg 1996.

Die Versuchungen des Mimi / Mimi – in seiner Ehre gekränkt

Mimì metallurgico ferito nell'onore

I 1972 f 121 min (D: 112 min, USA: 108 min)

R: Lina Wertmüller
B: Lina Wertmüller
K: Dario Di Palma
M: Piero Piccioni
D: Giancarlo Giannini (Carmelo »Mimì« Mardocheco), Mariangela Melato (Fiore Meeghini), Turi Ferro (Tricario), Agostina Belli (Rosalia Mardocheco)

Mimì verliert seine Stelle in einer sizilianischen Schwefelgrube, weil er kommunistisch gewählt hat. Da er ohnehin der ärmlichen Lebensumstände und seiner Frau Rosalia überdrüssig ist, geht er nach Norditalien. In Turin findet er mit Hilfe der Mafia eine Stelle als Metallarbeiter und lernt Fiore, eine junge Linke, kennen. Anfangs widersetzt sie sich noch seinen Annäherungsversuchen, verliebt sich dann aber umso heftiger und wird schließlich schwanger. Die Mafia holt Mimì gegen seinen Willen nach Sizilien zurück, wo er zum Vorarbeiter aufsteigt. Fiore mitsamt Kind folgen ihm. Nachdem er erfahren hat, dass seine

Frau von einem Wachtmeister schwanger ist, rächt er sich, indem er dessen Frau verführt und schwängert. Ein Mafiakiller erschießt den Polizisten, als er Mimì öffentlich zur Rede stellt. Mimì wird inhaftiert, kommt aber nach kurzer Zeit wieder frei und sieht sich mit drei Frauen konfrontiert, für deren Kinder er nun sorgen muss. Er sieht keinen anderen Ausweg, als sein Zögern aufzugeben und sich vorbehaltlos in den Dienst der Mafia zu stellen. Fiore verachtet ihn dafür und verlässt ihn.

Mit *Mimì* konnte Lina Wertmüller in Italien ein großes Publikum gewinnen, die Filmkritik reagierte dagegen eher zurückhaltend auf die merkwürdig unentschiedene Mischung aus politischem Zeitgeist und burlesken Anzüglichkeiten. Möglicherweise zu Recht: Die Brüche in der Erzählung wirken insgesamt wie eine unfreiwillige Allegorie auf das Leben des fremdbestimmten und naiven Protagonisten Mimì. Zwar sind die abrupten Ortswechsel, die eine Fülle neuer Personen und Handlungsstränge eröffnen, nicht unmotiviert, denn letztendlich ist es die allgegenwärtige Mafia, die Mimì zuerst in den Norden zwingt und ihn dann wieder zurückholt. Es gelingt Wertmüller aber trotz zahlreicher und allzu offensichtlicher Bemühungen nicht, die Macht der Verbrecherorganisation wirkungsvoll in Szene zu setzen und die Erzählung dadurch überzeugend zu strukturieren. Die Schwächen des Drehbuchs werden durch filmische Mittel nicht ausgeglichen, sondern durch vordergründige Effekte noch betont. Die eine oder andere Szene gewinnt dadurch sogar an Reiz, geht aber aufgrund der allgemeinen Konzeptionsschwäche nicht stimmig im Gesamten auf. So will Wertmüller die Allgegenwart der Mafia durch drei Muttermale symbolisieren, die sich auf der rechten Wange des Mafiabosses, seines Schergen, des Gewerkschafters oder des Priesters befinden. Auf diese Muttermale zoomt die Kamera wiederholt und extrem schnell, was zwar eine nette Idee mit Trash-Appeal ist und den grotesken Charakter des Films unterstreicht, den großen gesellschaftlichen Einfluss der Mafia aber nicht adäquat verdeutlichen kann. Überaus reizvoll, aber leider ebenfalls ohne innere Logik ist die gelungene Darstellung des Gegensatzes von Süd- und Norditalien. Zu Beginn widersetzt sich Mimì noch kraftvoll und emotional den rechten Politikern vor der bunten Kulisse des sonnigen Siziliens, nach seiner Ankunft in Turin sieht man ihn verloren und orientierungslos auf einer Verkehrsinsel inmitten von stinkenden Autos stehen. Die Farben sind schmutzig blass, der Smog und die sentimentale Musik unterstreichen die lasche Großstadtmelancholie. Diese großartige Komposition mit Reminiszenzen an den *neorealismo* zeigt genauso wie die subtil und stimmungsvoll inszenierten Annäherungsversuche zwischen Mimì und Fiore, dass Lina Wertmüller sehr wohl zu beeindruckenden Leistungen in der Lage ist. In *Mimì* bleiben solche Höhepunkte die Ausnahme, und mit Sicherheit gehören die hin und wieder gelobten chaplinesken Grimassen des Giancarlo Giannini, als er angewidert die fette Frau des Polizisten verführt, nicht dazu.

Die Genrezugehörigkeit ist unklar, denn mit *Mimì* bewegt sich Wertmüller hart an der Grenze von der Groteske zur zynischen Farce, ohne dass es dem Film zum Vorteil gereichte. Im Gegenteil: Der Zynismus der Regisseurin erscheint gerade deshalb deplatziert und bleibt ohne Wirkung, weil der komödiantische Charakter des Films zweifelhaft ist. Tragikomische Elemente, die den Film groß machen könnten, sind selten, und die wenigen Ansätze tauchen letztendlich bedeutungslos in einem eklektisch anmutenden Potpourri unter. *Stefan Hoffmann*

Drehbuch: The Seduction of Mimi. In: Sceenplays of Lina Wertmüller. New York 1977.

Literatur: Peter Biskind: Lina Wertmüller. The Politics of Private Life. In: Film Quarterly. 28. Jg. Nr. 2. Winter 1974/75. – Ernest Ferlita / John R. May: The Parables of Lina Wertmüller. New

York 1977. – Peter Bondanella: Italian Cinema from the Neorealism to the Present. New York 1983. – Gertrude Koch / Heide Schlüpmann: Der Mensch in Unordnung. In: Frauen und Film (1985) Nr. 39. – Peter W. Jansen / Wolfram Schütte: Lina Wertmüller. München/Wien 1988. (Reihe Film. 40.)

Die Legende von Paul und Paula

DDR 1973 f 105 min

R: Heiner Carow
B: Ulrich Plenzdorf
K: Jürgen Brauer
D: Angelica Domröse (Paula), Winfried Glatzeder (Paul), Heidemarie Wenzel (die Schöne), Fred Delmare (Reifen-Saft)

Paul ist ehrgeiziger Mitarbeiter im Ministerium für Außenhandel. Er wohnt mit seiner Familie in einer modernen Plattenbau-Wohnung in Berlin. Seine Familie, das ist eine ungebildete und hoffnungslos untreue Ehefrau, die er seit langem nicht mehr liebt, und ihr gemeinsamer Sohn. Häufige Gäste in der Wohnung sind seine geldgierigen Schwiegereltern aus dem Schaustellergewerbe und die zahlreichen Liebhaber seiner Frau, die Paul regelmäßig aus dem Schlafzimmerschrank befreien muss. Obwohl seine Ehe eine Farce ist, kommt für ihn aus Imagegründen ein offenes Eingeständnis seiner Situation nicht infrage. Paula, zweifache Mutter, erzieht ihre Kinder allein und lebt in einer unsanierten Altbauwohnung direkt gegenüber von Paul. Sie schuftet in einer Kaufhalle und gönnt sich gelegentliche Ausflüge ins Nachtleben, um ihre Einsamkeit im Alkohol zu ertränken. Paul und Paula kennen sich schon lange vom Sehen. Als beide sich auf der Flucht vor ihrem Alltag in einer Disco zufällig begegnen, beginnen sie eine leidenschaftliche Affäre. Die emotionale und leidenschaftliche Frau und der nüchterne Beamte sind jedoch ein ungleiches Paar: Paula will geliebt werden und erwägt sogar kurzzeitig die Heirat mit einem langjährigen Verehrer, einem älteren Reifenhändler, den sie zwar nicht liebt, der ihr und ihren Kindern jedoch Sicherheit bieten kann. Paul hingegen denkt nicht einmal an Scheidung. Der Unfalltod von Paulas Sohn bedeutet für die Beziehung eine schwere Belastung. Paula fühlt sich schuldig und braucht Sicherheit und Wärme, die ihr Paul nicht geben will. Sie trennt sich von ihm. Aber Weinen und Lachen, Trennung und Versöhnung gehören zum Alltag der heimlichen Beziehung. Paula wird von Paul schwanger, stirbt jedoch bei der Geburt des gemeinsamen Kindes. Für Paul gibt es jetzt kein Zurück zu seinem alten Leben mehr: Gemeinsam mit seinem Sohn zieht er in Paulas Wohnung und wird auch Paulas Kindern ein liebevoller Vater.

Die Legende von Paul und Paula ist neben der legendären *Spur der Steine* (1966) wohl der bekannteste Spielfilm der DDR überhaupt. Seit seiner Uraufführung wird er in den Kinos Ost-Berlins und Ostdeutschlands immer wieder ins Programm genommen. Seine Beliebtheit sollte in den neunziger Jahren sogar noch wachsen, in denen er zum gesamtdeutschen ›Kultfilm‹ avancierte. 1999 spielte Winfried Glatzeder in der Komödie *Sonnenallee*, die wesentliche Aspekte des kulturellen DDR-Erbes kongenial verdichtete, seine Rolle als Paul in einer Sequenz erneut. *Die Legende von Paul und Paula* war 1973 ein Befreiungsschlag gegenüber dem didaktischen Gestus vieler DEFA-Spielfilme und bedeutete den Sprung in die inhaltliche und ästhetische Gegenwart der siebziger Jahre. Realisiert nach dem Machtantritt Honeckers, spiegelt der Film die trügerische Hoffnung auf einen neuen Kurs in der Kulturpolitik und eine gesellschaftliche Aufbruchsstimmung wider. Die Ausbürgerung Wolf Biermanns war noch Zukunft, sollte aber ihren langen Schatten auch auf

In der *amour fou* mit der lebenslustigen, unkonventionellen Paula (Angelica Domröse) wandelt sich der steife, karrierebewusste Paul (Wilfried Glatzeder) zum gefühlvollen, aber auch energischen Liebhaber. Drehbuchautor Ulrich Plenzdorf berichtete, dass der *Legende von Paul und Paula* der Ruf vorausgegangen sei, der »erste Pornofilm der DEFA« oder auch »eine sozialistische Lovestory« zu sein. Dass der Film weder das eine noch das andere wurde, liegt neben der Schauspielerleistung vor allem an der Mischung aus unterschiedlichen Elementen und Stilformen: Komödie, Tragödie, Satire und Romanze wechseln sich teils unvermittelt ab, teils treten sie in überraschenden Kombinationen auf.

diesen Film werfen, als seine Aufführung nach Angelica Domröses öffentlichem Protest gegen die Ausbürgerung für einige Zeit verboten wurde.

Carow/Plenzdorf wählten für die Entwicklung ihrer »Legende« eine Mischung aus dokumentarischem Realismus und phantastischen Traumsequenzen. So ist es den Zuschauern des Films möglich, Menschen sprechen zu hören – und nicht die Diskussion irgendwelcher ideologischen Positionen, die von Schauspielern routiniert heruntergespielt werden. Carow/Plenzdorf sparten nicht mit Hinweisen auf unübersehbare Probleme in der Wohnungs- und Versorgungssituation und boten dem Zuschauer mit diesen Alltagsbildern auch eine schonungslose Kritik am Alltag der DDR. Das größte Gewicht für den zeitgenössischen Zuschauer dürfte jedoch in der zentralen Aussage des Films gesehen werden: der simplen These, dass der Wunsch nach individuellem Glück legitim ist. In heutiger Perspektive fast schon banal, bedeutete die Abkehr von einer Ausrichtung der Handlungen und Wünsche der Protagonisten nach den kollektiven Erwartungen anderer für die Zeit der Aufführung eine Sensation. Paula will alles: Glück, ihre Kinder, Liebe – und ihren Paul. *Die Legende von Paul und Paula* bricht mit der Tradition der DEFA, die individuellen Verpflichtungen gegenüber dem Kollektiv in den Mittelpunkt seiner Handlung zu stellen. Deutliche Spitzen gegen die Stasi und das Zentralorgan *Neues Deutschland*, die in früheren Jahren die Freigabe des Films möglicherweise verhindert hätten, zählen zu den Lachnummern des Films. Nacktheit, Erotik und der Stellenwert sexuellen Begehrens werden unverklemmt thematisiert (»Das ist doch Porno!« ist ein Vorwurf, der angesichts freizügiger Szenen im Film selbst erhoben wird – zugleich mit der Lösung »Dann guck doch weg!«). Die Musiktitel der Gruppe Puhdys kommentieren Bilder und Handlung einprägsam und eindringlich. *Die Legende von Paul und Paula* zählt mit der beeindruckenden Darstellung emotionaler Tiefe, dem ›Aschenputtel-trifft-Märchenprinz‹-Motiv, einer sich steigernden Dramatik, melancholischer Heiterkeit und Bildern einzigartiger schauspielerischer Leidenschaft zu den seltenen Komödien, bei denen man nicht Tränen lacht, sondern weint.

Stefan Zahlmann

Literatur: Ulrich Plenzdorf: Die Legende von Paul & Paula. Filmerzählung. Frankfurt a.M. 1974. – Fernand Jung: »Wir alle lieben Paula, aber uns liegt an Paul«. Zur Rezeption des Spielfilms *Die Legende von Paul und Paula.* In: Bundeszentrale für politische Bildung (Hrsg.): Frauenbilder in den DDR-Medien. Bonn 1997. – Filmmuseum Potsdam (Hrsg.): Das zweite Leben der Filmstadt Babelsberg. DEFA-Spielfilme 1946–92. Berlin 1994.

Frankenstein junior

Young Frankenstein

USA 1974 f 106 min

R: Mel Brooks
B: Mel Brooks, Gene Wilder nach Mary W. Shelley
K: Gerald Hirschfeld
M: John Morris
D: Gene Wilder (Dr. Frankenstein), Marty Feldman (Igor), Teri Garr (Inga), Peter Boyle (das Monster)

Mel Brooks' Generalabrechnungen mit allen Genres des populären Films ist diesmal der klassische Horrorfilm zum Opfer gefallen: Genüsslich und voller Wortwitz verarbeitet die Groteske alle Klischees dieser Filmgattung und seziert sie mit großer Spiellust.

Dr. Frankenstein, der darauf besteht, »Fron-ken-stien« gesprochen zu werden, ist Enkel des legendären Baron von Frankenstein und ein erfolgreicher Nervenarzt in Amerika. Wenn ihn die Studenten auf seine Verwandtschaft ansprechen, weicht er geschickt aus: Mit dem Humbug von Wiederbelebung toter Materie will er nichts zu tun haben. Als er aber von einem Gesandten aus Transsylvanien die Botschaft erhält, dort sein Erbe anzutreten, macht er sich sofort auf den Weg. Nach seiner Ankunft macht er Bekanntschaft mit dem Hausdiener seines Vaters, Igor, der seinen Buckel mal rechts und mal links trägt, und der blonden Inga, die seine Assistentin werden will. Im Schloss seines Großvaters angekommen, entdeckt Frankenstein dann einen Geheimgang, der ihn direkt in die Katakomben unter dem Anwesen führt. Hier findet er schließlich auch die geheime Bibliothek seines Großvaters (unter anderem mit dem vom Frankenstein senior selbst verfassten Werk »How I Did It«) und das Labor seines Vorfahren. Nun hat Frankenstein doch Blut geleckt und möchte versuchen, ein Monster zu schaffen. Mit Igor macht er sich auf den Weg zum örtlichen Friedhof, um die Leiche eines gerade gehängten Mannes zu beschaffen. Igor wird anschließend alleine losgeschickt, um das Gehirn eines Wissenschaftlers, Dr. Delbrück, zu holen. Als sich der Diener aber so vor seinem Spiegelbild erschrickt, dass er das gute Stück fallen lässt, nimmt er kurzerhand eines mit, das mit »abnormal« beschriftet ist. Nach einigen Fehlschlägen erwacht dann das Monster tatsächlich zum Leben und beginnt, vor allem durch seine Angst vor Feuer, die Dorfbewohner zu verunsichern. Diese lassen, unter Anführung des einarmigen Colonel Kemp, die Kreatur in Ketten legen. Mittlerweile hat Frankenstein mit seiner Assistentin angebandelt, die nicht so prüde zu sein scheint wie seine Verlobte in Amerika. Genau diese ist unterdessen auf Schloss Frankenstein angekommen und verhält sich nach wie vor sehr distanziert gegenüber ihrem Geliebten, ohne etwas von seinem Verhältnis zu ahnen. Als das Monster, einmal mehr durch Feuer gereizt, ausbricht und Frankensteins Verlobte entführt und mit ihr eine aufregende Liebesnacht verbringt, hat der Doktor eine Idee: Er überträgt in einem letzten Experiment Teile seiner Intelligenz auf das Monster, um es humaner zu machen, erhält im Gegenzug dafür Anteil an der Potenz des Geschöpfes.

Mel Brooks Film ist eigentlich nur in vollen Zügen zu genießen, wenn man ein guter Kenner des oder besser der zahlreichen Frankenstein-Primärtexte ist, damit man die unzähligen Genre-Verweise und Anspielungen entschlüsseln kann. Brooks und sein Ko-Drehbuchautor und Hauptdarsteller Gene Wilder geben sich Mühe, die Handlung des Films nicht als bloßen Hintergrund für zahlreiche Gags erscheinen zu lassen, sondern sie versuchen, der Geschichte auch Substanz zu verleihen, sie zu aktualisieren und ihr zahlreiche Nebenepisoden anzudichten, die es im Original so nicht gab. Eine der witzigsten Randgeschichten dreht sich um den Besuch des Monsters bei einem blinden Eremiten, gespielt von Gene Hackman. Diese Konfrontation entwickelt sich zu einem Debakel, da der Eremit nicht sieht, was er macht, das Monster sich hingegen nicht artikulieren kann.

Überdies ist der Film eine ideale Spielwiese für die agierenden Komiker: Wilder als überdrehter, verwirrter Frankenstein ist vortrefflich besetzt, und Marty Feldmans ironischer, vor allem durch Mimik und Gestik sprechender Igor gehört heute zu seinen bekanntesten Rollen. Allein die Dynamik, die sich zwischen dem Monster, Wilder und Feldman entwickelt, trägt den Film über weite Strecken und überspielt lässig den eigentlich recht dünnen, zumal hinlänglich bekannten Plot. Die Rekonstruktion der Original-Schauplätze aus James Whales *Frankenstein* aus dem Jahre 1931 führt darüber hinaus zu einem Wiedersehen mit den mittlerweile rettungslos veralteten technischen Gimmicks. Am Ende tritt Frankensteins Verlobte sogar mit der berühmten Turmfrisur auf, die Elsa Lanchester in *The Bride of Frankenstein* (*Frankensteins Braut*, 1935) trug und die zum festen Repertoire aller Frankenstein-Adaptionen geworden ist.

Das wichtigste Element sind jedoch die Kalauer und die zahlreichen Wortspiele, die leider in der deutschen Synchronfassung nahezu alle verloren gehen. Das reicht vom glubschäugigen Igor, der »Eye-Gore« genannt werden möchte, über den Titel des Buches »How I Did It«, mit dem Verweis »How To«-Bücher würden sich immer gut verkaufen, bis hin zu den zahlreichen Anspielungen auf populäre amerikanische Schlager. So gibt z.B. der Totengräber beim Abnehmen des Gehängten im Regen ein »Swinging in the Rain« zum Besten. Der typisch amerikanische *dead-pan humor* trägt den Film ohne Atempause von Gag zu Gag, wie z.B. in der Szene, in der Frankenstein und Igor unter Mühe die Leiche ausgraben. Igor: »Schlimm wäre es, wenn es jetzt noch regnen würde!« Plötzlich prasselt es von oben herab.

Brooks' Film ist so voll von Anspielungen und Ideen, dass man ihn schon mehrmals sehen muss – und am besten im Original –, um wirklich jede Stichelei zu entdecken. *Young Frankenstein* markiert den Höhepunkt der zahlreichen amerikanischen Genreparodien, die einen Großteil ihres Potentials aus der Verzerrung und Karikatur der populären Originalstoffe ziehen. Diese Filmgattung, welche in den vielen ähnlichen, aber weitaus schwächeren Filmen der achtziger Jahre langsam zu Grabe getragen wurde, erlebt in dieser Parodie eine Blüte, die auch Mel Brooks in seinen späteren Filmen in dieser derart rasanten und einfallsreichen, und nicht zuletzt auch liebevollen Machart so nicht mehr erreichte.

Florian Mundhenke

Literatur: Sight & Sound. 44. Jg. Nr. 2. Frühling 1975. – Bill Adler: Mel Brooks. The Irrelevant Funny Man. Chicago 1976. – Mel Brooks: High Anxiety. Los Angeles 1978. – Peter W. Jansen [u. a.]: Woody Allen / Mel Brooks. München 1980. – Robert Alan Crick: The Big Screen Comedies of Mel Brooks. Jefferson 2002.

Das Gespenst der Freiheit

Le fantôme de la liberté

F 1974 f 104 min

R: Luis Buñuel
B: Luis Buñuel, Jean-Claude Carrière
K: Edmond Richard
D: Adriana Asti (Dame in Schwarz und Schwester des ersten Polizeipräfekten), Julien Bertheau (erster Polizeipräfekt), Jean-Claude Brialy (M. Foucauld), Adolfo Celi (Arzt von M. Legendre)

»Nieder mit der Freiheit«, ruft ein spanischer Widerstandskämpfer zur Zeit der Besetzung Toledos durch Napoleon den Franzosen entgegen, bevor er zusammen mit anderen Gefangenen hingerichtet wird. Einen weiteren Gefangenen spielt der Regisseur des Films, um dessen Eröffnungssequenz es sich handelt: In der Rolle eines Mönchs fällt Luis Buñuel den Kugeln französischer Soldaten zum Opfer. Diese Inszenierung lässt sich als eine Figur der Selbstreflexion beschreiben: Der Film verweist auf seine Produkthaftigkeit und leitet eine Handlung ein, die als eine sich selbst thematisierende surrealistische Erzählung beschrieben werden kann. Während Buñuel in seinem ersten Film *Un chien andalou* (*Ein andalusischer Hund*, 1929) das Auge einer Frau mit einem Rasiermesser durchschnitten und so sein Publikum mit einem schockierenden Bild begrüßt hat, wird er in den ersten Minuten des vorletzten seiner 32 Filme, *Le fantôme de la liberté*, erschossen.

Schon bald springt die Filmhandlung nach Paris und in die zweite Hälfte des 20. Jahrhunderts: Die Anfangssequenz stellt sich als Erzählung heraus, die ein Pariser Kindermädchen auf einer Parkbank sitzend seiner Kollegin vorliest. Das ihr anvertraute Kind bekommt unterdessen von einem fremden Mann Postkarten geschenkt. Es handelt sich, wie wenig später deutlich wird, um harmlose Ansichtskarten, doch für die Eltern um einen Skandal: das Kindermädchen wird sofort entlassen. Dem Vater des Kindes begegnen in der Nacht verschiedene Traumgestalten, unter anderen ein Postbote, der ihm einen Brief übergibt. Diesen zeigt er am nächsten Morgen seinem Arzt, doch der Film rückt nun die Arzthelferin in den Mittelpunkt, die sich auf eine Reise zu ihrem kranken Vater begibt.

Auf diese Weise entfaltet der Film seine Handlung. Episoden reihen sich aneinander, die verschiedenartig narrativ überblendet sind. Oft wird eine Nebenfigur in einer Episode zur Hauptfigur der nächsten, oder ein Element wie die schmutzigen Schuhe zweier Personen verbindet eine Episode mit der folgenden. Zahlreiche Geschichten werden angerissen, keine zu Ende geführt. Anstatt kohärent zu erzählen, illustriert *Le fantôme* vielmehr verschiedene Möglichkeiten, eine Geschichte zu erzählen – meist, indem sie nicht erzählt wird. Dabei ist die Anordnung der Sequenzen nicht beliebig, sondern scheint einem komplizierten Konzept zu folgen, das sich aber nicht vollständig entschlüsseln lässt. Auffällig ist die Verdoppelung oder Wiederkehr von Motiven, die jedoch weniger eine sinnvolle Ordnung als eine Verschiebung von Signifikanten darstellen, die sich jeder festen Bedeutungszuschreibung verweigern: So begegnet beispielsweise in der Sequenz um einen Polizeipräfekten dieser sowohl einer Dame, die seiner verstorbenen Schwester gleicht, als wenig später auch seinem eigenen Doppelgänger. Am Ende des Films ertönt nicht nur ein zweites Mal der Kampfruf »Nieder mit der Freiheit«, auch ein Vogel Strauß, der zu Beginn schon als Traumgestalt zu sehen war, taucht noch einmal auf.

Da der Film von Episode zu Episode schweift, sind seine Personen keine ausformulierten Charaktere. Sie bewegen sich durch einen Teil des Films und reichen die Geschichte dann an andere Figuren weiter. Kameraarbeit und

Montage unterstreichen diese kontingente Bewegung des Weiterreichens, indem die Kamera in langen Einstellungen die Filmfiguren auf ihren undurchsichtigen Wegen durch die einzelnen Sequenzen verfolgt.

Le fantôme de la liberté steht mit der Absurdität seiner Episoden und ihrer planvoll-willkürlichen, einer Traumlogik folgenden Anordnung in der Tradition surrealistischer Filme. Aber anstatt einer Schock-Ästhetik zu folgen, die Buñuels frühe Filme wie *Un chien andalou* oder *L'âge d'or* (*Das goldene Zeitalter*, 1930) prägt, präsentieren sich die absurden Szenarien in *Le fantôme* in distanzierender Ironie. Besonders deutlich wird dies in einer Episode, in der ein Polizeischullehrer seine Schüler bittet, sich Folgendes vorzustellen: Er und seine Frau sind bei Freunden eingeladen, doch statt einer gedeckten Tafel findet das Ehepaar rund um einen Tisch angeordnete Toiletten vor. Man trifft sich zum gemeinsamen Stuhlgang, die Nahrungsaufnahme hingegen müssen die Gäste diskret in einer separierten Speisekammer verrichten. Diese Episode ist für den gesamten Film nicht nur deshalb exemplarisch, weil sie in surrealistischer Manier Konventionen offenlegt, indem sie diese umkehrt, sondern auch, weil sie diese Verkehrung eine Filmfigur erzählen lässt und so das surrealistische Erzählen selbst enthält.

Während in *Le charme discret de la bourgeoisie* (*Der diskrete Charme der Bourgeoisie*, 1972) die Protagonisten nicht in der Lage sind, sich zu einem gemeinsamen Essen zusammenzufinden, ist das Personal von *Le fantôme* nach der Erschießung seines Regisseurs nicht in der Lage, seine eigene Geschichte zu erzählen. Dass und wie dies erzählt wird, macht die besondere Komik des Films aus.

Isabell Otto

Drehbuch: L'Avant-Scène Cinéma (1974) Nr. 151.

Literatur: Carlos Clarens: Chance Meetings. *Le fantôme de la liberté*. In: Sight & Sound 44 (1974/75) H. 1. – Marsha Kinder:

The Tyranny of Convention in *The Phantom of Liberty.* In: Film Quarterly 28 (1974) H.4. – Raymond Durgnat: Luis Buñuel. Berkeley / Los Angeles 1977. – Peter W. Jansen / Wolfram Schütte (Hrsg.): Luis Buñuel. München/Wien ²1980. (Reihe Film. 6.) – Luis Buñuel: Mein letzter Seufzer. Erinnerungen. Frankfurt a.M. / Berlin 1985. – Max Aub / Luis Buñuel: Die Erotik und andere Gespenster. Nicht abreißende Gespräche. Berlin 1986. – Heinz-B. Heller: Die diskrete Subversion der Bourgeoisie. In: Thomas Koebner (Hrsg.): Autorenfilme. Münster 1990. – Luis Buñuel: Die Flecken der Giraffe. Berlin 1991. – Ursula Link-Heer / Volker Roloff: Luis Buñuel. Film – Literatur – Intermedialität. Darmstadt 1992. – James Tobias: Buñuel's Net Work. Performative Doubles in the Impossible Narrative of *The Phantom of Liberty.* In: Film Quarterly 52 (1998/99) H.2.

Die Ritter der Kokosnuss

Monty Python and the Holy Grail

GB 1975 f 91 min

R: Terry Gilliam, Terry Jones
B: Graham Chapman, John Cleese, Eric Idle, Terry Jones, Michael Palin, Terry Gilliam
K: Terry Bedford
M: Neil Innes
D: Graham Chapman (u.a. König Arthur), John Cleese (u.a. Sir Lancelot), Eric Idle (u.a. Sir Robin), Michael Palin (u.a. Sir Galahad), Terry Jones (u.a. Sir Bedevere), Terry Gilliam (u.a. Patsy)

England im Jahr 932. König Arthur ist auf der Suche nach edlen und tapferen Rittern. In Ermangelung eines Pferdes galoppiert er zu Fuß durchs Land, sein Knappe Patsy ersetzt das fehlende Geräusch klappernder Hufe dadurch, dass er die Schalenhälften einer Kokosnuss rhythmisch gegeneinander schlägt. Einer göttlichen Weisung folgend macht Arthur sich gemeinsam mit Sir Bedevere, Sir Lancelot, Sir Galahad und Sir Robin auf die Suche nach dem Heiligen Gral. Nachdem es ihnen nicht gelingt, eine von unverschämt spöttischen Franzosen besetzte Burg einzunehmen, setzen sie ihre Suche getrennt voneinander fort und erleben einige skurrile Abenteuer: Sir Robin flieht vor einem dreiköpfigen Ritter; Sir Galahad erliegt auf Schloss Anthrax beinahe den nymphomanen Schlossherrinnen; Sir Lancelot metzelt große Teile einer Hochzeitsgesellschaft nieder in der Annahme, die Braut werde gegen ihren Willen vermählt – allerdings wartet der Bräutigam aus eben diesem Grund auf ritterliche Rettung. König Arthur und Sir Bedevere treffen in einem Wald auf die Ritter, die »Ni!« sagen und Reisenden nur Durchlass gewähren, wenn sie einen Sträuchergarten bekommen. Wieder vereint wollen König Arthur und seine Ritter in der Höhle von Caerbannog nach einer Inschrift suchen, die ihnen Aufschluss über den Verbleib des Heiligen Grals geben soll. Der Eingang dieser Höhle wird jedoch von einem Killer-Kaninchen bewacht, das erst durch die Heilige Handgranate von Antiochien beseitigt werden kann. Nachdem die Ritter durch einen glücklichen Zufall der Schwarzen Bestie von Aaauugh entkommen sind, erreichen sie die Brücke des Todes, die nur überqueren darf, wer ihrem Wächter drei Fragen richtig beantwortet. Sir Robin und Sir Galahad scheitern, Sir Lancelot wird auf der anderen Seite der Brücke aufgehalten. Nur König Arthur und Sir Bedevere gelangen zur Burg Aaauugh, in der sich der Heilige Gral befinden soll und die inzwischen von den bereits bekannten Franzosen belagert wird. Als sich die bislang nicht in Erscheinung getretenen königlichen Heerscharen zum Angriff formieren, scheint die Suche beendet – wäre da nicht noch ein zweiter Handlungsstrang: Eine Sequenz am Ende des ersten Filmdrittels zeigt einen älteren Mann, augenscheinlich keine Figur des Mittelalters, sondern der Gegenwart, der Einblendung nach ein berühmter Historiker. Gerade als er die widrigen

Umstände der Gralssuche wissenschaftlich kommentieren will, reitet unvermittelt ein Ritter – diesmal tatsächlich auf einem Pferd – durchs Bild und schneidet ihm mit seinem Schwert die Kehle durch. Einige weitere kurze Szenen, die gelegentlich in den Film eingestreut werden, geben Aufschluss darüber, dass die Frau des Historikers inzwischen die Polizei informiert hat und diese auf der Suche nach dem Täter ist. Gerade als König Arthur die Burg stürmen lassen will, fahren dort mehrere Polizeiwagen vor. Er wird festgenommen, ein Polizist geht mit erhobener Hand auf die Kamera zu, der Film bricht ab.

Monty Pythons skurrile Version der Gralssuche gilt als der erste Spielfilm der Komikertruppe. Zwar gab diese bereits 1971 in *And Now for Something Completely Different* (*Monty Pythons wunderbare Welt der Schwerkraft*) ihr gemeinsames Kinodebüt. Hierbei handelte es sich allerdings um eine Reihe von Sketchen aus den ersten beiden Staffeln ihrer absurd-anarchischen Fernsehserie *Monty Pythons Flying Circus* (1969–74), die der Fernsehregisseur Ian McNaughton für die Kinofassung neu in Szene setzte. Terry Gilliam steuerte einige seiner unverkennbaren Animationen bei, und John Cleese verband das Ganze in der Rolle eines immer korrekt gekleideten, seriös hinter einem Schreibtisch sitzenden Fernsehmoderators mit der steten Wiederholung des Titelsatzes zu einer Einheit.

Monty Python and the Holy Grail, die erste Regiearbeit von Gilliam und Jones, ist ein in seiner Entstehung und Umsetzung bemerkenswert gemeinschaftliches Projekt. Alle Pythons haben am Drehbuch mitgearbeitet, jeder spielt mit Hingabe eine Vielzahl auch kleinster Rollen. Dies ist wahrscheinlich auch der wesentliche Grund, warum der Versuch, mit filmischen Mitteln eine kontinuierlich funktionierende Geschichte zu erzählen, letztendlich fehlschlägt. Der Film übernimmt in seiner episodenhaften Gestaltung und seinem brutalen Witz zu viel von den routinierten Fernsehsketchen und ihren passgenauen Pointen. Das fehlende Ende wird kaum kaschiert und die Durchsetzung der mittelalterlichen Aventiure mit Momenten einer modernen Kriminalgeschichte sowie einer Vielzahl von Gilliams Animationen ist im Hinblick auf die Stringenz der filmischen Narration eindeutig zuviel des Nonsens. Handlung und Figuren bleiben unentwickelt, daran ändert auch der erzählende Kommentar aus dem Off nichts. Die wiedererkennbaren Elemente und Charaktere der Artussage bilden lediglich die thematische Klammer bzw. das Personal für eine lockere Folge irrwitziger Begebenheiten, in denen u.a. ein trojanischer Hase und einige katapultierte Kühe eine Rolle spielen und literweise Filmblut vergossen wird. Allerdings entwerfen die Pythons trotz dünner Geschichte und miserablem Budget – daher die Kokosnüsse anstelle der Pferde – mit großer Ambition und viel schwarzem Humor ihr ganz eigenes Bild vom Mittelalter. Die authentische Atmosphäre, die einige Sequenzen durch die Auswahl der Drehorte und Motive sowie der Requisiten und Kostüme vermitteln, wird dabei durch die grotesken Inhalte und absurden Dialoge komisch kontrastiert: Camelot wird kurzerhand zur Kulisse für ein sinnfreies Lied und einen ritterlichen Cancan, bei dem die Rüstung kracht; die Ritter der Tafelrunde erweisen sich insgesamt als feige Einfaltspinsel, wohingegen der legendäre Schwarze Ritter ein elender Maulheld ist, der seine blutige Niederlage trotz abgetrennter Gliedmaßen nicht eingestehen will; die besitzlosen Bauern wiederum organisieren sich in einer marxistischen Kommune und lehnen es ab, Arthur als König anzuerkennen, da sie ihn nicht gewählt haben. *Monty Python and The Holy Grail* ist darüber hinaus eine anarchisches Sammelsurium von Zitaten, das in einer Vielzahl komischer Details die mittelalterlichen Stereotype aus Filmen wie Richard Thorpes *The Knights of the Round Table* (*Ritter der Tafelrunde*, 1953) ebenso hemmungslos parodiert wie deren Gegenentwürfe, z.B. aus Ingmar Bergmans *Det sjunde inseglet* (*Das siebente Siegel*, 1957) oder Robert Bressons *Lancelot du Lac* (*Lancelot, Ritter der Königin*, 1974).

Andrea Nolte

Drehbuch: Terry Jones: *Monty Python and the Holy Grail.* London 1981. – Graham Chapman: *Monty Python and The Holy Grail.* London 1993.
Literatur: Ellen Bishop: Bakhtin, Carnival and Comedy: The New Grotesque in *Monty Python and the Holy Grail.* In: Film Criticism 15 (1990) Nr. 1. – George Perry: The Life of Python. London 1994. – Robert Ross: Monty Python Encyclopedia. New York 1997. – Elizabeth Murrell: History Revenged: Monty Python Translates Chrétien de Troyes's Perceval, or the Story of the Grail (Again). In: Journal of Film and Video 50 (1998) Nr. 1. – David Morgan: Monty Python Speaks! New York 1999.

Der Stadtneurotiker

Annie Hall

USA 1977 f 93 min

R: Woody Allen
B: Woody Allen, Marshall Brickman
K: Gordon Willis
D: Woody Allen (Alvy Singer), Diane Keaton (Annie Hall), Tony Roberts (Rob), Carol Kane (Allison Portchnick), Paul Simon (Tony Lacey), Christopher Walken (Duane Hall)

Der Film beginnt und endet mit einem Witz. Beide erzählt Alvy Singer, *stand up comedian* in New York und ebendort zurückgelassen von Annie Hall, die sich wegen einer Karriere als Sängerin nach Los Angeles verabschiedet hat. In der direkten Publikumsanrede zu Beginn des Films betont Alvy, er werde niemals in einen Club eintreten, der Leute wie ihn als Mitglieder aufnehme. In dieser Bemerkung liegt bereits die Tragik der Alvy-Singer-Figur begründet – eine Tragik, die auch für andere Woody-Figuren gilt. Sie rührt aus einer geradezu emphatischen Selbstausgrenzung: Der Komiker Alvy akzeptiert die Zugehörigkeit zu einer Gemeinschaft ebenso wenig, wie der Liebhaber Alvy sich auf eine Beziehung einlassen kann, die seine narzisstisch gehüteten Harmonievorbehalte gefährdet. Dass Alvy diese strukturelle Liebesunfähigkeit mit Besessenheit pflegt, macht die Komik seiner Figur aus.

Im assoziativen Verfahren eines filmischen Bewusstseinsstroms geht der Film zunächst auf Zeitreise durch die Lebens- und Liebesgeschichten Alvy Singers. Geschichten aus früher Kindheit, aus erster und zweiter Ehe sind brillant verwoben mit Momentaufnahmen der Liebesbeziehung zu Annie Hall. Die Rückblenden setzen in der Schulzeit ein, zeigen die absurde Verzweiflung des kleinen Alvy über die Expansion des Universums und das frühe Erwachen seiner Sexualität. Die Durchdringung verschiedener Wirklichkeitsebenen – von Vergangenheit und Gegenwart, von Erzähler und Erzähltem – beherrscht Allen meisterhaft und in außerordentlich komischer Weise. Als zum Beispiel das Schulkind Alvy bei einer Kuss-Attacke auffliegt und zur Strafe in die Ecke gestellt wird, sitzt mit dem erwachsenen Alvy Singer mit einem Mal die Erzählerfigur an der Schulbank und rechtfertigt sich dem belästigten Mädchen gegenüber, sein sexuelles Begehren habe nie die von Freud beschriebene Latenzperiode gehabt. Raffiniert steigert Allen die Komplexität solcher Zeitreisen, etwa indem er die Rückblende in die Vergangenheit des Schulmilieus zu einer fiktiven Vorausschau auf das Leben seiner Klassenmitglieder wendet und die Knirpse Kurzberichte einer Biografie geben lässt, die ihnen zu diesem Zeitpunkt noch verborgen sein muss (»I used to be a heroine addict, now I'm a methodine addict«). In seiner Erzählstruktur gleicht der Film insbesondere in seinen Anfangssequenzen einer Achterbahnfahrt – eine deutliche

»Look, I told you it was a mistake to ever bring a live thing in the house« – ein weiteres Element in der puzzleartig angelegten Erinnerungsarbeit, in der Alvy Singer (Woody Allen) seine Beziehung zu Annie Hall (Diane Keaton) in *Der Stadtneurotiker* vergegenwärtigt. Deutlicher und grundsätzlicher als in der deutschen Synchronfassung (dort heißt es lediglich »diese lebenden Dinger«) bringt das Original Alvys Neurose, seine narzisstisch gepflegte Liebesunfähigkeit und Selbstausgrenzung, zum Ausdruck, die er qua professione als *stand up comedian* zu überspielen versucht.

Entsprechung zum Elternhaus von Alvy, das in einem Vergnügungspark direkt unterhalb einer Achterbahn liegt, wie auch zum weiteren Verlauf der Liebesgeschichte.

»A nervous romance« lautete im amerikanischen Verleih der Werbeslogan des Films und Allen vermeidet von Beginn an alle Illusionen über die Zerbrechlichkeit der Liebe. Nachdem die ersten Szenen ein Psychogramm Alvy Singers entfaltet haben – seine sexuelle Obsession, das komische Talent, die Paranoia des jüdischen Intellektuellen –, wird das Liebespaar beim prototypischen Zeitvertreib aus vielen Woody-Allen-Filmen eingeführt: dem Kinobesuch. Die Beziehung, so wie sie die Chronologie des Filmes vorstellt, steckt von Beginn an in der Krise. Annie kommt verspätet. Sie hat schlechte Laune, Alvy noch schlechtere Erklärungen dafür (»Du hast deine Periode«). Nachdem der Vorspann des Ingmar-Bergman-Films um Minuten verpasst wird, beharrt Alvy auf dem Ortswechsel und diktiert Annie den wiederholten Besuch einer Kriegsdokumentation von Marcel Ophüls.

Romantische Episoden behandelt der Film nur kurz: Tennisspielen, das Kochen von Hummern, der erste Kuss, gemeinsame Nächte und Alvys bizarrer Schwur vor der Brooklyn Bridge, er liebe Annie, weil sie »polymorph pervers« sei. Aber Annies Wunsch nach einer gemeinsamen Wohnung weckt bald das Autonomiebedürfnis Alvys, der Besuch ihrer protestantischen Familie verunsichert den Liebhaber tiefer. Alvys Paranoia registriert den latenten Antisemitismus der Familie, er fühlt sich stigmatisiert – eine Selbstwahrnehmung, die der Film mit einem erneuten Wechsel der Wirklichkeitsebenen in eine Einstellung übersetzt, die einen Alvy Singer mit Schläfenlocken als Klischeebild des orthodoxen Juden zeigt. Die anschließende Entzweiung der Liebenden verläuft entlang der Grundopposition amerikanischer Kultur: dem Gegensatz von New York und Los Angeles. Die von Annie bewunderte Sauberkeit erklärt Alvy damit, dass Kalifornien seinen Abfall nicht wegwerfe, sondern in Fernsehshows verwandle. Annie kehrt gleichwohl nach Hollywood zurück – mit einem Plattenvertrag und der emanzipierten Absage an Alvys Rettungsversuche. Der Film bietet dennoch ein Happyend – allerdings eines, das durch den engen Rahmen der neurotischen Glücksmöglichkeiten von Alvy Singer begrenzt ist. Es besteht nicht in erfüllter Gemeinsamkeit, sondern in Alvys bittersüßer Einsicht in den Wert seiner verflossenen Liebe.

Die Filmkritik hat Allens Erzählverfahren mit psychoanalytischer Erinnerungsarbeit verglichen, und in der Tat herrscht in *Annie Hall* eine egozentrische Erzählperspektive vor. Jede Episode ist gleichermaßen imprägniert von der Subjektivität Alvy Singers. Ohne das außerordentliche Darstellungsvermögen Woody Allens wirkte die Ubiquität seines Schauspiels vermutlich schnell penetrant. So aber galt *Annie Hall* mit seinem an die Marx Brothers erinnernden Tempo der Rede, seiner Erzähldynamik und der Experimentierfreude in der Verwendung filmischer Mittel – *split screens*, Animationen und Bildtitel – bald als Meilenstein der amerikanischen Filmgeschichte.

Auch für die Karriere des Regisseurs besitzt der Film eine Schlüsselfunktion. Die einseitige Orientierung auf den Protagonisten exponiert Woody Allen für eine Rezeption nach der Methode des Autorenkinos. *Annie Hall* markiert daher einen Wendepunkt in Allens Karriere. Seinen Ruf als Komiker hatte der Schauspieler und Regisseur schon zuvor manifestiert – in *Love and Death* (*Die letzte Nacht des Boris Gruschenko*, 1975) bereits im Gespann mit Diane Keaton. Aber erst in *Annie Hall* verwendet Allen gezielt autobiografisches Material, macht Manhattan zum Schauplatz seiner Filme und verwandelt schließlich seine während der Dreharbeiten bereits beendete Partnerschaft mit Diane Keaton zur zentralen Fiktion des Films. Kino erscheint so als Fortsetzung des Lebens mit anderen Mitteln, und die Identifikationsangebote der Filme werden neben dem Darsteller und Regisseur Woody Allen um die pseudo-private Position des Star erweitert.

Insbesondere in den Vereinigten Staaten traf *Annie Hall* den Nerv der Zeit. Psychoanalyse und Feminismus waren in der Alltagswelt angekommen und etablierte Geschlechterrollen endgültig in die Krise geraten. Allens »Tragikomödie im Milieu der New Yorker Intellektuellen, deren erotischer Beziehungsdschungel von den eigenen Neurosen durchwuchert wird« (Jürgen Felix), griff diese Themen mit Humor und einer cineastischen Phantasie auf, die nicht allein die New Yorker Filmkritik begeisterte. *Annie Hall* wurde in den USA finanziell zu einem der erfolgreichsten Filme des Jahres und gewann 1978 sensationelle vier Academy Awards: in den Kategorien »Bester Film«, »Beste Regie«, »Bestes Originaldrehbuch« und »Beste Hauptdarstellerin«. Woody Allen reagierte auf die Auszeichnung aus Kalifornien mit einer Chuzpe, die vielleicht als ultimativer *Annie-Hall*-Witz gelten kann: Er ließ sich bei der Preisverleihung in Hollywood nicht blicken und zog es vor, in New York zu bleiben. *Lutz Nitsche*

Drehbuch: Woody Allen: *Der Stadtneurotiker.* Zürich 1981. – Woody Allen: Four Films of Woody Allen. New York 1982. – Woody Allen / Marshall Brickman: *Annie Hall.* London 2000.
Literatur: Hans Gerhold: Woodys Welten. Frankfurt a. M. 1991. – Jürgen Felix: Woody Allen. Komik und Krise. Marburg 1992. – Eric Lax: Woody Allen. Köln 1992. – Tanja Rausch / Peter Henning: Happy Birthday Mister Manhattan. Augsburg 1995. – Woody Allen: Woody Allen on Woody Allen. New York 1995. – Julian Fox: Woody Allen. Movies from Manhattan. London 1996. – Peter Cowie: Annie Hall. London 1996. – Mary Nichols: Reconstructing Woody. Lanham 1998. – Bernd Schulz: Woody Allen Lexikon. Berlin 2000. – Vittorio Hösle: Woody Allen. Versuch über das Komische. München 2001. – Sam B. Girgus: The Films of Woody Allen. Cambridge 2002.

Monty Python – Das Leben des Brian

Monty Python's Life of Brian

GB 1979 f 94 min

R: Terry Jones
B: Graham Chapman, John Cleese, Terry Gilliam, Eric Idle, Terry Jones, Michael Palin
K: Peter Biziou
M: Geoffrey Burgon
D: Graham Chapman (u.a. Brian), John Cleese (u.a. Zenturio), Eric Idle (u.a. Stan), Terry Jones (u.a. Mandy), Michael Palin (u.a. Pontius Pilatus), Terry Gilliam (u.a. Gefängniswärter)

Irren ist menschlich: Die Drei Weisen aus dem Morgenland finden zwar mitten in der Nacht nach Bethlehem, entscheiden sich aber für den falschen Stall. Mandy, die dort ihr Baby Brian in der Krippe wiegt, hält die Männer zunächst für Betrunkene; als sie ihr jedoch Myrrhe, Weihrauch und Gold als Geschenke reichen und ihren Sohn als vermeintlichen Erlöser preisen, ist sie hocherfreut. Die Freude währt allerdings nur kurz, denn als die Männer die Hütte verlassen, stellen sie fest, dass der Messias im Stall gegenüber in den Windeln liegt – sie nehmen die Präsente kurzerhand wieder mit.

Dreiunddreißig Jahre später: Judäa, Samstag Nachmittag, um die Teezeit. Jesus spricht zu den Menschen. Brian und seine Mutter lauschen der Bergpredigt aus der Ferne. In einer Gruppe von genervten Zuhörern kommt es zu einer Pöbelei, und die beiden beschließen, lieber zu einer öffentlichen Steinigung zu gehen. Im von Römern okkupierten Nazareth führen sie ansonsten ein eher ereignisarmes, bescheidenes Leben. Mandy bestreitet ihren Lebensunterhalt als Prostituierte der Besatzer, und Brian ist entsetzt, als sie ihm eröffnet, dass sein eigener Vater Römer ist. Er schließt sich der Volksfront von Judäa an, einer revolutionären Gruppe, die das Land von der römischen Besatzung befreien will, und verliebt sich in die Revolutionärin Judith. Nach einer gelungenen Grafitti-Aktion schlägt die Entführung der Frau des römischen Statthalters fehl, und Brian wird festgenommen. Als er von den Wachen zu Pontius Pilatus gebracht wird, gelingt ihm die Flucht. Zwei Aliens, die mit ihrem Raumschiff gerade zufällig vorbeikommen, retten ihn dabei in letzter Sekunde aus einer ausweglosen Situation. Zur weiteren Tarnung schlüpft Brian notgedrungen in die Rolle eines Propheten und wird ein zweites Mal unfreiwillig zum Messias. Seine hysterischen Anhänger verfolgen ihn, deuten seine Sandale als Zeichen und lassen nur zögernd von ihm ab, als er ihnen mit einem deutlichen »Fuck off!« zu verstehen gibt, dass er nicht der Erlöser ist. Schließlich wird er ein zweites Mal verhaftet und zum Tod am Kreuz verurteilt. Seine revolutionären Mitstreiter befreien ihn nicht, sondern singen zum Abschied »For he's a jolly good fellow«. Judith sagt ebenfalls nur kurz Adieu, und seine Mutter ist wütend und wusste schon immer, dass er so enden würde. Brian bleibt resigniert am Kreuz zurück, als einer seiner Leidensgenossen zu singen beginnt. Nach und nach stimmen alle anderen Gekreuzigten in das Lied ein, und der Film endet unerwartet beschwingt mit der simplen Botschaft: »Always look on the bright side of life!«

Mit ihrer alternativen Bibelerzählung erreichen Monty Python zweifelsohne den Zenit ihres filmischen Schaffens. In den noch folgenden Kinoproduktionen *Monty Python Live at the Hollywood Bowl* (*Monty Python in Hollywood*, 1982) und *Monty Python's The Meaning of Life* (*Der Sinn des Lebens*, 1983) entfernen sie sich künstlerisch wieder vom Medium Film und greifen zurück auf die chaotisch-komischen Kurzformen, die bereits ihre Fernsehserie *Monty Python's Flying Circus* (1969–74) auszeichneten. *Life of Brian* wirkt in vielerlei Hinsicht ausgereifter als sein Vorgänger *Monty Python and the Holy Grail* (*Die Ritter der Kokosnuss*, 1975). Zwar haben auch hier wieder alle Pythons das Drehbuch gemeinsam entwickelt und jeder von ihnen ist wie gehabt in mehreren Rollen zu sehen. Ex-Beatle George Harrison, ein Freund von Eric Idle und Michael Palin, finanzierte das Projekt gemeinsam mit seinem Manager Dick O'Brien und ist im Film überdies in der Rolle des Mr. Papadopoulis zu sehen. Bis auf die Ufo-Szene, die Terry Gilliam in einem Londoner Studio aufnahm, entstand der Film in Tunesien, wobei die Pythons einige der Bauten und Kostüme nutzten, die für Franco Zeffirellis TV-Mehrteiler *Jesus of Nazareth* (*Jesus von Nazareth*, 1977) angefertigt worden waren.

In *Life of Brian* parodieren Monty Python weniger einzelne Filme als vielmehr das gesamte Hollywoodgenre monumentaler Historien- und Bibelfilme. Sie entwickeln ein lebendiges Bild vom Alltag der Menschen, die zur Zeit Jesu in Nazareth lebten, und ähnlich wie schon in *Monty Python and the Holy Grail* gelingt es ihnen eindrucksvoll, auf der Folie einer beinahe realistisch anmutenden Umgebung allerhand anarchische Absurditäten zu inszenieren. Besonders beeindruckend ist dabei die dargebotene Bandbreite komischer Charaktere, von denen einige zu den subtilsten und besten gehören, die die Pythons je erfunden haben: der Revolutionär Stan, der gerne eine Frau wäre und Loretta genannt werden möchte; der Ex-Leprakranke, der zwar von Jesus geheilt wurde, dadurch aber seinen einträglichen Job als Bettler eingebüßt hat; der machtbesessene Pontius Pilatus, der durch einen Sprachfehler und einen Freund namens Biggus Dickus zur absoluten Witzfigur verkommt; oder der Zenturio, der Brian nicht festnimmt, sondern ihm eine Nachhilfestunde in lateinischer Grammatik gibt, als dieser in der Nacht seine antirömischen Parolen an die Häuserwände schmiert.

Eine der kuriosesten Filmsequenzen ist ohne Zweifel die Steinigung, an der offiziell nur Männer teilnehmen dürfen. Augenscheinlich sind es aber bis auf Brian ausnahmslos als Männer verkleidete Frauen, die sich mit jeder

Art von Steinen bewaffnet haben, und augenscheinlich werden diese Frauen ausnahmslos von männlichen Schauspielern dargestellt. Die umstrittenste Sequenz ist die routiniert vorbereitete – »One cross each!« – und durchgeführte Massenkreuzigung, eine historische Tatsache, die in ihrer Darstellung das in den Augen vieler Gläubiger singuläre Leiden Jesu am Kreuz zum alltäglichen Schicksal erklärte. Die katholische Kirche verurteilte *Life of Brian* daher als subversiv-blasphemisches Machwerk. Aber ist der Film nicht eher eine Kritik an der Institution Kirche, ebenso wie an imperialistischen Systemen, linksgerichteten Widerstandsgruppen sowie an jeglicher ideologischer Vereinnahmung überhaupt? Die hämische und obszöne Respektlosigkeit gegenüber allem und jedem, letztlich auch gegenüber sich selbst, die bei allem Mangel an Subtilität ein hohes Maß an Selbstreflexivität erkennen lässt, begründet wohl den einmaligen Humor der Pythons; und mit dem verhält es sich ja bekanntermaßen wie mit dem Geschmack: Es lässt sich nicht darüber streiten.

Andrea Nolte

Drehbuch: Monty Python: Das Leben Brians. Drehbuch und apokryphe Szenen. Zürich 1979. – Monty Python's *The Life of Brian (of Nazareth)*. London 2001.
Literatur: Christian Abel / Alain Garel / Gilles Gressard: Entretien: Monty Python. In: Revue du Cinéma (1980) Nr. 351. – Lamm, Robert: Can We Laugh at God? Apocalyptic Comedy in Film. In: Journal of Popular Film and Television 19 (1991) Nr. 2. – George Perry: The Life of Python. London 1994. – Robert Ross: Monty Python Encyclopedia. New York 1997. – David Morgan: Monty Python Speaks! New York 1999.

Blues Brothers

The Blues Brothers

USA 1980 f 133 min

R: John Landis
B: John Landis, Dan Aykroyd
K: Stephen M. Katz
M: Elmar Bernstein
D: John Belushi (»Joliet« Jake Blues), Dan Aykroyd (Elwood Blues), Kathleen Freeman (Schwester Mary Stigmata), James Brown (Reverend Cleophus James)

Sie sind in göttlicher Mission unterwegs und gleichzeitig auf der Flucht. Im schwarzen Anzug, passend dazu ein schwarzer Hut und mit tiefdunkel getönter Sonnenbrille. Jake und Elwood Blues – brillant verkörpert von John Belushi und Dan Aykroyd – sind zwei stadtbekannte Ganoven aus Chicago und ebenso gute Musiker. Sie haben Schwester Mary Stigmata fest versprochen, sich zu bessern. So fahren sie, nachdem Elwood Jake – er hat gerade drei Jahre abgesessen – aus dem Gefängnis ausgerechnet in einem ausgedienten Polizeiwagen abgeholt hat, zu ihr. Von Schwester Stigmata erfahren die beiden Brüder, dass das Waisenhaus, in dem die Nonne wohnt und in dem die beiden groß geworden sind, abgerissen werden soll. Zu dessen Rettung müssen sie unbedingt Geld für die fälligen Steuern auftreiben: 5000 Dollar innerhalb von elf Tagen.

In der Kirche von Reverend Cleophus James ereilt Jake plötzlich die göttliche Eingebung: »Wir bringen die Band wieder zusammen«, um ein Konzert zu geben und mit den Einnahmen der Ordensfrau zu helfen. Leider stellt sich dieses Unterfangen als nicht so einfach dar, wie sie sich das vorgestellt haben. Die ehemaligen Bandmitglieder haben inzwischen andere Jobs angenommen: Einer arbeitet im Café seiner Frau, ein anderer ist Oberkellner in einem Restaurant, und die Übrigen machen in einer Bar Musik. Dennoch gelingt es Jake und Elwood schließlich, die »Blues Brothers Band« wieder zu vereinen und ein Konzert zu organisieren. Dabei machen jedoch alte und neue Feinde Jagd auf die Musiker. Als hartnäckige Verfolgerin erweist sich beispielsweise eine unbekannte Schönheit, die sich später als Jakes Ex-Freundin entpuppt, die er damals bei der geplanten Hochzeit hat sitzen lassen. Mittels Panzerfäusten, Sprengsätzen und Flammenwerfern setzt sie alles daran, Jake ins Jenseits zu befördern. Des Weiteren sind den Blues Brothers eine amerikanische Nazi-Partei und die stahlharte Country-Band »The Good Ole Boys« auf den Fersen, die unter anderem die Musik der Protagonisten als »Niggermusik« verwerfen. Die Jagd wird immer erbarmungsloser. Auf der Flucht setzen sich die Verfolgten über nahezu jeden Paragraphen der amerikanischen Straßenverkehrsordnung hinweg, wobei die Streifenwagen-Armada einer ganzen Stadt zu Schrott gefahren wird. Es herrscht das pure Chaos. Kaum haben die Blues Brothers das Finanzamt betreten, um das Geld für das Waisenhaus einzuzahlen, setzt ein beispielloser Ansturm darauf ein: die City und Highway Police, das FBI, die CIA, die Texas Rangers, die Nationalgarde, die Armee und sogar Hubschraubereinheiten der Air Force belagern das Gebäude. Am Ende aber siegt das Gute: Die erforderliche Summe wird fristgerecht beim Beamten der Stadtkasse – dargestellt von Steven Spielberg – eingezahlt, und der Erhalt des Waisenhauses ist gesichert. Die Blues Brothers und ihre Band wandern in den Knast, wo sie in der Schlusseinstellung ihren Mithäftlingen mit dem »Jailhouse Rock« musikalisch einheizen.

The Blues Brothers besteht aus Irrwitz in seiner reinsten Form. Die Blues Brothers & Co. bringen ein Lebensgefühl zum Ausdruck, das den Film beim Publikum so beliebt machte. Augenblicke genialer Komik sind beispielsweise die Sequenzen, in denen die Brüder von Schwester Mary, der »Pinguin-Tante«, mit dem Lineal gezüchtigt werden, weil sie sich uneinig darüber sind, ob man in Gegenwart einer Nonne statt »Scheiße« besser »Kacke« sagen sollte, oder wenn Jake seine schießwütige Ex-Freundin, dargestellt von der aus *Star Wars* (*Krieg der Sterne*, 1977–83) und *When Harry Met Sally ...* (*Harry und Sally*, 1989) bekannten Carrie Fisher, so umgarnt, dass sie ihm erneut zu Füßen liegt und ihn schließlich ziehen lässt. Ein weiteres groteskes Highlight, das die einzigartige Chuzpe der Helden untermauert, ist die Szene, in der die Brüder aus den Trümmern ihrer in die Luft geflogenen Unterkunft hervorkriechen, sich kommentarlos den Staub aus der Jacke klopfen und ihrer Wege gehen.

Aufgrund seiner irrwitzigen Erzählweise, opulenter Bilder, überzeugender Darsteller und nicht zuletzt auch wegen seiner Musik – bei den Dreharbeiten gab sich die Elite der *black music* die Klinke in die Hand – ist *The Blues Brothers* heute ein Kultfilm. *Silvia Lambri*

Literatur: Bob Woodward: Überdosis. Das kurze und schnelle Leben des John Belushi (1985). Wien 1986. – Rolf Giesen. Die großen Filmkomiker. Von 1945 bis heute. München 1993. – Ronald M. Hahn / Volker Jansen: Die 100 besten Kultfilme von *Metropolis* bis *Fargo*. München 1998.

Zelig

Zelig

USA 1983 s/w und f 79 min

R: Woody Allen
B: Woody Allen
K: Gordon Willis
M: Dick Hyman
D: Woody Allen (Leonard Zelig), Mia Farrow (Dr. Eudora Fletcher)

Der Vorspann kündigt einen Dokumentarfilm an. Anhand ›historischer‹ Schwarzweißaufnahmen erzählt eine Sprecherstimme die Geschichte von Leonard Zelig, ergänzt durch Zeitzeugen-Interviews in Farbe. Zeligs Schicksal bewegt die USA Ende der zwanziger Jahre, im Jazz-Zeitalter. Der schmächtige Jude leidet unter einer seltsamen Krankheit: Ohne eigene Identität passt er sich nicht nur psychisch, sondern auch physisch augenblicklich seiner Umgebung an. Ob republikanischer Aristokrat oder demokratischer Küchenarbeiter, Baseballspieler oder Gangster, Jude, Schwarzer, Indianer oder Chinese, außer in eine Frau verwandelt sich das »menschliche Chamäleon« in alles. Die Presse wird auf ihn aufmerksam, und schon bald ist er ein Star, der als massenmediales Phänomen in allen möglichen Variationen, vom Chamäleon-Tanz über den Hollywood-Film bis hin zur Unterwäsche, kommerzialisiert wird. Eine Horde Ärzte nimmt sich seiner an, doch nur Dr. Eudora Fletcher sieht den Menschen in ihm und kämpft nach Rückschlägen um die Fortsetzung der Behandlung. Ihre Psychoanalyse scheint erfolgreich: Zelig entwickelt eine eigene Meinung. Die beiden verlieben sich ineinander, doch kurz vor ihrer Hochzeit wird der Patient von der Vergangenheit eingeholt: Da er sich in seinen zahlreichen Persönlichkeiten mehrfach verheiratet hatte, wird er nun von Prozessen überrollt. Die öffentliche Meinung wendet sich gegen den Bigamisten, der einen Rückfall erleidet und verschwindet. Dr. Fletcher hat die Hoffnung fast aufgegeben, da entdeckt sie Zelig in einer Wochenschau als Nazi unter lauter Braunhemden. Sie reist sofort nach Berlin, wo sie ihn auf einer Versammlung hinter Adolf Hitler stehen sieht. Die beiden fliehen und entkommen in einem Flugzeug. Zeligs letzte Verwandlung in einen Piloten rettet ihnen das Leben und macht sie zu Nationalhelden der USA, da sie in Rekordzeit den Atlantik überqueren – kopfüber!

In *Zelig* stellt Woody Allen ironisch und mit technischer Akribie vor allem die Autorität dokumentarischer Bilder auf den Kopf: Sämtliche Darstellungsstrategien deuten auf einen ›klassischen‹ Dokumentarfilm hin, vom allwissenden *voice of God*-Sprecherkommentar, über die angeblichen Archivbilder, deren Ästhetik und Inhalt sie als historische Dokumente charakterisieren, bis hin zu den Expertenaussagen. Bekannte Intellektuelle wie Susan Sontag oder der Psychoanalytiker Bruno Bettelheim diskutieren den »Fall Zelig« und fungieren als Legitimation des Gezeigten. Parodiert Woody Allen in *Take the Money and Run* (*Woody – der Unglücksrabe*, 1969) Elemente des Interview-Dokumentarismus, so trifft sein Spott in *Zelig* die Gattung als solche. Dass die Parodie dieses *mockumentary* über die volle Filmlänge funktioniert, liegt an der technischen Perfektion der gefälschten Bilder ebenso wie an der Konsequenz, mit der der *fake* durchgespielt wird, und vor allem an der Komik, die die dokumentarischen Authentisierungsstrategien in immer neuen Variationen ad absurdum führt. Dies geschieht vor allem auf der Bildebene, wenn beispielsweise Zelig, nachdem Krankenpfleger an ihm herumhantiert haben, mit um 180 Grad verdrehten Füßen auf einer Liege sitzt. Auch bei der Auswahl der Archivbilder sind Perlen der Realsatire zu finden, wie die Aufnahmen einer Corrida, bei der ein Stier sich durch einen Sprung über die Seitenbande selbst eliminiert. Allein die Montage, bei der 150 Stunden Film zur Auswahl standen, nahm neun Monate in Anspruch, die Dreharbeiten zu *Zelig* dauerten drei Jahre.

Der für die komische Figur konstitutive Wortwitz behandelt Allens klassische Themen Psychoanalyse, Masturbation und Kindheit im jüdischen Milieu. Neben solchen Gags transportieren die brillant gefälschten Bilder, in denen Woody Allen in der Tradition von *Citizen Kane* (1941) neben historischen Persönlichkeiten zu sehen ist, eine subversive Komik. Ob Intellektuelle oder Präsidenten, Zelig gleicht ihnen auf erschreckende Weise. Lustvoll stellt der Film grundlegende Fragen nach dem Individuum und dessen Rolle in modernen Gesellschaften. Letztendlich leidet Zelig an zu perfekter Anpassung an Rollenbilder mit bedrohlichen Konsequenzen: Sein Lebensweg zeigt, wie Assimilation und Mangel an Individualität den Weg über hierarchische Systeme in den Faschismus bereiten. Vor allem die formierende Macht der Medien, die vorgeprägte Muster transportieren, wird ironisch hinterfragt. Wiederholt gerät dabei die Rolle der Kamera in den Blickpunkt: Die Gefilmten sind sich der Omnipräsenz der Kamera bewusst, in den ›Wochenschau-Sequenzen‹ über das glücklich verliebte Paar ebenso wie in den ›Weiße-Zimmer-Sitzungen‹ mit Zeligs Behandlung. Ironie des Mediums: Die Kamera versagt bei Letzteren als Zeuge, soll sie doch aufzeichnen, wie Zelig das Aussehen wechselt, hält aber nur Banalitäten und eine Liebeserklärung fest. Ein satirischer Seitenhieb zielt auch gegen Hollywood im Besonderen und die Illusion des (Ab-)Bildes im Allgemeinen. Die an sich schon groteske Szene, wie Eudora Fletcher den Geliebten hinter dem Rücken von Adolf Hitler entdeckt, wird im Film im Film, der Hollywood-Fassung von Zeligs verfilmter Biografie *The Changing Man*, fortgesetzt. Die Schauspieler sind attraktiver, die Handlung ist stark emotionalisiert und mit melodramatisch anschwellender Musik unterlegt. Schnitt, die gealterte Eudora Fletcher widerspricht im Interview dieser Fälschung der Fälschung: »Es war ganz … ganz anders als im Film.« *Matthias Steinle*

Drehbuch: Woody Allen: *Zelig*. Zürich 1983. – Three Films of Woody Allen. London 1990.
Literatur: Bill Krohn: Zelig Medium. In: Cahiers du cinéma (1983) Nr. 352. – Douglas Brode: Woody Allen. His Films and Career. London 1986. – Hans Gerhold: Woodys Welten. Die Filme von Woody Allen. Frankfurt a. M. 1991. – Ruth Perlmutter: Woody Allen's *Zelig*: An American Jewish Parody. In: Andrew S. Horton (Hrsg.): Comedy/Cinema/Theory. Berkeley [u. a.] 1991. – Jürgen Felix: Woody Allen. Komik und Krise. Marburg 1992. – Sam B. Girgus: The Films of Woody Allen. Cambridge 1993.

The Purple Rose of Cairo

The Purple Rose of Cairo
USA 1985 s/w und f 84 min

R: Woody Allen
B: Woody Allen
K: Gordon Willis
M: Dick Hyman
D: Mia Farrow (Cecilia), Danny Aiello (Monk), Jeff Daniels (Gil Shepherd / Tom Baxter), Alexander H. Cohen (Raoul Hirsch)

Woody Allen untersucht, ähnlich wie Buster Keaton in *Sherlock, Jr.* (1924), die durchlässige Demarkationslinie zwischen Fiktion und Wirklichkeit, das Doppelleben unserer Phantasie zwischen der als realitätstüchtig gepriesenen Anpassung an die normative Kraft des Faktischen und ihrer Neigung, den Normen in das Reich der Wünsche zu entfliehen. Doch die von Keaton konstruierte Grundsituation dreht Allen um 180 Grad – das heißt akkurat um jene Achse, die dem Lichtstrahl des Projektors und der Blickschneise des Zuschauers im Kino entspricht. Träumt sich Buster als Filmvorführer in die Filmhandlung hinein, um alsbald von den Gesetzen der kinematografischen Fiktion überrumpelt zu werden, so steigt hier eine gefilmte, also fiktive Gestalt aus der Schattenwelt der Leinwand heraus und ins Leben hinein – um zu erkennen, dass in der Realität alles anders funktioniert und Liebesszenen, zum Beispiel, keine Abblende haben. Nicht alle Irrtümer sind heilbar. Kehrt Buster von seiner Reise durch das Land der gefilmten Träume ›geläutert‹, gewissermaßen realitätstüchtig zurück, so hinterlässt der Abstecher Tom Baxters in die Wirklichkeit eine Verletzung, die in der Schlussphase Woody Allens fünfzehnten Spielfilm in Trauer und Ausweglosigkeit versenkt.

In ihrer Traurigkeit allein gelassen sieht sich am Ende die Hauptfigur: die von Mia Farrow gespielte junge Cecilia, die sich, in den Krisenjahren um 1930, als Kellnerin in einem Lokal irgendwo in New Jersey durchschlägt. Monk, ihr Mann, hat seinen Job verloren und vergammelt seine Tage mit Suff und Glücksspiel – ein grober Klotz, der seine Frau von Fall zu Fall verprügelt, wenngleich er, sobald er sich selbst nicht mehr zu helfen weiß, nicht verheimlichen kann, dass er sie liebt. Cecilia flüchtet in die Traumwelt, die ihr das Kino an der Ecke erschließt, in die schwerelose Welt der Schönen und Reichen, wie sie so blank poliert nur in den perfekt ausgeleuchteten Hollywood-Filmen jener Zeit existiert. Viermal schon hat sie den neuesten Kassenschlager, »The Purple Rose of Cairo«, gesehen und den strahlenden Jung-Star Gil Shepherd angehimmelt, in seiner Rolle als Tom Baxter, als herzensbrechender Ägyptologe mit Tropenhelm, den die Filmhandlung für ein paar feuchtfröhliche Tage von den Pyramiden nach Manhattan verpflanzt. Beim fünften Mal schließlich geschieht das Unglaubliche: Tom Baxter erwidert, von der Leinwand herab, Cecilias liebenden Blick und steigt aus dem Film heraus, um sich seiner Verehrerin im Kinoraum zuzuwenden.

Das triste Leben, als Aushilfskellnerin in einem Coffee Shop irgendwo im New Jersey zur Depressionszeit sich durchschlagen und gleichzeitig einen arbeitslosen, versoffenen und zur Gewalt neigenden Mann durchschleppen zu müssen: Das ist die Existenz der jungen Cecilia (rechts: Mia Farrow) in *The Purple Rose of Cairo*. In der Traumwelt des Kinos wird sich – zumindest phasenweise – tatsächlich für sie auf wundersame Art ihre Hoffnung auf ein unbeschwerteres Leben und eine romantische Liebesbeziehung erfüllen; Sehnsüchte, die sich aus Sicht des Zuschauers projektiv im flächigen, hell ausgeleuchteten Gesicht Cecilias ausmachen lassen.

Bewundernswert, mit welcher Selbstverständlichkeit Woody Allen, als Autor und Regisseur, dieses kleine Trickwunder, das eher ein gedankliches ist, vollbringt: Nicht etwa der Star, sondern die von ihm gespielte *Rolle* verlässt, zum nicht geringen Entsetzen der anderen Rollen, die Filmhandlung; das heißt, sie entledigt sich ihrer selbst und sagt sich vom geschlossenen Ablauf des Drehbuchs los, um es mit der offenen Lektüre des ›normalen

Lebens‹ aufzunehmen. Die Liebesgeschichte zwischen Cecilia und Baxter ist, so gesehen, die Geschichte zweier nicht-kompatibler Textebenen, die scheitern muss. Die beiden fliehen aus dem Kino in einen verlassenen Vergnügungspark; das Gerippe eines schrottreifen Riesenrades bildet von nun an den Hintergrund ihrer Rendezvous. Cecilia, die zunächst verständlicherweise nicht weiß, wie ihr geschieht, lässt sich von Tom Baxters Liebesschwüren, seinen Umarmungen und Küssen immerhin davon überzeugen, dass ein Traum in ihr Leben getreten ist und, wie fragwürdig auch immer, leibhaftige Gestalt angenommen hat. Dass sie in zwei verschiedenen Texten leben, hat Vor- und Nachteile. Aus einem teuren Restaurant fliegen die beiden heraus, weil Baxter mit dem in den Filmstudios üblichen Spielgeld zahlen will. Aber als ihn Cecilias Ehemann Monk, der das Pärchen in einer Kirche aufspürt, ausgerechnet unter dem Kruzifix fürchterlich verdrischt, steht er ohne Schramme wieder auf: Filmrollen sind ja nur von unseren Wünschen umspielte Schattengebilde, folglich unverletzbar.

Die wirklichen Probleme kommen von anderer Seite. Es leuchtet ein, dass sich Hollywood einschalten muss – eben jene Fabrik, die unsere Träume gewinnbringend verwaltet, indem sie (Film-)Texte konfiguriert, die nur als Gegenentwürfe zum Realtext unseres Alltags ihren semantischen Sinn erfüllen. Das zeigt sich sogleich im Kino, dem Ort des wundersamen Geschehens. Auf der Leinwand, die Tom Baxter verlassen hat, ist eine unhaltbare Situation eingetreten: die anderen Rollen, plötzlich sich selbst überlassen, sind außer sich, geraten miteinander in Streit, überbieten einander in grotesker Rollen-Eitelkeit. Das Kinopublikum verfolgt das Debakel teils amüsiert, teils hell empört; die Leute verlangen ihr Geld zurück, beschimpfen die im buchstäblichen Sinn aus der Rolle gefallenen Leinwandfiguren und bedrohen den Kinobesitzer. Der Projektor läuft einfach weiter, ebenso der redundante

Disput zwischen den beschäftigungslosen Filmgestalten; schnell spricht sich das ungewöhnliche Ereignis in der Stadt herum.

In Hollywood fürchtet Raoul Hirsch, der Produzent des Films, nicht nur ein geschäftliches Desaster, sondern eine Entwicklung, die der Kontrolle entgleiten könnte – schließlich ist bei mehreren hundert Kopien in den Kinos des ganzen Landes nicht auszuschließen, dass Tom Baxter in hundertfacher Gestalt in den Städten herumläuft, sich an zartbesaitete Frauen heranmacht oder gar Schlimmeres anstellt. Mit Gil Shepherd, dem Darsteller Tom Baxters (Jeff Daniels), reist der Produzent nach New Jersey, um die Sache in Ordnung und Baxter zurück in den Film zu bringen. Cecilia meets Shepherd – mit dem Ergebnis, dass sie nicht mehr weiß, in wen sie wirklich verliebt ist: in den Darsteller – oder in den nur Dargestellten, der ihr wenn nicht liebenswürdiger, so doch unkomplizierter und irgendwie »perfekter« (kein Wunder: hollywood-made) erscheint. Die unvereinbaren Textebenen überkreuzen sich plötzlich: Der leibhaftige Star ist die Schnittstelle, in der das wirkliche Leben und die unbändigen Sehnsüchte zusammenfallen und unsere Ideale verkörpert scheinen.

Dieser Star freilich verfällt auf einen miesen Trick: Er heuchelt der jungen Frau Liebe vor und verspricht ihr, sie nach Hollywood mitzunehmen. Im Kino kommt es zu einer melodramatischen Aussprache: Cecilia – in der Hoffnung, die Realität gewonnen zu haben – nimmt Abschied von ihrer Phantasmagorie. Tom Baxter kehrt fassungslos auf die Leinwand zurück, nicht ohne seinem Darsteller und der Frau seines nicht verwirklichten Lebens einen langen, sehnsuchtsvollen Blick nachzusenden. Doch wie sollte es anders kommen, auch Cecilia sitzt am Ende wieder allein im Kino und hat beides verloren: ihren Traum und die Hoffnung, dass er sich jemals erfüllen könnte.

Eine Komödie, die so aussieht, als hätte Siegfried Kracauer mit seinem Essay *Die kleinen Ladenmädchen gehen ins Kino* von 1928 die Ideenskizze geliefert. Entsprechend genau hat Allen seinen Film (der erstmals nach *Interiors/Innenleben*, 1978, wieder ohne ihn selbst als Darsteller auskommt) konstruiert – vielleicht ist dies der Grund, warum ihn Kritiker wie Damian Cannon vom Internet-Dienst *Movie Reviews UK* heute »a touch too manipulative« finden. Ein Film über die Krisenzeit von 1930 – und ein Film darüber, dass es fast immer Krisen sind, die die Menschen ins Kino treiben. Die Krisen sind unterschiedlicher Herkunft, aber die meisten haben etwas damit zu tun, dass die Leute, wie die arme Cecilia, gemeinhin weder reich noch besonders schön und erst recht nicht glücklich, zudem häufig an den falschen Lebenspartner gekettet sind. Fallen die persönlichen Krisen mit denen der Weltwirtschaft zusammen, haben die Glitzer-Movies Hochkonjunktur – jene Filme, die uns das Laissez-faire einer imaginären *upper class* präsentieren, eine transparente, gewichtlose Welt, in der es nur schöne Frauen und elegante Männer, charmant betriebenen Müßiggang und weiße Telefone gibt.

Woody Allens Meisterschaft beweist sich nicht zuletzt darin, wie gut er die Geschichte Hollywoods kennt und wie perfekt er sie in seinem schwarzweißen Film im Film nachzustellen weiß. In *Zelig* (1983) hatte er erfolgreich ausprobiert, wie sich eine Spielfilmfigur ›nahtlos‹ in authentisches Wochenschaumaterial integrieren lässt. Hier nun rekonstruiert er inszenatorisch den Universal- und MGM-Stil von 1930, mit glänzenden Darstellern wie Edward Herrmann und Zoe Caldwell, die – als agierten sie in einem Lehrstück von Brecht – demonstrieren, dass auch die Größen der Branche, wenn sie plötzlich aus ihren Rollen kippen, nichts anderes als ichsüchtige, zänkische und ziemlich hilflose Wesen sind.

An diesen Bruchlinien schließt *The Purple Rose of Cai-*

ro, neben seiner soziologisch-sentimentalischen Botschaft, ein Geheimfach für Intellektuelle und grüblerische Cinéasten auf: Sechs in der Filmhandlung zurückgebliebene ›Personen‹ suchen die verschwundene siebte – eine Situation aus dem Geist Pirandellos, in der in nuce ein schier endloser Diskurs über Kunst und Leben, über Kino und Wirklichkeit, über die ebenso suggestive wie brüchige Virtualität der Spiele aus Licht und Schatten versteckt ist. Ohne ›Handlung‹ ist ein Schauspieler nichts, allenfalls das Material für eine ›Person‹. Wenn die Handlung zusammenbricht und ihr simples Material zutage liegt, ist auch ›das Leben‹ nicht mehr viel wert: »I want what happened last week to happen again. Otherwise, what's life about, anyway?« fragt eine aufgebrachte Zuschauerin den ratlosen Kinobesitzer. Leben ist, was wir auf der Kinoleinwand – oder auf dem Fernsehbildschirm – wiederfinden, Woche für Woche und möglichst Tag für Tag.

Gegen dieses Gesetz einer genormten, dem Universum der Bilder ausgelieferten Kultur begehrt Tom Baxter auf: Eine Fiktion probt den Aufstand gegen ihre eigene virtuelle Existenz und klagt ›Unmittelbarkeit‹ ein, fordert die ganze Fülle des nichtgelebten Lebens, den Reichtum der von den Medienklischees gefilterten und verfälschten ›Realität‹. Zwangsläufig gerät die virtuelle Figur ›Baxter‹ mit ihrem Darsteller in Konflikt – eine Auseinandersetzung, die nur vordergründig so aussieht wie ein Duell zwischen zwei Rivalen um eine geliebte Frau. Shepherd täuscht seine Liebe ja nur vor: ein Manöver, das ihm dazu dient, seine bedrohte Karriere zu retten. Mit anderen Worten: der Schauspieler, als leibhaftiger Mensch, mag ›das Leben‹ gepachtet haben, doch dieses Leben ist nur Teil einer Maschinerie und insofern Lüge. Die ›Wahrheit‹, wenn es sie gäbe, wäre allein in den Ideen zu finden, die der Schauspieler in seinen ›idealen‹ Rollen verkörpert. Im Zentrum seines Films erzählt Woody Allen also eine Geschichte, die von der Revolte der Idee gegen ihre Einkerkerung handelt, vom Aufstand der Sehnsucht nach Unmittelbarkeit gegen die Domestizierungen durch das Klischee. Baxter versus Shepherd: das ist, filmtechnisch, ein guter *special effect*; dramaturgisch ein Eifersuchtsdrama zwischen dem Körper und seinem Schatten – philosophisch aber ein aussichtsloses, weil längst entschiedenes Gefecht.

Cecilia, das wirkliche Opfer auf diesem Schlachtfeld, sitzt am Ende wieder im Kino; auf der Leinwand tanzen Fred Astaire und Ginger Rogers, und die Musik erzählt von unsterblicher Liebe, von niemals endendem Glück. Die Kamera zeigt groß Cecilias Gesicht: am Anfang noch den Tränen nah, wie gezeichnet von einem namenlosen, rätselhaften Leid. Doch ihr Gesicht hellt sich auf, ihre Augen saugen sich fest am Spiel des Lichts und der Schatten – und alles, was in ihr lebt, verströmt sich in eine Welt, die es nicht gibt. *Klaus Kreimeier*

Drehbuch: Three Films of Woody Allen. London 1990.
Literatur: Graham McCann: Woody Allen. London 1990. – Hans Gerhold: Woodys Welten. Frankfurt a.M. 1991. – Sam B. Girgus: The Films of Woody Allen. Cambridge 1993. – Jürgen Felix: Woody Allen. Komik und Krise. Marburg 1992. – Woody Allen: Allen für alle. München 1994. – Sam B. Girgus: The Films of Woody Allen. Cambridge 1993.

Die Zeit nach Mitternacht

After Hours

USA 1985 f 96 min

R: Martin Scorsese
B: Joseph Minion
K: Michael Ballhaus
M: Howard Shore
D: Griffin Dunne (Paul Hackett), Rosanna Arquette (Marcy Franklin), Linda Fiorentino (Kiki Bridges), Teri Garr (Julie)

Der in New York lebende Programmierer Paul Hackett verabredet sich mit der Zufallsbekanntschaft Marcy spontan zu einem nächtlichen Date. Während einer rasanten Taxifahrt zu Marcys Wohnung in Soho fliegt Pauls 20-Dollar-Schein aus dem Fenster des Wagens. Der Alptraum beginnt. Das Rendezvous mit Marcy verläuft ganz und gar nicht nach Pauls Vorstellungen. Nachdem er in Marcys Zimmer zunächst eine Brandsalbe entdeckt hat, dann auf Marcys Oberschenkel Brandnarben wahrnimmt und zudem noch ein Buch über Verbrennungen findet, flüchtet er grußlos aus der Wohnung. Es regnet in Strömen. Paul kann jedoch mit seinem restlichen Geld die U-Bahn nicht bezahlen, da der Fahrpreis um Mitternacht erhöht worden ist. Damit beginnt für ihn eine Odyssee durch Privatwohnungen, Bars und Diners in Soho. Zwischenmenschliche Begegnungen, insbesondere mit Frauen, enden fast immer in der Katastrophe. Marcy hat sich gerade umgebracht, als Paul noch einmal zu ihr zurückkehrt. Die Kellnerin Julie und die Eisverkäuferin Gail, in deren Wohnungen Paul zunächst Zuflucht findet, jagen ihn mit anderen Anwohnern als vermeintlichen Einbrecher durch die Straßen. Schließlich landet er zum zweiten Mal im Punk-Club »Berlin«, in dem sich nur noch die Künstlerin June als Gast aufhält. Als der Mob auch den Club durchsucht, bietet June Paul Schutz in ihrer an den Club angeschlossenen Kellerwohnung und verwandelt ihn mit Zeitungsfetzen in eine Statue, die einer Skulptur von Marcys Mitbewohnerin Niki ähnelt. Zwei Diebe brechen in die Wohnung ein und entwenden die Paul-Skulptur. Auf ihrer Fahrt durch New York fällt Paul aus dem Transporter, und zwar vor dem Bürogebäude, in dem er zu Beginn des Films bei der Arbeit gezeigt wurde. Die Skulpturhülle zerbricht. Völlig verdreckt begibt sich Paul zu seinem Arbeitsplatz, sein Computer begrüßt ihn mit: »Good Morning, Paul.«

Pauls Alptraum im nächtlichen Soho folgt Murphys Gesetz: Was schief gehen kann, geht auch schief, insbesondere in zwischenmenschlicher Hinsicht. Wer wie Paul die eigene Wohnung verlässt, muss mit allem rechnen. Insbesondere, wenn man sich als gutsituierter Yuppie von Uptown Manhattan zu einem amourösen Abenteuer ins unbekannte Downtown aufmacht. Der Film arbeitet zunächst mit dem Kontrast zwischen dem zurückhaltenden, biederen Programmierer und den exzentrischen, neurotischen Charakteren Sohos. Im Verlauf der Handlung zeigt sich jedoch, wie sich Uptown und Downtown gegenseitig spiegeln.

Die Bewohner Sohos sind von ihren Berufen genauso angeödet wie Paul. Die zwischenmenschliche Kommunikation ist generell gestört. Man redet und schaut aneinander vorbei. Die Charaktere zeichnen sich durch die in den achtziger Jahren typische Distanz herstellende Distanzlosigkeit aus. Intimitäten und Neurosen werden gleich preisgegeben. Marcy verstößt gegen alle Regeln eines Rendezvous, wenn sie Paul z.B. von den sexuellen Vorlieben ihres Ex-Mannes berichtet. Im Laufe der Nacht nervt und irritiert Paul dann jedoch selbst die anderen Personen mit emotionalen Ausbrüchen und Redetiraden, z.B. einen schüchternen Mann, der sich von Paul ein ähnliches erotisches Abenteuer verspricht wie zuvor Paul von Marcy.

In der Literatur werden mehrere Vorbilder für *After Hours* genannt: *Alice im Wunderland*, *Der Zauberer von Oz* oder *Der Prozeß* von Kafka. Es ließe sich auch ein Bezug zu griechischen Tragödien herstellen. Denn die Kommunikation scheitert nicht nur auf der horizontalen, zwischenmenschlichen Ebene, sondern ebenfalls in vertikaler Perspektive. Als Paul von dem Mob durch die Straßen Sohos gejagt wird, kniet er sich in einer Einstellung auf den Boden und richtet zum Himmel gewandt an Gott die Frage, was er getan habe. Die Götter antworten nicht mehr. Die Kamera blickt dabei ironisch in göttlicher Perspektive senkrecht von oben auf Paul.

Vertikale Einstellungen dominieren die Kamerainszenierungen Pauls. Er wird häufig in Unter- oder Obersicht ins Bild gesetzt, nie zu seinem Vorteil. Während einerseits solche Kameraeinstellungen auf ironische Distanz zum Protagonisten gehen, dringt die Kamera andererseits weit in seine Psyche ein. Denn subjektive Kameraeinstellungen informieren nicht nur darüber, was Paul wahrnimmt, sondern auch, was er wahrzunehmen meint, z.B. die Brandnarben Marcys.

Die Kameraführung durch Michael Ballhaus ist generell ironisch-spielerisch. Der Film ist gespickt mit filmischen Zitaten und genretypischen Einstellungen, die im unpassenden Kontext eingesetzt werden. Zum Beispiel zoomt die Kamera in einer Einstellung auf Pauls Digitalwecker, als er sich in seiner Wohnung telefonisch mit Marcy verabredet. Dazu setzt ein lautes mechanisches Uhrticken ein. Die Einstellung ironisiert typische Einstellungen in Thrillern oder Actionfilmen, die extreme Zeitnot zum Thema haben. Scorsese selbst nennt Hitchcock als Vorbild für manche Einstellungen.

Verglichen mit anderen Filmen Scorseses agieren die Schauspieler in *After Hours* sehr zurückhaltend. Dadurch wird vermieden, dass die exzentrischen Charaktere zu bloßen Karikaturen werden. Die Darsteller spielen wie in einem realistischen Thriller. Die Bedrohung, die von ihren Figuren ausgeht, ist glaubwürdig. Gegenstand der Komik ist allein Paul, der sich in den vom Drehbuchschreiber Joseph Minion vorgegebenen Handlungsfäden der anderen Personen verstrickt und auch von Kameraführung, Schnitt usw. keine Unterstützung erfährt, bevor ihm der Regisseur ein gnädiges Ende seiner Odyssee gewährt. Der vom Script nicht vorgesehene zirkuläre Schluss mit dem Ende der Odyssee an Pauls Arbeitsstelle wurde nach dem eigentlichen Drehschluss von Scorsese noch nachgedreht. Auf dem Cannes-Filmfestival 1986 erhielt Scorsese die Goldene Palme in der Kategorie Regie. *Ulf Heuner*

Literatur: Hans Günther Pflaum: After Hours. *Die Zeit nach Mitternacht.* In: Martin Scorsese. München 1986. (Reihe Film. 37.) – Mary Pat Kelly: Martin Scorsese. New York 1991. – Les Keyser: Martin Scorsese. New York 1992. – Marie Katheryn Connelly: Martin Scorsese. An Analysis of His Feature Films, with a Filmography of His Entire Directorial Career. Jefferson 1993. – David Thompson / Ian Christie (Hrsg.): Scorsese on Scorsese. London/ Boston 1996. – Lawrence S. Friedmann: The Cinema of Martin Scorsese. New York 1997. – Andy Dougan: Nahaufnahme: Martin Scorsese. Reinbek 1998.

Otto – Der Film

BRD 1985 f 86 min

R: Xaver Schwarzenberger, Otto Waalkes
B: Bernd Eilert, Robert Gernhardt, Peter Knorr, Otto Waalkes
K: Xaver Schwarzenberger
M: Herb Geller
D: Otto Waalkes (Otto), Jessika Cardinahl (Silvia von Kohlen und Reibach), Elisabeth Wiedemann (Konsulin von Kohlen und Reibach), Peter Kuiper (Shark)

Im großen weiten Meer schwimmt eine Toilette … Allein? Nein, denn aus der Kloschüssel ertönt ein munteres »Holladahitti« und kündigt das Auftauchen des ostfriesischen

Protagonisten an, dessen flachsblonder Kopf sogleich inmitten der Klobrille erscheint. Otto allein im Meer, wie kommt das bloß? Nachdem das ganze ›Unglück‹ mit Ottos Geburt in Ostfriesland begonnen hatte, schickt sich der junge Spund vom Lande an, die Großstadt Hamburg zu erobern. Doch dort findet er sich erst einmal mit drei Problemen konfrontiert: kein Job, kein Geld und keine Ahnung, wie es weitergeht. Um nun doch noch sein Glück im Großstadtdschungel zu finden, verschuldet sich Otto bei dem Kredithai Shark. Die Konsequenzen des unseligen Vertrages – nämlich die dringend nötige Beschaffung der magischen Summe von 9876 Mark und 50 Pfennig – geben Otto die Möglichkeit, sich mit seiner zappeligen, infantilen Art in den unterschiedlichsten Erwerbs- und Berufsrichtungen zu versuchen, wobei jedes Fettnäpfchen eigens für ihn aufgestellt zu sein scheint. Sein Liebeswerben um die schöne Millionärstochter Silvia von Kohlen und Reibach fällt nicht weniger ungelenk und linkisch aus. Und so bedarf es viel Ulkerei und bizarren Einfallsreichtums, ja sogar eines Flugzeugabsturzes über dem Meer, bis Silvia Otto auf einer Südseeinsel zuhaucht: »Wirst du mich heute Nacht glücklich machen?« – »Ja, Silvia!« – »Wirst du mich heute Nacht auch zweimal glücklich machen?« – »Ja, Silvia!« – »Wirst du mich heute Nacht auch dreimal glücklich machen?« Und da sind sie wieder: Ottos drei Probleme!

Otto Waalkes Karriere als Entertainer und Komiker hatte schon Anfang der siebziger Jahre begonnen. Seine Bücher und Schallplatten waren Verkaufsrenner und seine TV-Shows erwiesen sich als Quotengaranten. *Otto – Der Film* war der erste Sprung des vielseitigen Ostfriesen auf die Leinwand. Das altbewährte Erfolgsrezept sketchartiger Szenen und kurzer Gags wurde auch im Film fortgesetzt. Nur eine recht grobe und einfache Rahmenhandlung sorgt dafür, dass die einzelnen Sketche in einem halbwegs nachvollziehbaren narrativen Zusammenhang gebracht werden und der Film als abendfüllend bezeichnet werden kann. Wie schon der Titel *Otto – Der Film* vermuten lässt, steht die wandlungsfähige Person im Mittelpunkt. Auf engstem Raum entfacht Otto ein Feuerwerk an Rollenwechseln, die er gekonnt durch signifikante körper- und verbalsprachliche Ausdrucksweisen in Szene setzt. Dabei lebt dieses Repertoire von Situationskomik und Imitationen filmhistorischer Vorbilder bis hin zu bewussten Zitaten: So steppt Otto in bester Gene-Kelly-Manier im Regen, imitiert die Spiegel-Späße der Marx Brothers aus *Duck Soup* (*Die Marx-Brothers im Krieg*, 1933) und teilt zusätzlich Harpo Marx' Vorlieben für ungewöhnliche Speisen (wie etwa Zahnbürsten) und dessen Talent, jeden alltäglichen Gegenstand gänzlich seinem Zweck zu entfremden. Doch nicht nur filmgeschichtliche Idole fallen Ottos Parodiewut zum Opfer; überdies bedient er sich auch zahlreicher Versatzstücke neuerer Medienkultur, insbesondere Stereotypen aus dem Fernsehen. Hierzu gehört auch der bewusste Umgang mit bestimmten Gestaltungsmitteln wie Montage, Ton usw. Nicht zuletzt zeugt die Besetzung des versoffenen Clochards mit dem Ufa-Urgestein Johannes Heesters von einem augenzwinkernden Blick auf die deutsche Medienlandschaft.

Schlüssige, bissige Gesellschaftskritik, wie man sie gerade auch bei den parodierten Komikern findet, lässt sich bei Otto nur schwerlich erkennen. Ob nun Polizist, Punker, Spießer, Senior, Pfarrer oder Rocker – jeder Typus bietet für Otto ein Dispositiv für einen Gag. Daraus ergibt sich seine fröhliche, aber politisch unverbindliche Nonsens-Komik. Dem entspricht auch das hohe Maß an Klischeehaftigkeit bei den anderen Charakteren des Films, die denkbar einfach gezeichnet sind. Die Stigmatisierung findet sich zumeist schon in den sprechenden Namen wie etwa bei der Millionärin »von Kohlen und Reibach« oder der erfolglosen Künstleragentur »Floppmann und Flau«.

Der Name der Figur ›Otto‹ steht bei aller Freude am

Rollenwechsel und Verkleiden für die Charakterzüge eines jugendlichen Zappelphilipps, der irgendwo zwischen Pubertät und Erwachsensein hängen geblieben ist. Diese Dichotomie von Verschlagenheit und verspielter Unschuld macht wohl die breite Rezipierbarkeit des Charakters aus und erklärt auch den Erfolg bei Schülern und Jugendlichen. So sahen 8,8 Millionen Zuschauer Ottos ersten Streich auf der großen Leinwand, dem noch fünf weitere folgten. Zuletzt kam *Otto – Der Katastrophenfilm* 2000 in die Kinos. *Franziska Heller*

Literatur: OTTO. Lachmann der Nation. In: Der Spiegel (1985) Nr. 29. – Detlef Kühn: *Otto – der Film.* In: epd Film (1985) Nr. 9. – Iris Geiger / Gunar Musik: Das Phänomen Otto. Wirkungsweisen eines schnellen Brüters. Berlin 1985. – Rolf Giesen: Die großen Filmkomiker. Von 1945 bis heute. München 1993. – Tim Jürgens / Volker A. Zahn: Der Ottomat. In: Playboy (2000) Nr. 4.

Männer

BRD 1985 f 99 min

R: Doris Dörrie
B: Doris Dörrie
K: Helge Weindler
M: Claus Bantzer
D: Heiner Lauterbach (Julius), Uwe Ochsenknecht (Stefan), Ulrike Kriener (Paula), Janna Marangosoff (Angelika)

Der Neue deutsche Film ist tot – es lebe die neudeutsche Filmkomödie! Mit *Männer* gab Doris Dörrie 1985 den Startschuss für die erfolgreiche Produktion deutscher Unterhaltungsfilme, die in den folgenden Jahren durch Sönke Wortmann, Katja von Garnier, Detlev Buck, Helmut Dietl und andere zu voller Blüte entfaltet werden sollte. Nicht nur schaffte der bundesdeutsche Film – nach der

Kassenflaute des Autorenfilms – endlich den Anschluss an den Massengeschmack, lockte Deutsche in deutsche Filme; *Männer* war sogar erfolgreicher als alle Hollywoodproduktionen, die 1986 in deutschen Kinos liefen, und heimste zudem etliche Preise ein.

Der Film spielt mit einer komödientypischen, reizvollen Phantasie: jemanden zu beobachten und dabei in eine andere Rolle zu schlüpfen, die die eigene Identität wie unter einer Tarnkappe – oder wie im Kino – verbirgt. Als Julius, erfolgreicher Manager in einer Werbeagentur, seiner Frau Paula zum Hochzeitstag eine Halskette anlegen will, entdeckt er den verräterischen Knutschfleck: Paula hat seit einigen Wochen einen Liebhaber, Stefan. Da Julius intelligent genug ist, zu erkennen, dass er Paula durch Klammern nicht halten kann, setzt er sich ab, um herauszufinden, was dieser Fremde hat, das ihm fehlt. Er verfolgt ihn, markiert den Aussteiger und schleicht sich so in dessen Wohngemeinschaft ein. Julius lernt seinen Rivalen kennen: einen halbherzigen Illustrator, der sich hauptsächlich an einer Imbissbude verdingt. In vielen mehr oder weniger komischen Situationen, deren Fluchtpunkt stets die Wissensdifferenz zwischen Julius und Stefan bleibt, lässt Dörrie immer wieder die unterschiedlichen gesellschaftlichen Wertmaßstäbe der beiden Helden aufeinanderprallen: Stefan, der ewige Bummler, der sich auf nichts festlegen (lassen) will im Leben und dessen Markenzeichen die penetrante Extroversion sozialen Bewusstseins ist, und Julius, der smarte Karrieretyp (Prototyp des Yuppies), der, wie er selbst von sich behauptet, nichts wirklich richtig, sich dafür aber umso besser verkaufen kann. Dörrie konfrontiert diese Typen allerdings nicht miteinander, um beide der Lächerlichkeit preiszugeben oder die Folgen gesellschaftlicher Normierung zu konterkarieren. Sie stellt die Marotten von Männern bzw. das mediale Konstrukt von Männlichkeit nicht ernstlich in Frage, auch wenn ihre Männer mehr als einmal als ›ewige Jungs‹ gezeigt werden, die miteinander raufen und vor der mystischen Faszination des ›ewig Weiblichen‹ letztendlich kapitulieren müssen. Vielmehr bezieht der Film Stellung für Julius, dessen Liebesqualen Dörrie durch verzweifelte Blicke in die Ferne in Großaufnahme zeigt, oder dadurch, dass er seiner (nach all den Jahren immer noch) geliebten Frau »unser Lied« auf den Anrufbeantworter spielt. In solchen und ähnlichen Szenen nimmt die Regisseurin ihren Hauptdarsteller völlig ernst und jede Ironie zurück. Ernst nimmt sie auch dessen Lebensmaxime, nach der sich mit Geld alles kaufen lässt, vor allem das Abenteuer.

Der Film kratzt ebenso wenig an traditionellen Rollenmustern, wie er einen alternativen oder gar bösartigen Blick auf Eitelkeiten, Rivalitäten, Besserwisserei und Machtstreben wirft. Vielmehr stimmt er ein Loblied an auf Julius' konsumistische Haltung, die zu ironisieren sie vorgibt. Der Alt-Öko Stefan dagegen vereint in sich nicht nur die Eigenschaften penetrante Diskutierwilligkeit und Dauerverständnis, sondern ist auch besonders bewandert in solch vermeintlich typisch weiblichen Fähigkeiten wie Wäschewaschen, Kochen und Saubermachen. Dass Julius, aus dessen Perspektive *Männer* erzählt ist, diese Fähigkeiten nicht besitzt, bestätigt ihn gerade als Sympathieträger, zumal seine haushälterischen Fauxpas mehr oder weniger latenter Ausdruck seiner Aggressionen gegenüber dem Rivalen sind. Im Zusammenleben der beiden Männer wiederholt sich das Modell der klassischen Rollenteilung, in dem Stefan der Part der Hausfrau zukommt und er dafür stets der Lächerlichkeit preisgegeben wird. Aber ob Stefan will oder nicht: Er muss werden wie Julius – so will es die Logik des Films, dessen gesellschaftliches Sinnangebot auf das Modell des strebsamen, kalkulierenden und berechnenden Geschäftsmannes beschränkt bleibt.

Dörrie hält das Klischee, an dessen ungebrochene Komik sie glaubt, für enorm aussagekräftig. An der Wirklichkeit, zumal einer sozialen, scheint sie nicht interessiert zu sein. Das hat zum einen den Effekt, dass der gesamte Film hermetisch wirkt, weil er ganz dem Regelsystem der auf Gags ausgerichteten Story verpflichtet bleibt. Zum anderen hat es den Effekt, dass ein möglicher sozialer Bezug, den eine Persiflage haben könnte, in der Darstellung ausgelöscht wird. Dörrie entschärft nicht die Tragik durch Ironie, sondern (soziale) Tragik kommt bei ihr schlicht nicht vor. Auch insofern ist *Männer* richtungsweisend für die deutschen Beziehungskomödien der neunziger Jahre.

»Ein Mann ist eben, was er macht, und eine Frau ist, was sie ist«, sagt Ochsenknecht gegen Ende des Films. Sein Thema ist die erfolgreiche Bewältigung einer Identitätskrise durch die berufliche und sexuelle Bestätigung des Helden, die ihn auf den Status quo zurückhebt, von dem er zu Beginn des Films abgefallen schien. Dieser Status quo beruht auf einem gesellschaftlichen Konsens, der den Verlust an Zeit, die in zwischenmenschliche Beziehungen investiert werden könnte, problemlos mit materiellen Werten verrechenbar erscheinen lässt. Mit der Angleichung der Lebensentwürfe beider Helden wird auch die letzte Erinnerung an ein realexistierendes soziales Gefälle bundesrepublikanischer Provenienz ausgemerzt.

Mit *Männer* nahm das Kino der Kohl-Ära seinen ersten großen Anlauf. Dass sich der entsprechende kommerzielle Erfolg als nicht wiederholbar erwies, ist vielleicht ein Indiz dafür, dass es seinen Verfall schon im Keim in sich trug – trotz des anhaltenden Erfolgs neudeutscher Filmkomödien, die zwar ein nationales Programm repräsentieren, den Rest der Welt allerdings herzlich wenig interessieren. *Matthias Kraus*

Literatur: Gertrud Koch: Der Mann aus dem Windkanal. Doris Dörries Filmkomödie über »Männer«. In: Frankfurter Rundschau. 13. 1. 1986. – Uwe Wittstock: Männer. Die Wende im Kino. In: Frankfurter Allgemeine Zeitung. 2. 1. 1987. – Renate Fischetti: Das neue Kino: Acht Porträts von deutschen Regisseurinnen. Dülmen-

Hiddingsel 1992. – Georg Seeßlen / Fernand Jung: Das Kino der Autoren ist tot. Glauben wir an ein neues? In: epd Film (1997) Nr. 9.

Drei Männer und ein Baby

Trois hommes et un couffin

F 1985 f 106 min

R: Coline Serreau
B: Coline Serreau
K: Jean-Yves Escoffier, Jean-Jacques Bouhon
D: Michel Boujenah (Michel), André Dussollier (Jacques), Roland Giraud (Pierre), Philippine Leroy-Beaulieu (Sylvia)

Pilot Jacques, Unternehmer Pierre und Künstler Michel, alle Mitte dreißig, frönen zusammen in einer Wohngemeinschaft als überzeugte Singles einem hedonistischen Dasein als Frauenhelden und Partylöwen. Ihr Credo lautet, dass keine ihrer zahlreichen Affären länger als eine Nacht bleiben darf. Doch das sorgenfreie Junggesellenleben wird auf den Kopf gestellt, als plötzlich das ›Produkt‹ eines solchen Abenteuers, das Baby Marie, im Korb vor der Wohnungstür steht – mit der Mitteilung, der Vater möge sich für ein paar Wochen um seine Tochter kümmern, da Mutter Sylvia beruflich im Ausland zu tun habe. Zunächst völlig unbeholfen, versuchen die drei hoffnungslos überforderten Männer, das ständig Aufmerksamkeit erfordernde Pflegekind loszuwerden, die Mutter ist jedoch nicht zu erreichen und die Großmutter hat schon etwas anderes vor. Zusätzliche Probleme entstehen durch ein Missverständnis, das den Babykorb samt Inhalt statt einer Ladung Heroin in die Hände von Dealern geraten lässt – was die drei Männer später nicht davon abhält, den bei ihnen abgelieferten Stoff, in den (benutzten) Windeln des Säuglings versteckt, zu übergeben.

Trotz solcher Wirrungen entwickeln die Hauptfiguren eine immer engere Beziehung zu dem ihnen anvertrauten Säugling und werden im Verlauf der Handlung zu vorbildlichen ›Ersatzmüttern‹, die ihren Arbeitstag untereinander schichtweise gemäß den Launen ›ihres‹ Babys einteilen. Die Rückkehr des Säuglings zur Mutter hinterlässt entgegen ihren Erwartungen eine tiefe Lücke; der alte Lebensstil hat seinen Reiz verloren. Zum Happyend kommt es, als Sylvia überraschenderweise samt Tochter wieder vor der Tür steht und um Erziehungshilfe bittet. Sie kehrt in die Männer-WG zurück: Die letzte Einstellung zeigt sie im Kinderbett liegend und, gleich einem Säugling, am Daumen lutschend.

Der Plot mag aus heutiger Sicht wenig aufregend wirken; einfache Gags der Machart ›Baby pinkelt auf Ledercouch‹ wirken vorhersehbar und konstruiert. Das komische Moment des Films besteht vor allem in der absoluten Unfähigkeit aller Charaktere außerhalb der Männer-WG, mit Kleinkindern umzugehen. Der Film entwirft die Karikatur einer konsequent emanzipierten Gesellschaft, in der Babys für Männer wie Frauen gleichermaßen ein Hindernis in der persönlichen und beruflichen Lebensplanung darstellen. Besonders die Frauenfiguren erscheinen unter diesen Vorzeichen ausgesprochen negativ; agieren sie doch als ›Rabenmütter‹, die ihren Säugling vor fremden Haustüren ablegen oder ihr Kind, während die Mutter arbeitet, vor den Kollegen im Flur verstecken. In einer Gesellschaft, die Kleinkinder schlichtweg ignoriert oder verleugnet, erscheint dies jedoch legitim. Partygäste der drei Männer etwa reagieren mit hartem Unverständnis auf den ›langweiligen‹ Säugling, man könne mit Babys noch nicht einmal vernünftig reden. Auch die drei Hauptfiguren fügen sich zu Beginn als oberflächlich und dem Tauschprinzip verschrieben in diese Gesellschaft, durchleben jedoch, ausgelöst durch die Hilflosigkeit des ihnen anvertrauten Schützlings, einen kathartischen Prozess. Als Folge verstehen die Männer, die zusehends verweiblichen und zunehmend komisch und naiv wirken, die Welt draußen nicht mehr: Sie gehören nicht länger zu den »Babyhassern« – wie Jacques einen Kollegen stellvertretend für seinen alten Freundeskreis bezeichnet. Die Wohnung wird im Verlauf des Films zum Zentrum ihres Lebens und gleichzeitig zu einem Bollwerk gegen die nicht minder absurde emotionsarme Außenwelt, in der Polizisten in Trenchcoats Gangster jagen, Kindermädchen das Babysitting allein auf technische Aspekte reduzieren und Senioren lieber in den Urlaub fahren, als zu Hause die Enkel zu hüten.

Die entstehenden Gegensätze werden durch Lichtsetzung und Farbgebung verdeutlicht. Der überwiegende Teil der Handlung spielt, zeitweise an ein Bühnenstück erinnernd, in der gedämpft ausgeleuchteten Wohnung, deren Fenster zusätzlich nach außen durch Vorhänge abgeschirmt sind. Es dominieren gedämpft-herbstliche Braun- und Beigetöne. Dagegen werden die Aufnahmen der städtischen, aggressiven Außenwelt gesetzt, die, in kontrastierend-grellem Tageslicht gehalten, immer etwas blaustichig wirken.

Trois hommes et un couffin fand neben dem Hollywood-Remake *Three Men and a Baby* (1987) und der Fortsetzung *Three Men and a Little Lady* (*Drei Männer und eine kleine Lady*, 1990) noch zahlreiche weitere filmische Nachahmungen zum Thema ›Baby trifft auf Baby-Laien‹ – von *Baby Boom* (1987) bis *Look Who's Talking* (*Kuck mal, wer da spricht*, 1989). Mit mehr als zwölf Millionen Zuschauern gilt er als einer der erfolgreichsten Spielfilme, die jemals in Frankreich produziert wurden. Ausgezeichnet mit drei Césars für den besten Film, das beste Drehbuch und den besten Nebendarsteller, war er außerdem als »bester ausländischer Film« für die Academy Awards nominiert. Führte Coline Serreau bei der französischen Vorlage selbst Regie, so lieferte sie für das amerikanische Remake nur die Vorlage zum Drehbuch. So entbehrt die US-Fassung der feinsinnigen Momente des Originals, man konzentrierte sich auf eine höhere

Gagdichte; problematische Aspekte, etwa in der Männer/Baby-Beziehung, wurden ebenso wie sozialkritische Elemente dem Kassenerfolg geopfert. *Ananda Schader*

Drehbuch: L'Avant-Scène Cinéma. Nr. 356. Januar 1987.
Literatur: Cahiers du cinéma (1985) Nr. 377. – Cinématographe. Nr. 114. Dezember 1985. – epd Film (1986) Nr. 6. – Jean-Michel Frodon: L'Âge moderne du cinéma français. De la Nouvelle Vague à nos jours. Paris 1995. – René Prédal: 50 ans de cinéma français. Paris 1996. – Guy Austin: Contemporary French Cinema. Manchester / New York 1996.

Heimat, süße Heimat (BRD) / Dörfchen, mein Dörfchen (DDR)

Vesničko má středisková

ČS 1985 f 102 min

R: Jiří Menzel
B: Zdeněk Svěrák
K: Jaromír Šofr
D: János Bán (Otik Rákosník), Marián Labuda (Karel Pávek), Rudolf Hrušínský sen. (Dr. Skržuný), Zdeněk Svěrák (Ryba)

Im Vordergrund von *Heimat, süße Heimat* steht die Beziehung zwischen dem kleinen, dicken LKW-Fahrer Pávek und dessen langen, dünnen und – wie die Leute nachsichtig sagen – »etwas zurückgebliebenen« Beifahrer Otik, der zur Arbeit nicht recht zu gebrauchen ist, aber dafür sorgt, dass Pávek den saubersten Laster fährt. Pávek kümmert sich seinerseits darum, dass Otik pünktlich und gewaschen zur Arbeit erscheint. In aller Herrgottsfrühe kommt der Dicke den Dünnen zu Hause abholen und marschiert mit ihm entschlossenen Schritts, dabei selbstgewiss den Rhythmus vorgebend, zum Kombinat. Dieses an Laurel und Hardy erinnernde Paar bildet das Zentrum einer anekdotisch angelegten Erzählung, die sich netzartig über ein kleines Dorf in Böhmen spannt. Bestimmt von der Struktur der Dorfgemeinschaft und dem täglichen Leben seiner Bewohner, fügt sich ein Geflecht von Miniaturgeschichten innerhalb dieses Mikrokosmos zu einem wie hingetupft scheinenden, dabei präzise kalkulierten szenischen Mosaik.

Bewegung kommt in das Beziehungsgeflecht, als Pávek Otiks Idiotie nicht mehr aushält und sich weigert, länger mit ihm zu fahren: Nach der Ernte soll Otik Dienst mit dem brutalen Turek tun. Unterdessen wittert der Vorsitzende der Kolchose die Chance, seinen Sohn auf einer höheren Schule unterzubringen, zeigt doch ein Fabrikdirektor aus Prag Interesse an Otiks Elternhaus. Otik soll in eine Neubauwohnung nach Prag verfrachtet werden. Und der, verängstigt und zutiefst gekränkt, willigt in seine Vertreibung ein. Am Ende hat Pávek ein Einsehen und holt Otik nach Hause zurück.

Wie in einem Kaleidoskop hängen die Partikel dieser Geschichte mit zahllosen anderen tragikomischen Begebenheiten zusammen: mit der ehebrecherischen Beziehung zwischen Tureks junger Frau und dem aus der Stadt zugezogenen Ingenieur Wenzel, der Schwärmerei von Páveks halbwüchsigem Sohn für die schöne Dorfschullehrerin, einem Unfall beim Ernteeinsatz, der Ankunft des Fliegers Stefan – eine Figur wie aus *Those Magnificent Men in Their Flying Machines* (*Die tollkühnen Männer in ihren fliegenden Kisten*, 1964) – usw. *Heimat, süße Heimat* hält sämtliche dieser Fäden präsent und zeichnet sich durch ein genaues Timing aus: Geradezu bedächtig führt Menzel die Szenen zu ihren komischen Höhepunkten. Seine deutlich als ›Typen‹ angelegten Figuren geraten ihm dabei niemals zur Karikatur. Er betrachtet sie mit großer Sympathie, wahrt aber zugleich eine liebevoll-ironische Distanz. Sinnfällig wird diese erzählerische Haltung in der Figur des Arztes: Als Beichtvater, Friedensstifter und ›Fädenzieher‹ ist er heimliches Zentrum der Dorfgemeinschaft wie der Erzählung. Der in die Schönheit der Landschaft vertiefte, Verse rezitierende und Autounfälle verursachende Arzt kennt die tiefe Bedeutung von ›Heimat‹. Seine Stellung changiert so zwischen der Verhaftung in der erzählten Welt und einer impliziten, das Geschehen überblickenden Kommentarfunktion, die Heimat melancholisch als Verlorenes fasst und sich hierin eins weiß mit dem Wissen der Zuschauer.

›Heimat‹, das meint auch ein alltägliches, körperlich erfahrbares Glück: das Bier von der siebten Stufe, Würste frisch aus dem Rauch, Blasmusik, die Schönheit der böhmischen Frauen. Die andere Welt, das ist ›Prag‹, das fern scheinende Machtzentrum, das über das Fernsehen Eingang in die Wohnstuben findet. Der Gegensatz von Dorf und Stadt zeigt sich im Festhalten an Traditionen und Ritualen entgegen der verordneten Modernisierung, in der Selbstregulation des Kollektivs gegenüber bürokratischen Verfahrenswegen, in einer ursprünglichen Idee vom Miteinander. Solidarität ist das Thema der Erzählung. Wo Pávek diese Verpflichtung aufkündigt, schlägt die Komik ins Tragische um: Herzzerreißend die Szene, in der Otik im Strom der zur Arbeit eilenden Prager jemanden sucht, an dessen Schrittfolge er sich anheften kann.

Menzel idealisiert das ›Alte‹ nicht. Das Dorf ist ihm kein Ort trauter Idylle, sondern Schauplatz beständiger Reibereien, Gaunereien und Heimlichkeiten unter den Dörflern, deren Moral keinesfalls ›sauber und unverdorben‹ ist. Das ›Neue‹ hingegen ist nicht nur die sozialistische Planwirtschaft, sondern auch die »schöne Mode« von Mädchen ohne BH. Auch für das Dorf steht die Zeit nicht still: Prager sind zugezogen und bauen die alten Häuser zu Wochenenddomizilen um, und auch die ersten Dörfler errichten neue Häuser an Stelle ihrer alten. Am Ende ist es dieser Anblick der Otiks Elternhaus besichtigenden Prager, der Pávek seine Entscheidung treffen lässt.

Das Festhalten am Althergebrachten wird nicht plakativ zum Widerstand gegen die ›Macht‹ stilisiert, die Verteidigung von ›Heimat‹ ist aber sehr wohl als politischer Akt zu verstehen, als Behauptung des eigenen Lebensstils. Das Ende von *Heimat, süße Heimat* knüpft an den Anfang an: Der morgendliche Marsch erfolgt nun in perfekter Synchronität, weil auch Pávek den anderen angenommen hat. Ihr schelmischer Sprung ist eine triumphierende Geste an den Zuschauer – ein Moment großen Glücks und Einverständnisses mit dem Leben. *Britta Hartmann*

Literatur: John Wakeman: Jiří Menzel. In: World Film Directors. Bd. 2: 1945–1985. New York 1988. – Oliver Schütte: Anyone Can Make Art But You Have to Know How to Make a Comedy. Jiří Menzel and the Art of Comedy. A Documentation. Berlin 1993. – Hans-Jörg Rother: Der böhmische Faun. Eine Jiří-Menzel-Retrospektive in Berlin. In: Film & Fernsehen (1997) Nr. 3/4. – Hans J. Wulff: Jiří Menzel. In: Thomas Koebner (Hrsg.): Filmregisseure. Stuttgart 1999. – Hans J. Wulff: Jiří Menzel: Eine Arbeitsbibliographie. In: Medienwissenschaft / Hamburg: Berichte und Papiere (2003) Nr. 31 (http://www.rrz.uni-hamburg.de/Medien/berichte/arbeiten/0031_03.html).

Tampopo

Tampopo

JAP 1985 f 114 min

R: Juzo Itami
B: Juzo Itami
K: Masaki Tamura
M: Kunihiko Murai
D: Tsutomu Yamazaki (Goro), Nobuko Miyamoto (Tampopo), Rikiya Yasuoka (Pisuken)

Tampopo ist eine japanische Hymne auf das Essen, auf die perfekte Nudelsuppe und die mit ihr verbundene Suche nach vollendeter Schönheit. Die Kochkunst wird hierbei zu einer Metapher der Lebenskunst. Dem Kino gelingt es, beide Künste zu vereinen. Die Anfangsszene des Films – einer seiner vielen Anfänge – deutet bereits auf diesen Zusammenhang von Seh- und Geschmackssinn hin: Ein Yakuza-Dandy löst sich in der Frontreihe eines Kinosaals von seiner Geliebten, geht zur Kamera und adressiert den Betrachter mit den Worten: »Sie sind also auch im Kino? Und – was essen Sie?«

Juzo Itami, Regisseur, Produzent und Drehbuchautor des Films, kombiniert ein Dutzend narrativer Haupt- und Nebengänge, in denen der Nahrungsaustausch schicksalhafte Wendungen im Leben von Figuren markiert, die ansonsten vollkommen unvermittelt bleiben. Dieses System von narrativen Abschweifungen wird zusammengehalten durch die Geschichte von Tampopo, die sich als Köchin eines mediokren Straßenrestaurants durchschlägt. Eines Tages aber tritt der LKW-Fahrer Goro aus dem Dunkel einer Regennacht und weist ihr den Weg zur perfekten Nudelsuppe. Als Samurai des Suburbanen schickt Goro seine Schülerin zunächst auf einen gastronomischen Trainings-Parcours, lässt sie Wasserkessel stemmen, Konditionsläufe machen und Gemüse häckseln. Das Ausbilderteam erweitert sich um Suppen-Experten, Teig-Fachmänner und einen greisen *maître de cuisine*, den Goro aus einem nächtlichen Gelage von Vagabunden entführt, die allesamt feinsinnige Gourmets und Köche sind. Tampopos Weg ins Nudel-Nirwana ist voller Mühen, aber mit der Hilfe ihrer Gefährten gelangt sie schließlich ans Ziel: Der Showdown zeigt, wie die Meister beseelt noch den letzten Tropfen aus ihren Schale schlürfen und dann in Jubel ausbrechen angesichts ihrer Mahlzeit – einer Nudelsuppe als Gesamtkunstwerk. Tampopo erreicht ihr Ziel, und Goro kehrt, ohne ein Wort des Abschieds zu verlieren, zurück in die Einsamkeit des Fernlastverkehrs.

Die Tampopo-Geschichte parodiert Elemente amerikanischer Western ebenso wie den japanischen Samurai-

Film. Tsutomu Yamazaki, der in Akira Kurosawas *Kagemusha* (*Der Schatten des Kriegers*, 1985) die Rolle eines Samurai-Kriegers spielte, trägt seinen Cowboyhut hier mit der Nonchalance eines asiatischen Clint Eastwood. Zudem ist Juzo Itami als Sohn eines Samurai-Regisseurs bestens mit dem japanischen Kino vertraut. Aber das Parodistische bildet hier nur den Grundton eines Montage-Films, der in seinen narrativen Abschweifungen um Elemente des Absurden und Melodramatischen erweitert wird. Einem vor Schmerzen rasenden Mann wird zum Beispiel ein Zahnabszess geöffnet, dessen Gestank die gesamte Klinik zum Erbrechen bringt; eine alte Frau befriedigt in einem Supermarkt ihre perverse Lust am Zerquetschen von Lebensmitteln; ein Mann treibt seine Frau vom Sterbebett auf in die Küche – lächelnd bekocht sie die Familie ein letztes Mal, um dann tot zusammenzubrechen. Und schließlich eine Kuss-Szene, die im Kino des 20. Jahrhunderts einzigartig sein dürfte: Der Yakuza-Dandy lässt ein rohes Ei solange zwischen seinem Mund und dem Mund seiner Geliebten hin und her schlüpfen, bis ihr das aufgebrochene Eigelb von den Lippen rinnt.

Was in anderen Komödien Slapstick und Gag sind – affektive Einsprengsel in einem Geschichtskontinuum –, diese Elemente verwandelt Juzo Itami in disparate Mikro-Narrationen. Sie entführen den Betrachter zu den transitorischen Momenten der Lust und des Todes. Itami hat mit *Tampopo* weniger eine Komödie produziert als vielmehr einen Essay-Film, der Variationen auf das Thema Essen zu einem Porträt der modernen japanischen Gesellschaft verdichtet. Mit seiner assoziativen Montage liegt *Tampopo* dabei näher an Chris Markers *Sans Soleil* (*Unsichtbare Sonne*, 1982) als an Peter Greenaways gastronomischer Groteske *The Cook, the Thief, his Wife and her Lover* (*Der Koch, der Dieb, seine Frau und ihr Liebhaber*, 1989). Bei Tisch entlarvt Itami den Konformismus des japanischen Patriarchats und die soziale Abrichtung seiner höheren Töchter. Immer wieder kehrt der Film in die Verkehrsräume der Vorstadt zurück, zu den Autobahnbrücken und Zugtrassen, in denen sich die Beschleunigung der japanischen Gesellschaft ausprägt. Dass auch Tampopos Restaurant an einer gesichtslosen Ausfallstraße liegt, ist daher kein Wunder. Die Tradition der Kochkunst muss sich auch in der Moderne behaupten. Die Sehnsucht nach einer perfekten Nudelsuppe ist daher keine Nostalgie, sondern nur die kulinarische Form, in die sich die Suche nach Schönheit kleidet. Diese Suche ist zeitlos und universell: in der Küche ebenso wie im Kino. *Lutz Nitsche*

Literatur: Georg Seeßlen. In: epd Film (1989) Nr. 6.

Down by Law

Down by Law

USA 1986 s/w 106 min

R: Jim Jarmusch
B: Jim Jarmusch
K: Robby Müller
M: John Lurie, Tom Waits
D: Tom Waits (Zack), John Lurie (Jack), Roberto Benigni (Roberto), Nicoletta Braschi (Nicoletta), Ellen Barkin (Laurette), Billie Neal (Bobbie)

Am Anfang gleitet die Kamera in einer langen Fahrt durch einen Außenbezirk von New Orleans: baufällige Baracken, altersschwache Holzhäuser, hier und da ein Balkon, eine Veranda, die einmal bessere Zeiten gesehen haben – ein Revier am Rande des Verfalls, von einem der sumpfigen Nebenarme des Mississippi aus gesehen. Weitwinkelperspektive, »schwimmender Blick«. Dazu die raukehlige Blues-Stimme von Tom Waits: »Jockey full of

Bourbon«, sehnsuchtsvoll krächzend, rebellisch wimmernd, besoffen …

Vermutlich teilt der Film schon mit dieser ersten Sequenz seine Zuschauer in zwei Lager: Hier entscheidet sich, ob man *Down by Law* von nun an hassen oder lieben wird. Zwei Jahre zuvor, 1984, hatte Jim Jarmusch für seinen zweiten Film, das Roadmovie *Stranger than Paradise*, den amerikanischen Kritikerpreis erhalten – nun sollte sich zeigen, wie groß tatsächlich die Gemeinde der Jarmusch-Enthusiasten war. Anfang Oktober 1986, nach der Premiere, bot die *Washington Post* gleich zwei ihrer Starkritiker auf: Rita Kempley, um *Down by Law* zur »Komödie für Kenner« zu nobilitieren – und Paul Attanasio, um den Regisseur als Sonderling abzuqualifizieren: »He's made a Jim Jarmusch film instead of just making a film …« Seine Kenner und Liebhaber hat der Film in der Folgezeit dann auch vorwiegend in Europa gefunden.

Ein Autorenfilm also – aber einer aus einer ganz besonderen Hexenküche: Off-Hollywood allemal, zudem Hip-Kultur, Mitte der achtziger Jahre, morose Beat-Rhythmen, gallige Songs, heiser vom Alkohol, dazu *drop out*-Gestik und jäh aufflackernder *no future*-Humor. Alles zusammengebraut von einem verschworenen Trio schräger Talente: John Lurie, der die versponnen-lyrische Musik schreibt und das Zuhälter-Wrack Jack spielt, ist als Filmkomponist und Darsteller seit *Permanent Vacation* (*Dauernde Ferien*), Jarmuschs erstem Film von 1982, dabei; jetzt stößt Tom Waits mit seinen Songs hinzu und spielt einen arbeitslosen Radio-Diskjockey – ein Beruf, der ihn noch in *Mystery Train* (1989) verfolgen wird, bis er in *Coffee and Cigarettes III* (1993) endlich (nur) sich selbst spielen kann. Zwei Multitalente, wie Jarmusch selbst, der seit *Permanent Vacation* nicht nur als Autor und Regisseur, sondern auch als Produzent, Kameramann, Komponist und Cutter aktiv ist und später, in den Filmen anderer, auch immer wieder spielen wird. Die Obsessionen dieser drei Musketiere des *hip feeling*, bereichert um den singulären Witz eines entgleisten italienischen Touristen (Roberto Benigni), das Ganze verrührt zu einer Häftlingsgeschichte, die aus einer Gefängniszelle in New Orleans in die schwülen Sümpfe des Mississippi-Deltas und von dort direkt ins reine, von aller Erdenlast unbeschwerte Märchen führt: das ist *Down by Law*, ein filmisches Amalgam, das als Kultobjekt für Exzentriker, aber genialerweise auch als pures Kino funktioniert.

Es passiert nicht sehr viel. In irgendeiner maroden Wohnung des heruntergekommenen Stadtviertels schüttet eine entnervte junge Frau, Laurette, ihre Verzweiflung über das verkorkste Leben mit ihrem Lover, dem haltlosen DJ Zack, aus; Tom Waits sitzt nur da, mal nickt er bekümmert, mal wiegt er wie in Trance sein mächtiges Haupt – schließlich schmeißt sie ihn raus, und Zack ist zufrieden, wenn er nur ein Paar blitzblanker Stiefel mitnehmen darf. Szenenwechsel: eine andere marode Wohnung, ein anderes kaputtes Paar. Bobbie wälzt sich nackt auf dem Lager und verhöhnt ihren nicht gerade brillanten Zuhälter Jack; John Lurie aber sitzt nur apathisch am Tisch und zählt stumm sein Geld, bis der Halunke Preston hereinschneit und ihm ein glänzendes Geschäft mit einer Top-Frau verspricht. Doch im Hotel wartet statt der Spitzenkraft ein verängstigtes kleines Mädchen – das Ganze ist eine Falle und Jack im Handumdrehen im Gewahrsam der Polizei. Szenenwechsel: inzwischen ist es Nacht, am dreckigen Straßenrand sitzt lallend der arme Zack und wischt seine blitzblanken Stiefel sauber. Ein zwielichtiger Typ bietet ihm tausend Dollar an – Zack soll nur einen Jaguar vom einen Ende der Stadt zum andern fahren. Auf der Fahrt hält ihn prompt eine Polizeistreife an – und prompt liegt im Kofferraum eine Leiche, tot genug, um Zack auf dem direktesten Weg ins Gefängnis zu bringen.

Dies alles geschieht in einem Stil, den man nur als lyrischen Sarkasmus bezeichnen kann. Die beiden moribunden Helden bleiben erst einmal so gut wie stumm, reagieren mit verlangsamten Bewegungen, als habe ihre Körper eine allmählich fortschreitende Lähmung befallen. Raue, körnige Schwarzweiß-Bilder von Schauplätzen, in denen sich die Depression eingenistet hat. Die Kamera von Robby Müller lässt sich Zeit, zieht die pragmatische Nüchternheit langer Einstellungen aufwändigen Bewegungen vor, beobachtet wie abwartend, oft aus einer leichten Untersicht, die Szene wie eine Bühne, auf der das Drama längst vorbei ist, ohne dass sich der Vorhang geschlossen hat. Eine Komödie ist dies vorerst nicht, eher ein Beckett'sches Endspiel mit autistischen Figuren, die wie unter Hypnose in ihr Unheil wanken. Der Humor, wenn es ihn hier gibt, ist von schwarzer Farbe; er entspringt nicht den Situationen, sondern dem in der Tiefe vergrabenen Innenleben zweier *outcasts* und ihrer gleichsam post-verbalen Verfassung, die sich in halbgeformten Lauten äußert, nachdem alle Worte und Sätze ein für allemal verschlissen sind.

Jack und Zack landen in derselben Gefängniszelle, mustern sich wie zwei Bestien von unterschiedlichen Kontinenten und versuchen, einander zu ignorieren. Irgendwie vergeht auch in diesem Film die Zeit, denn der Strichkalender, den Zack auf einer der kalkweißen Zellenwände angelegt hat, wird umfangreicher. Ein paar Worte sind nicht ganz zu vermeiden, während offenbar Wochen verstreichen – stets am Rande des Gewaltausbruchs. Bis sich Zack bequemt, mit einer virtuos improvisierten Nummer Jack zu demonstrieren, dass er tatsächlich ein ganz passabler DJ gewesen ist. Und bis Roberto auftaucht und die Atmosphäre in der Zelle schlagartig verändert – ein munterer Italiener, Kommunikationskünstler und unentwegter Optimist, eine Mischung aus Woody Allen und Chico Marx, Prototyp des radebrechenden Immigranten, der den beiden unschuldig Inhaftierten sogleich gesteht, dass er, wenn auch in Notwehr, zum Mörder mittels einer Billardkugel geworden sei. Ein Sprach-Artist und Wortwitz-Händler, der emsig jede neu erlernte Vokabel notiert und mit seinen Konjugationsübungen erst die beiden Zellengenossen, dann alle anderen Insassen ansteckt und sie fast bis zur Gefängnisrevolte treibt: »You scream, I scream, we all scream for ice-cream!«

Mit Roberto (der schon zuvor ganz kurz durch die düstere Szene mit Tom Waits kreuzte, gleichsam ankündigend, dass im fatalen Spiel noch ein Joker versteckt ist) springt das Nachtstück in den hellen Tag, die gefährlich brodelnde Lethargie des ersten Teils ins Vivace einer optimistischen Gaunerkomödie, in der es für jedes Problem eine Lösung gibt. Die Flucht in die Sümpfe von Louisiana, die Roberto dem Trio ermöglicht, führt in einen von Mücken durchsummten Märchenwald, gleichzeitig – nach dem Urbild von Mervyn LeRoys *I am a Fugitive from a Chain Gang* (*Jagd auf James A.*) von 1932, der ebenfalls in den Sümpfen der Südstaaten spielt – in jenen Traum, den alle amerikanischen Gefängnisausbrecher, im Rücken das Gekläff der Bluthunde, von der amerikanischen Freiheit träumen. Hier bleiben die Hunde bald zurück, ihr Gebell verliert sich in der Ferne; die rauen, kontrastreichen Bilder, die Robby Müller im ersten Teil gedreht hat, wechseln nun in ein sanftes, wie von Nebeln verhangenes Grau.

Mit den Dünsten, die aus brackigen Gewässern aufsteigen und die Geräusche dämpfen, und mit dem unablässig plappernden Roberto geht auf einmal ein Strom von Wärme, Vertrauen, Zuversicht, verschämter Menschlichkeit durch den Film. Drei Charaktere, die unterschiedlicher nicht sein könnten, bewähren sich in einer Situation, in der jeder auf den anderen angewiesen ist: Aus diesem alten Stoff zaubert Jarmusch eine Erzählung, die zwar, weil sie nicht mehr an sich selbst glaubt, ihre eigene Dramaturgie ironisiert, den Figuren jedoch ihre je eigene Kontur, ihre Eigenart, ihren verborgenen Charme und ihre Abgründe zugesteht. Tom Waits' rau hechelndes Lachen, John Luries maulfaule Sperrigkeit und Roberto Benignis Menschenliebe, sein Hang zum nicht abreißenden, aufmunternden Selbstgespräch – dies sind drei Haltungen zur Welt, die in dem Maße, wie sie sich *zueinander* verhalten müssen, Modifikationen zulassen, unerwartete Nuancen, die alle Klischees des Genres weit hinter sich lassen und den humanen Kern dieses Films ausmachen.

Das Happyend – Roberto findet sein Glück in der Hütte und den Armen einer bildhübschen Italienerin, die mitten in der Wildnis des Mississippi-Deltas ein einsames Restaurant betreibt – ist Märchenwirklichkeit und deren sanft gestimmte Parodie zugleich, Robertos Gegenbild zu jenem Traum, den der gescheiterte Zuhälter Jack als Häftling träumte: vier schöne nackte Mädchen in einem weißen Cadillac, die ihn vor dem Gefängnistor erwarten. An einer Weggabelung nehmen Zack und Jack am Ende voneinander Abschied, und mit dem heiseren, amüsierten, traurigen Lachen, das Zack seinem Kumpan nachschickt, verabschiedet sich auch das Märchen wieder aus der Wirklichkeit. *Klaus Kreimeier*

Literatur: Wolf Donner: *Down by Law.* In: Jahrbuch Film. Nr. 3. Berlin 1987. – Hans Messias: Bilder einer traurig-schönen Welt. Jim Jarmusch und seine Filme. In: Film-Korrespondenz (1987) Nr. 13. – Merten Worthmann: Vom Kampf der Oberflächlichkeit gegen die Tiefe. Über Jim Jarmuschs bisherige Langfilme. In: filmwärts (1989) H. 13. – Reinhard Lücke: Leben als banales Spiel – Die Filme des New Yorkers Jim Jarmusch. In: Film-Dienst (1991) Nr. 25. – Rolf Aurich: Jim Jarmusch. Berlin 2001.

Out of Rosenheim

Bagdad Café [internationaler Verleihtitel]

BRD 1987 f 108 min

R: Percy Adlon
B: Eleonore und Percy Adlon
K: Bernd Heinl
M: Bob Telson
D: Marianne Sägebrecht (Jasmin), CCH Pounder (Brenda), Jack Palance (Rudi Cox), Christine Kaufmann (Debby), Monica Calhoun (Phyllis)

Verquere Perspektiven: Ein schräg aus dem Bild ragendes Toilettenhäuschen, eine schräg im gelben Sand steckende amerikanische Limousine, Marianne Sägebrechts angestrengtes Gesicht, doppelt kadriert durch das asymmetrische Viereck eines Autofensters, im Vordergrund fette diagonale Blechstreben. Als sie sich zu voller Größe erhebt, folgt die Kamera dieser Bewegung, und es wird klar, dass sie gerade eine Pinkelpause eingelegt hat – ein ziemlich ungewöhnlicher Beginn. Dann weitere Einstellungen des bayerischen Paars, dazu extrem schräge Klänge bayerischer Blasmusik vor der Kulisse eines amerikanischen Wüstenhighways. Aggressiv hin- und hergeschleuderte bayerische Wortfetzen beenden die Ehe von Jasmin Münchgstettner und ihrem Mann. Jasmin bleibt alleine zurück, mit dunklem Lodenkostüm, Koffer und Federhut und setzt sich in Bewegung, die staubige Straße entlang. Gleichzeitig setzt leitmotivische Musik ein, eine Pop-Jazz-Nummer von Bob Telson, gesungen von Jevetta Steele: »I am calling you«. Diese Textzeile illustriert nicht einfach die Situation, sondern sie stellt – in Verbindung mit der melancholischen Melodie – ihre Stimmung und ihren Sinn erst her und greift auf das Folgende vor: die Freundschaft der schwarzen Brenda, Geschäftsführerin des Bagdad Cafés, mit der dicken Bayerin. Das Gegeneinandersetzen verschiedener Erzähltempi – schnell geschnittene Aktionen und kontemplative, musikalisch unterlegte Stimmungspole, häufig durch gelbe, rote oder blaue Farbfilter aufgenommene Blicke auf den Highway – ist ein wesentliches Strukturprinzip von *Out of Rosenheim*, mit dem Adlon stringent und unangestrengt sein Ziel verfolgt: die multikulturelle Zusammenführung unterschiedlicher Mentalitäten an dem von realen Raum-Zeit-Bezügen freien und insofern ›magischen‹ Ort Bagdad Café.

Brenda hat Stress. Mit ihrer Tochter Phyllis, die sich nur für Mode und Jungs interessiert, ihrem Sohn Sal jr., der ständig Klavier spielt, und ihrem Mann Sal, der auch keine große Hilfe ist. Nachdem sie Sal aus dem Haus gejagt hat, sackt Brenda erschöpft in einen alten Liegestuhl vor dem Café. Wieder setzt die Musik ein, die Kamera zeigt nun Brenda in mehreren kippenden Einstellungen, rückt dann ihren Blick gerade, der in der Ferne eine Vision einzufangen scheint: eine merkwürdig gekleidete dicke Frau mit Koffer, die auf das Café zukommt.

Jasmin richtet sich ein im Bagdad Café, zunächst gegen den Willen und das Misstrauen der immer hektischer werdenden Brenda. Sie nimmt deren Kinder für sich ein und bezaubert den alten Bühnenmaler Cox, bis beide, Jasmin und Brenda, erkennen, dass sie gemeinsam etwas auf die Beine stellen können. Das Bagdad Café wird zu einer Art Show-Zentrum für Trucker, dank der Tricks aus dem Zauberkasten ihres Mannes, die Jasmin lakonisch mit »mätschick« kommentiert. Von da an – dem letzten Drittel des Films – erzählt Adlon immer verkürzter: Einstellungen von Jasmin im nun gut gefüllten Café und solche, die die für Cox' kitschige Gemälde sich immer mehr entblätternde Bayerin zeigen, alternieren mit musikalischen Stimmungsbildern. *Out of Rosenheim* hat drei Schlüsse: Im ersten muss Jasmin das Land verlassen, da sie keine Aufenthaltsgenehmigung besitzt. Die Wüstenstation ist wieder verödet, der Zauber verflogen. Der zweite: Jasmin kehrt zurück, dafür verlässt aber die ebenfalls zum Bagdad Café gehörende Trucker-Nutte Debby den Ort: »Zu viel Harmonie«, kommentiert sie ironisch dieses Happyend, das in einer Show von Brenda und Jasmin kulminiert, in die auch das Publikum des Cafés musicalartig einbezogen wird. Der dritte: Der Gefahr solcher ›Überharmonisierung‹ entgeht Adlon doch noch, indem er den Film offen enden lässt und damit zugleich noch einmal seine Grundidee unterstreicht: Als Cox Jasmin fragt, ob sie ihn heiraten wolle – auch, um eine ständige Aufenthaltsgenehmigung zu erhalten – antwortet sie: »Ich besprech' das mit Brenda.« Nicht die Auflösung in heterosexuelle Lebensgemeinschaften steht im Vordergrund, sondern die Freundschaft zwischen den beiden Frauen, die weiter geht und eine offene Zukunft hat.

Out of Rosenheim ist ein Film, in dem wenig gesprochen und viel mehr mit Bildern, Farben, Stimmungen, Tempi erzählt wird. Dabei kann Adlon ganz auf die physische Präsenz und Expressivität seiner Hauptdarstellerin vertrauen, die Emotionen durch minimal nuancierte mimische und gestische Variationen zum Ausdruck bringt. Ironie und Utopie gehen in *Out of Rosenheim* eine enge Allianz ein: Komisch ist die Art, mit welchen Mitteln Jasmin Kommunikation herstellen will. Als bayerischer Putzteufel unterzieht sie Brendas Büro einer Grundreinigung, kleidet Phyllis in bayerische Lederhosen und zeigt dem Kellner des Bagdad Cafés, wie man einen richtigen, nämlich deutschen Kaffee kocht. Fehlgeleitete Liebeshandlungen und die Deplatziertheit von Jasmins Aktionen, das Aufeinanderprallen von kulturell bedingten Gegensätzen befördert einerseits Komik, andererseits sind es gerade diese Mittel, die schließlich Phantasie und Kreativität freisetzen und Jasmin dazu verhelfen, sich aus dem bürgerlichen Gefängnis Rosenheim zu befreien. Dabei gelingt es Adlon, seine Figuren komisch zu zeichnen, ohne sie zu denunzieren, Anteilnahme zu erwecken, ohne sentimental zu sein. Wenn es emotional intensiv wird, geht die Kamera meist auf größtmögliche Distanz, lässt den Figuren ihre Gefühle, ohne sie auszustellen. Ein magischer Moment auch für den deutschen Film. *Matthias Kraus*

Drehbuch: L'Avant-Scène Cinéma. Nr. 375/376. November/Dezember 1988.

Literatur: Percy Adlon: FilmFaust-Gespräch. In: FilmFaust. Nr. 63. Dezember 1987. – Wolf Donner: Bayern, Texas. In: Tip (1987) Nr. 24. – Bodo Fründt: Ein Märchen in Bonbonfarben. Percy Adlons neuer Film *Out of Rosenheim*. In: Süddeutsche Zeitung. 13. 11. 1987. – Andreas Kilb: Ich bin deutsch / I need help. In: Die Zeit. Nr. 46. 6. 11. 1987. – Tom Milne: Out of Rosenheim (Bagdad Café). In: Monthly Film Bulletin. 55. Jg. Nr. 657. Oktober 1988.

Die nackte Kanone

The Naked Gun: From the Files of Police Squad!

USA 1988 f 85 min

R: David Zucker
B: Jerry Zucker, Jim Abrahams, David Zucker
K: Robert Stevens
M: Ira Newborn
D: Leslie Nielsen (Lt. Frank Drebin), Priscilla Presley (Jane Spencer), George Kennedy (Capt. Ed Hocken), O. J. Simpson (Nordberg)

»Ich bin Lieutenant Frank Drebin, Spezialeinheit.« So stellt sich der Cop aus Los Angeles den US-Staatsfeinden der achtziger Jahre vor, die er soeben im Alleingang unschädlich gemacht hat: Drebin hat Gorbatschows Stirnmal (im Umriss von Nordvietnam) weggewischt, Khomeini als Undercover-Punk mit Irokesenschnitt entlarvt, Arafat und Gaddafi verprügelt und zu guter Letzt Idi Amin aus dem Fenster geworfen. Drebin schwingt sich aus dem Fenster, nicht ohne sich den Kopf an den zuschlagenden Fensterläden zu stoßen ... Schon die Eröffnungssequenz spaltet das Publikum: Entweder man amüsiert sich köstlich oder ist im falschen Film.

Die Bösewichte planen ein Attentat auf Königin Elisabeth II. in Los Angeles. Ausgerechnet Drebin und die Spezialeinheit werden mit dem Schutz des britischen Staatsoberhauptes betraut. Unfreiwillig stolpert Drebin über den Plan des mit dem Attentat beauftragten Geschäftsmanns Ludwig, die Queen während eines Baseballspiels ermorden zu lassen. Ludwigs Assistentin Jane Spencer soll Drebin über die Ermittlungen der Spezialeinheit aushorchen. Als Jane für Drebin Dinner zubereitet, kommen sich die beiden näher. Jane unterstützt nun Drebin bei seinen Irrläufen durch den Plot, und schließlich gelingt es, das Attentat zu verhindern.

Bis es allerdings soweit ist, verwüstet Drebin in brillanter Slapstick-Choreografie Ludwigs Büro, hangelt sich in einer unglaublich lustigen Szene an den edelsten Teilen einer Statue aus dem von ihm in Brand gesteckten Gebäude, schießt auf seinen eigenen davonrollenden Wagen (»Did anybody catch the license plate?«), macht unwiderstehliche Komplimente (Jane steigt auf eine Leiter: »Nice beaver!« Sie reicht Drebin einen ausgestopften Biber herab: »Thanks. I just had it stuffed«) usw.

Die Krimiserien-Parodie *The Naked Gun* basiert auf der TV-Serie *Police Squad* von 1982, dem kurzlebigen Ausflug des Trios Jerry Zucker, Jim Abrahams und David Zucker (ZAZ) ins Fernsehgeschäft. In den frühen siebziger Jahren erlangten sie als Gründer des »Kentucky Fried Theatre« mit oft vulgären und immer respektlosen Attacken auf den *American way of life* Kultstatus. Ihr *Kentucky Fried Movie* (1977) wurde unter der Regie von John Landis zu einem großen Erfolg. 1980 produzierten ZAZ mit *Airplane!* (*Die unglaubliche Reise in einem verrückten*

Flugzeug) eine stilbildende Parodie auf die Katastrophenfilme der Siebziger, und ihr Humor wurde zum Markenzeichen. Nachdem *Airplane!* das Zwanzigfache der Produktionskosten eingespielt hatte, folgte 1984 die Agentenfilmparodie *Top Secret!*. Die Filmparodie gründet auf der Geschichte und den Geschichten des Films, denn dort liegen ihre potentiellen Bezüge. Sie hat ihre eigene Tradition und ihren eigenen Kanon entwickelt. Im Spiel mit Konventionen und Codes ist sie nun nicht mehr ausschließlich auf andere Genres angewiesen. Das Genre ›Filmparodie‹ selbst gilt es zu ›bearbeiten‹, und es erweist sich dabei als zuverlässiger Fundus: Die postmoderne Parodie parodiert sich selbst.

Der Humor der ZAZ-Parodien erschließt sich am besten jenen Zeitgenossen, die mit *MAD*, dem »vernünftigsten Magazin der Welt«, aufgewachsen sind. Es handelt sich im Grunde um die Filmfassung der gezeichneten Filmparodien. Beider Kennzeichen sind zahllose Anspielungen und Gags, die sich auf mehreren Rezeptionsebenen überlagern und alle Register der Parodie (Wiederholung, Umkehrung, Irreführung, Übertreibung, Zitat usw.) ziehen. Die Qualität und Art des Humors deckt die breite Zielgruppe von 9 Monaten bis 99 Jahren ab und pendelt zwischen banal und genial. Im Film sind die Gags in ihrer Vielzahl und Geschwindigkeit der Abfolge kaum vollständig zu erfassen und sorgen beim aufgeschlossenen Publikum für Lacher im Sekundentakt. Wie bei einem Suchspiel kann man bei mehrmaligem Anschauen immer neue Details entdecken: So wird Kult gemacht.

Der Erfolg des Films ist aber auch der gelungenen Besetzung zu verdanken. Mit unerschütterlichem Ernst gibt Leslie Nielsen dem wandelnden Desaster ein neues Gesicht. Drebin zieht in der Tradition von ›Partyschreck‹ Hrundi V. Bakshi arglos seine Umwelt in Mitleidenschaft. Mit Nielsen und Oscar-Preisträger George Kennedy sind zwei Veteranen am Werk, die in den fünfziger bis siebziger Jahren in ernsten Rollen des parodierten Genres Erfolg hatten. Sie bürgen für handwerkliche Qualität und agieren als Parodie ihrer Selbst. Elvis-Witwe Priscilla Presley überrascht mit wunderbarer Präsenz, Ex-Footballstar O. J. Simpson ist ein Runninggag, der nicht viel zu sagen, aber umso mehr zu erleiden hat (»Mrs. Nordberg, I think we can save your husband's arm. Where would you like it sent?«).

The Naked Gun zeigt ZAZ auf dem künstlerischen und kommerziellen Höhepunkt ihres Schaffens. Mit den Fortsetzungen *The Naked Gun 2½: The Smell of Fear* (1991) und *The Naked Gun 33⅓: The Final Insult* (1994) wurde Nielsen zur Ikone des Genres – und gleichzeitig ein Zenit der Parodie-Welle überschritten. *Markus Oswald*

Literatur: Dan Harries: Film Parody. London 2000.

Frauen am Rande des Nervenzusammenbruchs

Mujeres al borde de un ataque de nervios

E 1988 f 90 min

R: Pedro Almodóvar
B: Pedro Almodóvar
K: José Luis Alcaine
M: Bernado Bonezzi
D: Carmen Maura (Pepa), Fernando Guillén (Ivan), Julieta Serrano (Lucía), Antonio Banderas (Carlos)

Pepa erwacht in ihrem Apartment und stellt fest, dass ihr Liebhaber Ivan verschwunden ist. Auf dem Anrufbeantworter teilt er ihr mit, dass die Beziehung beendet sei. Mehrmals versucht sie vergeblich, ihn telefonisch zu erreichen und ihm von ihrer Schwangerschaft zu erzählen. In ihrer Verzweiflung beschließt sie, ihr Apartment zu ver-

Frauen am Rande des Nervenzusammenbruchs: Marisa (Rossy de Palma) und Carlos (Antonio Banderas) auf Wohnungssuche besichtigen Pepas Apartment. Pepas Freundin Candela (María Barranco) hat die beiden hereingelassen und wirft nun einen abschätzigen Blick auf die arrogant auftretende Marisa. Blickkonstruktion und Anordnung der Akteure im Raum deuten bereits an, wie sich die Beziehungen verschieben werden – am Ende sind Carlos und Candela ein Paar. Die Bedeutung, die dem Sehen und der Wahrnehmung in Almodóvars poppig-postmodern eingefärbter Komödie zukommt, zeigt sich auch in der Inszenierung von Spiegeln, die das Gezeigte reflektieren und die Oberflächen brechen, ohne aber einen tiefergehenden Einblick zu ermöglichen.

mieten. Am nächsten Tag bittet ihre Freundin Candela, die Angst hat, wegen ihrer Affäre mit einem islamistischen Terroristen polizeilich gesucht zu werden, um Hilfe. Später klingeln die Wohnungsinteressenten Marisa und Carlos an Pepas Tür. Es stellt sich heraus, dass Carlos der Sohn Ivans ist. Marisa, seine Verlobte, kostet in der Küche von einem Gazpacho, in den Pepa zuvor Schlaftabletten gegeben hat, und schläft ein. Pepa sucht unterdessen für Candela eine feministische Anwältin auf, während die Freundin die Polizei anruft und vor einem geplanten Anschlag der Terroristen auf die Abendmaschine nach Stockholm warnt. Später tauchen zwei Polizeiinspektoren auf, die ebenfalls von dem Gazpacho essen. Schließlich kommt noch Ivans frühere Ehefrau Lucía in die Wohnung, um sich an ihrem Exgatten zu rächen. Sie nimmt den Revolver eines schlafenden Polizisten an sich und fährt zum Flughafen. Dort trifft sie auf Ivan und seine neue Geliebte, die feministische Anwältin. Pepa kann Lucía die Pistole gerade noch entreißen. Ivan versucht, sich mit Pepa zu versöhnen, die aber lässt ihn links liegen und wendet sich – wieder in ihrem Apartment – Marisa zu, die mittlerweile aufgewacht ist und ebenfalls nichts mehr von ihrem Verlobten wissen will, der mit Candela schlafend auf Pepas Sofa liegt.

Mujeres al borde de un ataque de nervios ist unverkennbar eine postmodern gefärbte Hommage an die große Zeit der amerikanischen Filmkomödie in den fünfziger und sechziger Jahren. Mit dieser schrillen *screwball comedy* konnte Almodóvar denn auch sein bislang größtes Publikum erreichen, und kein Geringerer als Billy Wilder soll den Film sehr geschätzt haben. Anders als die früheren und die meisten folgenden Filme des spanischen Regisseurs bietet *Frauen am Rande des Nervenzusammenbruchs* vordergründig vergleichsweise konventionelle Unterhaltung. Trotz des durchaus vorhandenen ›Almodóvar touch‹ lässt der Film wenig von dem für diesen Regisseur sonst typischen Interesse an menschlichen Abgründen und geheimnisvollen Wendungen erkennen. In einer bonbonfarbenen Romanzenkitschwelt versuchen die Charaktere aus ihren Beziehungen zu fliehen, deren Spätfolgen zu verarbeiten oder ihren Partner zurückzugewinnen – thematisch hat der Film nicht viel mehr zu bieten. Aber die bloße Betrachtung der Thematik lässt die wahren Qualitäten von *Mujeres al borde de un ataque de nervios* im Dunkeln, denn das alles ist überaus glänzend inszeniert und temporeich erzählt: Das perfekte Drehbuch bietet groteske Handlungsstränge und hemmungslos affirmierte B-Movie-Dramaturgie in Hülle und Fülle. Der Zuschauer entdeckt reizvolle Versatzstücke aus subkultureller Ästhetik und mehr oder weniger subtile Anleihen aus der Welt der Reklame am laufenden Band. Nicht zu vergessen schließlich die ausnahmslos erstklassigen Darsteller, die aus *Frauen am Rande des Nervenzusammenbruchs* eine der gelungensten Filmkomödien der achtziger Jahre machen.

Zu den wichtigsten Darstellern im Film gehört aber ein Requisit: der Anrufbeantworter Pepas – ein monströses Gerät, dessen Rolle darin besteht, Kommunikation nicht etwa zu ermöglichen, sondern beharrlich zu verhindern. Almodóvar unterstreicht die Bedeutung des Apparats im Film durch Großaufnahmen. Auch in anderen Szenen erweisen sich *close ups* als ein wichtiges Stilmittel des Regisseurs, der die Gegenstände mit der Kamera herauszufordern scheint. Die Großaufnahmen bringen dem forschenden Blick des Zuschauers die Oberfläche der Dinge nahe und verdeutlichen zugleich eine unüberschreitbare Grenze: Im Unterschied zu den *close ups*, die das menschliche Gesicht zeigen und Einblicke in die Gefühlswelt der Figur gewähren, bleibt dem Zuschauer angesichts der extrem vergrößerten Dinge der Übergang von der materiellen Welt der Oberflächen in das immaterielle Reich der Empfindungen und der Moral natürlich verwehrt. Eine typische Grundsituation im Werk Almodóvars, der durch sein obsessives Verhältnis zur Werbung und zum Klischee, durch sein unbedingtes Bekenntnis zur Künstlichkeit genauso charakterisiert werden kann wie durch den festen Willen zum tiefen, erschütternden Gefühl. Diese letzte Facette wird ein einziges Mal am Ende des Films sichtbar, als Pepa sich der erwachenden Marisa zuwendet und mit zärtlichen Worten die Enttäuschung über den untreu gewordenen Carlos zu mildern versucht. Das Finale bringt hier keine konventionelle Auflösung der Verwicklungen, sondern eine Wendung mit durchaus offenem Charakter. Die Szene irritiert, weil sie den Komödienstoff überwindet und ganz zum Schluss eine ironiefreie ernste Ebene einführt, die den Zuschauer freilich sogleich in die Realität entlässt. *Stefan Hoffmann*

Drehbuch: L'Avant-Scène Cinéma. Nr. 445. Oktober 1995.
Literatur: F. Boquerini: Pedro Almodóvar. Madrid 1989. – Frédéric Strauss: Pedro Almodóvar. Conversations avec Pedro Almodóvar. Paris 1994. – Antonio Holguín: Pedro Almodóvar. Madrid 1994. – Kathleen M. Vernon / Barbara Morris (Hrsg.): Post-Franco, Postmodern. The Films of Pedro Almodóvar. Westport/London 1995. – Peter Williams Evans: Women on the Verge of a Nervous Breakdown. London 1996. – Pedro Almodóvar: Filmen am Rande des Nervenzusammenbruchs: Gespräche mit Frédéric Strauss. Frankfurt a. M. 1998. – Christoph Haas: Almodóvar. Kino der Leidenschaften. Hamburg/Wien 2001.

Ödipussi

BRD 1988 f 88 min

R: Loriot (d. i. Vicco von Bülow)
B: Loriot
K: Xaver Schwarzenberger
M: Rolf A. Wilhelm
D: Loriot (Paul »Pussi« Winkelmann), Evelyn Hamann (Margarethe Tietze), Katharina Brauren (Übermutter)

Schon sein Pseudonym »Loriot« ist das Markenzeichen für brillante Satiren auf die Absurdität gesellschaftlicher Konventionen. »Was die Sache bei humoristischen Arbeiten so mühsam macht, ist die Bedingung, dass es hinterher nicht so aussehen darf, als sei alles so schwierig gewesen. Komik ist nun mal komplizierter als Tragik«, kommentierte Victor von Bülow alias Loriot seinen ersten Spielfilm *Ödipussi*, in dem permanent Komisches geschieht. Wenn ein Muttersöhnchen in die Jahre kommt und die Mama mit Argusaugen das sittsame Dasein ihres Lieblings überwacht … ein idealer Stoff für den Zeichner, Wortkünstler und Regisseur Loriot.

In *Ödipussi* erzählt der Meister des feinsinnigen Humors die Geschichte des 56-jährigen Muttersöhnchens Paul Winkelmann, der von seiner robusten Mutter, die zu Unzeiten Brahms-Lieder singt, liebevoll »Pussi« genannt wird. Erstmals gerät er mit ihr in Streit, als die verklemmte Diplompsychologin Margarethe Tietze, ideal besetzt mit Evelyn Hamann, in sein Leben tritt. Mit ihr beginnt Paul zaghaft und unbeholfen ein Techtelmechtel. Vor dieser Grundkonstellation bietet Loriot in den einzelnen Sequenzen Kabinettstückchen seines Humors, eine Fülle komischer Einfälle bzw. minutiös ausgeführte Gags. Dabei skizziert er die breite Skala heiterer Gemütsbewegungen und Missverständnisse innerhalb zwischenmenschlicher Kommunikation. Der Zuschauer kommt voll auf seine Kosten, wenn Paul Winkelmann durchs Leben rudert und ihm dabei literweise Wasser ins Gesicht spritzt. Auf Katastrophen scheint Pussi abonniert zu sein. Nie kommt er, der Inhaber eines Wohnraumtextil- und Immobiliengeschäfts, beispielsweise zum Zug, um seinen Kunden die Vorteile einer dänischen Kombiserie zu erläutern. Ständig bleibt Winkelmann irgendwo hängen oder setzt sich irgendwo hinein. Seine Macken sind das Staubwischen und die überaus freundliche Zuvorkommenheit.

Verschreckt blickt ein brav gescheitelter Paul Winkelmann in gedecktem Anzug in die Welt und trägt große Verantwortung auf seinen Schultern: »Du bist jetzt der Chef von Winkelmann & Sohn, wie dein Vater und dein

Großvater. Ich bin stolz auf dich«, sagt die übermächtige, hochbrüstige Mutter zu ihrem 56-jährigen Kind. Fast könnte man überhören, dass die an dieser Stelle unterliegende Musikmelange kurz zum Nationalhymnenakkord avanciert. Eine mimische Glanzleistung bietet sich dem Zuschauer, wenn Katharina Brauren als voluminöse Übermutter ihrem Sohn Püree serviert und dabei tadelnd fragt, wieso er nicht wie andere Jungs auch zu Hause wohnen könne. Das Komischste in *Ödipussi* geschieht immer en passant. Immer klemmt sein Türschloss, ein Runninggag, und des öfteren landet Herr Winkelmann im falschen Stockwerk. Stets lässt sich die Kommode »Trolleberg« nur mit knatterndem Ruckeln öffnen, ob zu Hause oder im Geschäft. Winkelmann verbringt seine Freizeit zwischen Mutterpüree und einem Hinterstubenverein, der es sich zur Aufgabe gemacht hat, den Gedanken »Frau und Umwelt« in den Karneval einfließen zu lassen. Ein Bonbon in Sachen Situationskomik sind (in einer Doppelrolle dargestellt) Loriot als liebestoller, glatziger Faun, der der keckernden, zuckenden Blondine Hamann in einem Hotel über den Flur grapschend nachgirrt.

Absurde Situationen en gros, dem Alltag entnommen und unnachahmlich zugespitzt, sind Loriots Spezialität. Die Miniatur ist sein Metier, kein Fussel entgeht seinem Slapstick-Genie. Ob Nudeln im liebesstammelnden Mundwinkel oder zwei fremde Herren in ein und derselben Hotelbadewanne: Hauptsache Contenance bewahren, während um ihn herum die Welt zerbricht. Dieser geballte Ernst, die Gesittetheit noch in den absurdesten Situationen, die Mühe, es jedermann recht machen zu wollen, sind die Essenz von Loriots Witz. Der gute Ton bildet die Grundlage für Miss-Akkorde. Loriots Komik lebt von den Kommunikationsstörungen innerhalb des menschlichen Beziehungsgeflechts. Der Witz entsteht aus der zerbröselten Kommunikation, aus dem Aneinander-Vorbeireden, aus den Problemen, sich zu äußern, aber auch daraus, das Gesagte zu verstehen. Der

Humor nährt sich aus absichtlichem und unabsichtlichem Missverstehen. Loriots Welt ist voll von Falltüren, Fußangeln und doppelten Böden. Hinreißend komisch lässt er in *Ödipussi* Umgangsformen scheitern. Die Unfähigkeit, mit bürgerlichen Verhaltensweisen umzugehen, avanciert zur Groteske. Loriot spielt seine Lieblingsfigur, Herrn Jedermann, der durch einen dummen Zufall, durch die sprichwörtliche Tücke des Objekts in katastrophale, aussichtslose Situationen gerät. Schauspielerisch überzeugt auch seine Lieblingspartnerin Evelyn Hamann, die hier eine glaubwürdige, entgegen ihrer sonstigen Rollen eher ›normale‹ Frau spielt, die in peinliche Situationen gerät.

Ödipussi, der gleichzeitig in West- und Ost-Berlin uraufgeführt wurde, ist eine Liebesgeschichte voller absurder Situationskomik und hintergründigem Humor, ein gelungenes Kinodebüt, das jedoch nicht an die Einzigartigkeit von Loriots Fernseh-Sketchen heranreicht. *Silvia Lambri*

Drehbuch: Vicco von Bülow: Loriots Ödipussi. Zürich 1988.
Literatur: Bodo Fründt: Eine deutsche Komödie. In: Süddeutsche Zeitung. 10. 3. 1988. – Michael Skasa: Begnadete Körper. In: Die Zeit. 18. 3. 1988. – Rolf Giesen: Die großen Filmkomiker. Von 1945 bis heute. München 1993.

Verbrechen und andere Kleinigkeiten

Crimes and Misdemeanors

USA 1989 f 107 min

R: Woody Allen
B: Woody Allen
K: Sven Nykvist
D: Martin Landau (Judah Rosenthal), Woody Allen (Clifford Stern), Alan Alda (Lester), Anjelica Huston (Dolores Paley), Mia Farrow (Halley Reed)

Der angesehene, verheiratete Augenarzt Judah Rosenthal gerät unter starken moralischen Druck, als er von seiner Geliebten Dolores erpresst wird. Um sein bisheriges Leben nicht zu gefährden, entschließt er sich, Dolores mit Hilfe seines Bruders beseitigen zu lassen, doch anschließend wird er unerwartet mit den Grundsätzen seiner jüdischen Erziehung konfrontiert, denen er nicht entfliehen kann. Die Frage nach Gott, dem Sinn des Lebens und dem Stellenwert einer moralischen Struktur des Lebens erörtert er mit seinem langsam erblindenden Freund und Rabbiner Ben. Dieser Handlungsstrang wird verknüpft mit dem anspruchsvollen, aber erfolglosen intellektuellen Dokumentarfilmer Clifford, der ein Porträt über seinen ungeliebten, aber erfolgreichen Schwager Lester drehen soll, der als Frauenheld und Fernsehproduzent genau das Gegenteil von Cliffords Idealen verkörpert. Als der Professor, den Clifford porträtieren wollte, unerwartet Selbstmord begeht und Clifford die Frau, die er liebt, ausgerechnet an seinen verhassten Schwager verliert, muss auch er sich wieder verstärkt die Frage nach dem Sinn des Lebens stellen.

Woody Allen führt uns in seinem neunzehnten Film wieder in das vertraute Universum der äußerlich heilen, bürgerlichen Welt Manhattans mit großzügigen Appartements, Restaurants und dem unverzichtbaren Central

Park. Die Sympathien sind sowohl bei Judah, dem grüblerischen Zweifler, als auch bei dem intellektuellen Verlierer Clifford. Beiden Erzählungen wird gleich viel Raum gegeben. Beide machen durch die Wendungen in ihrem bisherigen Leben Grenzerfahrungen, die sie dazu zwingen, ihr Leben aktiv in die Hand zu nehmen. Das Tempo des Films passt sich dabei dem Temperament und der Stimmung der gegensätzlichen Protagonisten an. Die komischen Elemente liegen zumeist bei Clifford, der mit schlagfertiger Selbstironie dem Niedergang seiner Ehe beiwohnt, heimliche Ausflüge mit seiner Nichte Jenny ins Kino unternimmt und der ein einziges Mal mit einer spektakulären Bildmontage seine Wahrheit über Lester aufzeigt.

Crimes and Misdemeanors ist grundsätzlich konventionell erzählt: Zwei Parallelhandlungen werden von gelegentlichen Rückblenden durchbrochen und am Ende durch ein Geflecht aus Freunden und Verwandten auf einer Hochzeit zusammengeführt. In seiner Vorstellung tritt Judah ganz real in Kontakt mit seiner Kindheit und findet sich in sein jüdisches Elternhaus zurückversetzt. Der Glaubenssatz seines Vaters, »Die Augen Gottes sind immer auf uns gerichtet«, wird zunehmend zu seiner zentralen Sinnfrage. Lang verdrängte ethische und moralische Werte treten, als Diskussion visuell inszeniert, in den Vordergrund. Cliffords Gefühlsleben wird durch inhaltlich genau passende Filmausschnitte kommentiert, die er sich meist mit seiner zwölfjährigen Nichte Jenny im Kino anschaut. Dass das Mädchen ähnlich gekleidet ist wie Diane Keaton in *Annie Hall* (*Der Stadtneurotiker*, 1977), darf getrost als Hommage an Allens frühere Komödien gewertet werden. Von zentraler Bedeutung sind für den Filmemacher Clifford die filmisch dokumentierten Aussagen des Philosophie-Professors Lewy, eines klugen, lebensbejahenden Menschen und seines heimlichen Vorbilds. Als ausgerechnet dieser Selbstmord verübt, stirbt nicht nur

Cliffords lang vorbereitetes Filmprojekt, sondern auch der Glaube an den Intellekt und die Überlegenheit des Geistes.

Hinter der Kamera hat Woody Allen auch hier sein bewährtes Team versammelt. Der *look* des Films ist wieder in gedeckten Farben gehalten und wurde von Sven Nykvist exquisit fotografiert. Woody Allen inszeniert sich nach einer kurzen Auszeit in bekannter Manier wieder selbst vor der Kamera, die Nebenrollen werden von einem hochkarätigen Schauspielerensemble zu komplexen Persönlichkeiten gestaltet. Martin Landau ist der wahre tragische Charakter der Geschichte, da sich sein angebliches Happyend als Selbsttäuschung entpuppt. Alan Alda brilliert in seiner Paraderolle als selbstgefälliger Beau. Die Frauenrollen dagegen dienen mehr als Katalysator der Filmhandlung und sind weniger differenziert gestaltet.

Woody Allen wagt den ungewöhnlichen Schritt, zwei völlig unterschiedliche Handlungsstränge geschickt miteinander zu verknüpfen, indem er das moralische Dilemma in den Mittelpunkt rückt. Meisterlich gelingt es ihm, diese Synthese zwischen ernster Handlung mit philosophisch-religiöser Reflexion über die Existenz Gottes herzustellen, ohne die Figuren lächerlich oder unglaubwürdig wirken zu lassen. Am Ende dieser gelungenen Tragikomödie siegt trotz aller Enttäuschungen die Hoffnung auf die Liebe und auf die Weisheit zukünftiger Generationen.

Claudia Engelhardt

Drehbuch: Woody Allen: *Verbrechen und andere Kleinigkeiten.* Zürich 1991.

Literatur: Positif. Nr. 348. Februar 1990. – Graham McCann: Woody Allen. London 1990. – Hans Gerhold: Woodys Welten. Frankfurt a. M. 1991. – Jürgen Felix: Woody Allen. Komik und Krise. Marburg 1992. – Sam B. Girgus: The Films of Woody Allen. Cambridge 1993.– Woody Allen: Allen für alle. München 1994.

Harry und Sally

When Harry Met Sally …

USA 1989 f 96 min

R: Rob Reiner
B: Nora Ephron
K: Barry Sonnenfeld
M: Marc Shaiman
D: Billy Crystal (Harry Burns), Meg Ryan (Sally Albright), Carrie Fisher (Marie), Bruno Kirby (Jess), Lisa Jane Persky (Alice)

Sally streicht sich mit der Hand über ihren Hals, seufzt auf, stöhnt laut und zuckt. Schließlich schlägt sie wie eine Verrückte um sich, schreit: »Ja! Ja! Ja! Ja! Ja!« und haut rhythmisch auf den Tisch. Harry schaut zutiefst verlegen zu einer älteren Dame am Nebentisch. Mittlerweile sehen alle in dem voll besetzten Schnellrestaurant zu den beiden hin. Sally fährt sich mit den Händen durchs Haar und gerät in Ekstase. Harry würde vor Scham am liebsten im Erdboden versinken. Sally ›kriegt‹ einen Orgasmus, aber nicht aus naheliegenden Gründen, sondern weil sie die These aufgestellt hat, jede Frau könne ihm, Harry, einen Orgasmus vortäuschen. Nach gelungener Demonstration grinst Sally ihren Freund zufrieden an, nimmt gelassen triumphierend die Gabel und isst genüsslich ihren Salat weiter. Sie hat ihm vor den Augen aller Restaurantgäste so überzeugend bewiesen, dass sie Recht hat, dass die Frau am Nebentisch vom Kellner verlangt: »Ich will genau das, was sie hatte.«

In der wohl berühmtesten ›Orgasmus-Szene‹ der Filmgeschichte brilliert Meg Ryan in der Rolle der kapriziösen, anstrengenden, aber liebenswerten Sally. Die Intensität dieser Sequenz wird zum einen durch die Großaufnahme von Meg Ryan, zum anderen durch die Reaktionen, die sich sowohl auf Harrys Gesicht als auch bei den Gästen des Schnellimbisses widerspiegeln, erzielt. Harry – hervorragend besetzt mit Starkomiker Billy Crystal, der die ganze Bandbreite von Komik beherrscht und sehr pointiert einsetzt – und Sally begegnen sich erstmals 1977, als beide die Universität von Chicago verlassen und zusammen nach New York reisen, um dort ihr Glück zu versuchen. Die beiden können sich auf Anhieb nicht ausstehen. Sally, das *all-American girl*, erwartet nämlich alles vom Leben, während Harry als gläubiger Pessimist bei jedem Buch, das er liest, erst die letzte Seite aufschlägt, weil er sterben könnte, bevor er es gelesen hat. Er stirbt natürlich nicht, und Sally wird gehörig vom Leben enttäuscht. Zuerst nach fünf, dann nach zehn Jahren treffen sich Harry und Sally zufällig wieder. Er ist politischer Berater geworden, sie schreibt für ein Magazin. Beide sind beruflich sehr erfolgreich und wie alle New Yorker in erster Linie mit sich und ihren Partnerschaftsproblemen beschäftigt. Harry wird von seiner Frau verlassen. Sally verliert ihren langjährigen Freund. Also liegt es nahe, dass die beiden sich verbünden. Harry wollte nie glauben, dass ein Mann und eine Frau befreundet sein können, ohne etwas miteinander zu haben und genau das versuchen sie nun. Fortan gehen Harry und Sally zusammen aus, halten sich über ihre Affären auf dem Laufenden und gehen sogar soweit, dass sie versuchen, sich gegenseitig zu verkuppeln. Ohne Erfolg. Längst ahnt der Zuschauer, warum das so ist: Sie sind seit ihrer ersten Begegnung füreinander bestimmt.

When Harry Met Sally ... besticht nicht nur durch seine wirklich brillanten Protagonisten, sondern vor allem auch durch sehr treffsichere und pointierte Dialoge, die zu regelrechten Rededuellen avancieren. Diese romantische Beziehungskomödie ist zweifelsohne eine tiefe Verbeugung von Regisseur Rob Reiner vor den Klassikern *Annie Hall* (*Der Stadtneurotiker*, 1977) und *Manhattan* (1979) seines großen Vorbilds Woody Allen. Daher ist es kein Zufall, dass die Geschichte in New York spielt, der Jazz der dreißiger und vierziger Jahre den Film durchzieht und die das vollkommene irdische Glück verkörpernden Protagonisten von morgens bis abends über sich und Gott und die Welt reden – vor allem intensiv über Sex und den Tod. Wie in Allens Komödie *Play It Again, Sam* (*Mach's noch einmal, Sam*, 1972), ist hier der Protagonist Harry ganz begeistert von dem Filmklassiker *Casablanca* (1942). So sehen er und Sally sich den Film gleichzeitig an, jeder in seinem Bett, jedoch miteinander durch das Telefon verbunden.

Bei all seiner Leichtigkeit und seinem intelligenten, hintergründigem Humor lässt Rob Reiners romantische Beziehungskomödie zuweilen tiefe Melancholie erkennen trotz des sich früh abzeichnendes Happyends. Der Film ist vielschichtiger und ernsthafter, als die komödiantische Fassade vermuten lässt. Die Figuren sind, bedingt durch Beziehungs- und Ehedramen, geschädigt und sensibilisiert. Sie mussten einen neuen Umgang mit ihren Gefühlen und das Leben mit Enttäuschungen lernen. Die Tatsache, dass die Protagonisten diese Erfahrungen mit unzähligen Leidensgenossen teilen, hat bestimmt dazu beigetragen, dass *Harry und Sally* zum Kultfilm wurde.

Am Ende sehen wir Harry und Sally auf dem braunen Ledersofa sitzen, das dem Zuschauer schon vertraut ist, da die Filmhandlung immer wieder dezent unterbrochen wird, um ältere Paare zu zeigen, die dort sitzen und dem Publikum direkt in die Kamera über das Glück ihrer Zweierbeziehung berichten. *Silvia Lambri*

Literatur: Rolf Giesen: Die großen Filmkomiker. Von 1945 bis heute. München 1993. – Peter W. Engelmeier: 100 Jahre Kino. Die großen Filme. Augsburg 1994. – Hilmar Hoffmann: 100 Jahre Film. Von Lumière bis Spielberg, 1894–1994. Düsseldorf 1995. – Ronald M. Hahn / Volker Jansen: Die 100 besten Kultfilme von *Metropolis* bis *Fargo*. München 1998.

Delikatessen

Delicatessen

F 1991 f 99 min

R: Marc Caro, Jean-Pierre Jeunet
B: Gilles Adrien, Marc Caro, Jean-Pierre Jeunet
K: Darius Khondji
M: Carlos d'Alessio
D: Jean-Claude Dreyfus (Metzger Clapet), Marie-Laure Dougnac (Julie Clapet), Dominique Pinon (Clown Louison), Sylvie Laguna (Aurore Interligator)

Delicatessen ist ein köstlicher Realfilm der beiden französischen Trickfilmer Caro und Jeunet, der thematisch einen Nachhall der Werke von Marcel Carné und Jacques Prévert darstellt und von dem stilisierten Realismus eines Jean Vigo geprägt ist. Die räuberische Natur der Klassengesellschaft wird hier durch die Metapher des Kannibalismus dargestellt. *Delicatessen* ist jedoch auch eine ausgesprochen komische schwarze Komödie, die weit mehr an Luis Buñuel als an George A. Romero erinnert.

Dieser bizarre Film, bevölkert von exzentrischen, in absurde Begebenheiten verstrickten Charakteren, spielt in einer öden post-apokalyptischen Welt. Die Bewohner eines heruntergekommenen Mietshauses verschaffen sich Abwechslung von ihrer kargen Diät, indem sie eine Reihe von ahnungslosen Bewerbern um Hausmeisterposten verspeisen, nach der entsprechenden Zubereitung durch einen schmuddelig-dubiosen Metzger, Besitzer des Delikatessengeschäftes im Parterre. Zu dessen Unglück erleidet seine ihm entfremdete Tochter, die kurzsichtige Julie, eine Gewissenskrise und eilt dem letzten der Bewerber, Louison, einem Ex-Clown, der die singende Säge zu spielen versteht, zur Hilfe.

Ihr zur Seite steht eine Bande radikaler Vegetarier, die Troglodyten, die es auf die Getreidevorräte des Vaters abgesehen haben. Der Versuch, Louison zu entführen, provoziert eine gewalttätige Konfrontation zwischen dem Metzger, dem an Julie interessierten Postboten und den hungernden Mietern auf der einen sowie Julie, Louison und den Troglodyten auf der anderen Seite. All das wird weniger in einer stringenten Erzählung als in einer Serie grotesker und hochkomischer Vignetten dargeboten, die die seltsamen Gewohnheiten der Mietshausbewohner zum Inhalt haben: Marcel, der alte Kondome mit einem Fahrradreifen-Flickset repariert; Aurore, die Frau des Rechtsanwalts, die wiederholt versucht, sich mit überkomplizierten Methoden das Leben zu nehmen; der Mieter, der seine Wohnung unter Wasser setzt, um Schnecken und Frösche zu züchten; und der Held Louison mit seiner unerschöpflichen Erfindungsgabe. Louisons Optimismus, Integrität und Einfallsreichtum werden ausgespielt gegen den zynischen Fatalismus und die Destruktivität des Metzgers, der lediglich an das Überleben des Stärkeren glaubt, während Louison sich seinen Glauben an das Gute im Menschen bewahrt hat.

Die Lichtsetzung des Films durch Darius Khondji produziert eine düstere, ominöse Welt von Brauntönen und verwaschenen Farben. Die Szenerie erinnert an Europa nach dem Zweiten Weltkrieg, eine Welt der Zerstörung und des Verfalls. Dieser Effekt wird noch verstärkt durch das Flimmern alter Unterhaltungssendungen aus den fünfziger Jahren auf den Fernsehschirmen der Mieter. Die einzige ›wirkliche‹ Farbe im Film erscheint nach dem Sieg über den Metzger, als Louison und Julie ein Duett auf dem Dach des Hauses unter einem teilweise blauen Himmel spielen.

Trotz der Grausamkeiten dieser Geschichte ist der Ton des Filmes auf eine dunkle Weise humorvoll. Die Mieter gehen mit ihrer kannibalistischen Neigung um, als wäre sie eine normale Reaktion auf unnormale Zustände. Selbst als Marcel seine Schwiegermutter opfern muss, da er seine Miete nicht mehr zahlen kann, tut er das mit der Miene eines Menschen, der eine lange offene Schuld endlich begleicht. Es gibt einige sanfte Augenblicke, hauptsächlich in den Szenen, welche die Entwicklung der Beziehung zwischen der schüchternen, unerfahrenen Julie und Louison darstellen, der immer noch um seinen Bühnenpartner trauert, einen Schimpansen, der von hungrigen Kollegen verzehrt wurde.

Caro & Jeunet betonen die Enge dieses sozialen Systems, indem sie die Bewohner des Hauses die Rohre und Lüftungsschächte als Kommunikationssystem nutzen lassen. Kunstvolle Kamerafahrten folgen dem Echo, wenn der Metzger seine Messer schleift und damit alle Hausbewohner warnt, die Wohnungen nicht zu verlassen, oder wenn ein böswilliger Nachbar die Rohrleitungen nutzt, um Aurore zu überzeugen, dass sie unter Wahnvorstellungen leide und Stimmen höre. In einer cinematografischen *tour de force* synchronisiert das Quietschen der Sprungfedern des Bettes, während der Metzger mit Fräulein Plusse schläft, alle anderen Aktivitäten im Gebäude: das Ausklopfen von Teppichen, Louison, der seine Wohnungsdecke streicht, und Julie, die Cello übt.

Es scheint den Regisseuren Spaß zu machen, in einer Serie komischer Einfälle die ebenso unabsehbaren wie weitreichenden Konsequenzen unserer Handlungen zu verdeutlichen. Ihr Interesse am Zusammenhang zwischen Zufall, Ursache und Wirkung zeigt sich am deutlichsten in der Darstellung der bizarren Methoden, mit denen Aurore ihr Leben zu beenden sucht: Während eines dieser Versuche sitzt sie voll angekleidet in der Badewanne. Es klingelt, wodurch die Nähmaschine eingeschaltet wird, deren Transportmechanismus ein Stück Tuch in Richtung Badewanne zieht, auf dem eine Lampe steht, die, ins Wasser fallend, Aurore den Tod bringen soll. Unglücklicherweise führen Louisons Reparaturen im Nachbarzimmer dazu, dass der Stecker der Lampe aus der Steckdose rutscht, und machen Aurores Pläne zunichte.

Die schauspielerischen Leistungen der Darsteller sind einheitlich gut. Pinon, der sein Debüt in Jean-Jacques Beineix' *Diva* (1980) hatte, brilliert als Zirkusdarsteller, dessen Zärtlichkeit und Güte Julies Herz erobert und dessen unorthodoxe Methoden – er füllt das Badezimmer mit Wasser, um die Angreifer fortzuspülen – die Liebenden vor dem sicheren Tod rettet. *Drew Bassett*

Literatur: Jean-Michel Frodon: L'âge moderne du cinéma français. De la Nouvelle Vague à nos jours. Paris 1995. – René Prédal: 50 ans de cinéma français. Paris 1996.

Schtonk!

BRD 1992 f 115 min

R: Helmut Dietl
B: Helmut Dietl, Ulrich Limmer
K: Xaver Schwarzenberger
D: Götz George (Hermann Willié), Uwe Ochsenknecht (Fritz Knobel), Christiane Hörbiger (Freya von Hepp), Rolf Hoppe (Karl Lentz), Veronica Ferres (Martha), Harald Juhnke (Kummer)

Die Affäre um die Hitler-Tagebücher, von der Illustrierten *Stern* 1983 als »Dokument von weltgeschichtlichem Rang« angekündigt und von Historikern wenig später als plumpe Fälschung entlarvt, hat den Regisseur Helmut Dietl zu einem Satyrspiel über das ›Dritte Reich‹ und dessen Faszination inspiriert. Mehr als zwei Jahre haben sich die beiden Autoren Zeit gelassen, um die spektakuläre Geschichte vom kollektiven Versagen eines renommierten Verlags, einer hochbezahlten Redaktion und mehrerer anerkannter Gutachter in einen Kinofilm zu kleiden. Die Chronik der Filmhandlung stimmt weitgehend mit dem

Zeitablauf des Mediendebakels überein. Der titelgebende Ausdruck »Schtonk« stammt aus der Kunstsprache von Charles Chaplins genialer »Führer«-Parodie *The Great Dictator* (*Der große Diktator*, 1940).

Schon als Junge verhökert Fritz Knobel im Nachkriegs-Berlin NS-Souvenirs an Besatzungssoldaten. Jahre später hält er sich mit Ehefrau Biggi und seiner Geliebten Martha in einem schwäbischen Dorf auf und fälscht für den Nähmaschinen- und Waffenfabrikanten Lentz ein angeblich von Hitler höchst persönlich angefertigtes Aktbild seiner Geliebten Eva Braun. Dafür wird Knobel so reichlich entlohnt, dass er auch noch ein Hitler-Tagebuch von 1945 erstellt. Als Lentz dieses Überbleibsel von angeblich unschätzbarem Wert während einer Feier Freunden vorstellt, hält sich unter den Gästen auch der Reporter Hermann Willié (in Anlehnung an den *Stern*-Reporter Gerd Heidemann) auf, eine verkrachte Existenz, dessen Karriere sich auf dem absteigenden Ast befindet. Sein letzter großer publizistischer Erfolg liegt lange zurück, und mit seinem Hobby – der ehemaligen Göring-Yacht »Carin II« – hat er sich finanziell stark übernommen. Hinzu kommt, dass sich Williés Liebschaft mit der Nichte des Reichsmarschalls, Freya von Hepp, nicht so auszahlt, wie er sich das vorstellt. Aufgrund ihres Treffens machen Knobel und Willié fortan Geschäfte, zumal Knobel angebliche Beweise für die Existenz weiterer Hitler-Tagebücher vorlegt. Daraufhin überredet Willié das Verlagsmanagement, Unsummen für die vermeintliche publizistische Sensation bereit zu stellen. Dann geht alles Schlag auf Schlag: Knobel fälscht und kassiert. Gleichzeitig setzt ihn Willié unter Zeitdruck, beruhigt und intrigiert. Glaubwürdigkeit heischende Expertisen verdrängen mögliche Zweifel an der Echtheit der Dokumente. Schließlich kommt es bei einer pompösen Party auf der Göring-Yacht, bei der der zweitklassige Journalist Willié sich im Glanz und Glamour sonnt und die

Verlagsspitze selbstverliebt prahlt, zum alptraumhaften Showdown.

Helmut Dietl hat dem deutschen Film eine brillante Komödie, eine ›Stern-Stunde‹ geschenkt, die souverän von Pointe zu Pointe springt, sozusagen hoch über dem Abgrund der bemühten Klamotte schwebt. *Schtonk!* hat als Filmsatire den durchaus seriösen Anspruch, einer gesellschaftlichen und politischen Wahrheit auf die Spur zu kommen und zu zeigen, wie Deutsche vierzig Jahre nach dem Krieg mit dem Mythos Hitler umgehen. Die Crème de la crème des deutschen Theaters und Films ist in dieser bezeichnenden deutschen Nachkriegskomödie mit von der Partie und ausnahmslos in Hochform.

60 Drehtage und ein Etat von fast 16 Millionen Mark standen dem Regisseur zur Verfügung. Souverän stellt er in seinem Kinodebüt Menschen in ihrer Widersprüchlichkeit, Lächerlichkeit und Tragikomik dar. Das eigentlich komödiantische Element der Story ist für Dietl, dass Fälscher und Reporter betrogene Betrüger sind. *Schtonk!* ist die Filmgroteske zur Realsatire der gefälschten Hitler-Tagebücher und hat dank ihrer Atmosphäre und Erzählperspektive grandiose Momente: So trifft Dietl die Stimmung im Management des »HH-press«-Magazins mit bewundernswerter Präzision. Ein weiteres Beispiel hierfür ist die Szene, in der die Menschenmenge im nächtlichen Regen zum Schloss zieht, wo der schwäbische Nähmaschinen- und Waffenfabrikant Lentz aus Anlass von Hitlers Geburtstag zum »Kameradschaftsabend« geladen hat und bei der Vorstellung des ersten Hitler-Tagebuchs jegliche Zweifel an der Echtheit im Keim erstickt. Großartig, fast opernhaft die Schlussszene des Films: Der gescheiterte Willié am Steuer der »Carin II« im Schlepptau eines Lotsenbootes, das von zwei Polizeischiffen eskortiert wird.

Mit Schwung, sprühendem Witz und viel Liebe zum Detail zeigt *Schtonk!* eine aufgeblasene Gesellschaft, die vor Selbstbeweihräucherung nur so strotzt. Die Realität hat den Stoff für solch eine irrwitzige Posse geboten, die sich so wohl kein Autor hätte ausdenken können. Dietl schildert in *Schtonk!* seine Sicht auf menschliche Unzulänglichkeiten, Arroganz, Machtgier und Verführbarkeit, die er zuvor schon in TV-Serien wie *Monaco Franze* (1983) und *Kir Royal* (1986) auf sehr unterhaltsame Weise bloßgestellt hatte. *Silvia Lambri*

Drehbuch: Helmut Dietl / Ulrich Limmer: Schtonk! Eine Filmkomödie. Zürich 1992.
Literatur: Hans-Dieter Seidel: Narren des Schicksals. In: Frankfurter Allgemeine Zeitung. 12. 3. 1992. – Hans Günther Pflaum: Der ganz finale Wahlsinn. In: Süddeutsche Zeitung. 12. 3. 1992. – Rudolf Worschech: »Schtonk!« In: epd Film (1992) Nr. 4. – Heiko R. Blum: Götz George. Berufsschauspieler. Berlin 2003.

The Player

The Player

USA 1992 f 124 min

R: Robert Altman
B: Michael Tolkin nach seinem gleichnamigen Roman
K: Jen Lépine
M: Thomas Newman
D: Tim Robbins (Griffin Mill), Greta Scacchi (June Gudmundsdottir), Fred Ward (Walter Stuckel), Whoopi Goldberg (Susan Avery)

Robert Altmans *The Player*, seine Rückkehr zum Filmschaffen in Amerika, ist eine bitterböse Abrechnung mit seinen Brötchengebern in Hollywood, eine Satire auf Macher und Mechanismen der Traumfabrik, die kein Blatt vor den Mund nimmt.

Der Filmproduzent Griffin Mill ist darauf aus, aus Drehbuchstoffen immer das beste Kapital zu schlagen:

Das geht nur mit Happyend und Superstars, wie er meint. Täglich muss er zahlreichen Drehbuchautoren erklären, dass ihr Stoff nichts taugt, und macht sich damit nicht nur Freunde. Immer häufiger landen Drohpostkarten mit unbekanntem Absender auf seinem Schreibtisch. Er vermutet dahinter den Drehbuchautor David Kahane, den er vor ein paar Monaten ebenfalls abserviert hat. Mill lauert ihm hinter einem Kino auf und bietet ihm ein Geschäft zur Verfilmung seines Stoffs an, wenn dieser ihn in Ruhe lässt. Aber auf Mills Art, aus allem Geschäfte zu machen, geht der Schreiberling nicht ein. Es kommt zu Handgreiflichkeiten, bei denen Kahane das Leben lassen muss. Geistesgegenwärtig inszeniert Mill einen Überfall, aber bald darauf wissen alle von seinem Treffen mit Kahane. Dass der Produzent nun mit der Freundin des Drehbuchautors anbandelt, führt nicht gerade dazu, den Verdacht von seiner Person abzulenken. Die findige Polizistin Susan Avery und ihr Team sind sich sicher, dass sie den Hollywood-Tycoon überführen können. Eine Folge unwahrscheinlicher Zufälle und eine Portion Glück retten aber schließlich Mill die Haut, bis sich der unbekannte (und tot geglaubte) Postkartenschreiber plötzlich wieder meldet und die Wahrheit über den Fall ans Licht bringen will …

Eigentlich geht es in Altmans Burleske gar nicht so sehr um die Mordgeschichte oder den Drohbriefschreiber: Beide sind, im klassischen Sinne Hitchcocks, »McGuffins«, die als Aufhänger dienen, ein Hollywoodpandämonium zu eröffnen, das vom Niedergang der Traumfabrik im Speziellen und der amerikanischen Kulturszene im Allgemeinen erzählen will. Im Grunde geht es um eine hämische Spiegelung der Hollywood-Maschinerie, die grotesk verzerrt und konsequent dekonstruiert wird. Dazu tragen neben den visuellen Gimmicks und der ständigen Durchmischung von Realität und Fiktion auch die über 60 Gaststars bei (u. a. Jack Lemmon, Sidney Pollack, Anjelica Huston), die dem Film unentgeltlich zur Verfügung standen.

Inmitten der Scheinwelt von Glamour und Trug glänzt Tim Robbins als Verkörperung der aalglatten Armani-Figur eines Hollywood-Executive, der glaubt, sein Leben in der Hand zu haben, bis er merkt, dass ihm zunehmend der Boden unter den Füßen weggleitet. Wie eine griechische Tragödie wirkt seine Verstrickung in Schuld und Sühne, die auch physisch eine Veränderung an ihm verursacht: Mill wird im Film zunehmend nervöser, zerzauster und verwirrter. Es scheint, als erführe der verschlagene Geschäftsmann zum ersten Mal, was Leben jenseits inszenierter Illusionen bedeutet. Ihm bietet sich ein Panorama von Zufallsbegebenheiten und Individuen, die in den blutleeren Drehbuchentwürfen, die er favorisiert, keinen Platz finden würden.

Hollywood als Fabrik der Illusionen bildet das Geflecht, auf dem sich diese Handlung entwickeln kann: Alle erzählen vom Hollywood-Märchen, selbst die ermittelnden Polizisten wollen lieber einen Smalltalk über ihre Lieblingsfilme halten als den Fall aufklären, so scheint es. Auch in den Dekors ist Filmgeschichte permanent gegenwärtig in Form von Filmplakaten diverser Klassiker: Gerade hier scheint noch das Traumfabrik-Flair durch, das sich in Zeiten, da sich Hollywood nur noch aufs Geschäftemachen und Gewinnerzielen reduziert, gänzlich verflüchtigt hat. Mill weiß nicht einmal, wer Joe Gillis ist, der Drehbuchautor aus Billy Wilders *Sunset Boulevard* (*Boulevard der Dämmerung*, 1950). Nicht zuletzt ist die Vergangenheit des Mediums fortdauernd durch Altmans augenzwinkernde Inszenierung und seine virtuose technische Gestaltung präsent: Schon die knapp siebenminütige, aus einer einzigen Einstellung bestehende Kamerafahrt am Beginn des Films, die alle wichtigen Figuren einführt, ist ein grandios vorgeführtes Zitat aus Orson Welles' *Touch of Evil* (*Im Zeichen des Bösen*, 1957).

Auch Privatleben und Filmfiktion lassen sich am Ende nicht mehr voneinander trennen und scheinen ineinander verschachtelt. Der Drehbuchentwurf über eine Frau, die nach dem Tod ihres Mannes angeklagt wird, ihn umgebracht zu haben, und die Todesstrafe erwartet, wird schließlich von Mill im Sinne Hollywoods mit Happyend versehen und mit Stars besetzt: Genauso wird Mills eigene Geschichte als Reflexion dieser Realitätsverzerrung im Weiteren geschildert. Das ›System Hollywood‹ ist stärker und behauptet sich unter Einbuße von Realitätstreue und Charakterstärke. Der Schluss, bei dem Mill seiner neuen Frau June in die Arme läuft und die gleichen Worte spricht wie kurz zuvor in seinem Film die Protagonisten, lässt auf bitterböse Weise die hohle Maskerade der Traumfabrik sichtbar werden. Letztendlich ordnet sich selbst die Realität dem Spiel des schönes Scheins unter. Wie fragt Mills bodenständige Frau, von der er sich schließlich trennt, beständig im Verlauf des Films: »Und was ist mit der Realität?« *Florian Mundhenke*

Drehbuch: Premiere (USA). Bd. 11. 14. Oktober 1998.
Literatur: Sight & Sound. 2. Jg. Nr. 2. Juni 1992. – Positif. Nr. 377. Juni 1992. – Graham Fuller (Hrsg.): Altman on Altman. London 1993. – Daniel O'Brien: Robert Altman. Hollywood Survivor. New York 1997. – David Sheritt: Robert Altman Interviews. Mississippi 2000. – Robert T. Self: Robert Altman's Subliminal Reality. Minneapolis 2002.

Und täglich grüßt das Murmeltier

Groundhog Day

USA 1992 f 101 min

R: Harold Ramis
B: Danny Rubin, Harold Ramis nach einer Story von Danny Rubin
K: John Bailey
M: George Fenton
D: Bill Murray (Phil Connors), Andie MacDowell (Rita Hanson), Chris Elliot (Larry), Stephen Tobolowsky (Ned Ryerson), Marita Geraghty (Nancy)

Erster Februar: Zu lebhaften Polkaklängen ziehen im Zeitraffertempo Wolken vor einem blauen Himmel vorüber. Die Wolken verfliegen, der blaue Hintergrund bleibt, eine launige Wettervorhersage verkündet die meteorologische Zukunft, während sich eine gestikulierende Hand vor den blauen Hintergrund schiebt. Es ist die Hand von Phil Connors, einem von der eigenen Profession gelangweilten und von seiner Umgebung genervten Fernseh-Meteorologen und liebenswürdigen Zyniker. Mit allerlei Gebärden bewegt er sich vor dem blauen Nichts der *bluebox* im Studio eines kleinen TV-Senders. Hier entsteht die televisionäre Wetterillusion, hier entsteht der schöne Schein. Aber nur auf den Fernsehschirmen ist Phil tatsächlich Lenker der Wolken und Herrscher über das Wetter. Im wirklichen Leben bewegt er längst nichts mehr, wenn er denn je etwas bewegt hat.

Zweiter Februar: Phil erreicht mit seinem TV-Team, bestehend aus Produktionsleiterin Rita und Kameramann Larry, Punxsutawney, eine kleine Stadt in Pennsylvania, in der alljährlich am zweiten Februar eine Murmeltierbefragungskommission dem Murmeltier »Punxsutawney Phil« die Vorhersage entlockt, wie lange der Winter noch andauern wird. Je nachdem, ob »Punxsutawney Phil« seinen Schatten sehen kann oder nicht, bleibt es dann weitere sechs Wochen Winter oder nicht – so will es die Fabel des Groundhog-Day-Rituals. Schnitt – Morgendämmerung, Phils Hotel, Großaufnahme eines Radioweckers, dessen Zeitanzeige von 5.59 auf 6.00 Uhr umspringt. Aus dem Lautsprecher tönt wie eine Prophezeiung Sonny und Chers »I Got You Babe« – ein erster Hinweis darauf, dass die Zeit Phil gefangen genommen hat. Es folgen ein warnender Hinweis auf einen drohenden Schneesturm und die Ankündigung des Murmeltiertags: Es ist zweiter Februar, Groundhog Day in Punxsutawney. Und Alltag für Phil: Er nimmt ein Bad, trifft vor seinem Zimmer einen anderen Gast, redet kurz mit ihm, wird in ein Gespräch mit der Buffetbedienung verwickelt, geht an einer Ecke achtlos an einem Bettler vorüber, entledigt sich auf der Straße des unbequem-stupiden Ned Ryerson, der sich als alter Bekannter Phils ausgibt, tritt in eine Pfütze, begibt sich zum Festplatz, um mit Rita und Larry die Aufnahmen der ›Murmeltierbefragung‹ zu machen, und friert abends unfreiwillig unter der kalten Hoteldusche, denn der angekündigte Schneesturm hat die Abreise des Fernsehteams verhindert. Schnitt – Großaufnahme eines Weckers, der von 5.59 Uhr auf 6.00 Uhr umspringt, dazu Sonny und Chers »I Got You Babe«, langsamer Schwenk auf den im Bett liegenden Phil, Radiomoderatoren, die einen Schneesturm und den Groundhog Day ankündigen, Phils Blick aus dem Fenster auf die Hauptstraße des Ortes: Alles wie gehabt, alles schon einmal dagewesen. Wie in einem alptraumhaften Déja-vu, einem nicht enden wollenden *cliffhanger* wiederholen sich fortan die Ereignisse für Phil. Mit leichten Variationen kehren unerbittlich Tag für Tag Situationen und Figuren wieder. Phil ist gefangen in einer Zeitschleife. Das Prinzip des Seriellen und der Wiederholung, jener für das Fernsehen so typischen Struktur, wird für Phil Lebenswirklichkeit und Nemesis. Es bildet das narrative Grundgerüst des Films. Als Phil

Punxsutawney-Phil, »der berühmteste Murmeltier-Wetterfrosch der Welt«, wie sein Namensvetter, der professionelle und von seinem Job gelangweilte Wetteransager Phil Conners (Bill Murray) die Hauptperson von *Und täglich grüßt das Murmeltier* vorstellt. In der Endlosschleife des sich immer wiederholenden 2. Februar präsentiert der sichtbar gemarterte Phil die Veranstaltung dann als die erbärmliche »Anbetung einer Ratte«, um sie ›später‹ nur noch mit »Blabla, blabla …« vor der Kamera zu kommentieren. Erst die Liebe nach allen Regeln der *romantic comedy* à la Hollywood setzt die Wiederkehr des ewig Gleichen außer Kraft.

bemerkt, was vor sich geht, versucht er, dem Schicksal mal auf selbstdestruktive, mal auf kreative Weise zu entwischen. Doch alles bleibt wie beim Fernsehen (oder beim Wetter): Man kann ihm nicht entkommen. Am Ende ist es letztlich (wieder einmal) nur die Liebe, die den einsamen, aber geläuterten Helden aus seiner misslichen Lage befreien kann. Erst als Phil die angebetete Rita nach unzähligen

Tagen endlich erobern kann, ist der Spuk aus. Die schöne Rita hat das Biest Phil befreien können. In einer letzten ironischen Wendung entscheiden beide, in Punxsutawney sesshaft zu werden.

Anders als so oft beim Fernsehen erschöpft sich die Erzählung trotz der Wiederholungsstruktur nicht. Im Gegenteil: Der Komödie gelingt der Kunstgriff, sich nicht einfach auf die Paradoxien des Zeitphänomens einzulassen, sondern sich selbstreflexiv und ironisch mit der Form der Wiederholung auseinanderzusetzen und sie komödiantisch auszubeuten. Dank der nummernrevueartig präsentierten Befreiungsversuche Phils bleibt die Erzählung niemals stecken, und die Dramaturgie verzettelt sich nicht selbstverliebt in der einmal ersponnenen Idee. Seine komödiantische Kraft bezieht *Groundhog Day* vor allem aus den unmöglichen, skurrilen und von Phils verzweifeltem Humor begleiteten Versuchen, aus den Zwängen des ewig Gleichen auszubrechen. Dabei setzt die surrealistisch anmutende Strategie des Films ganz auf die *comedy*-Qualitäten Bill Murrays. Dessen Typenkomik bezieht ihre Wirkung neben den lakonischen Kurzkommentaren, den berüchtigten *one-linern*, aus der Entgegensetzung von normalisiertem Habitus und minimalen mimischen und gestischen Aberrationen. Niemals findet man bei Murray einen unergründlichen Gesichtsausdruck, immer handelt es sich um situativ nachvollziehbare mimische Kommentare. Diese geradezu augenzwinkernde Direktheit ist sympathisch, weil sie ohne Übertreibungen auskommt und die Komik unmittelbar aus den Zumutungen des Alltags entstehen lässt.

Die Grundidee von *Groundhog Day* wurde bereits 1961 in der US-amerikanischen Fernsehserie *Twilight Zone* in einer Episode namens *Shadow Play* (John Bram) entfaltet, in der ein zum Tode Verurteilter am Tag seiner Exekution behauptet, dass er eben jenen Exekutionstag in einer Art Déja-vu-Erlebnis immer wieder durchleben muss und möglicherweise nur umgebracht wird, um denselben Tag erneut in derselben Todeszelle aufzuwachen. Daneben finden sich Anleihen bei Frank Capras *It's A Wonderful Life* (*Ist das Leben nicht schön*, 1947) und Luis Buñuels *El angel exterminador* (*Der Würgeengel*, 1962). *Comedy*-Regisseur und -Autor Harold Ramis (u.a. *Caddyshack*, 1988; *Ghostbusters*, 1984 und 1989), ein Spross der US-amerikanischen *Comedy*-Achse *National Lampoon – Second City – Saturday Night Live*, die neben Bill Murray auch Comedy-Stars wie James Belushi und Dan Aykroyd hervorbrachte, hat mit *Goundhog Day* eine höchst vergnüglich philosophierende Komödie inszeniert, die man unbedingt mehr als einmal genießen sollte …

Burkhard Röwekamp

Literatur: Vanessa Letts: Cinema: Groundhog Day. In: Spectator. 270.Jg. Nr. 8601. Mai 1993. – Jude Davies: Gender, Ethnicity and Cultural Crisis in *Falling Down* and *Groundhog Day*. In: Screen 36 (1995) Nr. 3. – S. M. Daughton: The Spiritual Power of Repetitive Form: Steps Toward Transcendence in Groundhog Day. In: Critical Studies in Mass Communication 13 (1996) Nr. 2. – Kristin Thompson: Wiederholte Zeit und narrative Motivation in *Groundhog Day / Und täglich grüßt das Murmeltier.* In: David Bordwell [u.a.]: Zeit, Schnitt, Raum. Frankfurt a.M. 1997. – Brigitte Mayr: There's Always Tomorrow: 6 a.m. in Punxsutawney. In: Cinema (1998) Nr. 43.

Wir können auch anders

D 1993 f 92 min

R: Detlev Buck
B: Ernst Kahl, Detlev Buck
K: Roger Heereman
M: Detlef Petersen (Lied vom *Kleinen Vogel* von Ernst Kahl & Hardy Kayser)
D: Joachim Król (Kipp), Horst Krause (Most), Sophie Rois (Nadine), Konstantin Kotljarow (Viktor)

Im Grunde geht es um eine ganz einfache Geschichte. Zwei Brüder aus dem Westen, Kipp und Most, die von ihrer Oma im Osten ein Haus geerbt haben, fahren eines Tages los, um ihr Erbe anzutreten. Ihr Handikap dabei: Sie können nicht lesen. D.h. sie kennen zwar das Ziel, aber nicht den Weg. Darüber wird das Einfache immer komplizierter – und die Reise im alten Hanomag zur erfrischenden Tour über nicht endende Straßen.

Vorwärts, immer weiter, *drivin down the line*, das Prinzip des klassischen *road movie*: Männer gehen nach draußen und erkunden darüber ihr Innerstes. Auch Bucks Helden setzen sich aus, aber sie finden sich nicht zurecht. So geraten sie in einen Schlamassel nach dem anderen. In Deutschland, so Buck, könne man ein *road movie* nur mit Leuten drehen, die nicht lesen können. »Die anderen kapieren die Schilder und sind in sechs Stunden da, wo sie hinwollen.« Für diese Helden lauert hinter jeder Kurve ein Abgrund, bei jedem Stopp droht die nächste Katastrophe. Das Wundersame ist nur: Je weiter sie sich verlieren, desto mehr kommen sie zu sich selbst. Buck nutzt da dreist die ehernen Regeln der alten Kinomärchen: Erst nach der Niederlage glänzt der Sieg, erst hinter der Hölle funkelt der Himmel. Sein Witz entsteht nicht zuletzt daher, dass er das Alltägliche vorzeigt und zugleich andeutet, wie irrsinnig es wäre, so zu sein wie alle anderen.

So souverän wie sonst nur die großen Komödienregisseure opfert Buck, was hierzulande gerne so bedeutungsschwanger triumphiert: das gängige Realitätsprinzip. Buck setzt dagegen den bloßen Schein, doch so präzise, dass das Reale nur umso deutlicher seine grundlegenden Prinzipien offenbart. Alles ist möglich, aber kaum etwas wird wahr. Die ländliche Umgebung, durch die Kipp & Most ziehen, ist für sie Paradies und Inferno zugleich. Die Lakonie seiner Bilder korrespondiert dabei wundersam mit einem ungewohnt düsteren Humor. Seine Devise dabei: Man muss immer »ein bisschen Butter bei die Fische tun«. Bucks besonderer Witz kommt von seinem ungerührten Blick, den er auf die deutsch-deutsche Provinz wirft. Ein doppelter Boden schimmert auf: Hinter der kleinen, vertrauten Ordnung im Alltag tobt das große, fremde Chaos. Das visuelle Konzept lautet: Alles in Andeutungen zeigen, bis durch die Lücken dazwischen – betont anzüglich – ein Abgrund sich auftut aus Grauen und Irrwitz.

Das Spektakuläre bei Buck ist, dass er sich dem Spektakulären verweigert. Sein Film ist gegen alles Zwangsläufige gerichtet, das ja sonst im Kino so dominiert. Immer wieder gibt es diese Momente, wo für Sekunden alles offen bleibt. Über das Staunen vor der Welt entsteht plötzlich eine ganz neue Freiheit. Kipp & Most müssen schließlich lernen, dass »der gute Wille« zu nichts nütze ist. Ihre Geschichte, im Grunde ein langer *slow burn* zum definitiven Durcheinander, beweist noch einmal, dass es nichts Richtiges geben kann im Falschen und nichts Helles im Dunkeln. Selbstverständlich muss man Detlev Buck die bösesten Absichten unterstellen. Ihn interessiert nicht das lauwarme Einverständnis mit vorhandenen Verhältnissen. Ihn interessiert eher Eigenbrötlerisches, Widerborstiges, auch Doppelbödiges. Wichtig ist ihm, »dass man den Charakteren Gestalt gibt, dass man dafür bestimmte Begriffe hat. Stolz ist für mich ein wichtiger Begriff. Sturheit manchmal auch. Eigenheiten sind wichtig. Etwa, dass jeder seine eigene Würde hat.«

Kipp & Most, die zwei sind Bucks Variation von Laurel & Hardy, das ist mehr als deutlich. Der eine ist schlank, redselig und überaus freundlich, der andere dick, mundfaul und überaus stur. Wunderbar komisch sind sie beide. Dem Anständigen, Sauberen, Üblichen stellen sie – ganz eigensinnig – ihre eigenen Konventionen entgegen. Das lässt sie zu Agenten des Chaos werden, die nur akzeptieren, was sie für normal und selbstverständlich halten. Das Lied, das sie ständig begleitet, lautet: »Kleiner Vogel, flieg nicht so weit, wenn es schneit, wenn es schneit.« Bessere Engel sind sie – im Narrenkostüm, die eines Tages als »Baggermörder« bezeichnet werden, die ein »Massaker« zu verantworten hätten. Oder anders, mit Kipps Worten, während sie hoch zu Ross durch die Mark Brandenburg traben: Warum die Bullen hinter ihnen her seien? »Wir sind Mörder. Das haben wir zwar nicht gewusst. Aber das sind wir.«

Bucks erzählerischer Trick, so simpel wie altbewährt: Alles Böse geschieht nebenbei. Rocker ertrinken, Buchhalter kippen tot vom Sessel, Polizisten lassen vor Schreck die Pistole fallen. Das ist die Rache – für alles Demütigende am Rande. Beschimpft und beschwindelt werden Kipp & Most, belacht und belogen, bedroht und betrogen. Aber dennoch bleiben sie auf Kurs. Sie kontern jede Niederlage mit einem neuen Anfang. Auch wenn sie nicht begreifen, wo's langgeht, sie wissen doch, wo's hingeht. So kann sie letztlich nichts aufhalten. Als sie ihr Auto zu Schrott gefahren haben und deshalb das zuvor gekaufte Boot, das sie hinter sich herziehen, aufgeben müssen, besteht Most darauf, dass sie »wenigstens die Paddel« behalten.

Joachim Król und Horst Krause als Kipp & Most, das ist schon ein Kino-Wunder für sich. Buck erweist hier sein Gespür für sonderliche Typen. Seine Geschichte wirkt, wie schon in *Hopnick* (1989) und *Karniggels* (1991), ganz den Figuren übereignet. Ihre Aktionen, ihre Blicke und Gesten stützen die Spannung zwischen den Ereignissen. Das gilt auch für Konstantin Kotljarow als Viktor, einen sowjetischen Deserteur mit Kalaschnikow, der, da er schnell nach Hause will, sich den beiden anschließt. Und es gilt besonders für Sophie Rois als Nadine, die einer tristen Kneipe flieht und, um sich ein für allemal gegen die alte Ordnung zu beweisen, einen doppelten Salto wagt – und so ihren ganz eigenen Traum verwirklicht.

Bucks frühe Filme sind schöne Beispiele in pointillistischer Komik. Sie malen nichts aus in grellen Farben. Sie geben den Dingen eher Kontur mit knappen Strichen. Die aber sind bei allem derben Flachs so präzise gesetzt, dass man sofort weiß, worum es gerade geht. Das Sichtbare ist nur der Träger, hinter dem der Wahnwitz beginnt. Gerade die leeren Momente dazwischen, die noch wagemutiger sind als zuvor in *Karniggels*, sorgen für Erregung und Irritation. Buck huldigt, wie alle subversiven *comedy*-Macher, dem Grundsatz: Das Publikum ist stets mit von der Partie. Wer schließlich spürte nicht, wie falsch es Anfang der Neunziger zwischen Ost und West lief? So rührte gerade in dieser Zeit jeder böse *joke* an der Blindheit der vielen Heilsversprechen.

Bucks Witz hat diesen schwarzen Unterton, der auf das Entsetzen vor dem drohenden Nichts anspielt. Oder anders herum, positiv gewendet: Sein Witz ist, um Wolfgang Kaysers Bonmot zu zitieren, »der Versuch, das Dämonische in der Welt zugleich zu bannen und zu beschwören«.

Norbert Grob

Literatur: Frank Arnold: *Wir können auch anders.* In: epd Film (1993) Nr. 4.

Abgeschminkt

D 1993 f 55 min

R: Katja von Garnier
B: Katja von Garnier, Torsten Breuer
K: Peter Wenke, Tillmann Höhn
D: Katja Riemann (Frenzy), Nina Kronjäger (Maischa), Max Tidof (Mark), Gedeon Burkhard (René), Daniela Amavia (Daniela Lunkewitz)

»Lieber einen Mann, der geht, als einen, der nicht kommt«, stand auf einem Plakat, das für *Abgeschminkt* warb, den ersten Film der Studentin Katja von Garnier. Selten ist ein Debütfilm in Deutschland mit so viel Aufwand promotet worden wie diese Low-Budget-Komödie. Als »Sammlung von kleinen Wahrheiten« sei er gedacht, kommentierte die Regisseurin ihren Film, den sie für 80000 DM in zwei Wochen abgedreht hatte. Ohne die Finanzierung durch die Hochschule für Film und Fernsehen und den Bayerischen Rundfunk wäre das Projekt nicht zustande gekommen. Und hätte der Münchner Kamerahersteller Arri nicht den Prototyp einer neuen Super-16mm-Kamera zum Testen kostenlos zur Verfügung gestellt, hätte das Produkt kaum die kopiertaugliche Kino-Qualität besessen.

Im Mittelpunkt von *Abgeschminkt* stehen die Comiczeichnerin Frenzy – facettenreich, mal melancholisch, mal witzig-spritzig gespielt von Katja Riemann – und ihre Freundin, die Krankenschwester Maischa – dargestellt von der Nachwuchshoffnung Nina Kronjäger –, deren Probleme sich auf die Lebensfragen reduzieren: Wie angle ich mir einen Mann, und wie gehe ich mit mir um, wenn es wieder einmal nicht geklappt hat? Frenzy versucht vergeblich, auch ohne festen Freund glücklich zu werden. Maischa ist von ihrem derzeitigen Lover – einem spießigen Schreiner – genervt. »Den wirst du sowieso vergessen, sobald er deine Plattenregale angedübelt hat«, prophezeit Frenzy ihrer Freundin. Fortan benutzt diese Maischas Affären als Vorlage für ihren wöchentlichen Comic-Strip und beobachtet amüsiert, wie Maischa durch eine neue Eroberung, den schönen René, wieder einmal außer Rand und Band gerät. Damit sich das Traumpaar endlich einmal ungestört beschnuppern kann, muss sich Frenzy um Renés besten Freund Mark – mit dem Sympathieträger par excellence Max Tidof ideal besetzt – kümmern. Das Schicksal nimmt seinen Lauf: Der Schönling René erweist sich als oberflächlicher Langweiler, während sein Freund Mark den Liebespfeil direkt in Frenzys Herz schießt. Nun ist sie es, die ihre Sinne verliert.

Abgeschminkt ist weder frauen- noch männerfeindlich. Es geht nicht darum, die Geschlechter zu denunzieren, vielmehr wirft die Regisseurin einen liebevollen Blick auf beide. Ihre Figuren sind moderne, selbstbewusste Frauen mit einem guten Job, einer eigenen Wohnung und vor allem mit Persönlichkeit. Gleichzeitig legen sie teenagerhafte Verhaltensweisen an den Tag, sobald ein Mann in ihr Leben tritt: Sie platzieren das Telefon neben der Dusche, um nicht zu verpassen, wenn der Angebetete anruft, halten stundenlang Modenschau vor dem ersten Rendezvous ab usw.

Das Leben der Heldinnen, die zutiefst ›normal‹ sind, dreht sich um Männer, obwohl sie allein sehr gut zurecht kommen. Sie sprechen offen über ihre Gefühle, klopfen Sprüche und beobachten sich gegenseitig amüsiert, wenn sie aus Schwäche für einen Mann inkonsequent und ›debil‹ werden. Abgeschminkt sitzt Maischa in der Wanne und schrubbt sich verzweifelt die Erinnerung an den missglückten One-Night-Stand vom Körper. Daraufhin steckt ihre Freundin Frenzy den blonden Wuschelkopf zur Tür herein und sagt spöttisch-lakonisch: »Ach was, du badest schon? Na, dann erzähl mal, wie er war!« Die Antwort ist: ein egomanischer Schönling, der auf Maischa Turnübungen vollzogen hat.

Mit viel Liebe zum Detail etabliert Katja von Garnier ein hohes Maß an Selbstironie, mit der sich ihre Heldinnen am eigenen Schopf aus dem Selbstmitleid herausziehen. Ein wichtiges stilistisches Mittel, um Witz zu transportieren, sind auch die vielen Großaufnahmen wie gleich zu Beginn des Films, wenn nur die Lippen von Maischa gezeigt werden, die ihren Lover am Telefon kurz abfertigt. Ironisch werden Kommunikation und Kommunikationsmittel vorgeführt, wenn beispielsweise das Telefon als ›Folterinstrument‹ inszeniert wird, weil es einfach nicht klingelt, obwohl ein ›toller Mann‹ anrufen müsste.

Witzige Dialoge, ein rasanter Schnitt und eine pointiert komödiantische Erzählweise machten diesen 55-Minuten-Film 1993 zum Überraschungserfolg und Kassenschlager. Katja von Garniers Beziehungskomödie zeigt, dass in den neunziger Jahren eine Generation von Filmemacherinnen und Filmemachern herangewachsen ist, die viel publikumsorientierter an Themen herangeht als ihre Vorgänger.

Silvia Lambri

Literatur: Lothar R. Just: Filmjahrbuch 1993. München 1993. – Peter W. Engelmeier: Das Buch vom Film. Augsburg 1996. – Susanne Weingarten: Männer hin oder her. In: Der Spiegel. 28. Juni. 1993. – Sabine Horst. In: epd-film (1993) Nr. 7.

Das Hochzeitsbankett

Hsi Yen / The Wedding Banquet

Taiwan/USA 1993 f 106 min

R: Ang Lee
B: Ang Lee, Neil Feng, James Schamus
K: Jong Lin
M: Mader
D: Winston Chao (Wai-Tung Gao), May Chin (Wei-Wei), Ah-Leh Gua (Frau Gao), Sihung Lung (General Gao), Mitchell Lichtenstein (Simon)

Zuerst sieht man Männer, die in einem Fitness-Raum ihren Körper trainieren, dazu hört man eine Frauenstimme aus dem Off, die von der Pensionierung des Vaters und den Schwierigkeiten des Älterwerdens berichtet. Verbunden werden Bild- und Tonebene schließlich, als deutlich wird, dass der junge Mann asiatischer Herkunft während der schweißtreibenden Tätigkeit eine Audiokassette mit dem Lagebericht seiner in Taiwan lebenden Mutter abhört, »an oral letter from home« sozusagen. Der Anfang des Films legt auf diese Weise die Ausgangsbedingungen frei, die im folgenden die in *screwball*-Manier entfaltete Komödie vorantreiben: Der Konflikt zwischen den Lebensweisheiten eines modernen urbanen Yuppietums und eines ländlich-provinziellen Traditionalismus, wie er in Taiwan gepflegt wird.

Wai-Tung ist Immobilienhändler in New York und homosexuell. Er ist befreundet mit Simon, einem Physiotherapeuten, mit dem er gemeinsam eine Wohnung in einem bürgerlichen Viertel bewohnt. Doch dieses moderne Glück jenseits festgefügter Tradition ist trügerisch: Wai-Tungs taiwanesische Eltern halten die Zeit für gekommen, ihren Sohn gemäß den in Taiwan gültigen gesellschaftlichen Spielregeln zu verheiraten. Der Fragebogen einer Partnervermittlungsagentur, den die Mutter Wai-Tung schickt, soll dabei behilflich sein, eine adäquate – selbstredend taiwanesische – Partnerin ausfindig zu machen. Doch Wai-Tung, der seine Eltern in Taiwan in sicherer Entfernung wähnt, konstruiert sich ein Alibi: Auf Vorschlag Simons will er mit der Malerin taiwanesischer Herkunft Wei-Wei, die in einem seiner Mietshäuser ihr Dasein als Künstlerin fristet, eine Scheinehe eingehen. Auf diese Weise lassen sich zugleich zwei Probleme lösen: Zum einen kann damit die begehrte Arbeits- und Aufenthaltserlaubnis für Wei-Wei gesichert werden; zum anderen soll den Eltern durch die Scheinehe Wai-Tungs Homosexualität verheimlicht werden: *Green Card* (1990) meets *La cage aux folles* (*Ein Käfig voller Narren*, 1978).

Das Spiel mit den Erwartungshaltungen beginnt, sowohl für die Figuren des Films als auch für den Zuschauer. Zeigt der Film bis hierhin ausschließlich das Leben Wai-Tungs in New York und lässt die Eltern lediglich in der Erzählung der Briefe der Mutter erscheinen, kommt es schließlich, wie es kommen muss: Wai-Tungs Eltern sagen sich zur Hochzeitsfeier ihres Sohnes an und das Unheil nimmt seinen Lauf. Die hinzugewonnenen persönlichen Freiheiten des modernen Lebens werden fortan handfest mit dem Gewicht der Tradition belastet. Wai-Tung gerät in Zugzwang. Seine Scheinhochzeit und das anschließende Hochzeitsbankett geraten zur Farce. Schließlich erfahren sowohl Vater als auch Mutter von Wai-Tung die Wahrheit. Mit leichtem Kulturschock reisen die Eltern schließlich ab, Wei-Wei erwartet ein Baby von Wai-Tung, Simon, Wai-Tung und Wei-Wei versöhnen sich und beschließen, zu dritt Eltern des ungeborenen Kindes zu werden.

So weit, so gemäß den *screwball*-Spielregeln ent- und verwickelt – und noch mehr. Was zunächst wie eine schlichte homoerotische Komödie mit entsprechendem Versteckspiel aussieht, entpuppt sich bei genauerer Betrachtung als entlarvender Blick auf kulturelle, sexuelle und Generationenunterschiede. Obwohl *The Wedding Banquet* dabei gelegentlich von einem scheinbar leichten, verspielten Ton dominiert wird, liegt ihm doch eine bemerkenswerte Struktur zugrunde. Der Film, der nur wenig aus dem Komödien-Mainstream herausragt, zeichnet sich in dieser Hinsicht sowohl durch das feinsinnige Gespür für die Farce als auch seine amüsiert-ironische Beobachtungsgabe aus. Regisseur Ang Lees handwerkliche Perfektion zeigt sich im Umgang mit der Komplexität des komischen Timings. Souverän beherrscht er die kunstvolle Verflechtung komödiantischer Miniaturen. Nur die unbekannten jungen Schauspieler halten dem professionellen Regiehandwerk nicht immer stand, zu wenig kann sich der Film auf sie als Träger des Komischen verlassen. Obwohl die Story nichts Revolutionäres über kulturelle Eigenheiten preisgibt und einige Konfliktlinien auch recht vorhersagbar erscheinen, bleibt dennoch bis zum Ende unklar, wie die Gemengelage aller erzählten Dilemmata aufgelöst werden könnte. Ang Lees umsichtiger Regie und seiner leisen, komödiantischen Virtuosität gelingt es, alles in der Schwebe zu halten. Niemals gibt es narrative Abkürzungen im Dickicht der verschiedenen Erzählstränge. Lediglich wenn die Handlung übertrieben melodramatisiert wird und sentimentale Momente allzu großen Raum einnehmen, kommt die ansonsten ausgewogene Komödie auch schon einmal aus dem Rhythmus.

Auch in diesem, zwischen *Pushing Hands* (*Schiebende Hände*, 1991) und *Eat Drink Man Woman* (1994) angesiedelten Mittelteil von Ang Lees Trilogie der kulturellen Differenzen, richtet der Regisseur sein Hauptaugenmerk auf den Zusammenprall der Kulturen und den darin jeweils formulierten Differenzen der Geschlechter, der Moral und der Normen. Daraus bezieht *The Wedding Banquet* seine sympathisch-humanistischen Qualitäten, während die thematische Melange aus ethnischen Problemen und Fragen der Sexualmoral eher dem Zeitgeist verpflichtet scheint. Mit geringem Budget produziert und von unbekannten Schauspielern gespielt, konstruiert Ang Lee nur scheinbar leichte Unterhaltung, die ihren Umschlagpunkt zur Ernsthaftigkeit schließlich in der Brechung liebgewonnener Stereotypen und kultureller Grenzen findet. Mit *The Wedding Banquet* gelang Ang Lee der weltweite Durchbruch. 1993 erhielt er für den Film den Goldenen Bären der Berliner Filmfestspiele.

Burkhard Röwekamp

Literatur: Diskussion mit Ang Lee über *The Wedding Banquet.* In: Cinemaya. Nr. 21. Herbst 1993. – Interview mit Ang Lee. In: Metro. Nr. 96. Sommer 1993/94. – Tony Rayns: Xiyan (The Wedding Banquet). In: Sight & Sound. 3. Jg. Nr. 10. Oktober 1993. – S. Wang: In the Name of the Father: Gender Politics in *The Wedding Banquet.* In: Visual Anthropology Quarterly (1997) Nr. 2.

Liebes Tagebuch

Caro Diario

I/F 1993 f 101 min

R: Nanni Moretti
B: Nanni Moretti
K: Giuseppe Lanci
M: Nicola Piovani
D: Nanni Moretti (Nanni), Renato Carpentieri (Gerardo), Antonio Neiwiller (Bürgermeister von Stromboli), Jennifer Beals (sie selbst)

Nanni Morettis filmisches Tagebuch setzt sich aus drei höchst unterschiedlichen Kapiteln zusammen. Im ersten, »Auf der Vespa«, sieht man ihn ohne bestimmtes Ziel durch die verlassenen Vororte des sommerlichen Roms fahren. Der Autor und Protagonist kommentiert die Bilder aus dem Off mit seinen Gedanken, Wünschen und Reflexionen. Er steigt kurz ab, um bei einem Volksfest mitzusingen, Jennifer Beals – die Hauptdarstellerin aus *Flashdance* (1983) spielt sich selbst – anzusprechen und ins Kino zu gehen. Schließlich besucht er den Ort, wo Pasolini ermordet wurde.

Im zweiten Teil, »Die Inseln«, sind Nanni und sein Freund Gerardo auf der Suche nach Ruhe, die sie auf den äolischen Inseln zu finden hoffen. Aber: Lipari ist zu laut; in Salina dominieren Einkindfamilien, deren Sprösslinge ein diktatorisches Regime über die Erwachsenen ausüben; Stromboli soll nach dem Willen seines neuerungswütigen Bürgermeisters die Kulisse für eine riesige Show abgeben; und auf Panarea regiert der schlechte Geschmack. Einzig Alicudi ist abgeschieden von der Welt und ruhig – zu ruhig. Gerardo hält es ohne Fernsehen nicht mehr aus, und laut nach den Segnungen moderner Technik schreiend verlässt er die Insel.

Das dritte Kapitel, »Die Ärzte«, präsentiert die Chronik von Morettis Krankheit. Von unerträglichem Juckreiz geplagt, sucht er einen Dermatologen nach dem anderen auf, bis hin zum »Fürsten der Hautärzte«. Alle verschreiben ihm unterschiedliche Medikamente, aber keiner kann ihm helfen. Auch Fußmassagen und chinesische Heilkunst schaffen keine Linderung. Röntgenaufnahmen enthüllen letztendlich die Ursache: Krebs. Dieser ist heilbar, und der Film endet mit dem gesundeten Autor, der im Café sein Frühstück bestellt.

Der letzte, authentische Teil verleiht *Caro Diario* ein tragisches Gegengewicht zu der humorvollen Leichtigkeit, die den Film durchzieht. Dabei bleibt die komische Figur Moretti selbst in den groteskesten Situationen ernst. Vor dem Hintergrund der Krankheitserfahrung lässt sich »caro« nicht nur mit ›lieb‹, sondern auch mit ›teuer‹ übersetzen. Dieser sehr persönliche Film voller Selbstironie ist zugleich der erste, in dem Nanni Moretti sich nicht mehr hinter dem fiktionalen Charakter des Michele Apicella versteckt, der seit *Io sono un autarchico* (*Ich bin ein Autarkist*, 1976) sein Alter Ego auf der Leinwand darstellte.

Was die disparaten Teile von *Caro Diario* zusammenhält und ein Ganzes schafft, sind die (narrative) Freiheit des Autors sowie das Motiv der Reise. Im ersten Kapitel zaubert Moretti aberwitzige Szenen auf die Leinwand, von denen man sonst, wie Woody Allen an der Kinokasse in *Annie Hall* (*Der Stadtneurotiker*, 1977), nur träumt: So wenn er z.B. einem Filmkritiker dessen Hymnen auf das Gewaltorgienkino vorliest und dieser sich vor Scham und Schmerzen im Bett windet. Der Kamerablick, der in langen Fahrten an Häuserzeilen entlangstreift oder Moretti von hinten auf seiner Vespa zeigt, ist in seiner ziellosen Entdeckerfreude und Freiheit eine humorvolle Hommage an den Flaneur. Die Odyssee der beiden Freunde von Insel zu Insel ist ähnlich erfolglos wie die Reise von Arzt zu Arzt. Die medizinischen Autoritäten leben, ähnlich den Inselbewohnern, voneinander getrennt, ohne miteinander zu kommunizieren, und der Spott, der sie trifft, zielt über sie hinaus: *Caro Diario* zeichnet zugleich das kritisch-ironische Bild einer in Partikularinteressen zersplitterten italienischen Gesellschaft. Im Kinosaal geht Moretti mit seiner Generation ins Gericht. Auf der Leinwand lamentieren Ex-Linke: »Wir schrieen Schreckliches auf unseren Demos. Schau, wie hässlich wir geworden sind.« Indigniert und selbstbewusst ereifert sich Moretti (der den Film im Film als Satire auf die selbstbezogenen italienischen Produktionen seinerzeit gedreht hat): »Ihr habt schreckliche Sachen geschrieen, ihr seid hässlich geworden. Ich schrie die Wahrheit, und ich bin ein prächtiger Vierzigjähriger!«

Pasolini ist tot … und Berlusconis Telekratie strebt an die Macht. In »Die Inseln« verfällt der Enzensberger zitierende Gerardo nach anfänglicher Totalopposition dem Reiz des »Nullmediums«. Die Vulkanbesteigung auf

Stromboli gipfelt in einer der komischsten Szenen: Um seinen fernsehfaszinierten Freund zu beruhigen, muss Nanni amerikanische Touristen nach dem Fortgang der Daily Soap *The Bold and the Beautiful* (*Reich und schön*, ab 1987) fragen. Neben den Sprachproblemen resultiert eine hintergründige Komik aus der Diskrepanz zwischen Naturschönheit und dem Gegenstand der Unterhaltung. Doch der Moralist Moretti moralisiert nicht gegen das Fernsehen, sondern antwortet undogmatisch mit seinen Mitteln, denen der Komödie: Im Fernseher eines Cafés läuft ein Schwarzweißfilm mit Silvana Mangano, die zu exotischen Klängen tanzt. Moretti imitiert ihre Bewegungen, und eine eigene Choreografie entwickelnd, eignet er sich das Fernsehbild lustvoll an. Seine verfilmte Krankengeschichte ist gleichzeitig eine Antwort auf die banalisierten Obszönitäten des *reality TV*: In nüchtern-dokumentarischem Stil gedreht, der auf Effekte verzichtet, enthält sich Moretti bewusst grotesker Überzeichnung oder denunziatorischer Empörung.

Caro Diario wurde 1994 in Cannes mit dem Regiepreis ausgezeichnet. Nanni Moretti, Autor, Schauspieler, Regisseur, Produzent, Kinobetreiber und undogmatisches linkes Gewissen Italiens, der Firma und Kino nach seiner Lieblingstorte »Sacher« benannt hat, knüpfte 1998 mit *Aprile* an die essayistische Auseinandersetzung mit dem Zustand Italiens und seiner Linken an. Dabei gelangt er zu dem Ergebnis, dass er statt eines ernsthaften Dokumentarfilms vielleicht doch lieber ein Musical im Fünfziger-Jahre-Stil über einen trotzkistischen Konditor drehen sollte. Weltfremder könne dies auch nicht sein …

Matthias Steinle

Literatur: Nicolas Saada: Et la vie continue …; Entretien avec Nanni Moretti; Jousse, Thierry: Moretti ou Berlusconi. In: Cahiers du cinéma (1994) Nr. 479/480. – Georg Seeßlen: Sanftmut und Beharrlichkeit: Skizzen zum italienischen Film; Rainer Gansera:

Glück und Melancholie: Gespräch mit Nanni Moretti. In: epd Film (1994) Nr. 9. – Margret Köhler: Nanni Moretti, Italiens persönlichster Autorenfilmer. In: film-dienst (1994) Nr. 15. – Charlotte Lorber: Nanni Morettis *Aprile* und die Unmöglichkeit des Filmens. In: Matthias Steinle / Burkhard Röwekamp: Selbst/Reflexionen. Marburg 2004. – Ewa Mazierska / Laura Rascaroli: The Cinema of Nanni Moretti. Dreams and Diaries. London / New York 2004.

Forrest Gump

Forrest Gump

USA 1993 f und s/w 142 min

R: Robert Zemeckis
B: Eric Roth
K: Don Burgess
M: Alan Silvestri
D: Tom Hanks (Forrest Gump), Robin Wright Penn (Jenny Curran), Gary Sinise (Dan Taylor), Sally Field (Mrs. Gump), Mykelti Williamson (Bubba Blue)

Kaum einmal ist im Kino Geschichte als Mediengeschichte mit derartigem technischen Aufwand persifliert worden wie in *Forrest Gump*. Den gleichnamigen Helden des Films spielt Tom Hanks, dem man nur allzu gerne die Rolle des Kindes im Körper eines Mannes abnimmt. An einer Bushaltestelle auf einer Bank sitzend und mit einer riesigen Schachtel Pralinen auf dem Schoß bewaffnet, erzählt Gump jedem, der es wissen will oder auch nicht, seine Lebensgeschichte, und das angesichts der haarsträubenden Begebenheiten nachgerade leidenschaftslos. Forrest Gumps Biografie entpuppt sich als eine Art bizarre Odyssee durch dreißig Jahre Geschichte der USA, geprägt von der Bilderflut des Massenmedienzeitalters. Anders als in der griechischen Sage allerdings mit dem feinen, aber bedeutsamen Unterschied, dass sich der alles andere als tapfere, kluge und listige Weltenfahrer Forrest Gump seiner Heldenhaftigkeit niemals bewusst wird.

Bereits zu Beginn wird in einer *mise-en-abîme*-Miniatur deutlich, worauf die virtuelle Reise durch die Zeitgeschichte hinauslaufen wird: Eine Feder, die vom Himmel herabschwebt und, wie der Zufall es will, direkt auf seinem Turnschuh landet, legt Forrest in ein Exemplar der überaus populären US-amerikanischen Kinderbuchreihe *Curious George*. Darin macht ein Affe namens George all das, was Kindern nicht erlaubt ist, weil es der Welt der Erwachsenen vorbehalten ist. Und nichts weniger als die Geschichte der USA ist es, in der bedeutende Ereignisse ja immer von noch bedeutenderen Personen gemacht werden, die deswegen in Filmen und im Fernsehen auftreten dürfen, die der infantile Forrest Gump auf kuriose Weise mit- und umgestaltet, dem Affen in der Kindergeschichte nicht unähnlich. Weil Forrest alles andere als bedeutend ist und weil ihm die kindliche Neugierde ebenso wie die Fähigkeit dazuzulernen fehlt, nimmt sein Charakter im Verlauf des Films allerdings durchaus tragikomische Züge an. Zuweilen wirkt Forrest Gump wie ein vom Zufall getriebener, heimatloser großer Junge.

Der dergestalt als postmoderner Simplizissimus inthronisierte Einfaltspinsel durchreist seine fiktive Autobiografie in einer langen Rückblendenerzählung. Wie sich rasch herausstellt, ist Laufen und nicht Denken die Stärke von Forrest Gump und dabei zufällig zum richtigen Zeitpunkt am richtigen Ort aufzukreuzen sein Los. Und so läuft und läuft der harmlose Zeitgenosse von Station zu Station und wird Teil der medien- und popkulturdurchtränkten jüngeren Historie der USA: Forrest bringt den Hüftschwung in die Welt, den sein ›Schüler‹ Elvis erst später so richtig berühmt mache sollte; trifft John Lennon in einer TV-Show und inspiriert ihn zu seinem Welthit »Imagine«; schüttelt John F. Kennedy vor laufenden Kameras die

Hand; erweist sich als heldenhafter Vietnamkämpfer; wird in den Medien zum gefeierten Football- und Tischtennisstar und erfindet so ganz nebenbei die Pingpong-Diplomatie zwischen den USA und China; ganz zu schweigen vom kometenhaften Aufstieg zum Multimillionär dank der Beteiligung an einem vermeintlichen Obstgeschäft namens »Apple« – und das alles mit einem IQ von immerhin 75.

Seine komischen Qualitäten verdankt der Film allerdings nicht nur der abstrusen Lebensgeschichte der Figur, deren ganzes Erscheinungsbild eigenartig hölzern wirkt und die sich seit ihrer Kindheit weder mental noch intellektuell entwickelt hat. Gumps naiver Optimismus, der ihn gegen alle Fährnisse der Geschichte resistent und nahezu unverwundbar macht, seine affirmative Haltung und simple Moral bildet zugleich die Folie für das selbstreflexive Spiel des Films mit der Mediengeschichte, die das eigentliche komische Sujet des Films ausmacht. Kurz gesagt, besteht der Kunstgriff dieser Komödie darin, durch die Hauptfigur hindurch die von den Bildern der Medien geprägte kollektive Erinnerung an historische Ereignisse auf vergnügliche Weise zu dekonstruieren, indem die Erzählung ganz selbstbewusst mit dem Medienwissen der Zuschauer um audiovisuelle Zeitdokumente und kulturelle Ikonografien spielt.

Vor allem aus dem filmischen Verfahren, das Bild der Kunstfigur Forrest Gump mit Hilfe des Computers in Film- und Fernsehbilder der Mediengeschichte zu montieren, auf diese Weise deren Gemachtsein bzw. beliebige Manipulierbarkeit offenzulegen und ihren historisch erklärenden Wert grinsend zu verbiegen, resultieren zahlreiche komische Effekte. Die Verschachtelung der Bilder – etwa jenes von Forrest Gump im Fernsehbild mit Kennedy im Kader des Films – bricht ironisch das Authentizitätsversprechen der verwendeten dokumentarischen und historischen Aufnahmen. Die vergnügliche Neu- und

Umkodierung mit den Mitteln der komischen Fiktion demaskiert nicht nur, dass das, was als authentische Realbzw. Zeitgeschichte in den Medien vermittelt wurde, selbst eine spezifische Form der Erzählung ist; die computergestützte Montage führt auf technisch hohem Niveau (das inzwischen Standard ist) mit unbekümmerter Offenheit zugleich den Nachweis, dass authentische und fiktive Bilder endgültig strukturell ununterscheidbar geworden sind.

Für dieses Spiel mit dem audiovisuellen Material, dessen Status als verbürgte Zeitdokumente bis dahin außer Frage stand, ist *Forrest Gump* allerdings vielfach kritisiert worden. Dabei wurde insbesondere davor gewarnt, dass das Bildmaterial seine bisherige Bedeutung als historische Dokumente mit Zeugnisqualität verliere. Zum Glück stellen sich Bedeutungen aber immer noch über den *Gebrauch* der Bilder ein (und nicht bereits über die Präsenz des Materials). Und zweifellos befinden wir uns in *Forrest Gump* in einer Fiktion, in der alle Illusion von Realität als solche durchschaubar bleibt; darin besteht ja gerade das Vergnügen nicht nur an dieser Komödie, sondern an Fiktionen im Allgemeinen. Womöglich wirkt *Forrest Gump* aber gerade auch deswegen so sympathisch leicht – möglicherweise zu leicht –, weil bei allem dekonstruktiven Spaß realgeschichtlicher Tiefgang vermieden wird. Vielleicht wäre die unbekümmerte Mediensatire mit dieser Aufgabe allerdings auch überfordert gewesen; vielleicht ist aber auch schon etwas gewonnen, wenn eine Komödie jenseits der manifesten Erzählung als selbstreflexive Parabel die Mechanismen der vollkommenen Durchwirkung unserer Welt mit den Bildern der Medien und unsere kollektive Orientierung an ihnen nur scheinbar naiv lächelnd zum Thema erhebt. Was bleibt, ist die bedenkenswerte Einsicht, dass der amerikanische (Medien-)Traum mühelos von einem minderbemittelten Dauerläufer durchmessen werden kann.

Burkhard Röwekamp

Literatur: Martin Walker / Leslie Felperin Sharman: Making Saccharine Taste Sour. Forrest Gump. In: Sight & Sound. Nr. 10. Oktober 1994. – Janine Pourroy: Making Gump Happen. On the Use of Digital Technology to Blend Historical Footage with Fictional Characters in *Forrest Gump*. In: Cinefex. Nr. 60. Dezember 1994. – Frank Schnelle: *Forrest Gump*. In: epd Film (1994) Nr. 10. – Chumo, Peter N.: »You've Got to Put the Past Behind You Before You Can Move On«: Forrest Gump and National Reconciliation. In: Journal of Popular Film and Television. Nr. 1. Frühjahr 1995. – Dave Kehr: Who Framed Forrest Gump? In: Film Comment. Nr. 2. März/April 1995. – Jennifer Hyland Wang: ›A Struggle of Contending Stories‹: Race, Gender, and Political Memory in *Forrest Gump*. In: Cinema Journal. Nr. 3. Frühjahr 2000. – Steven D. Scott: »Like a Box of Chocolates«: Forrest Gump and Postmodernism. In: Literature Film Quarterly (2001) Nr. 1. – Robert Burgoyne: Memory, History and Digital Imagery in Contemporary Film. <http://www.markszine.com/104/rbind.htm> (3. 1. 2003).

Funny Bones – Tödliche Scherze

Funny Bones

GB/USA 1994 f 128 min

R: Peter Chelsom
B: Peter Chelsom, Peter Flannery
K: Eduardo Serra
M: John Altman
D: Oliver Platt (Tommy Fawkes), Lee Evans (Jack Parker), Jerry Lewis (George Fawkes), Freddie Davies (Bruno Parker), George Carl (Onkel Thomas)

Weil sein erster großer Auftritt als Komiker in Las Vegas in einem Debakel endet, flüchtet Tommy Fawkes, Sohn der Comedy-Legende George Fawkes, inkognito in den verschlafenen englischen Küstenort Blackpool, den Ort seiner Geburt und der frühen Erfolge seines Vaters.

Bei dem Versuch, die Unbeschwertheit seiner Kindheit wiederzufinden, begegnet er dem verhaltensgestörten Jack Parker sowie dessen Vater Bruno und Onkel Thomas, zwei begnadeten Komikern, die jedoch inzwischen nur noch als Statisten in einer Geisterbahn arbeiten. Wie sich herausstellt, sind Tommy und Jack Halbbrüder, denn Jacks Mutter hatte ein Verhältnis mit George Fawkes. Dies hat Bruno und Thomas Parker jedoch nie daran gehindert, sich liebevoll um Jack zu kümmern. Jacks psychische Probleme resultieren aus der Verknüpfung zweier traumatischer Erlebnisse, die mehr als zehn Jahre zurückliegen: Bei einer Akrobatiknummer erleidet er einen schweren Unfall und kommt vorübergehend in ein Pflegeheim. Zwar tritt er wieder auf, doch er wird von dem Clown Francesco in der Manege so lange misshandelt, bis er sich an diesem rächt und ihn im Affekt erschlägt.

Als George Fawkes in Blackpool auftaucht, müssen Vater und Sohn sich der Realität stellen: George gibt zu, seine frühen Sketche in den USA von den Parker-Brüdern gestohlen und danach seine Wurzeln als Komiker verleugnet zu haben. Tommy sieht ein, dass er als Witze-Erzähler völlig unbegabt ist, und steckt seinen Ehrgeiz in die Produktion einer Show mit alten Varieté-Sketchen. Als die Vorstellung mit Hilfe seines Vaters zustande kommt, wird dies zu einem Schlüsselerlebnis für Tommy und seinen Halbbruder: Während Jack bei einer waghalsigen Akrobatiknummer in schwindelnder Höhe fast die Tötung Francescos an Tommy wiederholt und sein Trauma dabei spielerisch abarbeitet, spendet das Publikum dem bisher unkomischen Tommy frenetischen Applaus. Durch ihren ersten gemeinsamen Auftritt überwinden beide Brüder die Schatten der Vergangenheit und haben Erfolg als Komiker.

Bruno Parkers Kommentar, echte Komik sei immer auch mit Schrecken und Schmerzen verbunden, kann als

Leitmotiv für *Funny Bones* gelten. Jack Parker als auserwähltes ›Kind des Lachens‹ sieht dem Tod mehrfach ins Auge und muss einen hohen Preis für sein einzigartiges Talent bezahlen, während der wohlbehütete Tommy mit den Witzen der besten Autoren seinem Publikum kein Lachen entlocken kann. Erst nachdem er in der Zirkusmanege durch seinen Bruder in Todesgefahr gebracht wird und beinahe umkommt, hat er seine Initiation in die Welt der Komiker erfahren. Der Film zitiert hier traditionelle Konzepte wie die Vorstellung vom leidenden Künstler oder vom traurigen Clown, setzt sie jedoch mit spielerischer Eleganz, skurrilen Einfällen und hochdramatischen Spannungsmomenten auf äußerst originelle Weise neu ins Bild. Entsprechend wechseln komisch-groteske und tragisch-bedrohliche Szenen einander in rascher Folge ab. Der Film inszeniert das Umkippen von Komik in Tragik (und umgekehrt) auf mehreren Ebenen und zeigt, wie nah Lachen und Weinen beieinander liegen oder sogar auseinander hervorgehen können. Das eindrucksvollste Beispiel hierfür ist die Zeitlupensequenz, in der Tommy von seinem Bruder beinahe getötet wird. Das breite Grinsen des grotesk geschminkten Clowns Jack verzerrt sich dabei zu einer Fratze, in der Schmerz, Hass und Verzweiflung liegen.

Funny Bones ist eine Komödie, die auf die befreiende Kraft des Lachens setzt, immer im Bewusstsein der Tatsache, dass die Figuren des Films aus dieser Kraft schöpfen müssen, um die Bürde ihres Lebens und die Schmerzen der Vergangenheit zu ertragen. Bei aller Skurrilität der Charakterzeichnung nimmt der Film seine Figuren auf geradezu liebevolle Weise ernst. Erscheinen die Parker-Brüder Bruno und Thomas zu Beginn als bizarre Sonderlinge, die rein äußerlich einem Horrorfilm der Stummfilmzeit entsprungen sein könnten, gewinnen sie im Laufe des Films an menschlicher Tiefe und Überzeugungskraft. Freddie Davies und George Carl brillieren als kongeniales

Brüderpaar, das nur von dem für seine Grimassen berühmten Komiker Lee Evans als tragikomischem Helden Jack Parker noch übertroffen wird. Bei aller Betonung der ernsten Momente dominiert in *Funny Bones* die integrative und verbindende Funktion des Lachens und der Komödie: Die ungleichen Brüder Jack und Tommy finden zueinander und durch sie die Familien Fawkes und Parker, Jack streift die traumatischen Erlebnisse seiner Jugend ab, Thomas Parker, der nach Jacks Unfall verstummt war, beginnt wieder zu sprechen, und Tommy Fawkes entdeckt, dass er doch »funny bones« besitzt.

Ausstattung und Musik des Films unterstreichen die skurrile Reise in die Vergangenheit, die Tommy Fawkes unternimmt. Unterlegt von alten Swing- und Varieté-Melodien, französischen Chansons und Rhythm-&-Blues-Klassikern entführt *Funny Bones* den Zuschauer in eine vergessen geglaubte Welt der Magie und Illusion, deren verblasster Charme hier zu neuem Leben erweckt wird.

Lars Heiler

Literatur: Andy Medhurst: Unhinged Invention. In: Sight & Sound 5. Jg. Nr. 10. Oktober 1995. – Screen International. Nr. 1022. 25. August 1995. – Joachim Kronsbein: Lear der Hanswurste. In: Der Spiegel (1005) Nr. 25.

Total abgedreht

Living in Oblivion

USA 1995 s/w und f 90 min

R: Tom DiCillo
B: Tom DiCillo
K: Frank Prinzi
M: Jim Farmer
D: Steve Buscemi (Nick Reve), Catherine Keener (Nicole), Dermot Mulroney (Wolf), Danielle von Zerneck (Wanda), James LeGros (Chad Palomino)

Der Vorspann sieht aus wie der eines Amateur-Videos: ein langsamer Zoom von der halbtotalen Aufnahme einer Filmkamera bis zur Großaufnahme ihres Objektivs, kein Hintergrund, dazu die üblichen Namensnennungen, unspektakulär in die linke Bildhälfte eingeblendet und leise, leicht launige Musik. Der Zoom zieht den Zuschauer optisch durch das Objektiv auf die andere Seite der Kamera. Er lockt ihn in einen selbstreflexiven Film über die Untiefen einer *low-budget*-Filmproduktion, die fast zum Fiasko gerät, weil die Beschränktheit der Mittel und die Ambitionen des Filmteams das Filmprojekt sabotieren.

Eine Tür geht auf und gibt den schwarzweißen Blick auf ein Filmset in einer Fabrikhalle frei. Es soll ein Dialog gedreht werden. Die Klappe fällt, der Film wird farbig, und zwei Schauspielerinnen sprechen ihre Texte. Plötzlich hängt ein Mikrofon zu tief im Bild – Schnitt – der Film wird wieder schwarzweiß, die Szene ist gestorben, neuer Dreh. Und so geht es weiter: In der Folge verhindern die falsch eingestellte Schärfe, laute Außengeräusche, mangelnde Abstimmung zwischen Bild- und Tonarbeit, eine explodierende Lampe, Diskussionen um eine andere Szenenaufgliederung, der verschlafene Einsatz eines Kameramanns und vergessener Text den Erfolg des Drehs. Als schließlich alle möglichen technischen Störfaktoren ausgeschaltet scheinen und es so aussieht, als stehe das Gelingen kurz bevor, ertönt ein akustisches Signal. Regisseur Nick ist außer sich – Schnitt – der Film wird wieder farbig: Schweißgebadet fährt Nick in seinem Bett hoch und erblickt seinen Wecker, der das Geräusch verursacht hat. Alles war nur ein Alptraum. Der Film scheint endlich in der Realität angekommen zu sein. Hier geht alles so weiter, wie es begonnen hatte: Die blasierte Eitelkeit des einzigen Stars des Films, Chad Palomino, gefährdet die Dreharbeiten, hinter den Kulissen spielen private Probleme bald eine wichtigere Rolle als die Arbeit. Und als die Schauspielerin Nicole schließlich bei laufender Kamera Chads intrigantes Verhalten vor allen Anwesenden entlarvt, kulminiert alles in einer wilden Prügelei und Chad fliegt vom Set – Schnitt – Nicole schreckt aus dem Schlaf hoch und schaut auf den Wecker: Verwirrung und Erleichterung zugleich, denn wieder war alles nur ein Traum.

Das Spiel mit den Zuschauererwartungen, gesteuert vor allem durch inhaltliche Kontinuität und das Spiel mit Bildqualitäten, hat längst begonnen, als dem Zuschauer endlich klar wird, auf welche irrwitzige Reise ihn der Plot geschickt hat. Traum und Realität gehen nahtlos ineinander über, und es scheint, als manifestiere sich darin zugleich die Realität des Filmemachens selbst. Das formale Arrangement des Films jedenfalls macht die eindeutige Unterscheidung beider Ebenen unmöglich. Weder unterscheiden sich die einzelnen Erzählstränge inhaltlich, noch weisen Bild- und Erzählstrukturen Brüche auf. Das ändert sich auch nicht im weiteren Verlauf, der endlich die Auflösung des zuvor Gezeigten verspricht, indem er den realen Hintergrund der beiden vorher gezeigten Traumsequenzen aufzuklären scheint: Die beiden zuvor Träumenden erzählen sich von ihren Traumerlebnissen, und in ironischer Umkehrung des zuvor Gezeigten soll jetzt gar eine Traumsequenz gedreht werden. Doch auch hier scheint die surreale Logik des Traums zum Wirkprinzip des Realen geworden zu sein, denn auf den ersten Blick ändert sich nur wenig, als der scheinbar erste wirkliche Drehtag seinen Lauf nimmt. Im Gegenteil: Die Pannen am Set scheinen noch absurder als die in den Träumen der beiden Hauptfiguren, ganz zu schweigen von der hanebüchenen Geschichte, die erzählt werden soll. In einer Traumsequenz (sic!) wird Nicole in einem Brautkleid von einem Zwerg umkreist, der einen Apfel in der Hand hält und sie begehrt. Doch der kleinwüchsige Tito weigert sich aus unerfindlichen Gründen, dabei zu lächeln, wie es im Drehbuch steht. Empört ob des Klischees des Zwerges in filmischen Traumsequenzen, verlässt er schließlich das Set. Am Rande des Nervenzusammenbruchs will Regisseur Nick die Dreharbeiten bereits absagen, als plötzlich seine aus dem Pflegeheim entlaufene Mutter aus dem Nebel auftaucht, Titos Rolle übernimmt und Szene, Film und Sohn doch noch rettet – ein geradezu unglaubliches Happyend.

Wie zu Beginn lösen sich auch hier die scheinbar eindeutigen Realitätsbezüge bei genauerer Betrachtung auf. Nichts weist zwingend darauf hin, dass nicht auch hier eine weitere Traumsequenz vorliegt, die die vorangehenden lediglich zum Sujet macht. Auch der Name des Regisseurs, Nick Reve, kann als Hinweis auf eine durchgängige Traumstruktur gelesen werden, verweist er doch auf die französische Bezeichnung für Traum: *le rêve*. Und dass Zwerge filmische Traumklischees sind, wie der kleinwüchsige Tito unter Protest beklagt, kann nicht verhindern, dass diese Regel auch für diesen Film gilt. Die Grenzen scheinen jedenfalls verschwommen. Nicht zuletzt gerät die Fabrik als Drehort zur komischen Metapher für die Filmtraum-Fabriken, wohl insbesondere diejenigen Hollywoods, worauf auch die latenten Sehnsüchte einiger Charaktere hinweisen.

Die Traum-im-Traum-Struktur übersetzt zugleich den

Status unabhängigen Filmemachens am Rande der Traumfabriken Hollywoods in ein surreales Filmbild von der Unvereinbarkeit von Anspruch und Durchführung und der paradoxen Symbiose aus künstlerischer Ambition und technischer Hilflosigkeit. Daneben gibt *Living in Oblivion* auch zu verstehen, dass gerade die sympathischste *low-budget-* eigentlich lieber eine *big-budget-*Produktion wäre, wenn es um die Realisierung geht. Doch der Traum vom guten Film ›von unten‹ bleibt ein nicht realisierbarer Independent-Traum. Tom DiCillos ironisch-selbstreflexive Persiflage steht damit in der Tradition von Fellinis *Otto e mezzo* (*Achteinhalb*, 1962), aus dem er das Traummotiv des Regisseurs Guido aufnimmt, und Truffauts *La nuit américaine* (*Die amerikanische Nacht*, 1972), dessen Story er für die drei Episoden seines Films adaptiert. Aus diesen Zutaten formt *Living in Oblivion* eine überdreht-alptraumhafte *tour de force* des Filmemachens, die ihren Charme sowohl aus der formalen Struktur als auch der Häufung komisch-grotesker Einfälle gewinnt.

Burkhard Röwekamp

Literatur: T. C. Dodd: A Comedic Nightmare of Errors. In: American Cinematographer. Nr. 9. September 1995. – Interview mit Tom DiCillo. In: Independent. Nr. 7. August/September 1995. – Suzanne Greuner: Kafka und die Marx-Brothers: Tom DiCillo über *Living in Oblivion*. In: epd Film (1995) Nr. 9. – Katharina Dockhorn / Jan Distelmeyer: ›Ich habe nur eine Regel: Es gibt keine Regeln‹: Gespräch mit Tom DiCillo. In: epd Film (1998) Nr. 8.

Men in Black

Men in Black
USA 1997 f 98 min

R: Barry Sonnenfeld
B: Ed Solomon nach dem *Malibu*-Comic von Lowell Cunningham
K: Don Peterman
D: Tommy Lee Jones (Agent K), Will Smith (Agent J), Linda Fiorentino (Dr. Laurel), Vincent D'Onofrio (Edgar)

Die »men in black« sind Mitarbeiter einer geheimen US-Spezialbehörde, die außerirdische Aktivität auf dem Planeten Erde genehmigt, regelt und kontrolliert. In Manhattan neu ankommende Aliens werden überprüft, erhalten Aufenthaltsgenehmigungen und werden elektronisch überwacht, Verbrecher werden gejagt und gegebenenfalls abgeschoben oder ausgeschaltet. Agent K ist ein erfahrener »man in black«. Nachdem sein langjähriger Partner in den Ruhestand geht, wird ihm ein junger, schlagfertiger Polizist (Agent J) zur Seite gestellt, der seine Fähigkeiten bei einer spektakulären Jagd auf einen (außerirdischen) Kriminellen zeigte. Als neues Team jagen sie eine illegal eingewanderte Schabe, die im »Körperkostüm« des Landwirts Edgar auf der Suche nach der Galaxie der Arquillianer – der »größten subatomaren Energiequelle im Universum« – ist und dabei über Leichen geht. Unter zusätzlichen Druck geraten die Agenten, als ein arquillianisches Schlachtschiff die Herausgabe der Galaxie verlangt und im Weigerungsfall mit der Vernichtung der Erde droht. Im Showdown nimmt »Edgar« die Pathologin Dr. Laurel, die bereits häufiger Leichen Außerirdischer begutachtet hat und sich danach jeweils – durch die Einwirkung eines »Neuralisators« – an nichts mehr erinnern konnte, als Geisel und versucht von der Erde zu fliehen. Doch die Agenten K und J verhindern dies mit vollem körperlichen Einsatz gegen die mittlerweile demaskierte Schabe.

Als Adaption eines aus der Welt des Zeichentricks bekannten Topos erzählt *Men in Black* in vergleichsweise ruhigem Tempo die Geschichte zweier Männer, die gemeinsam das Böse jagen und die Welt retten. Dabei wird größtenteils auf bewährte Erzählkonventionen des Kampfs ›Gut gegen Böse‹ unter anderem mit der obligatorischen Verfolgungsjagd zurückgegriffen. Angesiedelt im Bereich der Alien- und Invasionsfilme, verlässt sich *Men in Black* auf die dort gängigen Erzählmuster und benutzt sie darüber hinaus parodistisch, verwendet Zitate, Verweise und Persiflagen: Die Anderen (»Aliens«) stellen nicht per se eine Gefahr dar, sondern integrieren sich mehrheitlich mehr oder weniger unauffällig – wobei Michael Jacksons Tarnung als etwas schlampig bezeichnet wird – im irdischen Alltag als Verkäufer, Lehrerinnen oder Schauspieler. Und die Guten sind so cool, dass sie sich mal eben von der außerirdischen Schabe aufessen lassen, nachdem diese Ks »Deatomisator« verschluckte, »weil ich an meiner Waffe hänge«.

Zentral für *Men in Black* ist die spannungsreiche Figurenkonstellation der Agenten K und J, die von dem Darstellerduo Tommy Lee Jones und Will Smith überzeugend getragen wird. Dem abgeklärten, zurückhaltenden K steht der freche, von sich selbst überzeugte, aber auch emotionalere J als Schüler und *buddy* gegenüber. Komödiantisch wird der Film aus verschiedenen Quellen gespeist: Dem weitgehend ruhigen Erzähltempo stehen schnelle Rededuelle voller Wortwitz und Wortschöpfungen (auch in der deutschen Synchronisation: »geblitzdingst«) gegenüber, die sich in ihrer Fülle erst nach mehrmaligem Sehen erschließen. Neben den verbalen Gags lebt der Film von zahlreichen visuellen Effekten, wie der Darstellung der unterschiedlichsten Ausprägungen galaktischer Lebensformen – von mehrflossigen Tierwesen bis hin zu winzigen Figuren versteckt im Kopf eines ›Menschen‹ – und von Slapstick-Einlagen: Will Smith kämpft beispielsweise als Geburtshelfer mit den Armen einer Babykrake, die ihm später, ganz Kindchenschema mit großen Augen anblickend, das restliche Fruchtwasser ins Gesicht spuckt. Vincent D'Onofrio als Schabe im Edgar-Kostüm parodiert in seiner Hässlichkeit und motorischen Unbeholfenheit Monsterfiguren aus den B-Movies der fünfziger Jahre, in denen gummiartige Hautwülste und ruckartige Bewegungen noch den mangelnden technischen Möglichkeiten geschuldet waren und eher unfreiwillig für Komik sorgten.

Nach dem großen Erfolg von *Men in Black* folgte 2002 die Fortsetzung *Back in Black – Men in Black II*, wieder mit Will Smith und Tommy Lee Jones. *Katja Franz*

Literatur: Frank Arnold: *Men in Black*. In: epd Film (1997) Nr. 9. – *MiB – Men in Black*. In: Positif. Nr. 440. Oktober 1997. – *Men in Black*. In: Sight & Sound 7 (1997) Nr. 8.

Das Leben ist schön

La vita è bella

I 1998 f 124 min

R Roberto Benigni
B: Vincenzo Cerami, Roberto Benigni
K: Tonino Delli Colli
M: Nicola Piovani
D: Roberto Benigni (Guido), Giorgio Cantarini (Giosuè), Nicoletta Braschi (Dora), Horst Buchholz (Dr. Lessing)

Der tollpatschige und lebensfrohe Guido kommt Ende der dreißiger Jahre aus der ländlichen Toskana in die Stadt, um dort eine Buchhandlung zu eröffnen. Dass er

Das Konzentrationslager wird geräumt, und Guido (Roberto Benigni) sucht für seinen Sohn ein Versteck. Dies dürfe er nicht verlassen, denn die ganze Aufregung sei nur wegen Giosuè (Giorgio Cantarini), der den Wettbewerb um den Panzer fast gewonnen habe! Bis zuletzt hält der Vater die lebensrettende Lüge aufrecht, alles sei nur ein Spiel. Komische Elemente sowohl auf der Ebene des Wortwitzes wie der Körper- und Situationskomik entstehen aus Guidos Vertuschung der Lagerrealität und sind von dieser nicht zu trennen. So gibt es im letzten Teil von *Das Leben ist schön* kein lustvolles oder befreiendes Lachen mehr, sondern nur noch ein bedrückendes.

mit diesem Plan zunächst an der korrupten faschistischen Stadtverwaltung scheitert, bekümmert ihn anscheinend kaum: Er schlägt sich stattdessen als Kellner in einem Hotel durch. Zugleich gelingt es ihm, sich auf seine Weise für die Schikanen zu revanchieren, denn er spannt just jenem Beamten die Braut aus, der ihm einst die Genehmigung versagte. Bis hierhin ist *La vita è bella* scheinbar eine temporeiche Slapstick-Komödie, in der viel zu Bruch geht und der Protagonist die Lacher stets auf seiner Seite hat.

Als die Handlung einige Jahre später wieder einsetzt, hat sich die Situation spürbar verändert. Zwar sind Guido und Dora inzwischen verheiratet, und ihr Sohn, der kleine Giosuè, macht das Glück perfekt. Doch nun ist es ungleich schwieriger geworden, die politischen Entwicklungen zu übersehen. War die Bedrohung durch den Faschismus und den wachsenden Antisemitismus im ersten Teil nur unterschwellig spürbar und scheinbar allein dazu vorhanden, von Guido lächerlich gemacht zu werden, so lassen sich die Schikanen gegen die jüdische Familie jetzt kaum mehr ignorieren. Allerdings ändert dies nichts an Guidos vitalem Optimismus, der seine (mehr oder minder anonymen) Gegner a priori ins Unrecht setzt.

Ein dritter Abschnitt des Films beginnt schließlich mit der Deportation der Familie ins Konzentrationslager, ausgerechnet an Giosuès Geburtstag. Zwar kann nun auch Guido die Situation nicht mehr durch Ignorieren und Verkehrung ins Lächerliche verändern, aber dafür richtet er seine ganze Energie darauf, seinen sechsjährigen Sohn zu schützen. Immer wieder nutzt er seine Kreativität und Schlagfertigkeit, um seine Lüge, die Brutalität des Lagers sei nicht echt, es handele sich lediglich um ein Spiel, gegenüber Giosuè aufrecht zu erhalten. In diesem Teil trägt der Film Züge eines Thrillers, denn andauernd drohen seine fragilen Behauptungen zusammenzubrechen. Obwohl Guido am Ende exekutiert wird, trägt er doch nicht nur den moralischen Sieg davon: Giosuè überlebt das KZ, ohne dessen Bedeutung zu erfassen, und in der letzten Einstellung schließen er und seine Mutter einander in die Arme.

Formal knüpft Benigni an die Tradition der *commedia dell'arte* an, an ihre schnellen, spontanen Wendungen und ihre burleske Heiterkeit. Darin eingeschlossen sind zahlreiche Zitate und Verweise auf Vorbilder wie Chaplin,

Keaton und Lubitsch. Bemerkenswert ist die Art, wie der scheinbar belanglose Slapstick sukzessive unterminiert wird, zunächst fast unmerklich, bis die Geschichte schließlich kippt und zur *commedia della morte* wird. Zugleich folgt der Film einem trivialen, bipolaren Erzählmuster, indem eine gute, unbeschwerte Zeit zu Anfang einer Hölle Dante'scher Dimension gegenübersteht. Dieses Muster wird auch visuell durch Beleuchtung und Farbgebung gestützt.

Den genannten Aspekten – der formal geglückten Verbindung von Komik und Tragik sowie der konventionell aufgebauten, zahlreiche Klischees und Stereotype reproduzierenden Erzählung – dürfte der Film auch sein geradezu überschwänglich positives Echo verdanken. Gegenüber einer Flut von Lob und Auszeichnungen, darunter drei Oscars, blieben kritische Stimmen, etwa diejenigen, die in der Verbindung von Komödie und KZ einen Tabubruch sahen, trotz der allgemeinen Tendenz zur Sakralisierung des Holocaust in der westlichen Öffentlichkeit deutlich in der Minderheit. Offenbar hat Benigni mit *La vita è bella* auch ein Bedürfnis bei den nachwachsenden Generationen getroffen, die der schweren, um Aufklärung bemühten und pädagogisierenden Annäherungen an das Thema überdrüssig sind.

In den Debatten über die Angemessenheit einer ›komischen‹ Behandlung des Mordes an den europäischen Juden ist bisweilen untergegangen, dass der Film eine solche Auseinandersetzung nicht leistet und wohl auch nicht leisten will. Vielmehr wird die Geschichte als bekannter und vorausgesetzter Hintergrund zitiert, vor dem die Botschaft des Filmes deutlich werden soll: Als prinzipiell zeitloses, emphatisches Plädoyer für die Liebe, die menschliche Würde und das Individuum und gegen jene bürokratischen, politischen und ideologischen Mächte, die ihnen vermeintlich entgegenstehen. So innovativ *La vita è bella* in formaler Hinsicht sein mag, so konservativ bleibt dieser

Film im Hinblick auf seine Aussage und die ihnen zugrunde liegenden Werte und Kategorien.

Christoph Classen

Drehbuch: Roberto Benigni / Vincenzo Cerami: *Das Leben ist schön*. Frankfurt a.M. 1998.
Literatur: Kathy Laster / Heinz Steinert: *La vita è bella*. Absurdismus und Realismus in der Darstellung der Shoa. In: Mittelweg 36. Jg. 8 (1999) H. 4. – Maurizio Viano: *Life is Beautiful:* Reception, Allegory, and Holocaust Laughter. In: Jewish Social Studies 5 (1999) H. 3. – Carlo Celli: The Divine Comic: The Cinema of Roberto Benigni. Lanham (Md.) 2001. – Silke Wenk: Happy End nach der Katastrophe? *La vita è bella*. Zwischen Medienreferenz und »Postmemory«. In: Margit Fröhlich [u.a.] (Hrsg.): Lachen über Hitler – Auschwitz-Gelächter? Filmkomödie, Satire und Holocaust. München 2003.

Sonnenallee

D 1999 f 94 min

R: Leander Haußmann
B: Thomas Brussig, Leander Haußmann
K: Peter-Joachim Krause
D: Alexander Scheer (Micha), Alexander Beyer (Mario), Katharina Thalbach (Mutter), Teresa Weißbach (Miriam)

»Sonnenallee« ist der Name einer Straße, die zur Zeit der deutschen Teilung überwiegend in Westberlin lag. Lediglich ein kurzes Ende setzte sich hinter der Mauer im Ostberliner Stadtteil Treptow fort, und dies kann – soviel vorweg – durchaus als Metapher für die Wahrnehmung des ›goldenen Westens‹ in der DDR verstanden werden. Eben dort, direkt hinter den martialischen Grenzbefestigungen, leben in den siebziger Jahren die Protagonisten des Films: eine Clique von Jugendlichen, die vor allem mit

Dingen beschäftigt sind, die Teenager überall auf der Welt faszinieren: (westliche) Musik und Popkultur, der erste Sex, Drogenexperimente und Autoritätskonflikte; kurz, sie sind auf jener Suche nach sich selbst, die den Prozess des Erwachsenwerdens begleitet.

Im Mittelpunkt der Handlung steht eine klassische *boy loves girl*-Story: Der Ich-Erzähler und Anti-Held des Films, Micha, verliebt sich in die ›Schulschönste‹ Miriam, die sich freilich zunächst unnahbar zeigt. Ihre Sehnsüchte scheinen sich allein auf den nicht minder unerreichbaren Westen zu richten, präsent nur durch ihren großspurigen Westberliner Freund. Um das Herz der Angebeteten zu erobern, trägt Micha, bisher eher der Typ des angepassten Strebers, ihrer Verachtung für den Osten Rechnung und erfindet sich selbst mit Hilfe eilig angefertigter Tagebücher neu: Ergebnis dieser Anstrengung ist eine ebenso fulminante wie fiktive Widerstandsbiografie, die ihm tatsächlich den Weg zu Miriam respektive in ihr (Klapp-)Bett ebnet. Auch der zweite zentrale Handlungsstrang bezieht sich auf die unauflösbare Verflechtung von privater und politischer Sphäre in der DDR. Während Micha nun auch im realen Leben sukzessive beginnt, sich von den hypertrophen gesellschaftlich-politischen Erwartungen des Regimes freizumachen, geht sein bester Freund, der renitente Mario, den umgekehrten Weg: Vor die Alternative gestellt, endgültig zum gesellschaftlichen Paria zu werden oder seine Existenz zu sichern, lässt er sich von der Staatssicherheit anwerben; die Freundschaft von Micha und Mario zerbricht. Neben und zwischen diesen Hauptsträngen des Plots entfalten sich diverse episodenhaft verdichtete Nebenhandlungen. Historische Authentizität spielt trotz des denkbar konkreten Ortes keine Rolle, vielmehr wird der durch die Mauer begrenzte Straßenzug zur Metapher für die engen Grenzen des provinziellen deutschen Teilstaates insgesamt.

Seine Komik bezieht *Sonnenallee* vor allem aus dem gekonnten Spiel mit Klischees und Stereotypen, die, bisweilen ins Absurde gesteigert, der Lächerlichkeit preisgegeben und gelegentlich auch lustvoll demontiert werden. Dies betrifft zum einen die politischen Rituale des Staatssozialismus wie »Kritik und Selbstkritik« und die politischen Versammlungen mit ihrer phrasenhaft-inhaltsleeren Bekenntnisrhetorik. Zum anderen versammelt der Film die klischierten Prototypen der deutschen Nachkriegsgeschichte im Kalten Krieg: die verhärmte, 150-prozentig linientreue Schuldirektorin, den kommunistenfressenden, dabei gegenüber den Repräsentanten der Staatsmacht stets servil auftretenden West-Verwandten, die ultraangepasste DDR-Mutti und natürlich die minderbemittelte Exekutive, sei es in der harmlosen Variante des »Abschnittsbevollmächtigten« oder als Grenzer mit durch nichts zu erschütterndem, debilem Sadismus. Daneben werden diverse Klischees des Hollywood-Kinos gnadenlos auf das Niveau sozialistisch-deutscher Provinz herunterdividiert.

Mit mehr als 2,4 Millionen Besuchern in Deutschland zählt *Sonnenallee* zu den erfolgreichsten deutschen Filmen überhaupt. Dabei dürfte eine Rolle spielen, dass der Film für unterschiedliche Lesarten – generationelle, spezifisch west- und ostdeutsche – anschlussfähig ist. Letztere werden nicht zuletzt durch zahlreiche Anspielungen auf und Reminiszenzen an das DEFA-Filmerbe bedient. Von der Kritik wurde dem Film bisweilen Oberflächlichkeit, gar der Charakter einer ›Teenagerklamotte‹ bescheinigt. Doch trotz gewisser Parallelen zu Vorbildern wie *American Graffiti* (1973) und *Grease* (1978), insbesondere im Hinblick auf den Stellenwert des Soundtracks und die – allerdings parodistisch gewendeten – Tanzszenen, ist *Sonnenallee* im Kern ein eminent politischer Film, weil er sich gegen das einseitige, nur auf das politische System der DDR und seinen Herrschaftsanspruch fixierte (westliche) Geschichtsbild der neunziger Jahre wendet. Dagegen stellen die Autoren eine ostentativ subjektive Perspektive ›von unten‹, die jene ganz anders gearteten, eigentlich unpolitischen Interessen und Orientierungen zur Geltung bringt, wie sie für Jugendliche systemübergreifend charakteristisch sind. Symptomatisch dafür sind Vor- und Nachspann des Films mit in schwarz-weiß gehaltenen Kamerafahrten durch die menschenleeren Grenzbefestigungen. Angekommen im Mikrokosmos Sonnenallee, wird das Treiben seiner Bewohner ›in Farbe‹ gezeigt, während der Abspann spiegelbildlich aufgebaut ist und zusätzlich akustisch von Nina Hagens »Du hast den Farbfilm vergessen« untermalt wird. Zugleich unterliegt der Film nicht der umgekehrten Gefahr, den totalitären Herrschaftsanspruch der SED zu marginalisieren und damit in pure, allzu ›bunte‹ DDR-Nostalgie abzugleiten. In Form des rigiden Grenzregimes bleiben die politischen Zumutungen vielmehr symbolisch allgegenwärtig: Die Akteure werden in ihren vielfältigen, oft zur Alltagsroutine gewordenen tragikomischen Bemühungen gezeigt, ihnen auszuweichen, sie für ihre eigenen Zwecke zu instrumentalisieren, sich ihnen zu widersetzen oder anzupassen.

Auffällig ist schließlich das Changieren des Films zwischen historischem Setting und fiktionalen, bisweilen märchenhaften Zügen, die sich zum Ende hin verdichten. Gefühle, Sehnsüchte und Utopien können, so die Botschaft, die Realität und damit auch staatliche Grenzen und politische Zumutungen unterminieren oder gar aufheben. Jedenfalls – und hier ist *Sonnenallee* viel weniger komisch als sentimental – solange man jung ist.

Christoph Classen

Drehbuch: Leander Haußmann (Hrsg.): *Sonnenallee.* Das Buch zum Farbfilm. Berlin 1999.
Literatur: Thomas Lindenberger: *Sonnenallee* – ein Farbfilm über die Diktatur der Grenze(n). In: WerkstattGeschichte 26 (2000).

Die fabelhafte Welt der Amélie

Le fabuleux destin d'Amélie Poulain

D/F 2001 f 120 min

R: Jean-Pierre Jeunet
B: Guillaume Laurant, Jean-Pierre Jeunet
K: Bruno Delbonnel
M: Yann Tiersen
D: Audrey Tautou (Amélie Poulain), Mathieu Kassovitz (Nino Quincampoix), Serge Merlin (Raymond Dufayel)

Mit einem Löffel die Kruste von *crème brûlée* knacken; die Gesichter der anderen Zuschauer im Kino betrachten; flache Kieselsteine sammeln, um sie dann auf dem Wasser hüpfen zu lassen – das sind die Dinge, die die schüchterne, weltabgewandte Träumerin Amélie Poulain liebt. Amélie, die aufgrund einer Fehldiagnose ihres Vaters für herzkrank gehalten wird, wächst völlig isoliert auf. Da sie lediglich einen selbstmordgefährdeten Goldfisch zu ihren Freunden zählen kann, ist sie gezwungen, sich eine Phantasiewelt zu schaffen. Auch als junge Frau lebt sie zurückgezogen in ihrer Traumwelt. Alles ändert sich, als sie in der Nacht des 30. August 1997 hinter einer Badezimmerfliese eine jahrzehntelang unentdeckt gebliebene kleine Dose voller Kindheitsreliquien findet. Sie beschließt, den Besitzer ausfindig zu machen und von nun an, als Glücksfee und Racheengel zugleich, unerkannt in das Leben ihrer Mitmenschen einzugreifen: Ein Schauplatz ihres Wirkens ist das Café du Moulin in Montmartre, wo sie als Kellnerin arbeitet. Ihre Chefin, die tragisch verunglückte Artistin Suzanne, verrät ihr das Rezept der Liebe, das sie sogleich an Georgette, der Tabakverkäuferin, und dem Stammgast Joseph, dem eifersüchtigen Exfreund ihrer Kollegin Gina, erprobt. So erlebt die von Migräne und Zugluft geplagte sehnsuchtskranke Hypochonderin größte Glücksmomente mit dem ewig griesgrämigen Joseph, der sich bis dahin manisch die Zeit damit vertrieben hat, mit einem Diktafon jeden Laut von Gina aufzuzeichnen, dessen er habhaft werden konnte. In diesem skurrilen Soziotop ist auch das gescheiterte Genie Hipolito, der Schriftsteller, zu Hause, dem die Titelheldin große Freude bereitet, indem sie unbemerkt die schönsten Sätze aus seiner Feder auf Häuserwände schreibt. Nach Feierabend schickt die spitzbübische Protagonistin einen Gartenzwerg auf Weltreise, um ihren Vater aus dem tristen Vorort zu locken, und freundet sich zögerlich mit ihrem an Glasknochenkrankheit leidenden einsamen Nachbarn Raymond Dufayel an, der seine gepolsterte Wohnung seit einer halben Ewigkeit nicht mehr verlassen hat. Gemeinsam helfen sie dem gepeinigten Lucien, dem Gehilfen des bösartigen Gemüsehändlers Monsieur Collignon. Der »Mann aus Glas« probt täglich mit dem etwas zurückgebliebenen Angestellten den Aufstand gegen den sadistischen Chef, und Amélie trägt raffiniert dazu bei, den groben Vorgesetzten systematisch in den Wahnsinn zu treiben. Alle von Amélie so geliebten Strategien sind von Erfolg gekrönt, aber als sie Nino Quincampoix, den Mann ihrer Träume, trifft, weiß sie nicht, ob sie den Sprung in die Realität wagen kann und wie sie sich selbst zum Glück verhelfen soll. Nach vielen zögerlichen Versuchen, ihm ihre Liebe zu gestehen, und einer genial inszenierten amourösen Schnitzeljagd finden die beiden in der Stadt der Liebe schließlich das gemeinsame Glück.

Jeunet zaubert mit viel Liebe zum Detail eine wunderbare Ode an das Leben und die Liebe auf die Leinwand. Mit großer Leichtigkeit und einem schier unglaublichen Erfindungsreichtum erzählt er mittels magischer Momentaufnahmen die Geschichte von vielen schrulligen Menschen. Alle Charaktere in diesem poetischen, bildgewaltigen Großstadt- und Außenseitermärchen sind in sich selbst gefangen, ihnen allen fehlt der Mut, aus gewohnten Verhaltensmustern auszubrechen und ihrem Leben eine neue Wende zu geben. Gäbe es da nicht inmitten des Mikrokosmos unglücklicher schräger Vögel die zentrale Figur Amélie, die als Patin der Missachteten für Gerechtigkeit sorgt und als Madonna der Ungeliebten jedem Einzelnen zum Glück verhilft. Ein durch digitale Technik stark koloriertes Montmartre ist der Ort, an dem die Heldin den Grauschleier vom Leben ihrer Mitmenschen nimmt. Die Schwierigkeit, den vielen Charakteren innerhalb von 120 Minuten Leben einzuhauchen, löst Jeunet virtuos, indem er – wie bereits in dem Kurzfilm *Foutaises* (1989) praktiziert – im Zeitraffer eine Beschreibung ihrer charakteristischen verschrobenen Vorlieben und Abneigungen bildhaft macht. Mit modernster Tricktechnik und präzise platzierten Spezialeffekten wird die liebevoll beschriebene Phantasiewelt angereichert, in der Lampen und Gemälde zu sprechen beginnen, die Hauptdarstellerin vor lauter Scham und Mutlosigkeit zerfließt und ihr Herz deutlich sichtbar vor Verliebtheit rast. Der märchenhafte surreale Charakter der Geschichte wird durch einen Erzähler aus dem Off verstärkt. Die von Yann Tiersen komponierte Filmmusik unterstreicht idealtypisch die zeitrafferartige Beschleunigung und den abrupten Tempowechsel der Narration, die schwindelerregende Hektik eines gewaltigen Bilderreigens und die standbildartig anmutenden beschaulichen Momente. Die Verwendung von Clip-Ästhetik verrät Jeunets Herkunft als Werbefilmer und Videoclip-Produzent, was Kritiker dazu veranlasst hat, ihm eine zum Selbstzweck erhobene Ästhetik zu unterstellen, die den Inhalt überflüssig mache. Jeunet, bekannt durch *Delicatessen* (1990), *La Cité des enfants perdus* (*Stadt der verlorenen Kinder*, 1995) und *Alien: Resurrection* (*Alien: Die Wiedergeburt*, 1997), hat bei der Besetzung der Titelrolle mit Audrey Tautou, von der Kritik als neue Audrey Hepburn gefeiert, eine meisterliche Wahl getroffen. Von der Auswahlkommission des Festivals von Cannes verschmäht, hat sich *Amélie* in kürzester Zeit in die Herzen von Millionen Kinobesuchern in Deutschland und Frankreich geschlichen und wurde mit dem europäischen Filmpreis ausgezeichnet. *Karin Knop*

Literatur: Lothar Just (Hrsg.): Filmjahrbuch 2002. München 2002. – Rainer Gansera: *Die fabelhafte Welt der Amélie.* In: epd Film (2001) Nr. 8.

Verzeichnis der Autorinnen und Autoren

Sang-Joon Michael Bae (*Der Einwanderer*)
Drew Bassett (*Catch-22 – Der böse Trick*; *Delikatessen*)
Christoph Classen (*Das Leben ist schön*; *Sonnenallee*)
Annette Deeken (*Der Hauptmann von Köpenick*; *Mysterien eines Frisiersalons*; *Zur Sache, Schätzchen*)
Rainer Dick (*Don Camillo und Peppone*; *Die Feuerzangenbowle*; *Liebe, Brot und Fantasie*; *Das Wirtshaus im Spessart*; *Die Wüstensöhne*; *Ritter ohne Furcht und Tadel / Zwei ritten nach Texas / Dick & Doof im Wilden Westen / Das unterschlagene Testament*)
Peter Ellenbruch (*Eine ganze Nacht*; *Der Sportstudent*; *Tillies Romanze auf Raten*)
Claudia Engelhardt (*Scheidung auf italienisch*; *Verbrechen und andere Kleinigkeiten*; *Das Wunder von Mailand*)
Katja Franz (*Men in Black*)
Jörn Glasenapp (*Der große Diktator*; *Moderne Zeiten*)
Dietmar Götsch (*Das Lächeln einer Sommernacht*)
Norbert Grob (*Eins, zwei, drei*; *Es geschah in einer Nacht*; *Serenade zu dritt*; *Sieben Chancen*; *Wir können auch anders*)
Kirsten Gudd (*Arsen und Spitzenhäubchen*; *Tanz der Vampire*)
Volker Haefele (*Leoparden küsst man nicht*)
Kirsten von Hagen (*Atemlos nach Florida*; *Der große McGinty*; *Die Marx-Brothers auf See*)
Malte Hagener (*Die Drei von der Tankstelle*)
Britta Hartmann (*Heimat, süße Heimat / Dörfchen, mein Dörfchen*)
Vinzenz Hediger (*Animal Crackers*; *Die Marx-Brothers im Krieg*)
Lars Heiler (*Funny Bones – Tödliche Scherze*; *Goldrausch*; *Lichter der Großstadt*)
Sarah Heinz (*Adel verpflichtet*; *Der rosarote Panther*)
Franziska Heller (*Otto – Der Film*; *Zazie*)
Heinz-B. Heller (*Die Anfänge von Max im Film*; *Blockade in London / Pass nach Pimlico*; *Die Ferien des Monsieur Hulot*; *Playtime – Tatis herrliche Zeiten*)
Ulf Heuner (*Die Zeit nach Mitternacht*)
Stefan Hoffmann (*Frauen am Rande des Nervenzusammenbruchs*; *Die Versuchungen des Mimi / Mimi – in seiner Ehre gekränkt*)
Karin Knop (*Die fabelhafte Welt der Amélie*)

Thomas Koebner (*Die Nacht vor der Hochzeit*)
Matthias Kraus (*Männer*; *Orchesterprobe* und andere Karl-Valentin-Kurzfilme der dreißiger Jahre; *Out of Rosenheim*)
Klaus Kreimeier (*Ärger im Paradies*; *Down by Law*; *Manche mögen's heiß*; *Mein kleiner Gockel*; *Monsieur Verdoux – Der Frauenmörder von Paris / Der Heiratsschwindler*; *The Purple Rose of Cairo*; *Sherlock Junior / Sherlock Holmes jr.*)
Silvia Lambri (*Abgeschminkt*; *Blues Brothers*; *Harry und Sally*; *Ödipussi* ; *Schtonk!*; *Der verrückte Professor*)
Claudia Lillge (*Das Apartment*)
Florian Mundhenke (*Der Feuerwehrball / Anuschka – es brennt, mein Schatz*; *Frankenstein junior*; *The Player*)
Lutz Nitsche (*Der Stadtneurotiker*; *Tampopo*)
Andrea Nolte (*In der Hölle ist der Teufel los*; *Monty Python – Das Leben des Brian*; *Die Ritter der Kokosnuss*)
Markus Oswald (*Die nackte Kanone*)
Isabell Otto (*Das Gespenst der Freiheit*)
Astrid Pohl (*Quax, der Bruchpilot*; *Viktor und Viktoria*; *Victor/Victoria*)
Patricia Römer (*Harold und Maude*; *Die Hose (Skandal in einer kleinen Residenz)*; *Ich war eine männliche Kriegsbraut*)
Burkhard Röwekamp (*Forrest Gump*; *Das Hochzeitsbankett*; *Ladykillers*; *Total abgedreht*; *Und täglich grüßt das Murmeltier*)
Ananda Schader (*Drei Männer und ein Baby*)
Matthias Steinle (*Dr. Seltsam oder Wie ich lernte, die Bombe zu lieben*; *Es lebe die Freiheit*; *Liebes Tagebuch*; *Die Million*; *Mr. Deeds geht in die Stadt*; *Ninotschka*; *Sein oder Nichtsein*; *Die seltsamen Abenteuer des Mr. West im Lande der Bolschewiki*; *Zelig*)
Philipp Stiasny (*Ausgerechnet Wolkenkratzer*; *Buster Keaton, der Matrose*; *Der General*; *Verflixte Gastfreundschaft*)
Ulrich von Thüna (*Boudu, aus dem Wasser gerettet*; *Ein sonderbarer Fall*; *Die Spielregel*)
Cornelia Tüxsen (*Der gewisse Kniff*; *Tausendschönchen. Kein Märchen*)
Stefan Zahlmann (*Die Legende von Paul und Paula*)

Bildnachweis

Der Abdruck der Szenenfotos erfolgt mit Genehmigung des Film Museums Berlin / Stiftung deutsche Kinemathek, Berlin.

Register der Filmtitel